LA PRATIQUE DU THEATRE

OEVVRE TRES-NECESSAIRE A
tous ceux qui veulent s'appliquer à la Composition
des Poëmes Dramatiques, qui font profession de les
Reciter en public, ou qui prennent plaisir d'en voir
les Representations.

par le S.r Hedelin Abbé d'Aubignac

A PARIS,
Chez ANTOINE DE SOMMAVILLE, au
Palais, sur le deuxiéme Perron, allant à la Ste-
Chapelle, à l'Escu de France.

───────────────────

M. DC. LVII.
AVEC PRIVILEGE DV ROY.

EXTRAICT DV PRIVILEGE du Roy.

PAR Grace & Priuilege du Roy, il est permis au Sieur HEDELIN Abbé d'Aubignac, de faire imprimer, vendre & debiter par tel Imprimeur ou Libraire qu'il voudra, vn Liure intitulé *la Pratique du Theatre*, & deffences sont faites à toutes personnes de quelque qualité & condition qu'elles soiét, d'imprimer ou faire imprimer vendre & debiter ledit Liure en quelque sorte & maniere que ce soit, sans la permission dudit Sieur HEDELIN. Et ce durant le temps de dix ans entiers, à peine de quinze cens liures d'amende, applicables vn tiers à S. M. vn tiers à l'Hostel-Dieu de Paris, & l'autre tiers audit Sieur Hedelin, & de confiscation des exemplaires, comme il est plus amplement porté par les lettres dudit Priuilege, données à Paris le quinziesme Ianuier mil six cents cinquante-six. Signé par le Roy en son Conseil, Coberet & scellé.

Et ledit Sieur a transporté son droit de Priuilege à Antoine de Sommauille, Marchand Libraire à Paris, pour en iouïr conformement à l'accord fait entr'eux.

Les Exemplaires ont esté fournis.

Acheué d'imprimer le premier iour de Iuin 1657.

LA PRATIQUE DV THEATRE.
LIVRE PREMIER.

CHAPITRE PREMIER.
Seruant de Preface à cét Ouurage, où il est traitté de la Necessité des Spectacles, en quelle estime ils ont esté parmy les Anciens, & en quel estat ils sont maintenant parmy nous.

TOVS ces incomparables & fameux Genies, que le Ciel choisit de temps en temps, pour l'établissement des Estats, ou pour la conduite des Peuples, ne se contentent pas de les rendre vainqueurs de leurs Ennemis par la force des armes, de les enrichir de toutes les merueilles de la nature & de l'art par le

A

commerce des nations estrangeres, & d'en adoucir les mœurs par les plus belles & les plus honnestes connoissances. Mais considerant que la Nature, apres auoir comblé ses plus nobles ouurages de toutes les qualitez necessaires à leur perfection, leur donne encore la ioye & le contentemét, comme vne derniere faueur, à laquelle toutes leurs autres excellences doiuent contribuer: De mesme ces gráds Politiques ont de coûtume de couronner leur ministere par les plaisirs publics, & de faire que leurs plus glorieux trauaux ne soient que des moyens, ou des pretextes pour donner aux Peuples qu'ils gouuernent, tous les diuertissemens imaginables. Leurs victoires ne se marquent que par des iours de Festes, & par des Ieux. Toutes les dépoüilles & les richesses des Estrangers ne s'apportent des extremitez de la terre, que pour composer la pompe & les decorations des Spectacles, & les Sciences les plus curieuses ne sont cultiuées, que pour produire des Hommes capables d'en inuenter, & de les entretenir.

Aussi, quelles marques plus sensibles, & plus generales pourroit-on donner de la grandeur d'vn Estat, que ces illustres diuertissemens? C'est par là que durant la paix on fait paroistre qu'il a beaucoup de richesses superfluës, beaucoup d'Hommes inutiles sans luy estre à charge, beaucoup de iours exempts des occupations necessaires à l'entretien d'vn si grand Corps, beaucoup d'Esprits ciuilisez & fertiles en toutes sortes d'inuentions, & beaucoup d'habiles Ouuriers pour executer les plus ingenieuses pensées. Toutes les Republiques de Grece auoient chacune leurs Festes & leurs Ieux, où les autres Grecs estoient comme obligez d'assister, afin qu'elles parussent toutes égales en magnificence, aussi bien qu'en puissance, & en autorité. Et si les Republiques d'Italie n'ont pas esté du pair auec Rome, au moins ont-elles monstré par leurs Circques, & par leurs Theatres particuliers, que cedant toutes à cette Maistresse du monde, elles n'estoient en rien moindres les vnes que les autres.

Mais quand durant la guerre on continuë ces Ieux dans vn Estat, c'est donner des témoignages bien signalez, qu'il a des tresors inépuisables & des Hommes de reste; Que les perils & les trauaux d'vne Campagne qui vient de finir, & d'vne autre qui commencera bien-tost, ne changent, ni l'esprit, ni l'humeur, ni le courage de ceux qui composent ces armées; Qu'ils sont rauis d'entreprendre les grandes choses dans la belle saison, puis qu'ils en voyent les images durant l'hyuer auec tant de plaisir; Que leurs Conquestes peuuent bien contribuer à leur gloire, & non pas à leur felicité qui semble leur estre desia toute acquise; Et que les auantages de leurs Ennemis leur sont si peu considerables, que la ioye publique n'en est pas seulement alterée.

Ce fut pour cela que les Atheniens ayant receu dans le Theatre la nouuelle de la défaite entiere de leur armée deuant Syracuse, n'en voulurent pas interrompre les Ieux, & les Ambassadeurs estrangers qui assistoient à ce Spectacle, & qui considererent cette action, admirerent leur generosité plus difficile à vaincre que leur Republique. Et si nous parlons sainement de ce qui se passa sous le ministere du grand Cardinal de Richelieu durant plusieurs années dans Paris, & dans Vienne, ces deux fameux sieges de deux Empires ialoux, nous dirons que ces deux grandes Villes par leurs Magnificences, par leurs Comedies, par leurs Balets incomparables, & par tous leurs diuertissemens superbes & pompeux, se sont efforcées de faire croire à tout le monde, que tous les éuenemens de la guerre sont indifferens à leur bonne ou à leur mauuaise Fortune.

Il ne faut pas s'imaginer pourtant, que les Spectacles ne puissent rien donner qu'vne splendeur vaine & inutile. C'est vne secrette instruction des choses les plus necessaires au Peuple & les plus difficiles à luy persuader. Car pour les Spectacles où sont imprimées quelques images de la guerre, ils accoûtument peu à peu les Hommes à manier les armes, ils leur rendent familiers les instrumens de la mort, & leur inspirent insensiblement la fermeté de cœur contre toutes sortes de perils. D'ailleurs la vanité gagne souuent sur l'esprit humain ce que la raison ne pourroit peut-estre pas obtenir, & cette ialouse humeur dont il ne se peut dépoüiller, y fomente continuellement ie ne sçay quel desir de vaincre, qui l'anime, qui l'échauffe & qui l'emporte au de là de ses foiblesses naturelles. D'où vient que la gloire qu'vn autre reçoit pour auoir fait quelque honneste action en public, & le recit éclattant des vertus heroïques de ceux-là mesmes qui ne sont plus, nous donnent toûjours quelque presomptueuse croyance, que nous sommes capables d'en faire autant. Cette presomption deuient incontinent apres enuieuse. Cette enuie qui tient plus de la bonne émulation que de la malignité, produit en nous vn noble desir d'acquerir l'honneur que nous ne pouuons refuser aux autres. Et ce noble desir de les imiter nous éleue le courage à tout entreprendre pour en venir à bout.

Pour les Spectacles qui consistent autant dans les discours que dans les actions, comme furent autres-fois les disputes de Theatre entre les Poëtes Epiques ou Dramatiques, ils sont non seulement vtiles, mais absolument necessaires au peuple pour l'instruire, & pour luy donner quelque teinture des vertus morales. Les esprits de ceux qui sont du dernier Ordre, & des plus basses conditions d'vn Estat, ont si peu de commerce auec les belles connoissances, que les maximes les plus generales de la Morale leur sont absolument inutiles. C'est en vain qu'on les veut porter à la vertu par vn discours soûtenu de raisons & d'autorités, ils ne peuuent comprendre les vnes, & ne veulent pas déferer aux autres.

Il y a certes bien loin de la capacité de ces Ames vulgaires aux sublimes speculations des Sçauants & aux distinctions ingenieuses des Philosophes. *Que la Felicité consiste moins dans la possession des choses, que dans le mépris; Que la Vertu ne cherche point d'autre recompense que soy mesme; Qu'il n'y a point d'interest assez grand pour obliger vn Homme d'honneur à faire vne lâcheté.* Toutes ces veritez de la Sagesse sont des lumieres trop viues pour la foiblesse de leurs yeux. Ce sont des Paradoxes pour eux, qui leur rendent la Philosophie suspecte, & mesme ridicule. Il leur faut vne instruction bien plus grossiere. La raison ne les peut vaincre, que par des moyens qui tombent sous les sens. Tels que sont les belles representations de Theatre que l'on peut nommer veritablement l'Ecole du Peuple.

La principale regle du Poëme Dramatique, est que les vertus y soient toûjours recompensées, ou pour le moins toûjours loüées, mal-gré les outrages de la Fortune, & que les vices y soient toûjours punis, ou pour le moins toûjours en horreur, quand mesme ils y triómphent. Le Theatre donc estant ainsi reglé, quels enseignemens la Philosophie peut-elle auoir qui n'y deuiénent sensibles? C'est là que les plus grossiers apprennent, que les faueurs de la Fortune ne font pas de vrays biens, quand ils y voyent la ruine de cette royalle Famille de Priam. Tout ce qu'ils entendent de la bouche d'Hecube, leur femble croyable, parce qu'ils en ont la preuue deuant les yeux. C'eſt là qu'ils ne doutent point que le Ciel ne puniſſe les coupables par l'horreur de leur forfait, quand Oreſte bourrelé de ſa propre conſcience, y fait ſes plaintes, & paroiſt agité publiquement de ſa fureur. C'eſt là que l'Ambition paſſe deuant eux, comme vn grand mal, quand ils conſiderent vn Ambitieux plus trauaillé par ſa paſſion que par ſes Ennemis, violer les loix du Ciel & de la Terre, & tomber en des mal-heurs inconceuables, pour auoir trop entrepris. C'eſt là qu'ils reconnoiſſent l'Auarice pour vne maladie de l'ame, quand ils regardent vn Auaricieux perſecuté d'inquietudes continuelles, de ſoins extrauagants, & d'vne indigence volontaire au milieu de ſes richeſſes. Enfin c'eſt là qu'vn Homme ſuppoſé les rend capables de penetrer dans les plus profonds ſentimens de l'humanité, touchant au doigt & à l'œil, s'il faut ainſi dire, dans ces peintures viuantes des veritez qu'ils ne pourroient conceuoir autrement. Mais ce qui eſt de remarquable, c'eſt que iamais ils ne ſortent du Theatre, qu'ils ne remportent auec l'idée des perſonnes qu'on leur a repreſentées, la connoiſſance des vertus & des vices, dont ils ont veu les exemples. Et leur memoire leur en fait des leçons continuelles, qui s'impriment d'autant plus auant dans leurs esprits qu'elles s'attachent à des obiets sensibles, & presque toûjours presens.

D'ailleurs comme il y a toûjours dans vn Estat vne infinité de gens qui demeurent oysifs, ou parce qu'ils ne sont pas d'humeur assez laborieuse, ou parce que leur employ n'est pas continuel, cette faineantise les porte ordinairement ou à s'abandonner à des débauches honteuses & criminelles, ou à consumer en peu d'heures ce qui pourroit suffire à l'entretien de leur famille durant plusieurs iours. Et ils se trouuent souuent contraints de faire de mauuaises actions pour soûtenir leurs débauches, ou pour remedier à leur necessité pressante. Or à mon auis, l'vn des plus dignes soins de la bonté d'vn Souuerain enuers ses Suiets, est de les empécher tant qu'il peut d'estre oysifs. De sorte que comme il seroit bien mal-aisé, & qu'il ne seroit pas mesme raisonnable de leur imposer des trauaux cōtinuels; il leur faut donner les Spectacles, comme vne occupation generale pour ceux qui n'en ont point. Le plaisir les y attire sans violence, les heures de leur repos s'y écoulent sans regret, ils y perdent toutes les pensées de mal faire, & leur oysiueté mesme s'y trouue occupée.

Ainsi, soit par la consideration de la ioye qui fait le plus grand bien des Hommes, & sans lequel tous les autres n'ont point de douceur;

Comœdias & Tragœdias otiosis damus: nemo enim in Theatrum venit qui non libens velit id temporis amittere. Scalig. l. 3. c. 124. poët.

ceur, soit pour faire paroistre la grandeur d'vn Estat dans la paix, ou durant la guerre, soit pour inspirer au Peuple, le courage, ou pour l'instruire insensiblement en la connoissance des vertus, soit pour remedier à l'oisiueté, l'vn des plus grãds maux qui puisse estre dans vn Estat, les Souuerains ne peuuent rien faire de plus auantageux pour leur gloire, & pour le bien de leurs Suiets, que d'établir, & d'entretenir les Spectacles & les Ieux publics auec vn bel ordre, & auec des magnificences dignes de leur Couronne.

Il faut bien certes que les Spectacles soient tres-importans au gouuernement des Estats; puisque la Philosophie des Grecs, & la Maiesté des Romains ont égalemẽt appliqué leurs soins pour les rendre venerables & éclattans. Ils les rendirent venerables en les consacrant toûjours à quelqu'vn de leurs Dieux, & les mettant sous la charge des premiers Magistrats ᵃ de leurs Republiques : Et ils les rendirent éclatans en tirant la dépẽse qu'il y falloit faire, des tresors publics, & de la bourse des Magistrats qui s'efforçoient d'y reüssir à l'enuy les vns des autres, pour ~~rendre leurs ministeres plus considerables~~. Souuent mesme les grands Seigneurs les donnoient au Peuple pour concilier sa bien-veillance, Et afin que ces Ieux fussent mieux receus, ils obligeoient d'y trauailler tous ceux qui pouuoient contribuer à leur excellence. Ils faisoient venir

Xiphil. in Adrian.

des païs estranges toutes les personnes, & toutes les choses capables d'en augmenter les plaisirs. Ils auoient des Couronnes pour les vainqueurs en toute sorte d'exercices, & des Statuës pour ceux qui auoient donné ces Spectacles auec des magnificences extraordinaires.

C'estoit peu neantmoins pour ces illustres victorieux que de iouïr ainsi des plaisirs publics, s'ils n'en eussent fait part à toutes les autres Nations. Les Grecs les porterent dans l'Asie, & les Romains dans l'Afrique, & dans l'Europe. Ils ne voulurent pas seulement donner leurs Dieux & leurs loix aux peuples qu'ils auoient soûmis, ils y ajoûterent encore les Ieux, & les Spectacles, pour faire voir que leur Domination n'estoit pas tyrannique, mais bien-faisante: Qu'ils n'auoiét pas pris les armes pour détruire les Peuples, mais pour les rendre heureux ; Et qu'ils eussent troué quelque chose à redire à leur felicité, s'ils ne l'eussent communiquée à toute la terre. Le Theatre de Sardis en l'Asie Mineure, celuy de Cartage en Afrique, & ceux de Douay, de Nismes, & d'Autun dans les Gaules, en sont des témoignages encore viuans ; bien qu'il ne nous en reste que de vieilles ruines. Et lors que le grand Constantin transporta le Siege de l'Empire dans cette Ville celebre, par les bâtimens qu'il y fit, & par son nom qu'il luy donna, il y voulut aussi trásporter les Ieux du Cirque & du Theatre; afin de monstrer qu'il n'y vouloit pas seulement établir la puissance & la richesse, mais aussi tous les contentemens qu'vn Souuerain pouuoit donner à son Peuple.

Mais ils ne se contenterent pas de les porter ainsi par tout le monde. Ils s'efforcerent de les rendre eternels, afin de rendre leurs Conquestes non seulement glorieuses par la memoire des grandes choses qu'ils auroient faites; mais toûjours sensibles par ces agreables monumens. C'est pour cela qu'ils firent dresser autrefois auec tant d'art ces Edifices majestueux, ces Cirques, ces Theatres & ces Amphitheatres, qu'ils firẽt bâtir de marbre, & d'autres materiaux capables en apparence de resister à la fureur du téps.

Mais comme si l'homme imprimoit les caracteres de sa mortalité dans tous les ouurages qui sortent de sa main, ces superbes Monumens, ces Cirques, ces Theatres, & ces Amphitheatres, qui sembloient promettre l'immortalité à laquelle ils estoient consacrez, ont enfin rencontré leur cheute & leur destinée. Le torrent des siecles qui renuerse toutes choses, qui les dissipe, les entraîne & les engloutit nous laisse à peine la connoissance de leur figure dans quelques vieux restes de bâtiments démolis. La raison mesme a secondé la fureur du Temps, & s'est en quelque façon interessée dans la ruïne d'vne partie des Spectacles anciens. Les Combats à outrance

B ij

d'homme à homme, & des hommes contre les bestes farouches, ne sont point venus iusqu'à nous; parce qu'ils estoient contraires à l'humanité que l'Euangile a conseruée, comme vn fondement de la Charité Chrestienne. Cette mesme consideration fit cesser les Naumachies, où l'on voyoit des Batailles Nauales de quinze à vingt mille Hommes, & la dépense en estoit si grande, que l'Empire Romain semble en auoir esté seul capable. Car pour ce qui nous en reste dans ces petits Combats qui se font sur l'eau en plusieurs endroits de ce Royaume, ce n'en est qu'vne image bien legere & peu digne des soins d'vn Grand Prince. Les courses des chariots auec les autres Ieux du Cirque ont enfin esté negligez pour estre inutiles. Les Courses de Bague & les Combats à la Barriere qui leur succederent en quelque sorte, se sót perdus aussi peu à peu par la mesme raison, la Lance n'estant plus en vsage dans la Guerre, non plus que les Chariots. Car pour les courses d'Hommes & de bestes, de Taureaux & de Lions qui se font encore en Italie, elles doiuent estre plustost mises entre les boufonneries, & les choses ridicules, que comparées à celles qui se faisoient dans l'Antiquité.

 Le Iauelot n'est plus de seruice & pour cela nous auons méprisé l'Exercice où l'on acqueroit l'adresse de le jetter, & de s'en bien seruir contre ses Ennemis.

DV THEATRE, LIV. I.

Le Disque ou Palet n'est plus maintenāt qu'vn Ieu de valets, sans art & sans honneur.

L'Escrime des poins ou le combat des Cestes, nous a semblé propre seulement à la dureté des Sauuages, & ce seroit, à mon auis, vne mauuaise galenterie pour la Cour de France,

Le Ieu de paume ou *Sphæromachie*, n'a plus rien de sa maniere ni de sa gloire ancienne. Il est tellement changé qu'il n'est plus reconnoissable, & n'y ayant plus de Couronnes, ni de Palmes pour les vainqueurs, il est deuenu vn passe-temps volontaire.

Agonot. Fabr. l. 1. 6.

Quant aux Atheletes ou Lutteurs, ils sont demeurez en peu de Prouinces; parce qu'il estoit contre l'honnesteté, non seulement que des hommes, mais aussi que des femmes toutes nuës fissent publiquement de leur force ou de leur beauté vn Spectacle de turpitude. Et dans les lieux où la Lutte s'est conseruée, l'on n'y reçoit plus les Femmes. Ainsi la Lutte en perdant sa premiere honte, a perdu sa premiere splendeur, n'estant plus rien qu'vn ébatement ridicule, & non pas vn exercice glorieux & reglé, pour lequel mesme il falloit mener vne vie toute particuliere.

Petr. Fabr. in Agon. passim. Suet. in Domit. c. 4. & pugnas fœminarum dedit &c. Mart. l. 1. Stat. Sylu. & Iuuenal. Sa- tyr

Il en est arriué tout autant de ces fameux Combats de l'Amphitheatre, où l'on amenoit des extremitez de la terre, toutes sortes de bestes farouches pour les faire égorger les vnes par les au-

B iij

tres. Car de voir battre maintenant parmy nous des Dogues côtre vn Lion, qu'vn Basteleur traîne de Prouince en Prouince pour gagner du pain, & les autres combats de Bestes qui sont encore en Italie, comme des restes de l'Amphitheatre, ce sont des choses insuportables, impertinentes & tout à fait indignes de la grandeur de ce Royaume.

Les feux de ioye ont eu vne meilleure destinée. Car si les nostres n'ont pas gardé l'ordre ni l'artifice qu'ils auoient parmy les Anciens, ils ne sont en rien décheus de leur premiere magnificence. I'en puis dire autant des Balets dont nous auons toûjours assez heureusement conserué l'éclat, encore que nôtre maniere de dancer n'ait presque rien de commun auec celle des Grecs, & des Romains. Mais ceux que nous auons veu à Paris, dont les merueilles ont receu l'applaudissement vniuersel, & ont merité l'admiration des deux plus grands Roys de l'Europe, & de toute leur Cour: Ces Balets, dis-ie, où l'on a representé par deux fois toute la machine du monde, les Cieux, la Mer, la Terre & les Enfers surpassent sans mesure tout ce que nous pouuons rencontrer de ces illustres Diuertissemens dans les Memoires de l'Antiquité.

Pour le Theatre, il n'a pas esté plus heureux que le Cirque. Car sans parler des autres Spectacles qui s'y donnoient au Peuple, l'Art de com-

poser les Poëmes Dramatiques, & de les represe-
ter, séble auoir eu la mesme destinée que ces superbes Edifices, où les Anciens les ont tant de
fois admirez. Il a suiuy leur cheute, & a long-
temps esté comme enseueli sous les ruïnes d'A-
thenes & de Rome. Et quand on l'a releué dans
les derniers temps pour le faire reuiure en ce
Royaume, il a paru comme vn corps deterré,
hideux, difforme, sans vigueur & presque sans
mouuement. Les pieces de Theatre estoient lors
sans doctrine, & sans autre agrément que celuy
de la nouueauté. La composition sans art, & les
vers sans politesse : Les Acteurs n'auoient aucune intelligence du mestier qu'ils entreprenoiét.
Les representations estoient toutes deffectueu-
ses, & les ornements ridicules. Iusques-là mesme qu'ils n'auoient pas seulement vne toile
peinte pour couurir les personnages qui deuoiét
disparoistre, & l'on tenoit pour absens ceux qui
ne se mettoient point en estat de parler.

Il est vray que dans nostre Siecle nos Poëtes
ayant repris le chemin du Parnasse sur les routes
d'Euripide & de Terence, & s'estant trouué des
Acteurs dignes de tenir la place d'Esope ce fameux Ioüeur de Tragedies, & de Roscius ce
celebre Comedien; La Scene a repris vn nouueau visage, & les rides que sa vieillesse luy auoit
imprimées sur le front, ont perdu beaucoup
de leur difformité. Heureuse de n'auoir pas esté

*Nunc in Gal-
lia ita agant
fabulas, ut
omnia in con-
spectu sint v-
niuersus. ap-
paratus dis-
positus subli-
mibus sedi-*

bus persona desagreable au plus merueilleux Esprit du mon-
ipsa nunquā de : je veux dire au Grand Cardinal de Riche-
discedunt, qui lieu, & d'auoir encore eu assez d'agrément pour
silent, pro ab- meriter ses graces. Car ce fut par ses liberali-
sentib. habet. tez qu'elle receut de nouuelles forces, & qu'el-
Scalig.lib.1.c. le commença de rentrer dans ses anciens droits,
21. Poët. sa premiere beauté, sa noblesse & sa splendeur.
Et ce fut par ses soins que tout ce que l'Antiquité vid iamais de sçauant, d'ingenieux & de
magnifique, reuint peu à peu sur nostre Theatre.

Il faut pourtant confesser que le Theatre
estoit tombé d'vn si haut point de gloire, dans
vn si profond mépris, qu'il estoit bien difficile
de le restablir entierement, & que dans sa cheute il a receu de si grandes playes, qu'elles ne pouuoient estre gueries qu'auec beaucoup de temps
& de peines. Mais puisque la mesme main qui
luy auoit fait vn si bon accueil, n'a pas acheué son rétablissement, il n'y a guere d'apparence qu'il arriue jamais à sa perfection, & qu'il se
soûtienne mesme long-temps. Et sa recheute
sera d'autant plus dangereuse, qu'il ne se trouue pas en tous les Siecles des Genies pourueus
de la suffisance, de la liberalité, de la pureté des
mœurs, & des autres qualitez necessaires à ce
dessein. La vie de ce Grand Homme a fait le
Siecle des grandes & des nouuelles choses. Toutes celles qui n'ont point acquis sous luy leur
perfe-

perfection ni l'affermiſſement de leur Eſtat, auront peine à rencontrer l'occaſion de le pouuoir faire. Auſſi n'appartenoit-il à perſonne de donner à la France ces plaiſirs legitimes, qu'à celuy-là meſme qui multiplioit de iour en iour ſes Palmes & ſes Lauriers. Il eſtoit bien iuſte que celuy qui s'eſtoit rendu ſemblable aux Ceſars & aux Pompées dans ſes victoires, les imitât encore en la reſtauration du Theatre & de ces illuſtres diuertiſſements. Et la gloire & la grandeur des Spectacles ne pouuoit mieux venir que de celuy qui s'eſtoit rendu luy-meſme le plus glorieux & le plus grand Spectacle du Monde.

Auſſi ce fut pour luy complaire que ie dreſſay la Pratique du Theatre qu'il auoit paſſionnément ſouhaitée, dans la croyance qu'elle pourroit ſoulager nos Poëtes de la peine qu'il leur euſt fallu prendre, & du temps qu'il leur euſt fallu perdre, s'ils euſſent voulu chercher eux meſmes dans les Liures, & au Theatre les Obſeruations que i'auois faites. Et ce fut encore par ſon ordre que ie fis vn proiet pour le rétabliſſement du Theatre François, contenant les cauſes de ſa decadence, & les remedes qu'on y pouuoit apporter. Et le deſſein luy en fut ſi agreable, & il conceut tant d'eſperance de le faire reuſſir, qu'il m'auoit obligé de commencer à traitter dans toute ſon étenduë ce que ie n'auois

fait que toucher sommairement, & qu'il se-
stoit engagé d'employer à l'execution de ce
dessein tout son pouuoir & ses liberalitez. La
mort de ce Grand Homme a fait auorter ces
deux Ouurages. Mais voicy le premier que
i'abandonne tel qu'il est aux sollicitations
de mes Amis. Et pour le second, ie me con-
tenteray d'en donner au Public ce simple proiet,
n'estimant pas à propos d'en mettre au iour six
ou sept Chapitres, qui furent tracez dés ce temps
là, qui sont encore imparfaits & mal ordonnez.

CHAPITRE II.

Du Dessein des deux Ouurages.

LA gloire où s'est eleué le Theatre François depuis quelque temps fera peut-estre
croire que ce Discours est entierement inutile,
& que nos Poëtes ayant donné tant de Poëmes
au Public auec vne approbation generale, ne
peuuent tirer aucun auantage d'vne instruction qui n'est que le remede à des defauts ausquels ils ne sont plus suiets. Aussi ie n'ay pas la
vanité d'entreprendre cét Ouurage pour les
auertir de ce qu'ils pratiquent tous les iours si
heureusement, ni pour corriger des fautes qu'ils

ne font plus capables de faire. I'écris seulement pour faire connoiſtre au Peuple, l'excellence de leur Art, & pour luy donner ſuiet de les admirer, en monſtrant combien il faut d'addreſſe, de ſuffiſance, & de precautions pour acheuer des Ouurages qui ne donnent à nos Comediens que la peine de les reciter ; & qui rauiſſent de Ioye ceux qui les écoutent. En quoy, certes, il me ſemble que ie pourray contribuer quelque choſe, non ſeulement à la gloire de nos Poëtes ; mais encore au plaiſir de tout le Monde. Car on goûte auec plus de ſatisfaction les belles choſes, quand on peut découurir les raiſons qui les rendent agreables. Et comme nous auons plus d'admiration pour les Pierres precieuſes, quand auec leurs nobles qualitez naturelles nous conſiderons à combien de perils s'expoſent ceux qui nous les apportent : Ie me ſuis perſuadé que l'on auroit plus d'admiration & de ioye dans la repreſentation des merueilleux Poëmes de nos Theatres, quand par la connoiſſance des regles qu'il y faut obſeruer, les Spectateurs penetreront dans toutes leurs beautez, & conſidereront combien de Meditations, de Veilles, & de Reflexions elles ont cousté à ceux qui nous les donnent. Mais on s'étonnera ſans doute de voir vn ſi petit Diſcours pour vn deſſein ſi grand & ſi peu connu, que les raiſons n'y ſoient traittées que ſuperficiellement, que les autoritez & les exemples y soient rares & seulement touchez comme en passant, & qu'il soit par tout sans ornement, sans aucune periode aiustée, sans aucune comparaison acheuée, & sans aucun artifice qui puisse luy procurer vn accueil assez fauorable. A quoy ie pourrois dire premierement que c'est vne instruction qui par tant doit estre toute nuë, intelligible & sans autre grace que la verité. Mais la plus puissante excuse de ce defaut est en ma personne. Vn si noble & si curieux dessein demande vn esprit plus vaste & plus ingenieux que le mien, & vne santé plus capable d'estude & de trauail que la mienne. Ce que ie donne au Public, n'est pas vn Traitté; mais vn Sommaire où i'expose simplement les Obseruations que i'ay faites sur ce suiet, sans entrer dans aucune contestation auec les modernes, dont les sentimens sont peut-estre plus raisonnables que les miens, sans m'arrester à l'explication de plusieurs autoritez qui feroient de beaux Entretiens, & sans aller au delà de mes premieres pensées. Tout ce que l'on doit voir icy n'est que l'abbregé des matieres que i'auois resolu de traitter plus au long, si plusieurs considerations ne m'en auoient osté la force & la volonté. Que si par hasard on remarque des endroits vn peu mieux soûtenus que les autres, c'est que ie n'ay rien voulu retrancher de mes Memoires, & que mes Amis les ont exigez de moy tels qu'ils estoient auec la foiblesse, l'imperfection, & l'inégalité où l'Esprit s'emporte auec déreglement, dans les premieres ardeurs, quand on fait le Plan d'vn grand Ouurage. Si l'on y trouue quelque chose de raisonnable, ie ne me repentiray point de l'auoir tiré des tenebres, ou pour dire plus vray de l'auoir sauué des flammes où ie l'auois condamné. Et quand on ne pourroit en approuuer la briefueté, l'ordre ni le fonds, il arriuera peut-estre qu'vn autre plus laborieux, & plus heureux rencontrant le chemin ouuert, & le secours de quelque illustre Protecteur, passera iusqu'à des perfections que ie n'ay pas seulement imaginées.

CHAPITRE III.

De ce qu'il faut entendre par Pratique du Theatre.

IL semblera peut-estre qu'il y ait de la temerité, ou du moins qu'il soit entierement inutile d'écrire de la Poësie, apres tant d'excellens Auteurs Anciens & Modernes qui nous en ont donné des Traittez assez amples, & remplis de toutes sortes de doctrine, & qui principalement ont trauaillé sur la Poësie Dramatique, comme la plus difficile, & la plus agreable. Mais si l'on peut croire auec Seneque que toutes les choses veritables ne font pas encore dites, on le peut asseurer au sujet que i'entreprens. Car tout ce que i'ay pû voir iusques icy touchant le Theatre, en contient seulement des Maximes generales, qui n'en est proprement que la Theorie. Mais pour la Pratique & l'application de ces grandes instructions, ie n'en ay rien trouué; & i'ose dire que la plufpart des Difcours que nous en auons, ne font que des Paraphrafes, & des Commentaires d'Aristote auec peu de nouueautez, & auec beaucoup d'obfcurité.

Ie ne pretends pas m'arrefter icy à fatisfaire les vaines penfées de quelques Grammairiens Critiques, & de quelques fcrupuleux Logiciens, qui peut-eftre ne voudroient pas admettre cette diftinction dans vn Art dont tous les preceptes ne regardent que la Pratique. Car les raifonnables Sçauants l'approuueront fans doute, puis qu'il eft toûjours permis de diftinguer dans vn Art, la connoiffance des Maximes & leur vfage, comme dans toutes les Sciences pratiques. Outre que dans l'execution des preceptes generaux, il y a diuerfes obferuations à faire, dont on ne parle point quand on enfeigne l'Art, & qui font neantmoins tres-importantes. Ainfi l'Architecture deffeigne les grandes beautez des baftimens, leurs nobles proportions & toutes leurs magnificences ; mais elle n'exprime pas mille petits vfages neceffaires, & dont le Pere de Famille doit prédre vn foin particulier, quand il met la main à l'œuure. Ainfi l'Art de iouër du Luth, s'il eftoit reduit en regles, ne pourroit enfeigner que des chofes generales, le nombre des cordes & des touches, la maniere de faire les accords & les paffages, les tremblemens, & les mefures ; mais il faudroit toûjours apprendre des Maiftres, dans l'execution, la delicateffe de pincer la corde diuerfement, d'alterer vn peu les mefures auec grace, de donner vn beau mouuement à fon Ieu, & mille autres particularitez que peut-eftre on negligeroit, ou qu'il feroit bien mal-aifé d'écrire. Il en eft arriué de mefme du Theatre. On a traitté fort au long l'Excellence du Poëme Dramatique, fon Origine, fon Progrez, fa Definition, fes Efpeces, l'Vnité de l'Action, la Mefure du temps, la Beauté des euenemens, les Sentimens, les Mœurs, le Langage, & mille autres telles matieres, & feulement en general. C'eft ce que i'appelle la Theorie du Theatre. Mais pour les Obferuations qu'il falloit faire fur ces premieres Maximes, comme l'addreffe de preparer les incidens, & de reünir les temps & les lieux, la Continuité de l'Action, la Liaifon des Scenes, les Interualles des Actes, & cent autres particularitez, il ne nous en refte aucun Memoire de l'Antiquité, & les Modernes en ont fi peu parlé, qu'on peut dire qu'ils n'en ont rien écrit du tout. Voilà ce que i'ap-

LA PRATIQVE

pelle la Pratique du Theatre.

Mais si les Anciens n'ont rien écrit de la Pratique du Theatre, c'est peut-estre à cause qu'elle estoit commune de leur temps, & qu'ils ne croyoient pas qu'elle deust iamais estre ignorée. Aussi pour peu qu'on life leurs Ouurages, & qu'on fasse reflexion sur l'addresse dont ils se seruent par tout, il est aysé de la decouurir. Mais la pluspart des Modernes l'ont ignorée pour auoir méprisé les Poëmes de ces grands Maistres. Ou s'ils les ont veu, ils ont negligé d'en obseruer les delicatesses, & d'y considerer l'art dont ils entreprenoient neantmoins de faire des Chef-d'œuures. Car il faut poser pour vne Maxime indubitable, que iamais personne ne sera sçauant dans la Poësie Dramatique, que par le secours des Anciens, & que dans le seul examen de leurs Pieces.

CHAPITRE IV.

Des Regles des Anciens.

IE fus certes bien surpris, il y a quelques années, de voir en grande estime dans Paris, & mesmes à la Cour, des Poëmes Dramatiques, dont il n'y auoit pas seulement vne Scene qui ne péchast en quelque chose contre la vray-semblance. Mais ie le fus bien dauantage, lors que

[marginalia left:]
† Corneille a fait tout son — dernier volume, auant que de sçauoir qu'il y eût — art pour composer des Tragedies, comme il l'aduoüe — en son examen sur la Melite. — Il n'a pas compris — & comment un — homme est assez — hardy pour vouloir — trauailler à des — ouurages dont il n'a aucune connoissance, — y ce que l'on en — doit attendre, de — reguliers et de bien — conduits, quand non seulement il n'en — sçait pas les regles, — mais qu'il ne sçait pas — mesme qu'il y en a. — Car il faut &c.

† contre le bon sens.

que voulant parler de ces deſordres, & expliquer les moyens d'y reüſſir plus raiſonnablement, ie vis que mes diſcours eſtoient pris pour les réveries d'vn melancolique qui s'imaginoit ce qui ne fut iamais, & ce qui ne pouuoit eſtre. Toutes les regles des Anciens dont ie pretendois qu'il falloit ſuiure la conduitte pour faire éclatter toutes les beautés du Theatre, eſtoient reiettées, comme des nouueautez que l'on voudroit introduire dans le gouuernement de l'Eſtat, ou dans les myſteres de la Religion. Il ne falloit point demander, Combien de temps duroit vne action que l'on repreſentoit, En quel lieu ſe paſſoient toutes les choſes que l'on voyoit, ni combien la Comedie auoit d'Actes? Car on répondoit hardiment, Qu'elle auoit duré trois heures, Que tout s'eſtoit fait ſur le Theatre, & Que les Violons en auoient marqué les interualles des Actes. Enfin c'eſtoit aſſez pour plaire, qu'vn grand nombre de Vers recitez ſur vn Theatre portaſt le nom de Comedie. Mais m'eſtant aduancé dans la connoiſſance des Sçauants de noſtre Siecle, i'en rencontray quelques-vns aſſez intelligents au Theatre, principalement dans la Theorie & dans les Maximes d'Ariſtote, & d'autres qui s'appliquoient meſmes à la conſideration de la Pratique, & tous enſemble approuuerent les ſentiments que j'auois de l'aueuglement volontaire de noſtre Siecle, & m'ayderent beaucoup à confondre l'opiniastreté de ceux qui refusoient de ceder à la raison. Si bien que peu à peu le Theatre a changé de face, & s'est perfectionné iusqu'à ce point, que l'vn de nos Auteurs les plus celebres a confessé plusieurs fois, & tout haut, qu'en repassant sur des Poëmes qu'il auoit donnez au Public auec grande approbation, il y a dix ou douze ans, il auoit honte de luy-mesme, & pitié de ses Approbateurs. I'ay neantmoins eu le mal-heur d'auoir encouru pour cela la disgrace de quelques petits Auteurs qui ne se sentoient pas assez forts d'estude & de genie pour suiure l'Art du Theatre dans l'excellence qu'il acqueroit, & de m'estre attiré la haine d'vne partie de nos Comediens : Car leur dessein n'estant que de profiter de leur honte, & non pas de se rendre habiles en leur Mestier, ils se sont imaginez que la rigueur des regles (c'est ainsi qu'on en parloit au commencement) rebuteroit les petits Auteurs, & retarderoit de beaucoup le trauail des autres. De sorte qu'ils pensoient courir fortune de se voir bien-tost réduits à prendre quelque honneste employ, faute de Pieces nouuelles à mettre sur le Theatre. Mais le succés a confondu cette ignorance. Car on ne vit iamais tant de Poëmes Dramatiques, ni de plus agreables, que depuis ce temps, encore que nous n'ayons plus de Valerans, de Veautrays ni de Mondorys pour Acteurs.

Neantmoins parce qu'il s'est rencontré des Esprits bien faits, qui pour estre peu versez dans l'Antiquité, ont voulu soûtenir auec quelque apparence de raison, les erreurs de nostre Siecle: ie suis obligé de répondre pour leuer leur scrupule, & pour satisfaire à beaucoup de gens qui ne peuuent encore se détromper que tres mal aisément. Voicy donc cinq Obiections que l'on m'a faites ordinairement contre les Regles des Anciens.

Premierement qu'il ne faut point se faire de Loy par exemple, & que la Raison doit toûjours préualoir sur l'Autorité.

Secondement que les Anciens mesmes ont contreuenu souuent à leurs propres regles.

Troisiémement que l'on auoit mis sur le Theatre en nostre langue, des Poëmes Anciens qui auoient esté tres mal receus.

En quatriéme lieu qu'on auoit donné de grands applaudissemens à des pieces de nos Modernes, quoy qu'elles fussent entierement contre ces Regles.

Et qu'enfin si ces rigoureuses Maximes s'obseruoient toûjours, on perdroit souuent au Theatre les plus grandes beautez des Histoires veritables; parce que les plus notables euenemens en arriuent d'ordinaire en diuers temps & en diuers lieux.

Quant à la premiere Obiection, ie dis que les

Regles du Theatre ne font pas fondées en autorité, mais en raifon. Elles ne font pas établies fur l'exemple, mais fur le Iugement naturel. Et quand nous les nommons l'Art, ou les Regles des Anciens, c'eft parce qu'ils les ont pratiquées auec beaucoup de gloire, apres diuerfes Obferuations qui ont efté faites fur la Nature des chofes Morales, fur la vray-femblance des actions humaines & des euenements de cette vie, fur le rapport des Images aux veritez, & fur les autres circonftances qui pouuoient contribuer à reduire en Art ce genre de Poëme, qui s'eftoit acheué fi lentement, encore qu'il fuft fi commun parmy eux, & fi bien receu par tout. C'eft pourquoy dans tout ce Difcours i'allegue fort rarement les Poëmes des Anciens; & fi ie les rapporte, ce n'eft feulement que pour faire voir l'addreffe dont ils fe feruoient dans la Pratique de ces regles, & non pas pour autorifer mes fentiments.

La Seconde, à mon aduis, n'eft pas confiderable: Car la raifon eftant femblable par tout à elle-mefme, elle oblige tout le Monde. Et fi les Modernes ne fe peuuent difpenfer des regles du Theatre fans pecher, les Anciens ne l'ont pû faire, & s'ils y ont contreuenu, ie ne les veux pas excufer. Mes Obferuations fur Plaute font affez connoiftre que ie ne veux propofer les Anciens pour modelle, qu'aux chofes qu'ils ont fait rai-

Non omnia ad Homerum referenda tāquam ad normam cenfeo, fed & ipfum ad normam. Scalig. l. 1. c. 5.

sonnablement. Outre que leur Exemple sera toûjours vn mauuais pretexte pour faillir. Car il n'y a point d'excuse contre la raison. Aux choses qui ne sont fondées qu'en vsage, comme en la Grammaire, & l'Art de faire vn vers auec les longues & les bréues, les Sçauants peuuent prendre quelque licence contre la Pratique, & mesme peuuent estre imitez en suite : parce qu'en telles occasions la coûtume a souuent fait passer en regle vne mauuaise chose. C'est ce que disent les Hebreux en commun Prouerbe. Que les Sçauants ne font iamais de fautes qu'elles ne soient sçauantes. Mais en tout ce qui depend de la raison & du sens-commun, comme sont les regles du Theatre, la licence est vn crime qui n'est iamais permis, parce que c'est vn dereglement qui choque non pas la coûtume, mais la lumiere naturelle qui ne doit iamais souffrir d'Eclypse. Ie ne dois pas encore oublier à la gloire des Anciens, que s'ils ont quelques-fois violenté l'Art du Poëme Dramatique, ils l'ont fait par quelque raison plus puissante & plus considerable que tout l'interest du Theatre. Par exemple, Euripide a preferé dans les *Suppliantes* la gloire de son païs à celle de son Art, dõt ie me suis expliqué ailleurs plus amplement.

 La troisiéme Obiection prend toute sa force de l'ignorance de ceux qui l'alleguent. Car si quelques Pieces des Anciens, & mesme de cel-

D iij

les qui furent autresfois en grande eſtime, n'ont pas reuſſi ſur noſtre Theatre, le ſuiet en a quelquesfois eſté la cauſe, & non pas le defaut de l'Art, & quelquesfois la corruption que les Traducteurs en ont fait, en y voulant apporter des changements qui détruiſoient toutes les graces de l'Original. Ils y ont adiouſté des entretiens de Princes, peu vray-ſemblables. Ils y ont fait voir mal à propos ce que les Anciens auoient caché par raiſon, & d'vn beau recit, ils en ont fait bien ſouuent vn Spectacle ridicule. Mais ce qui eſt encore d'vne forte conſideration, c'eſt qu'il y a eu de certaines Hiſtoires accómodées au Theatre d'Athenes auec beaucoup d'agrémens, qui ſeroient en abomination ſur le noſtre; par exemple, l'Hiſtoire de Thyeſte. Ainſi ou le defaut des Modernes corrompt ce que les Anciens ont de loüable, en alterant toute leur œconomie, ou l'imperfection de la matiere eſtouffe l'excellence de l'Art.

Pour détruire la quatriéme Obiection, il ne faut que ſe remettre en memoire, que les Pieces modernes, qui ont trouué grace deuant le Peuple, & meſme à la Cour, n'ont pas eſté approuuées en toutes leurs parties; mais ſeulement en ce qui eſtoit raiſonnable & conforme aux regles. Quand elles auoient quelques Scenes pathetiques, on en loüoit les beaux Sentiments. S'il y auoit quelque merueilleux Spectacle, on l'eſtimoit. Si quelque notable éuenement s'y rencontroit bien à propos, on en temoignoit beaucoup de ſatisfaction. Mais ſi dans le reſte, & meſme dans ces parties approuuées on découuroit quelque faute contre la vray-ſemblance à l'égard des Perſonnes, du Lieu, du Temps & de l'Eſtat des choſes repreſentées, on la condamnoit hautement. Et dans le deſir de conſeruer ce qui auoit bien reüſſi, on ſouhaittoit que le Poëte eût euité ce que l'on y trouuoit à redire. Tant s'en faut donc que tel ſuccés contrediſe les regles du Theatre, qu'au contraire il les authoriſe. Car ces regles n'eſtant qu'vn Art pour faire bien reüſſir, & auec vray-ſemblance, les beaux Incidents, il paroiſt aſſez combien elles ſont neceſſaires; puiſque d'vn commun accord on approuue ce qui leur eſt conforme, & qu'on reiette ce qu'elles ne ſouffrent point. Les Exemples donneroient beaucoup de lumiere à cette verité, ſi ie ne craignois de faſcher quelques-vns de nos Poëtes, en inſtruiſant les autres à leurs dépens.

Voyez la ſeconde diſſertation de l'autheur ſur le Sertorius.

Pour la cinquième Obiection, elle eſt abſolument ridicule. Car les regles du Theatre ne reiettent pas les notables incidents d'vne Hiſtoire; mais elles donnent les moyens de les aiuſter en telle ſorte, que ſans choquer la vray-ſemblance des Téps, des Lieux, & des autres circonſtances d'vne Action, ils puiſſent y paroiſtre, non pas, à la verité, tels qu'ils ont esté dans l'effet, mais tels qu'ils doiuent estre pour n'auoir rien que d'agreable. C'est donc ce qu'il faut chercher, & c'est de quoy nous dirons, dans la suitte de ce Discours, ce que nous en auons pensé.

CHAPITRE V.

De la maniere dont on doit s'instruire pour trauailler au Poëme Dramatique.

L'Ordre des Colleges est de donner aux Ieunes-gens la lecture des Poëtes Dramatiques aussi bien que des autres, & comme ils sont plus diuertissants par la varieté qui s'y trouue, par les Sentiments moraux dont ils sont remplis, par les diuers Entretiens de plusieurs Persónes qui contestent, par les Machines qu'il faut supposer pour les representations, & par tant d'Euenements inopinez, ils font beaucoup plus d'impression dans leur Esprit. Et bien que tout cela soit mal entendu & mal expliqué par ceux qui les instruisent, ils ne laissent pas d'y prendre vn fort grand plaisir.

En suite ils voyent de temps à autre des Pieces de Theatre de la main de leurs Maistres : & quoy qu'elles soient representées par de fort mauuais Acteurs, & qu'elles portent en toutes leurs circonstances

DV THEATRE, LIV. I. 33

constances les caracteres du Pedantisme: neantmoins cela se fait auec tant d'Intrigues, de preparatifs & de faste; qu'ils ne laissent pas d'en conceuoir vne haute estime, parce qu'ils n'en ont iamais veu de ~~meilleures~~, & qu'ils ne sont pas capables d'en examiner les defauts. S'il se rencontre donc parmy eux vn Esprit de feu auec quelque inclination à la Poësie, l'estime du Theatre & la liberté qui lui reste, apres auoir acheué le cours de ses premieres estudes, le portent aussi-tost à la Comedie. Il entreprend hardiment de se faire Poëte Dramatique. Il prend donc vne Histoire qui luy plaist, sans sçauoir ce qu'elle a de conuenable ou de mal propre à la Scene, sans regarder quels ornements elle peut souffrir, & quels inconueniens il faut éuiter. Il se resout de cacher sous vn rideau tout ce qui l'incommodera, de mettre la France dans vn coin du Theatre, la Turquie dans l'autre, & l'Espagne au milieu. Tantost ses Acteurs paroistront dans la salle du Louure, tantost sur vn grand chemin, & aussi-tost dans vn parterre de fleurs. Il dispose vne toile verte pour faire passer quelqu'vn sur mer de France en Dannemarc, & remplit tout de ridicules Imaginations, & de pensées directement opposées à la vray-semblance. Sur ce plan neantmoins, il ne laisse pas de faire la premiere Scene de sa Comedie. Et comme il se trouue incontinent dans l'embarras, il retourne au Thea-

E

tre pour en rapporter quelque inuention qui lui plaise. Il visite les Sçauants de reputation, il en escroque quelque beau sentiment ou quelque addresse de l'art, dont apres il se sert à contretemps. Il y fait entrer toutes les Elegies, les Stances, & les Chansons qu'il a faites pour Cloris. Et quand il a composé trois à quatre cents vers, il s'auise de dire que c'est vn Acte. Ainsi continuant par cette methode, il va iusqu'à la mort ou iusqu'au mariage de quelque Prince, & sans sçauoir ce qu'il a fait, il seme vn bruit secret que c'est vne Comedie incomparable. On fait des assemblées solemnelles pour l'entendre. Il la debite dans toutes les ruëlles. A la premiere pointe, les Dames s'escrient, que cela est rauissant. Chacun lui applaudit en se reseruant le droit de s'en mocquer à loisir. Et le voila baptizé Poete nouueau. Certainement il faudroit bien de la bonne fortune ou vne Science infuse, pour faire de cette sorte vn Ouurage, ie ne dis pas égal à ceux que vingt Siecles ont reuerez; mais seulement semblable à la Comedie de ce Rhodophile, que Scaliger dit auoir esté plus capable de faire pitié que de faire rire. En verité l'ignorãce ou la flatterie des Spectateurs est extreme, quand on condamne ceux qui ne peuuent auoir de complaisance, pour de si mauuaises choses. Il n'y a point de mestier qui n'oblige de faire apprentissage sous les Maistres, de subir

Extat illius Comœdia quâ nihil auersum magis à comitate; adeo enim insulsa est vt misericordiã po'ius quam risum excitet. Scal. l. 6, c. 3.

leur examen, & de faire chef d'œuure en leur presence. Cependant pour le plus bel Art de l'esprit & qui est le plus difficile & le moins conneu, on s'imagine qu'il ne faut auoir que l'audace d'y trauailler. Voicy donc ce que ie conseille de faire à celuy qui veut deuenir Poëte.

Premierement il faut qu'il retienne tous ces impetueux desirs de gloire, & qu'il perde la croyance qu'il suffit de faire des vers pour faire vn Poëme Dramatique. Il faut qu'il s'applique à la lecture de la Poëtique d'Aristote, & de celle d'Horace, & qu'il les étudie serieusement & attentiuement. En suite il est necessaire qu'il aille feüilleter leurs Commentaires, & ceux qui ont trauaillé sur cette matiere, comme Castelvetro, qui dans son grand cacquet Italien enseigne de belles choses, Hierosme Vida, Heinsius, Vossius, la Ménardiere & tous les autres. Qu'il luy souuienne que Scaliger dit seul plus que tous les autres, mais il n'en faut pas perdre vne parole ; car elles sont toutes de poids. Pour le Liure de Boulenger, il n'y faut chercher qu'vn recueil de passages qui peuuent estre vtiles, pourueu que l'on ne s'areste pas tousiours aux inductions qu'il en tire : car ie croy qu'il apprenoit les choses qu'il a écrites, à mesure qu'il les écriuoit.

I'adioûte à ces Autheurs, Plutarque, Athenée, & Lilius Giraldus, qui en plusieurs endroits

Diu non nisi optimus quisque, & qui credentem sibi minimè fallat, legendus est; sed diligenter ante penè ad scribendi solicitudinem, nec per partes modo scrutanda omnia; sed præ lectus liber vtique ex integro resumendus. Quintil. l. 10. cap. 1.

ont touché les plus importantes Maximes du Theatre. Enfin il ne faut laiſſer paſſer aucun texte des Anciens Ecriuains, ſans l'examiner. Car ſouuent vne parole dite à la trauerſe & hors la penſée du Theatre, contient vn ſecret & la reſolution de quelque grande difficulté.

Horat. de art. poet. verſ 268 b'os exempla- riaGraca Nocturnâ verſate manu, verſate diurnâ.

Apres cet eſtude de Theorie, il faut lire tous les Poëmes des Grecs & des Latins, que la bone Fortune a laiſſé venir iuſqu'à nous, auec leurs Anciens Scoliaſtes & Gloſſateurs deſquels neantmoins il ſe faut rendre Iuge des-intereſſé : parce qu'ils ſont ſuiets à beaucoup d'erreurs & de ſubtilitez fauſſes & de peu de fruict. D'ailleurs il eſt neceſſaire de faire par tout de fortes reflexions, & d'examiner pourquoy l'Auteur a pluſtoſt fait vne choſe qu'vne autre : & il faut bien prendre garde qu'vne parole ingenieuſement dite pour preparer vn Incident, ou pour expliquer le lieu, le temps, ou autre telle circonſtance, ne paſſe pour inutile & ſans deſſein. Et ſi i'oſois me mettre de la partie, ie ſouhaiterois qu'vn Eſprit raiſonnable ioignît les preceptes de cette Pratique à ce qu'il verra dans les Anciens & les Modernes. Car encore que ie ne ſois pas capable de luy donner vn grand ſecours en ce noble trauail, ie ne luy ſeray peut-eſtre point incommode. Et s'il trouue que ie n'ay pas dit vray, au moins ie ſuis aſſuré qu'il me remerciera des moyens que ie lui donne pour s'inſtruire mieux que moy.

Noſtre Poëte donc ayant acquis par cette methode vne parfaite connoiſſance de l'Art du Theatre, pourra bien plus aſſurément & plus heureuſement entreprendre quelque choſe de grand.

Quant à moy, ſans rebattre en ce diſcours ce qu'on peut apprendre dans Ariſtote, dans ſes Interpretes & dans les anciens & les modernes, ie m'efforceray de ne traitter que des Matieres nouuelles, ou du moins de donner quelques nouuelles inſtructions ſur celles que les autres ont traittées.

CHAPITRE VI.

Des Spectateurs & comment le Poëte les doit conſiderer.

MOn deſſein n'eſt pas icy d'apprendre à ceux qui voyent repreſenter vne Tragedie, le ſilence qu'ils y doiuent garder, l'attention qu'ils y doiuent apporter, la retenuë qu'ils y doiuent auoir quand ils en iugent, auec quel eſprit ils la doiuent examiner; ce qu'ils doiuent faire pour euiter les erreurs où la complaiſance, & l'auerſion qu'ils ont pour les Auteurs les peut engager, & faire mille autres choſes qui pourroient peut-eſtre bien à propos eſtre expliquées.

E iij

J'entens parler des Spectateurs à cause du Poëte & par rapport à luy seulement, pour luy faire connoistre comment il les doit auoir en la pensée, quand il trauaille pour le Theatre.

Ie prens icy la comparaison d'vn Tableau, dont i'ay resolu de me seruir souuent en ce traitté, & ie dis qu'on le peut considerer en deux façons. La premiere comme vne peinture, c'est à dire, entant que c'est l'ouurage de la main du Peintre, où il n'y a que des couleurs, & non pas des choses; des ombres, & non pas des corps, des iours artificiels, de fausses éleuations, des éloignements en Perspectiue, des raccourcissements illusoires, & de simples apparences de tout ce qui n'est point. La seconde entant qu'il contient vne chose qui est peinte, soit veritable ou supposée telle, dont les lieux sont certains, les qualitez naturelles, les actions indubitables, & toutes les circonstances selon l'ordre & la raison.

Il en est de mesme du Poëme Dramatique. On peut du premier regard y considerer le Spectacle, & la simple Representation, où l'art ne donne que des images des choses qui ne sont point. Ce sont des Princes en figure, des Palais en toiles colorées, des Morts en apparence, & tout enfin comme en peinture. Pour cela les Acteurs portent toutes les marques de ceux qu'ils representent, la decoration du

Theatre est l'image des lieux, où l'on feint qu'ils se sont trouuez. Il y a des Spectateurs, on fait parler les personnages en langue vulgaire, & toute chose y doit estre sensible. Et c'est pour paruenir à cette representation que les Poëtes font paroistre, & discourir tantost vn Personnage, tantôt vn autre, qu'il se fait des recits de ce qu'on n'a point veu, & que l'on met plusieurs Spectacles, & tant de machines differentes sur les Theatres. Ainsi dans Æschyle le Palais de Clitemnestre s'ouure, afin que l'on represente Agamemnon côme mort, par le moyen d'vn corps étendu sur le seuil de la porte. Dans Sophocle Tecmesse ouure la tente d'Aiax, affin de representer sa fureur par le carnage des animaux qui sont à l'entour de luy. Dans Euripide Hecube tombe euanoüie sur le Theatre, pour representer la grâdeur de ses calamitez. Et dans Plaute les Captifs paroissent liez & gardez, afin de representer l'estat de leur Seruitude : Et les discours qui se font dans toutes ces rencontres, & que l'on y peut lire en acheuent la representation.

Ou bien on regarde dans ces Poëmes l'Histoire veritable, ou que l'on suppose veritable, & dont toutes les auantures sont veritablement arriuées dans l'ordre, le temps & les lieux, & selon les intrigues qui nous apparoissent. Les personnes y sont considerées par les caracteres de leur condition, de leur âge, de leur sexe ; leurs discours comme ayant esté prononcez, leurs actions faites, & les choses telles que nous les voyons. Ie sçay bien que le Poëte en est le Maistre, qu'il dispose l'ordre & l'œconomie de sa piece, comme il luy plaist, qu'il prend le temps, l'allonge & le raccourcit à sa volonté, qu'il choisit le lieu tel que bon luy semble dans tout le monde, & que pour les intrigues il les inuente, selon la force & l'adresse de son imagination : En vn mot il change les matieres & leur donne des formes comme il le veut resoudre dans son conseil secret : Mais il est vray pourtant que toutes ces choses doiuét estre si bien aiustées, qu'elles semblét auoir eu d'elles-mesmes, la naissance, le progrez & la fin qu'il leur donne. Et quoy qu'il en soit l'Autheur, il les doit manier si dextrement, qu'il ne paroisse pas seulement les auoir écrites. Ainsi dans Æschyle tout se passe comme si veritablement Agamemnon estoit poignardé. Dans Sophocle comme si veritablement Aiax estoit furieux. Dans Euripide comme si veritablement l'Esclaue d'Hecube auoit trouué Polidore mort sur le bord de la mer. Dans Plaute comme si les deux captifs auoient esté veritablement vendus en qualité d'Esclaues pris à la guerre; & de mesme dans toutes les autres pieces des Anciens. Aussi quand on veut approuuer, ou condamner celles qui paroissent sur nos Theatres, nous supposons que la chose est veritable, ou du moins qu'elle qu'elle le doit, ou le peut bien eſtre, & ſur cette ſuppoſition nous approuuons toutes les actions & les paroles qui pouuoient eſtre faites & dites par ceux qui agiſſent & qui parlent ; & tous les euenements qui pouuoient ſuiure les premieres apparences : par ce qu'en ce cas nous croyons que cela s'eſt veritablement ainſi fait, ou du moins qu'il ſe pouuoit, & deuoit faire ainſi. Et au contraire nous condamnons tout ce qui ne doit pas eſtre fait & dit, ſelon les perſonnes, les Lieux, le Temps & les premieres apparences du Poëme ; par ce que nous ne croyons pas que cela ſoit arriué de la ſorte. Tant il eſt vray que la Tragedie ſe conſidere principalement en ſoy, comme vne action veritable.

Or pour entendre comment le Poëte ſe doit gouuerner à l'égard des Spectateurs, & comment ils luy ſont conſiderables ou non, il ne faut que faire reflexion ſur ce que nous auons dit d'vn Tableau. Car en le conſiderant comme vne peinture, ou vn ouurage de l'Art, le peintre fait tout ce qu'il peut pour le rendre excellent ; parce qu'il ſera veu, & qu'il y fait tout à deſſein d'en eſtre eſtimé. Mais en conſiderant la choſe peinte, il s'attache à la Nature de ce qu'il repreſente, & ne fait rien qui ne ſoit vray-ſemblable en toutes ſes circonſtances, à cauſe qu'il regarde tout comme veritable : par exemple s'il veut peindre la Magdeleine Penitente, il n'oubliera rien des marques les plus importantes de son Histoire, car s'il en vsoit d'autre sorte ceux qui la verroient ne la reconnoistroient pas. Il la mettra dans vne posture agreable, autrement on la regarderoit auec dégoust. Il y employera les plus viues couleurs; afin que l'œil y trouue plus de satisfaction. Il ne la iettera pas le visage contre terre, parce qu'il en cacheroit la plus belle partie; mais il la mettra à genoux. Il ne la couurira pas toute entiere d'vn Cilice, parce qu'elle seroit sans grace; mais elle sera à demi nüe. Il ne la representera pas dans le fond d'vn rocher, parce qu'elle ne pourroit estre veuë; mais à l'entrée d'vne Grote, & il s'y gouuernera ainsi, parce qu'il considere son ouurage comme vne peinture qui doit tomber sous les sens & qui doit plaire. Mais à l'examiner de l'autre maniere & comme vne chose veritable, il fera que cette figure aura le tein pâle & defait; parce qu'il n'est pas croyable qu'il fust autre dans ses austeritez. Il ne luy donnera pas deuant elle vne couronne, mais vne croix. Il ne la mettra pas sur vn lict de velours en broderie, mais sur la terre. Il ne fera pas vn Palais auprés d'elle, mais vn desert. Il ne representera pas des Pages, ny des Suiuantes à l'entour d'elle, mais des bestes farouches, en repos neantmoins; afin qu'elle puisse viure en ce lieu. Il ne fera pas sa Grotte dans vn rocher d'or, mais tout couuert de mousse. Les Arbres n'y seront pas chargez de fleurs & de fruits, mais à démy secs, & tous les enuirons steriles. Enfin il ornera son Ouurage de toutes les choses qui vray-semblablement peuuent conuenir à l'estat de la penitence, selon la Personne, les Lieux & les dependances de l'Histoire ; parce qu'en cette pensée, il considere la verité de la chose qu'il veut peindre. Tout de mesme le Poëte en considerant dans sa Tragedie le Spectacle ou la Representation, il fait tout ce que son Art & son esprit luy peuuent fournir pour la rendre admirable aux Spectateurs : Car il ne trauaille que pour leur plaire. Il conseruera tous les plus nobles Incidents d'vne Histoire. Il s'efforcera de mettre tous les Personnages dans le plus agreable estat qu'ils peuuent souffrir ; d'employer les plus illustres figures de la Rhetorique, & les plus fortes passions de la Morale ; de ne rié cacher de tout ce qu'on doit sçauoir, & qui peut contenter ; & de ne rien móstrer de tout ce qu'on doit ignorer, & qui peut choquer. Enfin il cherchera tous les moyens de reüssir dans l'estime des Spectateurs, qu'il a seulement lors en l'esprit.

Mais quand il considere en sa Tragedie l'Histoire veritable ou qu'il suppose estre veritable, il n'a soin que de garder la vray-semblance des choses, & d'en composer toutes les actions, les Discours, & les Incidents, comme s'ils estoient veritablement arriuez. Il accorde les pensées

F ij

auec les personnes, les temps auec les lieux, les suites auec les principes. Enfin il s'attache tellement à la Nature des choses, qu'il n'en veut contredire ni l'estat, ni l'ordre, ni les effets, ni les conuenances; & en vn mot il n'a point d'autre guide que la vray-semblance, & reiette tout ce qui n'en porte point les caracteres. Il fait tout comme s'il n'y auoit point de Spectateurs, c'est à dire tous les personnages doiuent agir & parler comme s'ils estoient veritablement Roy, & non pas comme estant Bellerose, ou Mondory; comme s'ils estoient dans le Palais d'Horace à Rome, & non pas dans l'Hostel de Bourgongne à Paris ; & comme si personne ne les voyoit, & ne les entendoit que ceux qui sont sur le Theatre agissants & comme dans le lieu representé. Et par cette regle ils disent souuent qu'ils sont seuls, que personne ne les voit, ni ne les entend, & qu'ils ne doiuent point craindre d'estre interrompus en leur entretien, troublez en leurs solitudes, découuerts en leurs actions, & empeschez en leurs desseins; encore que tout cela se fasse & se dise en la presence de deux mille personnes ; parce qu'on suit en cela la Nature de l'Action comme veritable, où les Spectateurs de la representation n'estoient pas. Ce qui doit estre tellement obserué que tout ce qui paroist affecté en faueur des Spectateurs, est vitieux.

Ie sçay bien que le Poëte ne trauaille point sur l'Action comme veritable, sinon en tant qu'elle peut estre representée: D'où l'on pourroit conclure qu'il y a quelque mélange de ces deux considerations, mais voicy comment il les doit démêler. Il examine tout ce qu'il veut, & doit faire connoistre aux Spectateurs par l'oreille & par les yeux, & se resout de le leur faire reciter, ou de le leur faire voir; parce qu'il doit auoir soin d'eux, en considerant l'Action comme representée: mais il ne doit pas faire ces Recits, ni ces Spectacles seulement à cause que les Spectateurs en doiuent auoir la conoissance. Comment donc? Il faut qu'il cherche dans l'Action considerée comme veritable, vn motif & vne raison appparente, que l'on nomme couleur, pour faire que ces Recits & ces Spectacles soient vray-semblablement arriuez de la sorte. Et i'ose dire que le plus grand Art du Theatre consiste à trouuer toutes ces couleurs. Il faut qu'vn personnage vienne parler sur le Theatre, parce qu'il faut que le Spectateur connoisse ses desseins & ses passions. Il faut faire vne Narration des choses passées; parce que le Spectateur, en les ignorant, ne comprendroit rien au reste. Il faut faire voir vn Spectacle, parce qu'il touchera les Assistans de douleur, ou d'admiration. C'est trauailler sur l'Action en tant que representée, & cela est du deuoir du Poëte; mesme, est-ce

F iij

sa principale intention. Mais il la doit cacher sous quelque couleur qui dépende de l'Action comme veritable. Si bien que le personnage qui doit parler viendra sur le Theatre; parce qu'il cherche quelqu'vn, ou pour se trouuer à quelque assignation. La Narration des choses passées se fera; Parce qu'elle seruira pour prendre conseil sur les presentes, ou pour obtenir vn secours necessaire. On fera voir vn Spectacle; parce qu'il doit exciter quèlqu'vn à la vengeance, & cela est trauailler sur l'Action, en tant que veritable, sans auoir égard aux Spectateurs, à cause que vray-semblablement tout cela pouuoit arriuer ainsi, à ne prendre les choses qu'en elles-mesmes. Venons aux quatres Exemples alleguez cy dessus. *Æschyle* fait poignarder Agamemnon dans son Palais, mais il faut que les Spectateurs le sçachent, & coment est-ce qu'il le leur découure? Il fait que ce mal-heureux Prince s'écrie dans son Palais comme mourant sous les coups de ceux qui le poignardent. Sophocle obserue la mesme chose au meurtre de Clitemnestre par la main d'Oreste, & ie ne sçay comment quelques-vns ont voulu dire que ces deux Poëtes ensanglantent la Scene, l'vn par la mort de ce Prince, & l'autre par celle de cette Reyne. Car ils sont tuez dans les maisons representées sur le Theatre, & non pas à la veüe des Spectateurs qui seulement en entendent les cris, & voient les corps aprés le coup. Dans le mesme Sophocle Aiax est furieux; mais il faut qu'on le voye sur le Theatre auec Vlysse, sans luy mal-faire, & pour cela Minerue le fait sortir de sa tente, luy fascine les yeux, & suspend vn peu l'accez de sa phrenesie. Dans Euripide il faut que les Spectateurs sçachent que Polidore est mort; afin que Hecube reçoiue vn surcroy d'infortune, & pour le faire raisonnablement, l'Esclaue de cette Reine va querir de l'eau pour les funerailles de Polixene au bord de la mer, où elle trouue comme par hazard le corps de ce Prince qu'elle fait apporter à cette mal-heureuse Mere. Ce qui sert bien à propos à faire connoistre cette triste auanture, & ceux-là s'y sont grossierement abusez qui se sont imaginez que ce Poëte enuoyoit Hecube au bord de la mer, & qu'elle y auoit trouué elle mesme le corps de son Fils. Dans Plaute si les deux captifs n'agissent, les Spectateurs perdront les plus agreables Incidents qui se font par les fourbes de Tindare: & s'ils demeurent enchaisnez dans la maison, il ne se peut faire raisonnablement qu'ils aillent & viennent dans la place publique. Donc pour satisfaire à la representation & à la verité de l'Action, le Poëte fait que Hegion qui les auoit achetez, ne les veut pas renfermer ny charger de fers, mais ils les traitte fauorablemét leur permettant d'aller & de venir, sous esperance peut-estre que les Dieux procureront vn pareil traittemét à son

Fils, que les Ennemis tenoient aussi prisonnier. Mais il faudroit faire vne trop longue enumeration, si nous voulions monstrer cette conduite des Anciens par exemples. Car il n'y a point d'action sur leur Theatre, point de parole, point de recit, point de passion, point d'intrigue qui n'ait sa couleur, à prendre l'Histoire comme veritable, encore qu'elle ne soit inuétée par le Poëte que pour estre represétée. En vn mot les Spectateurs ne sont point considerables au Poëte, à regarder la Tragedie dans la verité de l'action, mais seulement dans la representation, & sur cette Maxime si nous auions examiné la pluspart des Poëmes de nostre temps, nous connoistrions qu'ils pechent contre la vray-semblance dans les choses que l'on estime les plus excellentes ; parce que les Auteurs ayant voulu les exposer aux Spectateurs, n'y ont point recherché de couleur, pour supposer qu'elles ont esté faites. Ainsi dans la verité de l'Histoire vn Homme fait vn recit necessaire, cela est bon, car le Spectateur ne le doit pas ignorer ; mais cet homme ne pouuoit pas sçauoir ce qu'il conte. Il n'est donc pas vray-semblable qu'il ait fait ce recit. Vn Amant paroist sur le Theatre dans vne violente passion, c'est en faueur des Spectateurs ; mais il ne peut faire cette plainte dans le lieu representé par le Theatre. La raisō veut qu'il soit dans vn autre lieu tout different & bien éloigné. Il faut donc chercher

vne

vne couleur qui l'oblige à se plaindre dans le lieu de la Scene: autrement c'est aller contre la vray-semblance; autant en peut-on dire de mille autres aduentures qui paroissent sur nos Theatres, où tous les iours on met des Images de ce qui n'a iamais esté, de ce qui ne peut estre, & de ce qui vray-semblablement ne doit pas estre.

LA PRATIQVE

CHAPITRE VII.
Du mélange de la Representation auec la verité de l'Action Theatrale.

IE croy que d'abord le titre du presét discours trouuera beaucoup de Censeurs, parce qu'il ne sera peut-estre pas entendu, mais quand ie me seray expliqué, i'espere que toutes les Personnes iudicieuses en approuuerót les termes aussi bien que mon sentiment. I'appelle donc verité de l'Action Theatrale l'histoire du poëme dramatique, entant qu'elle est consideréé cóme veritable & que toutes les choses qui s'y passét sont regardées comme estant veritablement arriuées, ou ayant deu arriuer. Mais i'appelle Representation, l'assemblage de toutes les choses qui peuuent seruir à representer vn poëme Dramatique, & qui s'y doiuent rencontrer, en les considerant en elles mesmes & selon leur nature, comme les Comediens, les Decorateurs, les toilles peintes, les violons, les Spectateurs & autres semblables. Que le Cinna qui paroist sur le Theatre, parle comme le Romain : qu'il ayme vne Emilie : qu'il conseille à vn Auguste de garder l'Empire : qu'il conspire contre luy : & qu'il en reçoiue le pardon, cela est de la verité de l'Action Theatralle.

DV THEATRE, Liv. I.

Que cette Emilie paroisse touchée de hayne contre Auguste, & d'amour en faueur de Cinna: qu'elle souhaite d'estre vangée, & qu'elle apprehende l'euenement d'vn si grand dessein, cela est encore de la verité de cette action. Qu'Auguste propose à deux Perfides la pensée qu'il a d'abandonner la Souueraineté: Que l'vn luy conseille de la garder, & l'autre au contraire: cela est de la mesme verité de l'action. Enfin tout ce que dans cette piece on peut considerer comme vne partie, & vne dependance necessaire de toute cette auanture, doit estre de la verité de l'action, & c'est par là qu'on examine la vray-semblance de tout ce qui se fait dans vn Poëme, la bien-seance des parolles, la liaison des Intrigues, & la iustesse des Euenements. On approuue tout ce que l'on iuge auoir dû se faire dans la verité, quoy que supposée, & on condamne tout ce qu'on y trouue de contraire, ou mal conuenable aux actions humaines.

Mais que Floridor, ou Beau-Chasteau facent le personage de Cinna, qu'ils soient bons ou mauuais Acteurs, bien ou mal vestus, qu'il y ait vn Echaffaut pour les éleuer & les separer du peuple: qu'il soit orné de Toilles peintes, & d'illusions agreables, au lieu de Palais & de murailles: que les interualles des Actes soient marqués par deux méchants violons, ou par vne excellente Musique: qu'vn Acteur passe

G ij

derriere vne tapisserie, quand il dit qu'il va dans le Cabinet du Roy; qu'il aille parler à sa Femme, quand il a fait dessein de parler à vne Reyne: qu'il y ait des Spectateurs presents: qu'ils soient de la Cour ou de la Ville: en grand ou en petit nombre: qu'ils gardent le silence ou facent du bruit: qu'ils soient dans des loges, ou dans vn parterre: que les filoux y causent quelque desordre, ou qu'on les reprime: toutes ces choses sont, à mon aduis, & dependent de la Representation.

Ainsi Floridor & Beau-Chasteau en ce qu'ils sont en eux mesmes, ne doiuent estre considerez que comme Representants; & cét Horace & ce Cinna qu'ils representét, doiuent estre considerez à l'égard du Poëme comme veritables personnages : car ce sont eux que l'on suppose agir & parler, & non pas ceux qui les representent, comme si Floridor & Beau-Chasteau cessoient d'estre en nature, & se trouuoient transformez en ces Hommes, dont ils portent le nom & les interests. Ainsi la partie de l'Hostel de Bourgogne éleuée & enuironnée de toile peinte, où se iouë la Tragedie, est le lieu representant & l'image d'vn autre, & celuy qui y est representé par cet espace, soit la salle du Palais d'Horace, ou de celuy d'Auguste, est dans la Tragedie le lieu veritable, ou du moins qu'il faut regarder comme veritable. Ainsi le téps qu'on y employe, faisant partie d'vn iour de noſtre année courante, n'eſt qu'vn temps repreſentatif, mais le iour repreſenté, & dans lequel on ſuppoſe que l'action du Theatre eſt arriuée, doit eſtre pris pour vn temps veritable à l'égard de cette action.

Ie dis donc qu'il ne faut iamais méler enſemble ce qui concerne la repreſentation d'vn Poëme auec l'action veritable de l'hiſtoire repreſentée. On n'approuueroit pas que Floridor en repreſentant Cinna, s'auisât de parler de ſes affaires domeſtiques, ny de la perte ou du gain que les Comediens auroient fait en d'autres pieces : qu'en parlant des Romains ſoûmis à la domination d'Auguſte, il mélaſt les baricades de Paris auec les proſcriptions du Triumuirat; qu'en recitant la harangue de Cinna aux Coniurez, il adreſſaſt ſa parole & ſes reflexions aux Pariſiens qui l'écoutent; qu'en examinant la hayne & la fierté d'Emilie, il en fiſt quelque rapport auec la douceur de nos Dames; en vn mot on ne ſouffriroit pas qu'il confondiſt la Ville de Rome auec celle de Paris, des actions ſi éloignées auec nos aduantures preſentes, & le iour de cette coniuration auec celuy d'vn diuertiſſement public arriué ſeize cents ans apres : car c'eſt pecher, non ſeulement contre des regles introduites par quelque conſideration de bien-ſeance, mais encore contre le ſens-commun. Ie ſçay bien que les Modernes iuſqu'à preſent ne ſont guere tombez dás cette faute; mais parce que les Anciens, trop indulgents au plaisir du peuple, n'ont pas esté si soigneux de l'euiter, i'estime qu'il n'est pas mal à propos d'en parler, de crainte que nos Poëtes ne s'auisent d'en suiure les exemples à la façon de ce mauuais Orateur Romain qui n'imitoit iamais les grands-Hommes, qu'en ce qu'ils auoient de defectueux. Aristote écrit que les mauuais Poëtes tombent en plusieurs grandes fautes, parce qu'ils ignorent le moyen de bien faire, & que les bons s'y laissent aller par vne vicieuse complaisance au profit des Comediens, & au diuertissement des Spectateurs : Mais i'estime qu'vn veritable Poëte ne doit point chercher d'autre moyen d'estre vtile aux premiers, & agreable aux autres, que par l'excellence de son Ouurage.

{Cicer. in Brut.}
{Arist. in Poët.}

La Comedie dans son origine, & quand elle commença à receuoir des Acteurs, à l'exemple de la Tragedie, n'estoit qu'vne Poësie vrayement Satyrique, & qui peu à peu sous pretexte de reprendre les vices du peuple pour l'instruire, s'emporta impunément dans vne insigne medisance, non seulement contre les Citoiens, mais aussi contre les Magistrats & les Personnes les plus illustres, dont on mettoit les noms, les actions & les visages sur le Theatre, & c'est ce que depuis on a nommé la Vieille Comedie. Ce n'est pas que dans son origine elle ne fust plus innocente; car sous Epicharmus & les premiers Comiques qui le suiuirent, la Comedie estoit rieuse & non pas iniurieuse, elle auoit des railleries, & non pas des outrages : elle souffroit le sel, & non pas le fiel, & le vinaigre : Mais cette liberté degenera en licence si pleine de fureur, que le Theatre d'Aristophane seruit pour exciter le peuple contre Socrate, & le faire mourir. En ce temps la Representation estoit fort meslée auec la verité de l'action, elles estoient presque vne mesme chose : car ce qu'on disoit contre le Socrate representé, s'addressoit au Socrate veritable qui estoit present. Il ne faut que lire les premieres Comedies d'Aristophane, & vous verrez qu'il confond les interests des Acteurs auec ceux des Spectateurs, mesme l'histoire representée auec les affaires publiques qu'il fonde les railleries de son Theatre sur la vie de ceux qu'il veut dechirer. Enfin ce ne sont que des libelles diffamatoires côtenants les noms, les qualités, les actions, & mesme les portraits visibles de ceux que le Poëte entreprenoit, sans autre côduitte que son caprice & sa hayne, & non pas des Ouurages d'esprit reduits sous vn genre de Poësie raisonnable & reglée par Art. Aussi les Magistrats voyant les dangereux effets des Comedies, pour reprimer cette licence des Poëtes, leur firent deffence de plus nommer aucune personne dans leurs vers.

Mais comme on est assez ingenieux à mal faire, ils retrancherent bien de leurs Poëmes les noms veritables de ceux qu'ils vouloient maltraitter, & en conseruerent neantmoins des Actions, qu'ils rendoient si sensibles, qu'il estoit facile à chacun de reconnoistre ceux dont ils vouloient parler: & c'est ce qu'on a depuis appellé la moyenne Comedie, dont nous auons des exemples dãs les dernieres pieces d'Aristophane.

Mais cette maniere de railler, quoy qu'en apparence plus douce que la premiere, fut iugée d'vne aussi pernicieuse consequence, & pareillement deffenduë. Ce qui reduisit les Poëtes à la necessité d'inuenter non seulement les noms, mais aussi les auantures de leur Theatre. De sorte que la Comedie n'estant plus qu'vne production de l'esprit, receut des regles sur le modelle de la Tragedie, & deuint la peinture & l'imitation des actions de la vie commune. Alors la representation en fut entierement separée, & tout ce qui se faisoit sur le Theatre, estoit consideré comme vne histoire veritable, à laquelle ny la Republique, ny les Spectateurs n'auoient aucune part. On choisissoit des auantures que l'on supposoit estre arriuées dans des pays fort éloignés, auec lesquels la ville, où se faisoit la representation, n'auoit rien de commun. On prenoit vn temps auquel les Spectateurs n'auoient pû estre, les Personnages ne prenoient aucun interest dans les affaires de ceux qui les venoient voir, ny dans la societé publique, & paroissoient

agir

agir seulement par la consideration des choses dont le Theatre portoit l'image. Ainsi l'action Theatrale & la representation n'estoient plus confondues, parce qu'elles n'auoient plus rien de commun. Et voylà ce qui fit la nouuelle Comedie, dont TERENCE nous a donné des modelles. Aussi ne verra-t'on pas qu'il se soit emporté à ce dereglement, ny qu'il ait mélé la representation aux actions qu'il imitoit dans ses Poëmes, ou s'il l'a fait, c'est si rarement & si legerement qu'il n'en est pas fort blasmable. Plaute qui estoit plus pres de la moyenne Comedie, n'a pas esté si regulier, & s'est abandonné tant de fois à ce desordre, que la lecture en deuient importune, & souuent embarrasse le sens, & détruit les graces de son Theatre. Dans son *Amphitryon* Iupiter est supposé dans la Ville de Thebes au temps de la naissance d'Hercules: & quand il paroist sous la forme d'Amphitryon, il dit aux Spectateurs : *Ie suis Iupiter, & me change en Amphitryon quand il me plaist, paroissant ainsi & pour l'amour de vous*, dit-il aux Spectateurs, *afin de continuer cette Comedie, & pour l'amour d'Alcmene, afin qu'elle soit reconnuë innocente.* Où l'on voit qu'il méle l'interest des Spectateurs auec celuy des Acteurs, & fait vn assemblage des Romains qui estoient presents auec des personnes que l'on suppose agir en Grece. La mesme faute est en-

Parùm scriptores agi videtur, si Actores ipsi populum compellent.
Vossi. lib. 2. c. 26. sect. 15.
Poët.

Act. 3. Sc. 1.
Nunc huc honoris vestri venio gratiâ, ne hanc inchoatam trãsigam comœdiam, simul Alcumenæ quam vir &c

H

core dans la Scene deuxiéme du premier Acte de la mesme Piece. Ce qui certainement est ridicule de feindre Iupiter & Mercure à Thebes visibles seulement à ceux du Palais, parler en Comediens dans la ville de Rome, à ceux qui les voyent sur le Theatre; c'est confondre l'intelligence des Spectateurs, en les contraignant de s'imaginer vn homme double, & de distinguer en luy des sentiments & des parolles bien contraires sans aucune raisõ apparente. On souffre bien qu'vn Acteur s'interrompe quelque fois pour demander silence, parce que l'on conçoit aysement en ces rencontres, que c'est Bellerose ou Mondory qui parle, & non pas vn Dieu ou vn Roy; sa voix, sa contenance & le suiet present en donnent bien distinctement la connoissance. Mais quand vn homme paroist à nos yeux auec le nom, l'habit, les paroles, le geste & les sentiments d'vne autre personne qu'il represente, & qui porte des yeux à l'esprit vne image toute autre que ce qu'il est, on ne le doit plus cõsiderer, & il ne doit plus agir autremét, & son déguisement, doit faire imaginer veritable ce qu'il represente. C'est pourquoy tout ce qui retourne du déguisement à ce qu'il est en effet, le rend autre qu'il ne doit paroistre, confond les pensées de ceux qui le regardent, & qui n'attendoient de luy que des choses conuenables à la personne dont il auoit pris l'apparence.

Dans l'*Aulularia* Euclion est en la ville d'A- thenes, où il a esté volé, & cherchant celuy qui auoit emporté son Thresor, il dit plusieurs choses qui témoignent son inquietude & son desespoir : sur quoy les Spectateurs s'estans pris à rire, il se tourne vers eux, & leur dit, *De quoy riez vous ? ie vous connois tous, & sçay bien qu'il y a parmy vous beaucoup de Larrons.* En quoy est vne faute signalée, car lors qu'Euclio estoit en cét estat dans Athenes, les Romains ne s'y trouuerent pas presens pour en rire, & moins encore pour estre soupçonnez d'auoir parmy eux celuy qui l'auoit dérobé.

Act. 4. Sc. 9. Quid ridetis, noui omnes, scio fures esse hic complures.

C'est encore la mesme faute que ce Poëte a faite dans le *Pœnulus* où des Aduocats ayants dit qu'il faut examiner l'or qu'on leur presente, Agorastocles répond, *Voyez c'est de l'or,* & Colibiscus adioûte en se tournant aux Spectateurs, *Ouy, Messieurs, mais de l'or de Comedie, dont on engraisse les Bœufs en Barbarie,* qui neantmoins doit passer pour bon or en cette Piece, ce que ie trouue fort impertinent ; car ni les Spectateurs, ni les Lupins dont se faisoit cette monnoye de Theatre, comme on y employe maintenant les iettons, ne doiuent pas estre mélez dans l'intrigue de cette Comedie. On peut remarquer ce mesme déréglement dans ses Bacchides, Acte premier, Scene Seconde. En la *Cistellaria*, Scene Seconde ; Dans le *Mer-*

Act. 3. Sc. 2. Ag. Agite, inspicite, aurum est. Col. r facto, spectatores, Comicum maccerato hoc pingues fiunt auro in Barbaria boues. Verùm ad hanc rem agundâ Philippum est.

cator aussi Scene Seconde; Dans la *Mostellaria* aussi Scene Seconde, Acte premier; & Scene Seconde, Acte cinquiéme. Dans les Menechmes, Acte quatriéme, Scene troisiéme. Dans le *Pseudolus* Acte Second, Scene quatriéme. Dans le mesme *Pœnulus* Acte cinquiéme, Scene seconde. Dans le *Perse* Acte deuxiéme, Scene troisiéme. Dans le *Rudens* Acte troisiéme, Scene sixiéme. Dans le *Sticus* acte cinquiéme Scene troisiéme. Dans le *Trinummus* Acte troisiéme, Scene secõde. Dans le *Truculentus*, Acte premier, Scene premiére; & Acte second, Scene sixiéme; & en quelques autres endroits.

 Mais il y en a deux où cette raillerie ne doit pas estre cõdamnée, parce qu'elle est fort agreable & qu'elle n'entre point dans le corps du Poëme. C'est à la fin du *Pseudolus*, où ce drolle d'Esclaue ayant prié Ballio de venir boire auec luy, Ballio en le suiuant, luy dit, *Que ne pries-tu aussi ces Spectateurs?* A quoy Pseudolus replique, *Ils n'ont pas accoustumé de me prier, ni moy eux; mais si vous voulez, Messieurs, témoigner que nostre Troupe & cette Comedie vous ont contentez, ie vous prieray pour demain.*

 L'autre est aussi à la fin du *Rudens*, où la bouffonnerie est encore bien diuertissante; car Dæmones ayant prié Labrax de souper; Il adiouste aux Spectateurs, *Ie vous en prierois bien aussi Messieurs, mais ie n'ay rien à luy donner: il n'y a rien de*

Bal. Te sequor, quin vocas Spectatores simul? Ps. Hercle me isti haud solent vocare, neque ergo ego istos; verùm si voltis applaudere atque approbare hunc gregem & fabulam, in crastinũ vos vocabo. Pseudol. Act. 5. Sc. 2. Spectatores vos quoque ad coenam vocem, ni datu-

bon ni de preſt chez moy, & ie veux croire que vous eſtes priez de ſouper en ville, mais s'il vous plaiſt donner voſtre approbation à cette Comedie, ie vous prie de venir tous ſoupper chez moy, d'auiourd'huy en ſeize ans. Dans ces rencontres l'Hiſtoire du Theatre eſtant finie, ce qui ſe dit en raillant, ne s'y méle plus, & ne peut plus confondre les idées des Spectateurs. Ces diſcours ſont pareils à ceux que la troupe des Comediens, ou pour mieux dire, quelqu'vn au nom de la troupe, faiſoit à la fin de la Comedie, ſoit pour en expliquer quelque circonſtance, ou pour railler, comme dans l'*Aſinaria*, les *Captifs* & autres du meſme Autheur.

rus nihil ſim, neque ſit quicquam pollucti domi, nénè adeò vocatos credam vos eſſe ad cœnā foras. Verùm ſi voletis plauſum fabula huic clarum dare, Comiſſatum omnes venitote ad me ad annos ſexdecim.

Quant aux Tragedies, comme leurs ſuiets ſont plus nobles & la maniere de les traitter plus ſerieuſe, on ne les trouue point infectées de cette corruption, ſinon dans les Prologues d'Euripide, où ſouuent le principal Acteur, & quelquefois vn Dieu ſur ſa machine fait la narration des choſes arriuées deuant l'ouuerture du Theatre, aux ſpectateurs & en leur faueur. Ce qu'on ne peut approuuer ſelon mon ſens, parce que bien ſouuent toutes ces choſes ſont aſſez clairement expliquées dans la ſuitte de la Piece, tellement que ce qui doit faire vn bel effet en ſon lieu, n'eſt plus qu'vne reditte importune, & quand les Poëtes n'expliquent pas aſſez bien leur ſuiet par la bouche & les actions de leurs perſonnages, c'eſt

H iij

vne faute qui ne doit point receuoir d'excuſe, & ces Prologues ſont de mauuais ſecours pour reparer par vn diſcours, qui ne fait point partie du Poëme, ce qui peut manquer au corps de la Piece, & à la ſuitte des Intrigues. Sophocles n'en ∗ iamais vſé de cette ſorte, & ie ne puis conſeiller au Poëte de ſe departir de ſon Exemple.

CHAPITRE VIII.

De quelle maniere le Poëte doit faire connoiſtre la decoration & les Actions neceſſaires dans vne Piece de Theatre.

LA plus notable difference, & qu'on peut nommer eſſentielle, du Poëme Epique, & du Dramatique, eſt que dans le premier le Poëte parle ſeul, les perſonnes qu'il introduit pour faire des recits ne parlans que par ſa bouche; c'eſt luy qui dit que ces Gens-là faiſoient tels diſcours, & non pas eux qui viennent pour les faire. Mais dans la Poëſie Dramatique, il n'y a que les Perſonnes introduites par le Poëte, qui parlent, ſans qu'il y prenne aucune part, & dans toute l'action Theatrale il ne paroiſt non plus que ſi les Acteurs eſtoient en verité ceux qu'ils repreſentent, & qui n'auoient pas beſoin de ſon miniſtere pour s'expliquer non plus que pour agir. C'eſt pourquoy dans l'Epopée le Poëte décrit toutes les choſes qui peuuent donner quelque grace à ſon ouurage, quand & de quelle maniere il luy plaiſt: S'il veut faire connoiſtre vn temple ou vn Palais, il en fait l'architecture telle qu'il ſe la veut imaginer; s'il fait vn Naufrage, il

employe autant de vers qu'il iuge à propos pour depeindre la tempeste, la frayeur des Matelots, les cris des Mourants, la constance & la compassion de son Heros; s'il ordonne quelque pompe où paroisse vne Princesse dans vn equipage de magnificence, il l'habille de l'estoffe & de la façon qu'il estime plus conuenable à son suiet, & pour le faire, il choisit l'endroit de son Poëme qu'il croit le pouuoir souffrir auec plus d'agrément, & plus de facilité. Mais dans le Poëme Dramatique, il faut que le Poëte s'explique par la bouche des Acteurs : il n'y peut employer d'autres moyens, & n'oseroit pas luy mesme se mesler auec eux pour acheuer l'explication des choses qu'il ne leur auroit pas fait dire ; Si vn Temple ou vn Palais doit faire la decoration de son Theatre, il faut que quelqu'vn des Acteurs nous l'apprenne. S'il se fait vn Naufrage sur la Scene, il y faut quelques Acteurs qui pour l'expliquer, parlent du mal heur de ceux qui perissent, & des efforts de ceux qui se sauuent. S'il paroist quelque Personnage dans vn habillement & vn estat extraordinaire, il en faut introduire d'autres qui le décriuent, si celuy-là ne le peut pas faire luy mesme. Enfin toutes les choses que le Poëte met sur son Theatre, & toutes les Actions qui s'y doiuent faire, n'attendent point son secours pour estre connuës, elles doiuent estre expliquées par ceux qu'il y fait agir. Les
Anciens,

Anciens, ont efté fort reguliers & fort iudicieux en cette pratique; & les Modernes y ont fait des fautes fi groffieres, que leurs Ouurages en ont efté fort defectueux en la reprefentation. Le Poëme Dramatique eft fait principalement pour eftre reprefenté par des gens qui font des chofes toutes femblables à celles que ceux qu'ils reprefentent auroient pû faire ; & auffi pour eftre leuës par des gens qui fans rien voir, ont prefentes à l'imaginatiõ par la force des vers, les perfonnes & les actions qui y font introduites, comme fi toutes les chofes fe faifoient veritablement de la mefme façon qu'elles font efcrites. Or foit qu'vne Comédie fe voye fur le Theatre, ou feulement fur le papier, il faut qu'elle foit connuë par les Spectateurs, & par ceux qui la lifent. Elle ne peut eftre connuë par les Spectateurs, finon autant que les Acteurs la feront connoiftre en parlant; & ceux qui la lifent, n'en peuuent auoir aucune connoiffance finõ autant que les vers la leur peuuẽt donner, fi bien que toutes les penfées du Poëte, foit pour les decorations du Theatre, foit pour les mouuemens de fes Perfonnages, habillemens & geftes neceffaires à l'intelligence du fuiet, doiuent eftre exprimées par les vers qu'il fait reciter.

A cela peut-eftre, on me dira que nos Poëtes ont accouftumé de faire repaffer leurs Piéces en leur prefence, & d'auertir les Comediens de tout ce qu'il faut faire ; mais cela ne peut pas empescher que la representation ne souffre beaucoup de defauts, parce que les Comediens sont souuent assez negligés, pour ne pas executer exactemét ce que le Poëte leur ordonne, & que chacun d'eux, ne s'attachant qu'à son rolle, ne croit pas qu'il soit necessaire de faire toutes ces obseruations, dont il ne voit pas le rapport auec le reste de la Piece. Mais quand ils seroient assez soigneux pour bien executer toutes les instructions du Poëte, comment pourront faire ceux qui voudroient representer ces Comedies sans luy, ou qu'il ne pourroit pas instruire, pour en estre trop éloigné, si les vers ne leur apprenoient ce qu'ils auroient à faire ? Comment connoistroient-ils le lieu de la Scene & la decoration, les habits des Personnages, les actions importantes, & tant d'autres circonstances qui doiuent contribuer à l'intelligence du suiet, & à l'agrément de la representation ? Les Tragedies d'Æschyle ont esté souuent remises apres sa mort sur le Theatre d'A-

Prolog. in Ca- thenes auec beaucoup de succez. Celles de Plau-
sin. te furent iouées dans Rome sans luy, & comme il est vray-semblable apres qu'il eut perdu la vie. Et nous auons veu sur nostre Theatre des Poëmes Anciens dans le mesme ordre & auec les mesmes ornemens que du temps de leurs Autheurs. Ce qu'on n'eût pû faire neantmoins dans Athenes, dans Rome, ny dans Paris, si les Poëtes ne se fus-

sent fort bien expliquez dans les récits par leurs Acteurs, & ce seroit vne pensée bien extrauagante de nous reduire à la necessité de les deterrer pour venir eux mesmes faire repasser leurs Piéces.

Ie sçay bien aussi que pour secourir l'intelligence des Lecteurs, plusieurs de nos Poëtes ont mis dãs l'impression de leurs Ouurages des Nottes qui apprennent ce que les vers ne disent point. Par exemple. *Icy paroist vn Temple ouuert; Icy se décoûure vn Palais orné de diuerses colonnes & superbement basty. Icy les Acteurs se doiuent asseoir en tel ordre. Icy cét Amant passionné baise la main à sa Maistresse. Jcy le Roy parle à l'oreille de son Confident. Jcy le Prince sort en colere*, & mille autres obseruatiõs que le poëte veut rendre necessaires au suiet & qui ne se lisent pourtant en aucun endroit de sa Piece. Mais en ces Nottes c'est le Poëte qui parle, & nous auons dit qu'il ne le peut faire en cette sorte de Poësie.

Dauantage c'est méler de la prose parmy des vers, & de la prose assez mauuaise, froide & incommode. Encore est-il vray que ces Nottes, interrompant la lecture, interrompent la suite des raisonnemens & des passions ; & diuisant l'application de l'esprit des Lecteurs, dissipent les images qu'ils commençoient à former par l'intelligence des vers, refroidissent leur attention, & diminuent de beaucoup leur plaisir.

I ij

Mais il y a plus, le Poëte doit faire parler ſes Acteurs auec tāt d'art, qu'il ne ſoit pas méme neceſſaire de marquer la diſtinction des Actes & des Scenes, ni meſme de mettre les nõs des Entreparleurs. Et ie n'en veux point d'autre preuue, ſinon, que quand vn Acteur vient ſur le Theatre pour parler, le Poëte n'en vient pas dire le nom, il faut qu'on le découure par la ſuite des actions ou des paroles, & pour y auoir mãqué, i'ay veu des Piéces, dõt il ſe paſſoit deux & trois Actes auparauant qu'on ſceût le nom du Heros, ſon pays, ni ſa qualité, & ſans qu'il fuſt neceſſaire de le cacher : car il arriue quelquefois que le nom & la condition de quelque Acteur principal, ne doit pas eſtre ſceu ; mais il faut touſiours en ces occaſions qu'on ſçache au moins, qu'il eſt inconnu. Et i'oſe dire que les Anciens ont en cela trauaillé ſi ſagement, que ſi on m'auoit donné vne Tragedie de Sophocle & d'Euripide, ou bien vne Comédie de Terence & de Plaute (car Æſchile eſtoit encore vn peu dans le dereglement, & Seneque n'a point connu l'Art, & Ariſtophane s'eſt entierement abandonné aux deſordres de la vieille & moyenne Comédie) Ie dis donc que ſi i'auois en main vn Poëme de l'vn de ces quatre que i'ay nommez, ſans titre, ſans diſtinction, ſans aucun nom d'Acteurs, & ſans aucun caractere qui les pût faire connoiſtre, ni la ſepartion des Actes, & la varieté des Scenes; ie découuriray d'abord & sans aucune peine, le nom, la qualité, les habits, l'équipage, les gestes, & les interests de tous ceux qui parlent, ce que chacun doit dire, le lieu de la Scene & ses décorations, l'étenduë du Poëme & tout ce qui doit faire partie de l'action Theatrale : tant il est vray que dans vne Piéce reguliere tout y doit estre aussi facilement connu de l'Esprit, que des yeux. Et tout poëme Dramatique qui ne pourra se faire connoistre de la sorte, est assurement defectueux.

Pour y bien reüssir neantmoins, il ne se faut pas seulemét contenter de faire dire ce qui doit estre connu; il faut que ce soit auec adresse, & trouuer en la bouche de l'Acteur vn pretexte qui serue si raisonnablement à l'expliquer, que la personne qu'il represente, ait pû vray-semblablement le dire.

Quelquefois la surprise d'vn Acteur en est vn moyen fort agreable, comme dans le *Curculio* de Plaute, où Palinure est surpris, & s'estonne de voir Phedrome sortir de sa maison deuant le iour auec vn flambeau, & suiuy de valets chargés de cruches pleines de vin.

D'autres-fois on y employe la compassion qu'on doit auoir de l'estat mal-heureux d'vn autre Acteur, comme Electre dans Euripide fait connoistre que son frere estoit deuant la porte du Palais couché sur vn lict, enueloppé de son manteau, & s'agitant auec beaucoup d'inquietude.

On le peut faire aussi par maniere de raillerie, comme dans le *Trinummus* de Plaute, lors que Charmides pour expliquer le grand chappeau d'vn fourbe deguisé en soldat, dit, *Je croy que cét homme est de la race des Champignons, car il est tout couuert de sa teste.* Ou bien on peut faire que des Acteurs se monstrent l'vn à l'autre vne chose extraordinaire, comme dans le premier Acte du *Rudens* de Plaute, ou par cette addresse on connoist, que des Gens ont fait naufrage; qu'il y en a qui nagent encore pour se sauuer; que deux femmes sont seules dans vne petite barque; que les flots les iettent sur le sable; qu'elles tombent & se releuent; & qu'enfin elles sortent de la mer auec beaucoup de peine.

Il arriue aussi bien souuent, qu'en faisant les actions, les Personnages s'en expliquent ingenieusement, comme Polypheme & les Satyres beuuans & s'enyurans dans Euripide; & Mnesiloque écriuant vne lettre dans les *Bacchides* de Plaute.

Souuent méme vn Acteur en se fâchant dóne à connoistre ce qu'vn autre fait, comme dans la *Casine*, où Cleostrate en colere, fait voir que son mary la caresse auec la main, pour la remettre en bonne humeur.

Tantost la ioye sert de motif pour obliger

DV THEATRE, Liv. I. 71

vn Acteur d'expliquer ce qui se passe; tantost l'admiration; d'autresfois vn commandement auquel on obeït, ou bien vne demande raisonnable, pourquoy les choses sont ou se font de telle sorte : Enfin toutes les voyes que l'Esprit du Poete peut ingenieusement accommoder à son suiet, & dont ie n'estime pas necessaire de rapporter icy dauantage d'exemples qui se rencontreront par tout chez les Anciens, à l'ouuerture de leurs liures.

Ce n'est pas qu'il faille entrer dans le détail des choses ou des actions, ni s'arrester à des minuties & à de legeres circonstances, qui ne donnent ni force ni grace au Theatre; parce que ce seroit contraindre les decorations, qu'il faut tousiours faire conformément à la piece, & tomber dans le defaut que Scaliger a fort bien marqué en Palingenius, des œuures duquel on pourroit oster plusieurs milliers de vers, sans rien oster de necessaire; Et encore en Attilius qui dégouste autant dans les endroits qu'il pousse à bout, comme il plaist dans les autres où il se modere: Au lieu que Virgile, pour éuiter ces petites circonstances, comme n'estans pas conuenables à la Maiesté de la belle poësie, s'est contenté de dire, que Iupiter d'vn branlement de teste fait trembler tout le Ciel, sans parler ni de ses sourcils froncés, ni de ses cheueux émeus; Car il faut que les Tragiques soient

Multa millis versuū auferri posse, nam si quid semel arripuit ad dicendū, omnes illius rei Vicinias, omnes excutit affinitates, nesque priùs quiescit aut abstinet, quam exhauserit omnia vel minima queque. Poët. lib. 6. c. 4. Excellentissimum futurū, si sibi temperasset, dum enim vult omnia dicere, afficit auditorem aliquan-

d'faſtidio tā-
to quantā in
aliis volup-
tate,idem lib.
6. c. 4.
Virgilius cum
parùm tutam
in hiſce mi-
nutulis rebus
ſui carminis
eſſe crederet
maieſtatem,
dixit ſimpli-
ciſſimè.
Annuit & to-
tum nutu tre-
mefecit Olym
pum, poterat
enim, non ſi-
ne periculo
grandiloquē-
tiæ ponere cri-
nium deflexio-
nem, Scal. l.
5. c. 3. Poët.

auſſi moderez & auſſi circonſpects que ce grand Maiſtre.

Mal à propos le Poëte feroit vne deſcription exacte des Colonnes, des Portiques, des Ornemens & de toute l'Architecture d'vn Temple qu'il auroit mis ſur la Scene ; Il ſuffit de faire connoiſtre en general quelle en eſt la Decoration, dont il faut laiſſer la diſpoſition particuliere à l'adreſſe des Ingenieurs.

Quand il paroiſt que les Acteurs ſont dans vn Iardin, il n'eſt pas neceſſaire d'en deſſigner les Eſpalliers, le compartiment du parterre, ny les differentes fleurs.

Si on les met au bord d'vne foreſt, il ne faut pas ſe mettre en peine d'aiouſter le nom des Arbres, ny le nombre ; toutes ces particularitez chargent le Poëme, & ne l'ornent point, embaraſſent les Spectateurs dans la croyance que ces deſcriptions produiront quelque bel effet, & les degouſtent quand ils voyent que leur attente eſt deceuë.

Quand neantmoins ces circonſtances entrent dans l'action Theatralle & en font partie, non ſeulement on les peut expliquer, mais on le doit, comme dans *l'Ion* d'Euripide, où n'eſtant pas permis à des femmes d'entrer dans le Temple d'Apollon, elles s'entretiennent ſur les peintures qui en faiſoient l'ornement ; & dans la *Moſtellaria* de Plaute, où Tranio voulant perſua-

persuader à Theuropides son Maistre, qu'il auoit acheté pour luy la maison d'vn de ses voisins, afin de tirer de ce bon vieillard quelque argent, sous ce pretexte, luy en fait obseruer l'auenuë, le vestibule, les pilastres, & quelques autres singularitez qu'il faudroit necessairement mettre dans les decorations pour represéter cette Comedie.

Il ne faut pas aussi s'imaginer, que generalement tout ce qui se passe sur le Theatre, doiue estre ainsi particulierement expliqué dans les vers; car il y a cent choses qui sont aysément entenduës, estant supposées d'elles mesmes par la nature de l'action. Lors que le Poëte fait connoistre que c'est Horace qui parle, & qu'il est Romain, il ne faut point chercher d'artifice pour expliquer ses vestements, ny faire admirer la force & la generosité de ses sentimens : car il est de la necessité de l'imitation, que ce Persónage soit vestu & parle comme vn Romain. Il n'y a que les choses & les actions extraordinaires au suiet & aux Personnages qu'il faille expliquer. Agamemnon parle sur la Scene, & nul autre Acteur n'en fait l'obseruation ; mais il s'écrie dans son Palais où on le poignarde, & aussi tost le Coriphée en parle pour le faire connoistre ; Il en est de mesme de Clytemnestre dans *l'Electre*, & de deux filles qui inuoquent dans Térence le secours de Iunon derriere la Scene où elles accouchent, ce qui n'eut pas esté necessaire d'expliquer

K

si tous ces Acteurs n'eussent parlé en des lieux extraordinaires. Dans Plaute Charmides est vn Grec & son habit n'est point designé non plus que des autres Acteurs, mais celuy du fourbe qui contrefait vn soldat venu de bien loing, ne pouuoit pas estre obmis, sans laisser cette circonstance imparfaite.

Ce qu'il ne faut iamais oublier à faire connoistre pour l'intelligence d'vne Piéce, c'est le Téps que le Poëte donne à l'action Theatrale, & le lieu de la Scene. Ce sont deux circonstances que le Poëte ne doit iamais se dispenser de faire bien entendre. Les Anciens l'ont tousiours fait auec tant d'art que souuent ceux qui lisent leurs Poëmes, ne s'en apperçoiuent pas. Plaute ouure le Theatre de son Amphitryon à la fin de la grande nuict que Iupiter auoit encore faite pour venir voir Alcmene auparauant son accouchement. Ce qu'il fait connoistre clairement par le discours de Sosie qui se plaint dez la premiere Scene de la longueur de cette nuict, & dit en raillant, *Qu'il croit que l'Aurore s'est enyurée, & qu'elle ne se peut réueiller*; & sa Piece finit deuant le disner, ce qu'on decouure par le commandement que Iupiter sous l'apparéce d'Amphitryon fait à Sosie, de prier Blepharon de sa part de venir disner auec luy, apres qu'il aura sacrifié; car depuis cet ordre donné à Sosie, les euenemens sont si prompts qu'il est assez manifeste, qu'on ne disne pas auparauant le denoüement de toutes les intrigues qui embarrassoient Amphitryon.

Et pour le lieu de la Scene, il ne faut que lire le *Rudens* du mesme Comique auec son *Curcullio*, les *Grenoüilles* d'Aristophane, l'*Aiax* de Sophocle, & toutes les autres, où par vne infinité d'adresses les singularitez du lieu representé par l'auant-Scene, sont clairement designées.

Souuent mesme les choses ne s'expliquent pas quand elles se font; mais long-temps apres, selon que le Poëte le iuge plus commode à son suiet, & qu'il le peut faire auec moins d'affectation à quoy ceux qui lisent les Poëtes, ou qui veulent iouër des Comedies bien regulieres, doiuent soigneusement prendre garde. Ie n'en donneray point d'autre exemple que celuy de ~~Monsieur~~ Corneille en son *Andromede*, où lors que les vens enleuent cette ieune Princesse, Phinée est renuersé d'vn coup de Tonnerre, sans qu'il en soit rien dit; mais cela se connoist dans l'Acte suiuant où Phinée rendant raison de la violence des Dieux contre les efforts qu'il auoit faits pour sauuer Andromede, dit qu'ils auoient esté contrains de le renuerser par terre, & de prendre l'occasion de sa cheute pour l'emporter. Mais puisque ie suis tombé sur la consideration de ce Poëme orné de tant de Machines, ie ne puis m'empescher d'obseruer icy que pource superbe Palais qui fait la decoration du premier Acte, & ce magnifique Temple qui fait celle du quatriéme, ie ne croy pas qu'il y ait vne seule parole dont on le puisse apprendre, & apres les auoir leûs, ie fûs obligé de recourir à l'explication qui est imprimée au deuant de chacun Acte, sans laquelle ie n'aurois point sceu ce que les Decorateurs auoient fait, parce que le Poëte ne m'auoit point appris ce qu'ils deuoient faire. Aussi est-il vray qu'on peut mettre le Temple au premier Acte, & le Palais au quatriéme, sans rien faire contre l'ordre du Suiet, & sans rien changer aux vers. Voire méme est-il certain qu'au lieu de ces deux sortes de decorations on y peut mettre des Arbres, des Rochers, ou tout ce que l'on voudra. En quoy paroist la necessité qu'il y a d'expliquer les decorations par les vers, pour ioindre le suiet auec le Lieu, & les Actions auec les choses, & pour faire ingenieusement vn Tout bien ordonné par vne iuste liaison de toutes les parties qui le composent.

LA PRATIQUE DV THEATRE.
LIVRE SECOND.

CHAPITRE PREMIER.

Du Suiet.

EN fuppofant icy ce que le Poëte doit fçauoir du Suiet d'vn Poëme Dramatique, que les Anciens ont nommé la *Fable*, & nous l'*Hiſtoire*, ou le *Roman*, ie diray ſeulement que pour les Suiets inuentez, & dont on peut auſſi bien faire vne Tragedie qu'vne Comedie, s'ils ne reüſſiſſent, c'eſt la faute du Poëte; mais faute ſans excuſe, ſans pretexte, & dont il ne ſe

k iij

peut iamais deffendre : car eſtant maiſtre de la matiere autant que de la forme, on ne peut en reietter le mal ſur autre choſe, que ſur ſa mauuaiſe imagination, ou ſur le defaut de ſa conduitte ; mais pour le regard des Suiets tirez de l'Hiſtoire, ou de la Fable, il ſe peut excuſer, s'il eſt obligé d'y conſeruer certaines circonſtances, ou par l'ordre de quelque grand Seigneur, ou par quelque autre raiſon particuliere qui luy ſeroit plus conſiderable que la gloire d'eſtre bon Poëte. Autrement, & s'il eſt libre en ſon choix, il ſera toûjours blâmé quand ſon Ouurage n'aura pas vn bon ſuccez : & il doit tenir pour certain que d'vne mauuaiſe Hiſtoire, l'art en peut faire vne excellente Piéce de Theatre : car s'il n'y a point de Nœud, il en fera vn ; s'il eſt trop foible, il le fortifiera ; s'il eſt trop fort, & preſque indiſſoluble, il le relâchera ; Mais de la plus riche Hiſtoire vn mauuais Artiſte en peut corrompre tellement les beautez, qu'elle ne ſera pas reconnoiſſable.

Dauantage il ne faut pas s'imaginer que toutes les belles Hiſtoires puiſſent heureuſement paroiſtre ſur la Scéne, parce que ſouuent toute leur beauté depend de quelque circonſtance, que le Theatre ne peut ſouffrir. Et ce fut l'aduis que ie donnay à celuy qui vouloit trauailler ſur *les Amours de Stratonice & d'Antiochus* : car le ſeul incident conſiderable, eſt l'adreſſe du Medecin qui fit paſſer deuant les yeux de ce ieune Prince malade depuis long-temps, toutes les Dames de la Cour, afin de iuger par l'émotion de ſon poulx celle qu'il aimoit, & qui cauſoit ſa maladie : Et i'eſtime qu'il eſt tres difficile de faire vn Poëme Dramatique, dont le Heros ſoit toûjours au lict, ny de repreſenter cette circonſtance; & qu'il y a peu de moïens de la changer en telle ſorte que l'on en pût conſeruer les agrémens : outre que le temps, & le lieu de la Scéne ſeroient tres difficiles à rencontrer : car ſi Antiochus eſt encore au lict le matin, il faudra bien trauailler pour le faire agir dans le méme iour. De mettre auſſi la Scéne dans la chambre d'vn Malade, ou deuant ſa porte, cela ne ſeroit guere raiſonable. *La Theodore* de Corneille par cette méme raiſon n'a pas eu tout le ſuccez ni toute l'approbation qu'il s'en promettoit. C'eſt vne piéce où parce que tout le Theatre tourne ſur la proſtitution de Theodore, le Suiet n'en a pû plaire. Ce n'eſt pas que les choſes ne ſoient expliquées par des manieres de parler fort modeſtes, & des adreſſes fort delicates; mais il faut auoir tant de fois dans l'imagination cette fâcheuſe auanture, & ſur tout dans les recits du quatriéme Acte, qu'enfin les idées n'y peuuent eftre fans degouft. Or il y a cent Hiftoires pareilles, & beaucoup plus difficiles à manier; & au contraire, il y en a de tres heureufes, comme celle de *Sophonifbe* qui fe trouue vefue & remariée, qui perd fes Eftats & les recouure en vn mefme iour. Le choix donc qu'on en doit faire, c'eft de confiderer fi vne Hiftoire eft fondée fur l'vne de ces trois chofes; ou fur vne belle Paffiõ, comme ont efté *la Mariane* & *le Cid*; ou fur vne belle Intrigue, comme *le Prince deguisé* & *le Cleomedon*; ou fur vn Spectacle extraordinaire, comme *Cyminde* ou *les deux Victimes*: Et fi l'Hiftoire fouffre beaucoup de circonftances pareilles, ou que l'imagination du Poëte en puiffe adioufter, il en rendra fa Piéce meilleure, pourueu qu'il y conferue la moderation : car bien que le Poëme ne doiue pas eftre dénüé de Paffions, d'Euenemens, ny de Spectacles; il ne faut pas neantmoins le charger d'vn trop grand nombre : parce que les Paffions violentes ennuyent les fentimens de l'Ame, quand il y en a trop, ou qu'elles durent trop; les Euenements laffent & confondent la memoire, & les Spectacles font difficiles à faire ioüer fi foudainement, fans y rien oublier. C'eft pourquoy ceux qui fe font efforcez de mettre en chaque Acte vn notable Euenement & vne forte Paffion, n'en ont pas eu le fuccez qu'ils auoient attendu : Et fi l'on me

demande

DV THEATRE, LIV. II. 81

demande, quelle en peut estre la mesure, ie répondray que c'est le Iugement, & qu'il peut arriuer qu'vn Poëme sera si bien disposé, que la preparation des Incidens & la varieté des Passions corrigera ce que le grand nombre peut auoir de defectueux, & que l'intelligence des machines (qui pourtant n'est pas commune sur nos Theatres publics) les fera iouër si facilement que l'on pourroit les renouueller à chaque Acte, comme i'auois autresfois proposé à M. le Cardinal de Richelieu.

On demande encore ordinairement en cette matiere, iusqu'à quel point il est permis au Poëte de changer vne Histoire quand il la veut mettre sur le Theatre. Surquoy nous trouuõs diuers aduis, tant chez les Anciens, que chez les modernes; mais ie tiens pour moy qu'il le peut faire non seulement aux circonstances, mais encore en la principale action, pourueu qu'il fasse vn beau Poëme : car comme il ne s'arreste pas au Temps, parce qu'il n'est pas Chronologue, il ne s'attachera point à la Verité, non plus que le Poëte Epique, parce que tous deux ne sont pas Historiens. Ils prennent de l'Histoire ce qui leur est propre, & y changent le reste pour en faire leurs Poëmes, & c'est vne pensée bien ridicule d'aller au Theatre pour apprendre l'Histoire. La Scéne ne donne point les choses comme elles ont esté,

Arist. c. 15. Quis nescit omnibus Epicis Poëtis historiam esse pro argumento? quā illi aut adumbratam, aut illustratam, certè alia facie quàm ostendunt, ex historia conficiunt Poëma. Nā quid aliud Homerus? quid tragicis ipsis faciemus? Scal. l. 1. c. 2.

L

mais comme elles deuoient eftre, & le Poëte y doit rétablir dans le fujet tout ce qui ne s'accommodera pas aux regles de fon Art, comme fait vn Peintre quand il trauaille fur vn modelle defectueux. C'eft pourquoy la mort de Camille par la main d'Horace fon frere, n'a pas efté approuuée au Theatre, bien que ce foit vne auanture veritable, & j'auois efté d'auis, pour fauuer en quelque forte l'Hiftoire, & tout enfemble la bienfeance de la Scéne, que cette fille defefperée voyant fon frere l'épée à la main, fe fuft precipitée deffus: ainfi elle fuft morte de la main d'Horace, & luy euft efté digne de compaffion, comme vn mal-heureux Innocent, l'Hiftoire & le Theatre auroient efté d'accord.

En vn mot, l'Hiftorien doit raconter fimplement ce qui s'eft paffé, & s'il en iuge, il fait plus qu'il ne doit. L'Epopoée accroift tous les euenemens par de grandes fictions, où la verité eft comme abifmée; Et le Theatre doit tout reftituer en eftat de vray-femblance & d'agrément. Il eft bien vray que fi l'Hiftoire eft capable de toutes les graces de la Poëfie Dramatique, le Poëte luy doit conferuer encore celles de la verité; finon il a droit de faire tout ceder au deffein qu'il doit auoir de reüffir en fon Art. Plufieurs apportent au contraire le temoignage d'Horace qui dit, *Qu'il faut fuiure l'opinion commune, ou feindre des cho-*

ſes qui luy ſoient conformes, mais en cet endroit Horace ne parle point du Suiet, il traite ſeulement des mœurs, & nous appréd qu'il ne faut pas donner aux Acteurs principaux des mœurs diſſemblables à eux meſmes, ny entierement éloignées de celles qu'ils ont dans l'opinion generale de l'Hiſtoire, comme ſeroit de faire *Ceſar Poltron*, ou *Meſſalline chaſte*. Ce que Voſſius a fort bien remarqué dans ſa Poëtique, & ie ne ſçay pourquoy on ſe laiſſe abuſer par des allégations fauſſes & appliquées tout au contraire du ſens de l'Autheur. Ce n'eſt pas qu'vne Hiſtoire connuë, ou pour eſtre recente, ou de tout temps dans la bouche du vulgaire, puiſſe ſouffrir de grands changemens ſans de grandes précautions ; mais dans ces rencontres ie conſeillerois pluſtoſt au Poëte d'abandonner vn tel Suiet, que de faire vn mauuais poëme en voulāt cóſeruer la verité à laquelle il n'eſt pas obligé, ou en tout cas d'en vſer ſi adroitement qu'il ne choquaſt point les ſentimens du peuple. Et ſi l'on prend bien le ſens d'Ariſtote, on trouuera qu'il n'eſt pas contraire à cette opinion, & que les Anciens ont toûjours fait ainſi. Ie ne croy pas meſme qu'aucune Hiſtoire ait eſté traittee par les Tragiques ſans quelque notable alteration. Polidore a des auantures bien differentes chez Euripide & chez Virgile. Æſchile fait précipiter Promethée tout vif dans les enfers d'vn coup de foudre, & prédire

Hinc Horatius cum dixiſſet, Famā ſequere, quod pertinet ad μύθον. Voſſ. lib. 1 c. 5.

par Mercure que son cœur y sera deuoré par vn Aigle sans estre ~~quelqu'une~~, à quoy la Fable receüe n'a point de rapport. Sophocle fait mourir Æmon & Antigone, mais Euripide, qui auoit fait la mesme Histoire, les marioit ensemble, au contraire de ce qu'il auoit fait luy mesme dans *les Phéniciennes*. Le mesme Sophocle dans *l'Oedipe* fait que Iocaste s'étrangle elle mesme, & Euripide la fait viure iusqu'au combat d'Eteocle & de Polinice, & mourir de sa propre main par vn coup de poignard sur les corps de ses Enfans. Seneque dans *son Oedipe* fait que Iocaste se tuë lors de l'aueuglement d'Oedipe : & luy mesme dans *sa Thebaïde* la fait reuiure lors du combat de ses Enfans. L'*Oreste* & l'*Electre* sont côtraires en beaucoup de circôstances tres importantes chez le mesme Poëte. Les vns font Oreste encore enfant lors de la mort d'Agamemnon, qui fut tué par Clytemnestre au retour de la guerre de Troye; & d'autres font qu'il a desia tué Clytemnestre sa mere, lors que Menelaüs reuient de cette guerre : ce qui ne peut auoir aucun rapport, ou bien il faudroit qu'Oreste eust esté ieune & vieil en mesme temps, ou que Menelaüs ne fust reuenu de Troye que plusieurs années apres son frere. Enfin les quatre Tragiques qui nous restent, sont tous differens dans la disposition des mesmes Histoires qu'ils ont mises sur le Theatre. L'*Electre* d'Euripide, celle de Sophocle & les

Cœphores d'Æschyle en font la preuue inuincible, il ne les faut qu'examiner;& i'estime que les Tragiques anciens ont esté cause du grand desordre qu'il y a dans l'Histoire & dans la Chronologie de ce vieux temps, que Varron appelle *fabuleux*; parce que ayant ainsi changé les euenemens & l'ordre des années, ils ont donné lieu aux Ecriuains qui se sont arrestez à leurs Poëmes comme à des Histoires, de se contredire & de confondre la fable auec la verité.

Quant aux diuerses especes des Sujets, sans m'arrester aux simples & aux composez, ny aux autres diuisions communes d'Aristote & de ses Commentateurs, i'en mets de trois sortes. Les premiers sont d'incidents, intrigues ou euenemens, lors que d'Acte en Acte & presque de Scéne en Scéne il arriue quelque chose de nouueau qui change la face des affaires du Theatre; quand presque tous les Acteurs ont diuers desseins, & que tous les moiens qu'ils inuentent pour les faire reüssir, s'embarassent, se choquét, & produisent des accidens impréveus : ce qui donne vne merueilleuse satisfaction aux Spectateurs, vne attente agreable, & vn diuertissement continuel.

Les autres sont de passions, quand d'vn petit fonds le Poëte tire ingenieusement dequoy soustenir le Theatre par de grands sentimens, & que sur des rencontres presque naturelles à son sujet, il trouue occasion de porter ses Acteurs dans des mouuemens nobles, violents & extraordinaires : ce qui rauit les Spectateurs, en faisant tousiours sur leur ame quelque nouuelle impression.

Les derniers sont Mixtes, c'est à dire, meslez d'incidens & de passions, lors que par des euenemens inopinez, mais illustres, les Acteurs éclatent en des passions differentes, ce qui contente infiniment les Spectateurs, quand ils voyent tout ensemble des accidens qui les surprennent, & des mouuemens d'esprit qui les rauissent.

Or il est certain que dans toutes ces trois sortes de Sujets le Poëte peut bien reüssir, pourueu que l'œconomie de sa Piece soit ingenieuse ; mais voicy la difference que i'y trouue, les Sujets d'incidens d'abord sont extrémement agreables, mais si tost qu'ils sont connus, ils ne touchent plus l'esprit, parce qu'ils n'ont point d'autres graces que la surprise & la nouueauté. Ceux de passions durent plus long-temps, & ne dégoustent pas si tost, par ce que la Puissance de l'Ame qui en reçoit les impressions, ne les garde pas si long-temps, ny si fortement, que la Memoire fait les images des choses ; mesme arriue-t'il souuent qu'ils nous plaisent dauantage en les revoiant, par ce que la suitte des Actions & l'œconomie de l'Ouurage occupans noftre Imagination la premiere fois que nous les voions, nous sommes moins capables d'entrer dans les sentimens des Acteurs, au lieu que ne trauaillans plus au sujet, nous nous appliquons dauantage à ce qu'ils disent, & receuons plus facilement les impressions de leur douleur, ou de leur crainte.

Mais il est indubitable que les Mixtes sont les plus excellens; car les incidens renouuellent leurs agrémens par les passions qui les souftiennent, & les passions semblent renaiftre par les incidens inopinez de leur nature, bien qu'ils soient connus, de sorte qu'ils sont presque tousjours merueilleux, & qu'il faut vn long temps pour leur faire perdre toutes leurs graces.

Il ne faut pas oublier (& ce n'est peut-estre pas vne des moindres obseruations que i'aye faite sur les Piéces de Theatre) que si le Sujet n'est conforme aux mœurs & aux sentimens des Spectateurs, il ne reüssira iamais, quelque soin que le Poëte y employe & de quelques ornemens qu'il le souftienne; car les Poëmes Dramatiques doiuent estre differens selon les Peuples deuant lesquels on les doit representer; & de là vient que le succez n'en est pas tousiours pareil, bien qu'ils soient tousiours semblables à eux mesmes. Ainsi les Athéniens se plaisoient à voir sur leur Theatre, les cruautez & les malheurs des Roys, les desastres des familles illu-

stres, & la rebellion des Peuples pour vne mauuaise action d'vn Souuerain; par ce que l'Estat
dans lequel ils viuoient, estant vn gouuernement Populaire, ils se vouloient entretenir dans
cette croyance, Que la Monarchie est tousiours
tyrannique, dans le dessein de faire perdre à tous
les Grands de leur Republique le desir de s'en
rendre Maistres, par la crainte d'estre exposez
à la fureur de tout vn Peuple, ce que l'on estimoit iuste : Au lieu que parmy nous le respect
& l'amour que nous auons pour nos Princes, ne
peut permettre que l'on donne au Public ces
Spectacles pleins d'horreur ; nous ne voulons
point croire que les Roys puissent estre méchans, ny souffrir que leurs Sujets, quoy qu'en
apparence maltraittez, touchent leurs Personnes sacrées, ny se rebellent contre leur Puissance, non pas mesme en peinture ; & ie ne croy pas
que l'on puisse faire assassiner vn Tyran sur nostre Theatre auec applaudissement, sans de tres-
signalées précautions, comme par exemple, Si
le legitime héritier se faisoit reconnoistre, son
peuple se pourroit sousleuer pour le restablir
dans le Throne, & se vanger des maux qu'il auroit endurez sous la tyrannie d'vn vsurpateur;
mais la seule vsurpation contre la volonté des
Sujets ne seroit pas assez considerable pour faire
mourir sans quelque horreur vn Souuerain par
la main des rebelles ; ce que nous auons veu par
experience

experience dans le *Timoleon*, que nulle raison d'Estat, de bien public, d'amour enuers sa Patrie, ny de generosité, ne pût empescher d'estre consideré comme le meurtrier de son frere & de son Prince; Et i'estime celuy qui n'a pas voulu faire mourir Tarquin sur la scéne, aprés l'outra- M. du Ryer. ge qu'il a fait à Lucrece. La cruauté d'Alboin a donné de l'horreur à la Cour de France, & cette Tragedie, quoy que soustenuë de beaux vers & de nobles incidens, fut generalement condamnée.

Nous auons eu sur nostre Theatre l'*Esther* de du Ryer, ornée de diuers euenemens, fortifiée de grandes passions, & composée auec beaucoup d'art; mais le succez en fut beaucoup moins heureux à Paris qu'à Roüen: & quand les Comediens nous en dîrent la nouuelle à leur retour, chacun s'en estonna sans en connoistre la cause; mais pour moy i'estime que la ville de Roüen, estant presque toute dans le traffic, est remplie d'vn grand nombre de Iuifs, les vns connûs & les autres secrets, & qu'ainsi les Spectateurs prenoient plus de part dans les interests de cette Piéce toute Iudaïque par la conformité de leurs mœurs & de leurs pensées.

Autant en pouuons-nous dire des Comedies; car les Grecs & les Romains, parmy lesquels la débauche des ieunes gens auec les Courtisanes n'estoit qu'vne galanterie, souffroient volon-

M

tiers & se diuertissoient au Theatre, par les intrigues & les discours des femmes publiques, par les pratiques de ces ministres de débauche authorisez par les loix: ils prenoiét plaisir à voir, & des vieillards trompez pour en tirer de l'argent, & les fourbes des Esclaues en faueur de leurs ieunes Maistres. Les mal-heurs des premiers les émouvoient à compassion par la connoissance qu'ils auoient de ces auantures ; Ils y estoient sensibles, parce qu'ils y estoient sujets; & les souplesses des autres les instruisoient pour se deffendre de pareils tours: Au lieu que parmy nous toutes ces choses sont mal receuës, ou du moins paroissent froides & sans agrément, à cause que l'honnesteté de la vie Chrestienne ne permet pas aux personnes de condition honorable, d'approuver les exemples du vice, ny de s'y plaire ; & les regles dont nous gouuernons nos familles, ne connoissent plus les finesses des seruiteurs, ny la necessité de nous en deffendre.

C'est pour cela mesme que nous voyós dans la Cour de France les Tragedies mieux receuës que les Comedies, & que parmy le petit Peuple les Comedies, & mesme les Farces & vilaines bouffonneries de nos Theatres, sont tenuës plus diuertissantes que les Tragedies. Dans ce Royaume les personnes, ou de naissance, ou nourries parmy les Grands, ne s'entretiennent que de sentimens genereux, & ne se portent qu'à de hauts desseins, ou par les mouuemens de la vertu, ou par les emportemens de l'ambition ; de sorte que leur vie a beaucoup de rapport aux representations du Theatre Tragique. Mais la Populace éleuée dans la fange, & entretenuë de sentimens & de discours des-honnestes, se trouue fort disposée à receuoir pour bonnes, les méchantes bouffonneries de nos farces, & prend toûjours plaisir d'y voir les images de ce qu'elle a accoustumé de dire & de faire. Et cela ne doit pas estre seulement obserué dans le fond de la principale action du Poëme, mais encore en toutes ses parties : & sur tout dans les passions, comme nous le dirons encore, lors que nous en traiterons particulierement : car s'il y a quelque Acte ou quelque Scéne qui n'ait pas cette conformité de mœurs auec les Spectateurs, ou par le sujet, ou par les sentimens, on verra aussi-tost l'applaudissement cesser, & le dégoust naistre dans leurs ames, sans mesme qu'ils en sçachent la cause : car il est du Theatre comme de l'Eloquence, les perfections & les défauts n'en sont pas moins sensibles aux Ignorans qu'aux Sçauans, bien que la raison ne leur en soit pas également connuë.

CHAPITRE II.
De la Vray-semblance.

VOICY le fondement de toutes les Pieces du Theatre, chacun en parle & peu de gens l'entendent; voicy le caractere general auquel il faut reconnoistre tout ce qui s'y passe : En vn mot la Vray-semblance est, s'il le faut ainsi dire, l'essence du Poëme Dramatique, & sans laquelle il ne se peut rien faire ny rien dire de raisonnable sur la Scéne.

C'est vne Maxime generale, que le *Vray* n'est pas le sujet du Theatre, parce qu'il y a bien des choses veritables qui n'y doiuent pas estre veuës, & beaucoup qui n'y peuuent pas estre representées : c'est pourquoy Synesius a fort bien dit que la Poësie & les autres Arts qui ne sont fondés qu'en imitation, ne suiuent pas la verité, mais l'opinion & le sentiment ordinaire des hommes.

Synef. in Calvit. encom. p. 72. edit. Paris. an. 1611.

Il est vray que Neron fit étrangler sa mere, & luy ouurir le sein pour voir en quel endroit il auoit esté porté neuf mois auant que de naistre; mais cette barbarie, bien qu'agreable à celuy qui l'executa, seroit non seulement horrible à ceux qui la verroient, mais mesme incroyable, à cause que cela ne deuoit point arriuer; & entre toutes les histoires dont le Poëte voudra tirer son sujet, il n'y en a pas vne, au moins ie né croy pas qu'il y en ait, dont toutes les circonstances soiét capables du Theatre, quoy que veritables, & que l'on y puisse faire entrer, sans alterer l'ordre des succés, le temps, les lieux, les personnes, & beaucoup d'autres particularitez.

Le *Possible* n'en sera pas aussi le sujet, car il y a bien des choses qui se peuuent faire, ou par la rencontre des causes naturelles, ou par les auantures de la Morale, qui pourtant seroient ridicules & peu croyables si elles estoiét representées. Il est possible qu'vn homme meure subitement, & cela souuent arriue; mais celuy-là seroit mocqué de tout le monde, qui pour dénoüer vne Piece de Theatre, feroit mourir vn riual d'apoplexie, comme d'vne maladie naturelle & commune, ou bien il y faudroit beaucoup de preparations ingenieuses. Il est possible qu'vn homme meure d'vn coup de tonnerre, mais ce seroit vne mauuaise inuention au Poëte de se défaire par là d'vn Amant qu'il auroit employé pour faire l'intrigue d'vne Comedie.

Il n'y a donc que le *Vray-semblable* qui puisse raisonnablement fonder, soustenir & terminer vn Poëme Dramatique: ce n'est pas que les choses veritables & possibles soient bannies du

Res esse oportet in ipsis etiam Comœdijs admodū verisimilis, vt tametsi ficta, reprasentari

magis quàm fingi videantur. Scal. lib. 6. cap. 3.

Theatre ; mais elles n'y font receuës qu'entant qu'elles ont de la vray-femblance ; de forte que pour les y faire entrer, il faut ofter ou changer toutes les circonftances qui n'ont point ce caractere, & l'imprimer à tout ce qu'on y veut reprefenter.

Ie ne m'eftendray pas icy fur la Vray-femblance ordinaire & extraordinaire, dont tous les Maiftres ont traitté fort amplement, & perfonne n'ignore que les chofes impoffibles naturellement, deuiennent poffibles & vray-femblables par puiffance diuine, ou par magie ; & que la vray-femblance du Theatre n'oblige pas à reprefenter feulement les chofes qui arriuent felon le cours de la vie cõmune des hõmes; mais qu'elle enueloppe en foy le *Merueilleux*, qui rend les euenemens d'autant plus nobles qu'ils font impréueus, quoy que toutesfois vray-féblables. Ce que i'ay remarqué neantmoins en cette matiere, eft que peu de gens ont entédu iufques où va cette Vray-femblance : car tout le monde a bien crû qu'elle deuoit eftre gardée dans la principale action d'vn Poëme, & dans les incidens qui fe trouuent fenfibles aux plus groffiers; mais on n'a pas efté plus auant. Or l'on doit fçauoir que les moindres actions reprefentées au Theatre, doiuent eftre vray-femblables, ou bien elles font entierement defectueufes, & n'y doiuent point eftre. Il n'y a point d'action humaine tellement simple, qu'elle ne soit accompagnée de plusieurs circonstances qui la composent, comme sont le temps, le lieu, la personne, la dignité, les desseins, les moyens, & la raison d'agir. Et puis que le Theatre en doit estre vne image parfaite, il faut qu'il la represente toute entiere, & que la Vray-semblance y soit obseruée en toutes ses parties.

Quand vn Roy parle sur la Scéne, il faut qu'il parle en Roy, & c'est la circonstance de la dignité contre laquelle il ne peut rien faire qui soit vray-semblable, s'il n'y auoit quelque autre raison qui dispensast de cette premiere circonstance, comme s'il estoit déguisé. Ie dis plus, ce Roy qui parle sur le Theatre selon sa dignité, sans doute estoit en quelque lieu, lors qu'il disoit ces choses; partant il faut que le Theatre porte aussi l'image du lieu où lors il estoit: car il y a des choses que l'on ne peut dire ny faire vray-semblablement qu'en certains lieux. Aussi faut-il representer & faire entendre en quel temps il parloit: car il faut souuent changer de discours selon le temps; & vn Prince, deuant que de donner vne bataille, parlera tout autrement qu'il ne fera aprés qu'il l'aura gagnée ou perduë. Mais pour cóseruer cette vray-semblance dans toutes les circonstances d'vne action Theatrale, il faut bien sçauoir les regles de ce Poëme, & les pratiquer; car elles n'enseignent rien autre chose qu'à rendre toutes les parties d'vne action vray-semblables, en les portant sur la Scéne, pour en faire vne image entiere & reconnoissable.

A cela quelques-vns ont dit, Que le sens commun & la raison naturelle suffisent pour iuger de toutes ces choses, i'en demeure d'accord : mais il faut que ce soit vn sens commun instruit de ce que les hommes ont voulu faire sur le Theatre, & de ce qu'il faut obseruer pour en venir à bout : car supposons qu'vn homme de bon sens n'ait jamais veu le Theatre, & qu'il n'en ait méme jamais oüy parler, il est certain qu'il ne connoistra pas si les Comédiens sont des Roys & des Princes veritables, ou s'ils n'en sont que des phantosmes viuans; & quand il sçauroit que tout cela n'est qu'vne feinte, & vn déguisement, il ne seroit pas capable de iuger des beautez ny des défauts de la Piece : il faudroit certes qu'il en vist plusieurs & qu'il y fist beaucoup de reflexions pour connoistre ce qui seroit vray-semblable, ou non. Ouy, certes, pour iuger parfaitement du Poëme Dramatique, il faut que cette raison naturelle soit parfaitement instruite en ce genre d'image dont les hommes ont voulu se seruir pour representer quelque action, & sçauoir precisément de quelle maniere la vray-semblance peut estre conseruée dans tous les traits de cette peinture animée; Or cela ne se peut acquerir que par vn grand nombre

nombre d'obſervations faites par vn long temps & par pluſieurs perſonnes. Et c'eſt de telles obſervations que les Anciens compoſérent l'art du Theatre, dont le progrez fut ſi lent, que depuis Theſpis qui le premier adjouſta vn Acteur au Chœur employé ſeul autresfois pour iouër l'ancienne Tragédie, il y a deux cens ans iuſqu'au temps d'Ariſtote, qui le premier en écrivit l'art, ou qui du moins eſt le premier dont les écrits ſur ce ſujet ſont venus iuſqu'à nous. C'eſt pourquoy celuy qui veut iuger hardiment & ſur le champ d'vn Poëme Dramatique ſans étude & ſans reflexion, & qui le penſe faire excellemment, ſe trompe ſouuent : parce qu'il eſt bien difficile qu'il puiſſe auoir naturellement & en preſence, toutes les conſiderations qui doivent ſervir pour en examiner la vrayſemblance, & ſouuent il eſt arriué que des perſonnes de bon eſprit ont crû d'abord certaines actions du Theatre fort iuſtes & bien inuentées, qu'aprés eſtre inſtruits ils ne trouuoient pas vray-ſemblables, & au contraire tres-ridicules.

Mais vne choſe bien plus eſtrange, & pourtant tres-veritable, i'ay veu des gens qui trauailloient depuis long-temps au Theatre, lire ou voir vn Poëme par pluſieurs fois ſans reconnoiſtre ny la durée du temps, ny le lieu de la Scéne, ny la pluſpart des circonſtances des

N

actions les plus importantes, pour en découurir la vray-semblance. Heinsius, d'ailleurs tres-sçauant & qui nous a donné l'art de composer la Tragedie, s'est trompé iusqu'au point de croire que l'*Amphitryon* de Plaute contenoit neuf mois, quoy qu'il ne soit pas de huict heures, ou pour le plus est-il renfermé entre le minuit & le midy d'vn mesme iour. Vossius, l'vn des plus doctes de nostre temps, & tres-intelligent en la vieille Poësie, écrit comme luy, que dans cette mesme Piéce, Plaute fait conceuoir & naistre Hercules en vne mesme nuict, encore qu'il soit certain qu'il le suppose conceu sept mois auparauant, & que Mercure le die en termes exprés par deux fois. C'est pourquoy ie suis obligé d'auertir icy mes Lecteurs, que de tout ce qu'a fait cét excellent homme, il n'y a rien dont on se doiue tant garder que du troisiéme Chapitre de son premier Liure, où il traite des erreurs des Poëtes, en voulant corriger les Anciens; car luymesme est tombé en de tres-grandes. Scaliger écrit par deux fois, que Promethée chez Æschyle, meurt d'vn coup de foudre, & neantmoins il est indubitable qu'il est seulement enleué durant l'orage, & cela paroist assez par les discours de Promethée, & mesme de Mercure qui le dit bien clairement. Il y en a qui ont lû & relû Æschyle, & qui neantmoins ont esté si peu soigneux de faire reflexion sur la conduite

Plautus nouem menses vno Dramate complexus est, vt vix maior ampliorque Homericæ Iliados quam Amphitryonis sit periodus: Alcumena autem cöcipit & parit; quod si fieret iam nullo episodio opus esset, ideoque nec ars esset comœdiā scribere. Heins. in Horat.

Voss. lib. 2. c. 3. Ridicule se dat Plautus cum in Amphitryone fingat eadem die Alcumenā & concipere & parere.

Hodie illa pariet filios geminos duos alter decumo post mēse nascetur puer quàm seminatus est; alter mense septumo. Amphitry. Act. 1. sc. 2.

Lib. 7. c. 4. Poet. & lib. 3. c. 97.

de ſes Poëmes, qu'ils ſe ſont perſuadez, & meſ-me l'Autheur de l'Argument de ſon *Agamemnon*, qu'il fait mourir ce Prince ſur la Scéne, encore qu'il ſoit aſſez expliqué que le Chœur entend les cris & les plaintes qu'il fait dans ſon Palais où on le tuë, & qu'il prend la reſolution d'y entrer pour ſçauoir ce qui s'y paſſe, dont il eſt détourné par l'arrivée de Clytemneſtre qui vient conter cette action funeſte & criminelle qu'elle auoit commiſe de ſa main. Beaucoup de Sçauans ont dit que la troiſiéme Comedie de Terence contenoit deux iours; Scaliger, Muret, Voſſius, le P. Membrun & d'autres l'ont ainſi penſé; mais elle n'eſt pas ſeulement de dix heures, comme ie l'ay montré dans la premiere Diſſertation du *Terence iuſtifié*; & Monſieur Menage qui n'a rien écrit ſur ce ſujet que pour contredire la verité par malignité, n'a pas oſé luy donner plus de quatorze à quinze heures; encore pour le faire a-t'il eſté contraint de pervertir l'ordre des mois des Atheniens, afin d'abréger les iours & d'allonger les nuits, & de renuerſer toute l'œconomie de la nature, pour trouver quelque choſe à redire à l'œconomie de ce Poëme. I'ay veû des perſonnes que i'ay eû de la peine à deſabuſer de cette croyance, que dans l'*Electre* de Sophocle, les *Phœniſſes* d'Euripide, & *les Nuées* d'Ariſtophane, l'vnité de lieu n'eſtoit pas obſervée; tant les vieilles erreurs nous ferment

ἰδίως δὲ Αἰχύλος τὸν Ἀγαμέμνονα ἐπὶ σκηνῆς ἀναιρεῖσθαι ποιεῖ.
Arg. Agam. Æſchyl.

quelquesfois les yeux, & tant il eſt vray qu'en cét art, comme en tous les autres, la connoiſſance des regles eſt neceſſaire à la raiſon naturelle, quand elle veut iuger des perfections ou des defauts de quelque Ouurage. Et i'oſe meſme auancer que ceux qui liront ce Traité, condamneront pluſieurs choſes qu'ils ont autresfois penſées fort raiſonnables.

CHAPITRE III.

De l'Vnité de l'Action.

C'Est vn precepte d'Aristote, & certes bien raisonnable, qu'vn Poëme Dramatique ne peut comprendre qu'vne seule action ; & c'est bien à propos qu'il condamne ceux qui renferment dans vn seul Poëme toute vne grande histoire, ou la vie d'vn Heros. Car bien qu'il n'y ait qu'vn principal Personnage sur lequel tombent tous les bons & mauuais euenemens, il y a neantmoins plusieurs Actions. Cette doctrine est maintenant commune, les Interpretes du Philosophe l'ont amplement deduite, & nos Poëtes n'en sont plus en doute. Mais pour adjouster quelque chose à ces instructions generales, ie déduiray la raison de ce precepte telle que ie l'ay pensée, & comment on peut comprendre au Theatre plusieurs Incidens dans vne seule Action.

Il est certain que le Theatre n'est rien qu'vne Image, & partant comme il est impossible de faire vne seule image accomplie de deux originaux differens, il est impossible que deux Actiós (i'entens principales) soient representées raisonnablemét par vne seule Piéce de theatre. En effet le Peintre qui veut faire vn tableau de quelque histoire n'a point d'autre dessein que de donner l'Image de quelque actió, & cette Image est tellement limitée, qu'elle ne peut representer deux parties de l'histoire qu'il aura choisie, & moins encore l'histoire toute entiere; parce qu'il faudroit qu'vn mesme Persónage fust plusieurs fois dépeint, ce qui mettroit vne confusion incóprehensible dans le tableau, & l'on ne pourroit pas discerner quel seroit l'ordre de toutes ces diuerses actions, ce qui rendroit l'histoire infiniment obscure & inconnuë; mais de toutes les actions qui composeroient cette histoire, le Peintre choisiroit la plus importante, la plus convenable à l'excellence de son art, & qui contiendroit en quelque façon toutes les autres, afin que d'vn seul regard on pût auoir vne suffisante connoissance de tout ce qu'il auroit voulu dépeindre. Et s'il vouloit representer deux parties de la mesme histoire, il feroit dans le mésme Tableau vn autre quadre auec vn éloignement, où il peindroit vne autre action que celle qui seroit dans le tableau, afin de faire connoistre qu'il feroit deux images de deux actions differétes, & que ce sont deux Tableaux.

Par exemple, s'il vouloit dépeindre l'Histoire d'Iphigénie, il ne pourroit pas renfermer dans vn seul tableau toutes les auantures de cette

Princesse; mais il s'arresteroit au sacrifice que les Grecs furent prests d'en faire à Diane, pour appaiser son courroux & les tempestes de la Mer; car dans cette action toute l'histoire y seroit en quelque façon comprise: On y considereroit les orages qui retenoient cette grande armée dans le port d'Aulide, comme la cause: On y considereroit la douleur de son pere, & la compassion des autres Princes, comme des circonstances, & son enléuement par vne faueur extraordinaire de la Déesse qui la voulut sauuer. Et s'il auoit dessein de faire entendre plus particulierement que Diane la transporta dans la Tauride, où elle fut sur le point de sacrifier son frere Oreste, il mettroit dans l'vn des coins du Tableau vn quadre particulier, où elle paroistroit en habit de Prestresse le glaiue à la main, auec quelque autre marque de cette seconde avanture, faisant par ce moyen deux peintures diuerses de deux actions differentes tirées d'vne méme histoire. C'est ainsi qu'en doit vser le Poëte Dramatique; car quand il entreprend la composition d'vne Piéce de Theatre, il doit penser qu'il entreprend de faire vne peinture agissante & parlante, & qu'il ne peut pas y renfermer toute vne grande histoire, ou toute la vie d'vn Heros; à cause qu'il luy faudroit representer vne infinité d'euenemens, employer vn trop grand nombre d'Acteurs, & méler tant de choses, que non seulement il feroit vn ouurage de confusion; mais encore il choqueroit en plusieurs endroits la vray-semblance, la bien-seance, & l'imagination des Spectateurs; voire méme se verroit-il contraint de surpasser de beaucoup le temps & l'étenduë du Poëme Dramatique; ou bien s'il vouloit la reserrer dans les limites prescrittes par son art, il luy faudroit précipiter tous les Incidens, les accumuler les vns sur les autres, sans grace aussi bien que sans distinction, étouffer & perdre tous les endroits pathétiques, & enfin nous donner vne figure monstrueuse & extrauagante; comme ceux qui nous ont fait voir au premier acte d'vne Tragedie, le mariage d'vne Princesse; au second, la naissance de son fils; au troisiéme, les amours de ce ieune Prince; au quatriéme, ses victoires; & au cinquiéme, sa mort; ce qui pouuoit seruir de sujet à plus de vingt Tragedies.

Nostre Poëte donc choisira dans ces vastes matieres vne action notable, &, s'il le faut ainsi dire, vn point d'histoire éclatant par le bonheur ou le mal-heur de quelque illustre Personnage, dans lequel il puisse comprendre le reste comme en abregé, & par la representation d'vne seule partie faire tout repasser adroitement deuant les yeux des Spectateurs, sans multiplier l'action principale, & sans en retrancher aucune des beautez necessaires à l'accomplissement

ment de son ouurage. Et si dauanture il trouuoit dans vne méme histoire deux ou plusieurs Incidens si illustres, & tellement considérables qu'ils fussent dignes chacun d'vne Tragedie, & tellement independans, ou contraires, qu'ils ne pûssent estre reünis, il faudroit alors en faire deux ou plusieurs Tragedies, ou s'attacher à celuy qui luy paroistroit le plus important & sur tout le plus pathétique. C'est l'adresse dont tous les Anciens ont vsé. *Les Suppliantes* d'Euripide ne contiennent pas toute la guerre de Thebes, mais seulement la sepulture des Princes d'Argos. *L'Hecube* n'est pas la prise de Troye, mais seulement les derniers mal-heurs de cette Reine en sa captiuité. *L'Aiax* de Sophocle ne monstre point ses exploits, ny sa contestation auec Vlysse pour les armes d'Achille, mais seulement sa fureur qui fut cause de sa mort. *Les sept à Thebes* d'Æschile ne representent pas l'Histoire de ce Siége, mais seulement la mort de Polinice & d'Eteocles. *L'Hercules Oeteus* qu'on attribuë à Senéque, n'embrasse pas les douze Trauaux de ce demy-Dieu, mais seulement sa mort. *Les Nuées* d'Aristophane ne comprennent pas toute la vie & la mort de Socrate, mais seulement l'art des Sophismes pour le rendre odieux. *L'Amphitryon* de Plaute n'enferme pas toutes les Amours de Iupiter & d'Alcmene, comme quelquesvns ont pensé mal à propos, mais seulement la naiſſance d'Hercule. Enfin *Les Adelphes* de Térence ne font pas voir toutes les débauches d'Æſchinus, mais ſeulement la derniere d'où naiſt ſon mariage. Et neantmoins dans ces Ouurages les Poëtes n'ont pas laiſſé de remettre deuant l'eſprit des Spectateurs, ſoit par des narrations, par des entretiens, par des plaintes, & par d'autres délicateſſes de l'art, toutes les plus ſignalées circonſtances des hiſtoires qu'ils ont traittées. Comme auſſi quand les Sujets ont eû trop d'étenduë pour vne ſeule Tragedie, ayant pluſieurs actions importantes, ils en ont fait pluſieurs Poëmes, comme des tableaux ſeparez de ce qui ne pouuoit eſtre compris ſous vne ſeule image. Euripide n'a pas confondu le Sacrifice d'Iphigenie en Aulide auec les auantures de ſa Preſtriſe en la Scythie. Æſchile fait mourir dans vne Piéce Agamemnon par les mains de Clytemneſtre, & dans vne autre elle eſt punie de ce crime. Et de là vient que nous trouuons chez les Anciens pluſieurs Piéces de méme nom, & ſouuent pluſieurs Euenemens d'vne méme hiſtoire repreſentez en diuerſes Tragedies. Ce qui leur fut meſme en quelque façon neceſſaire dans Athénes : car comme les Poëtes trauailloient, pour la ſolemnité de quatre grandes feſtes, à quatre Poëmes Dramatiques dont il y en auoit trois de ſerieux qu'ils nommoient *Trilogie*, & le quatriéme Satyrique ou mélé de bouffonnerie qui acheuoit la *Tetralogie* ; i'eſtime qu'ils les tiroient toûjours d'vne méme hiſtoire, comme ie l'ay traitté plus au long dans le Chapitre de la ſeconde Diſſertation du *Térence Juſtifié*.

Quant au moyen d'aſſembler pluſieurs Incidens dans vne ſeule action, & d'en faire vn Poëme qui de ſa nature contienne pluſieurs Actes & pluſieurs Scénes, c'eſt à dire, pluſieurs actions differentes, pour le bien expliquer, ie retourne à la comparaiſon de la Peinture dont ie me ſeruiray ſouuent en ce Traité.

Nous auons dit qu'vn Tableau ne peut repreſenter qu'vne action, mais il faut entendre vne action principale ; car dans le méme tableau le Peintre peut mettre pluſieurs actions dépendantes de celle qu'il entend principalement repreſenter. Diſons pluſtoſt qu'il n'y a point d'action humaine toute ſimple & qui ne ſoit ſoûtenuë de pluſieurs autres qui la précedent, qui l'accompagnent, qui la ſuiuent, & qui toutes enſemble la compoſent & luy donnent l'eſtre ; de ſorte que le Peintre qui ne veut repreſenter qu'vne action dans vn tableau, ne laiſſe pas d'y en mêler beaucoup d'autres qui en dépendent, ou pour mieux dire, qui toutes enſemble forment ſon accompliſſement & ſa totalité. Celuy qui voudra peindre le ſacrifice d'Iphigenie, ne la mettra pas toute ſeule au pied de l'Autel auec

Calchas; mais à l'exemple de Timanthes, il y adjoûtera tous les Princes Grecs auec vne contenance affez trifte, Menelaüs fon oncle auec vn vifage extrémement affligé, Clytemneftre fa mere pleurant & comme defefperée, enfin Agamemnon auec vn voile fur fon vifage pour cacher fa tendreffe naturelle aux Chefs de fon armée, & monftrer neantmoins par cette addreffe l'excés de fa douleur. Il n'oublieroit pas auffi de faire paroiftre dans le Ciel Diane toute prefte d'arrefter le bras & le glaiue du Sacrificateur : à caufe que toutes ces differentes actions accompagnent & font partie de cette trifte & pieufe ceremonie, qui feroit foible & dénuée de fes ornemens fans toutes ces ingenieufes circonftances. C'eft de la méme façon que le Poëme Dramatique ne doit contenir qu'vne feule action, car il la faut mettre fur le Theatre toute entiere auec fes dépendances, & n'y rien oublier des circonftances qui naturellement luy doiuent eftre appropriées, dont ie ne croy pas qu'il foit befoin de propofer des exemples. Il ne fera peut-eftre pas inutile d'aduertir noftre Poëte, que fi l'action principale qui doit fonder fon Ouurage eftoit chargée dans l'hiftoire de trop d'Incidens, il doit reietter les moins importans, & fur tout les moins pathétiques; mais s'il trouue qu'il y en ait trop peu, fon Imagination y doit fuppléer: ce qu'il peut faire en deux façons,

Ou bien en inuentant quelques intrigues qui pouuoient raisonnablement faire partie de l'Action principale.

Ou bien méme rechercher dans l'Histoire des choses arriuées deuant ou aprés l'Action dont il fait le sujet de son Poëme, & les y rejoindre adroitement en sauuant la difference des temps & des lieux selon ce que nous en dirons dans les Chapitres suiuants, comme l'a pratiqué l'Autheur de la *Cleopatre* qui fait venir en secret Octauie femme d'Antoine dans la ville d'Alexandrie, pour faire voir sur son Theatre cette grande Dame auec les sentimens d'vne femme genereuse

Mais il faut remarquer icy que le Poëte doit toûjours prendre son action la plus simple qu'il luy est possible, à cause qu'il sera toûjours plus maistre des passions & des autres ornemens de son Ouurage, quand il ne leur donnera qu'autant de fonds qu'il le iugera necessaire pour les faire éclatter, que quand il les trouuera dans l'histoire, dont il y aura tousiours quelque circonstance qui luy donnera de la peine, & qui violentera ses desseins : En vn mot les petits sujets entre les mains d'vn Poëte ingenieux & qui sçait parler, ne sçauroient mal reüssir. C'est le conseil que donne Scaliger en termes formels, & nous en auons veu l'effet dans l'*Alcionée* de *Duryer*, Tragédie qui n'a point de fonds, & qui neantmoins a rauy par la force des discours & des sentimens. Et tous ceux au contraire qui dans vn méme Poëme, ont voulu mêler plusieurs actions toutes fort illustres, en ont étouffé les beautez, en ne donnant pas assez de iour aux Passions, comme nous l'auons experimenté en certaines Piéces, dont toutes les actions, bien que dépendantes en quelque façon d'vne principale, estoient si grandes & si fortes, que de chacune on eust pû faire vn Poëme, s'empeschant l'vne l'autre d'éclatter autant qu'elles deuoient.

Argumētum breuissimum sumendum, idque maxime varium multiplexque faciendum. l. 3. c. 97. Scal.

Voyez la 2. Dissertation sur la tragedie intitulée Sartorius.

CHAPITRE IV.
De la Continuité de l'Action.

APRES que le Poëte aura choisi le Sujet, ou l'Histoire qu'il iugera capable des beautez de la Poësie Dramatique, & qu'il en aura tiré le point auquel il voudra faire consister l'Vnité de l'action Theatrale; il faudra qu'il luy souuienne qu'elle doit estre, non seulemét vne, mais encore continuë, c'est à dire que depuis l'ouuerture du Theatre iusqu'à la closture de la Catastrophe, depuis que le premier Acteur a parû sur la Scéne, iusqu'à ce que le dernier en sorte, il faut que les principaux Personnages soient tousiours agissans, & que le Theatre porte continuellement & sans interruption l'image de quelques desseins, attentes, passions, troubles, inquietudes & autres pareilles agitations, qui ne permettent pas aux Spectateurs de croire que l'action du Theatre ait cessé. C'est vn precepte d'Aristote aussi bien que de la Raison, & ses Interprétes ont toûjours marqué pour l'vn des plus grands defauts du Poëme Dramatique, lors que cette interruption laisse du vuide & du temps perdu dans l'action du Theatre. C'est dont on a voulu

συνεχοῦς ἢ μιᾶς.
Arist. Poët. cap. 11.
Gouean. in Terët. Heaut.
Scalig. lib. 6. cap. 3. Poët.

mal à propos accuser Terence en sa troisiéme Comedie intitulée *Heautontimorumenos*, & dont ie croy l'auoir iustifié suffisamment ailleurs. Les Anciens Tragiques ne pouuoient faillir que tres mal-aisément contre cette regle, à cause qu'ils auoient des Chœurs: car les Chœurs ne representans que ceux qui s'estoient trouuez presens sur le lieu de la Scéne lors de l'action, il est vray-semblable qu'ils se fussent retirez aussitost qu'ils eussent veû l'action cesser, n'ayant plus eû de prétexte pour y demeurer; & nous en parlerons plus amplement au Chapitre des Chœurs. Encore est-il vray, que si l'action venoit à cesser sur nos Theatres dans le milieu d'vn Poëme, c'est à dire, à la fin du second ou du troisiéme Acte, sans qu'il restast aucune intrigue imparfaite ny aucune préparation à de nouueaux incidens, ny aucuns sentimens à faire paroistre, les Spectateurs alors auroient grande raison de s'en aller, puis qu'ils auroient tout sujet de croire que l'Action seroit finie & la Tragedie acheuée; & s'ils demeurent sçachans bien qu'il y a deux ou trois Actes encore à voir, c'est simplement par la connoissance qu'ils ont de ce que le Poëte doit faire, & non pas par l'attente d'aucune chose qu'il ait preparée. Et si en tel cas il se trouuoit vn homme qui n'eust iamais veu de Piéce de Theatre, il est certain qu'il la croiroit finie, dés-lors

lors que le Poëte ne luy feroit plus rié esperer de nouueau. En effet, i'ay veû quelquefois en ces rencontres des Dames demáder si la Piéce estoit acheuée, encore qu'elles eussent esté plusieurs fois à la Comedie ; tant la cessation d'action au Theatre surpréd les Spectateurs, & leur persuade qu'il n'y a plus rien à faire. Et si nous en cherchons la raison, c'est que l'action ne seroit pas vne, si elle n'estoit continuë ; estant certain que les actions morales, telle qu'est celle du Theatre, sont diuisées & multipliées dés-lors qu'elles sont interrompuës ; & nous pouuons dire, ce me semble, d'vn Poëme Dramatique ; ce que les Iurisconsultes ont dit d'vn Testament selon le Droit Romain, *Qu'il ne peut estre considerable & selon les Loix, s'il n'est fait d'vne seule & vnique contexture & sans interruption ; autrement qu'on peut dire que ce sont deux Testamens, & tous deux non valables : l'vn pour n'auoir pas esté bien acheué, & l'autre pour n'auoir pas esté bien commencé.* Car si l'action du Theatre vient à cesser, & puis à recommencer de nouueau, on peut dire que ce sont deux actions Theatrales, mais toutes deux imparfaites, n'ayans ny l'vne ny l'autre les parties qui leur peuuent donner leur entier accomplissement. C'est pour cette raison que les excellens Dramatiques ont toûjours accoustumé de faire dire aux Acteurs, où ils vont, quel est leur des-

L. xxi. ff. Qui test. fac. poss. vno contextu actus restari oportet.

fein quand ils fortent du Theatre, afin que l'on fçache qu'ils ne feront pas oififs, & qu'ils ne laifferont pas de ioüer leurs perfonnages encore qu'on les perde de veuë.

Mais quand nous difons que les principaux Perfonnages doiuent toûjours agir, il ne faut pas entendre le Heros ou l'Heroïne, qui bien fouuent fouffrent le plus & font le moins; car à l'égard de la continuité de l'Action, les principaux Acteurs font ceux qui conduifent l'intrigue du Theatre, comme font vn Efclaue, vne Suivante, ou quelque Fourbe; & il fuffit méme que le moindre des perfonnages agiffe, pourueu que ce foit neceffairement, & que le Spectateur en puiffe attendre quelque changement ou quelque auanture importante au Sujet.

Auffi faut-il obferuer, qu'en apparence quelquefois l'action du Theatre ceffe, bien qu'en effet il ne foit pas ainfi. Ce qui arriue lors que le Poëte prépare vn incident qui doit éclatter dans la fuitte, & dont il fait dire quelque chofe auec adreffe & comme en paffant par l'vn des Acteurs.

L'exemple en eft fort ingenieux dans l'*Aiax* de Sophocle, où l'action paroift entierement ceffée au commencement du troifiéme Acte, & qui eft continuée par vn meffager qui vient annoncer le retour de Teucer, & ce qui s'eftoit fait dans le camp depuis fon arriuée, touchant la fureur & la guérison de son frere Aiax. En quoy l'action n'est pas seulement renoüée, mais bien continuée ; parce que dans les Actes précedens Aiax parle plusieurs fois, & se plaint de la longue absence de son frere, ce qui en fait souhaitter le retour aux Spectateurs, comme vn moyen pour sauuer ce Prince : de sorte que quand la nouuelle en est apportée, il paroist que l'action n'a point cessé, & que Teucer agissoit dans le camp pour son frere, selon l'attente & les vœux des Spectateurs, dont pourtant il n'arriue rien de ce qu'on pouuoit esperer ; mais c'est en cela que consiste l'adresse du Poëte, de promettre ce qui n'arriue point, & de faire arriuer ce qu'il semble ne point promettre.

Il est encore bien necessaire de remarquer icy que l'action du Theatre ne cesse pas toûjours, encore que tous les Acteurs soient en repos & comme sans action ; parce que quelquefois estre en cét estat, est vne action necessaire au Theatre, & qui fait partie du Sujet represété, & que le Spectateur attend quelque grand euenement de ce que les Acteurs ne font rien. Ce que l'on peut éclaircir plus facilement par les exemples que par le discours, & entr'autres par le *Plutus* d'Aristophane, où nous voyons qu'aprés le second Acte, les Acteurs meinent Plutus au Temple d'Æsculape pour le guerir de son aueuglement, qu'ils se couchent, dorment, &

demeurent fans action : car ce fommeil & ce repos eſtoient l'eſtat auquel il falloit eſtre pour receuoir de ce Dieu la guériſon des maladies, & partant vne action neceſſaire au Theatre. En quoy paroiſt de combien s'eſt mépris M^r. Menage, de s'eſtre imaginé que l'action de cette Comédie ceſſoit à l'égard de ceux qui dormoient, & qu'elle eſt continuée en la perſonne de Carion qui veille : car c'eſt tout le contraire. Celuy qui veille, eſt vn Eſclaue qui dérobe & friponne les reſtes du ſacrifice, ſans aucun rapport au Sujet ; & ceux qui dorment, font ce que la coûtume ordonnoit à ceux qui deſiroient receuoir d'Æſculape quelque ſoulagement de leurs maux, comme Plutus & ceux qui l'auoient accompagné dans le Temple. On pourroit dire peut-eſtre que l'action d'Æſculape qui vient guérir Plutus, & ce que Carion a vû, comme il le conte aprés, ſuffiſent pour entretenir cette continuité ; mais il s'enſuiuroit toûjours qu'il y auroit du vuide & du temps perdu, depuis que les Acteurs ſont couchez, iuſqu'à l'arriuée d'Æſculape, s'il n'eſtoit vray que ceux qui ſe couchent & qui dorment, continuent l'action de cette Comedie.

Reſp. au diſcours ſur l'Heautont. p. 7. ed. 2 p. 102.

Ce Chapitre peut receuoir encore quelque lumiere par le diſcours que i'ay fait ſur la 3. Comedie de Terence, où i'ay touché cette matie-

re; & sans doute par ce que i'ay fait sur ce Poëme, on connoistra de quelle sorte il faut examiner les Anciens, si l'on veut découurir l'artifice dont ils se sont seruis pour obseruer cette
Continuité d'action au Theatre.

CHAPITRE V.

Des Histoires à deux fils, dont l'une est nommée Episode par les Modernes.

LEs Modernes entendent maintenant par *Episode*, vne seconde histoire iettée comme à la trauerse dans le principal sujet du Poëme Dramatique, que pour cette raison quelques-vns appellent *Vne histoire à deux fils*; mais les anciens Tragiques n'ont point connû cette duplicité de sujet, ou du moins ils ne l'ont point pratiquée. Aristote n'en fait aucune mention, & nous n'en auons point d'exemple; si ce n'est que l'on vouluſt dire que l'*Oreste* d'Euripide fust de cette qualité, à cause qu'il y a deux mariages resolus dans la Catastrophe, mais dans le corps de la Piéce, il n'y a aucun mélange d'Intrigues pour soûtenir deux Amours & en venir à ce but.

Il n'en a pas esté de mème de la Comédie: car comme elle a receu beaucoup plus de changemens que la Tragedie, elle a souffert ce mélange d'histoires dans vne mème Piéce; & nous en auons encore quelques-vnes dans Plaute, & beaucoup dans Terence, dont l'artifice est plus remply de grace & d'inſtructions pour en cōpoſer & traitter de ſemblables. Le philoſophe diuiſe bien les ſujets de Tragedie en *Simples* & en *Compoſez* ; mais cette compoſition n'eſt pas de deux hiſtoires, c'eſt ſeulement lors qu'il y a changement dans les ████████ du Theatre par *Reconnoiſſance* de quelque perſonne importante, comme l'*Ion* d'Euripide, & par *Peripetie*, c'eſt à dire, par conuerſion & retour d'affaires de la Scéne, lors que le Heros paſſe de la proſperité à l'aduerſité, ou au contraire. En quoy s'eſt lourdement trompé vn nouuel Autheur dans vn Diſcours qu'il a fait à Cliton *De la diſpoſition du Poëme Dramatique*, ayant écrit dans l'article 4. que les *Poëmes compoſez* ſont ſelon Ariſtote, ceux qui contiennent pluſieurs ſujets : car il n'y en a pas vn mot dans la Poëtique de ce Philoſophe.

Ariſt. c. 11. Poët.

Ie ne veux pas neantmoins combattre l'vſage ſur l'intelligence de cette parole ; & puis que ce qui eſtoit autrefois l'Epiſode, eſt deuenu la Tragedie méme, comme nous dirons en ſon lieu, ie conſens que ce nom ſoit tranſporté de ſa vieille ſignification dans vne nouuelle, & que noſtre Tragédie prenne quelques Epiſodes ſemblables, ou peu differents de ceux des Poëmes Epiques. Mais il y faut obſeruer deux choſes dans la Tragedie, l'vne, que ces Epiſodes, ou ſecondes hiſtoires, doiuent eſtre tellement incorporés au principal Sujet, qu'on ne les puiſſe ſéparer ſans détruire tout l'Ouurage autrement l'Episode seroit considéré comme vne Piéce inutile & importune, en ce qu'elle ne feroit que retarder la suite, & rompre l'vnion des principales auantures, comme on a generalement trouué defectueux l'amour ~~[illegible struck-through text]~~, parce que cét Episode n'y serait de rien. Or pour éuiter cét inconuenient, il faut que la personne agissante dans l'Episode, non seulement soit interessée au succés des affaires du Theatre, mais encore que les auantures du Heros, ou de l'Heroïne luy soient tellement attachées que l'on ait raison d'apprehender quelque mal, ou d'esperer quelque bien pour tout le Theatre ; & pour les interests de cette personne estrangere, qui pour lors n'est plus inutilement estrangere. L'exemple peut bien seruir de lumiere à cette obseruation ; mais i'ay peine à le prendre de *Paléne*, de crainte que l'on ne m'impute de m'alleguer moy-méme, d'autant que i'ay eu quelque part au sujet & à la disposition de cette Piece Laissant neantmoins la liberté d'en juger comme on voudra, il me semble que l'Episode d'Hipparine est tellement ioint au principal Sujet, qu'il n'en peut estre arraché, sans que tout perisse, sa fortune embrassant tellement tous les interests du Theatre, qu'elle porte non seulement l'éclaircissement de l'histoire, mais encore les motifs

tifs de plusieurs passions. Ceux qui se souuiendront de l'intrigue, connoistront bien que ie dis vray; mais ie ne veux pas m'étendre dauantage, de crainte qu'on me soupçonne de quelque affectation; si i'en auois d'autres de nos Modernes à alleguer ie m'expliquerois plus au long & plus librement.

L'autre observation qui est à faire pour ces Episodes est, Que la seconde histoire ne doit pas estre égale en son sujet non plus qu'en sa necessité, à celle qui sert de fondement à tout le Poëme; mais bien luy estre subordonnée & en dépendre de telle sorte, que les evenemens du principal Sujet fassent n'aistre les passions de l'Episode, & que la Catastrophe du premier, produise naturellement & de soy-méme celle du second; autrement l'Action qui doit principalement fonder le Poëme, seroit suiette à vne autre, & deuiendroit comme étrangere. C'est pour cette raison que dans *Paléne*, le combat qui se fait pour Paléne donne les motifs de la crainte & de la douleur d'Hipparine; l'artifice de Paléne pour rendre Clyte vainqueur faisant mourir Dryante, cause le desespoir d'Hipparine; Enfin le salut de Paléne produit la bonne fortune d'Hipparine, veu que par son mariage elle obtient le consentement de Clyte pour celuy d'Hipparine sa sœur auec Dryante. Ce sont là les deux reflexions que i'ay faites sur les Episodes Modernes, qui pourront seruir d'ouuerture à de meilleurs esprits que le mien pour en faire de plus considerables.

CHAPITRE VI.
De l'Vnité du Lieu.

APRES que le Poëte aura disposé son Sujet suiuant les regles que nous en auons données, & par de meilleures encore & plus belles que sans doute son industrie particuliere & son estude luy pourront fournir; il faut qu'il cõsidere qu'il en doit faire representer les plus notables parties par des gens qu'il mettra sur vn Theatre determiné, & que s'il les fait paroistre en diuers lieux il rendra son Poëme ridicule par le defaut de la vray-semblance qui doit en faire le principal fondement.

Cette regle de l'Vnité du lieu commence maintenant à passer pour certaine, mais les Ignorans & les personnes de foible esprit s'imaginent qu'elle repugne à la beauté des Incidens, qui pour estre arriuez en diuers lieux ne peuuent à leur aduis souffrir cette contrainte sans se perdre; & de quelque raison qu'ils soient conuaincus, ils la reiettent opiniâtrement par vne fausse impossibilité qu'ils s'imaginent dans l'execution. Les demy-Sçauans, qui d'ordinaire ne sont guere éclairez, sentent bien les veritez qu'on leur dit pour l'établir, mais ils y font des objections si peu dignes d'vn homme de lettres, que i'en ay souuent eu pitié, quoy qu'elles me donnassent beaucoup d'enuie de rire ; Et comme les petits Esprits ne peuuent embrasser beaucoup de choses à la fois pour les reduire à vn point, leur iugement ne pouuant rassembler & enuisager le grand nombre des images qu'il faut auoir presentes & toutes à la fois, ils y supposent tant de difficultez, qu'on voit bien qu'ils voudroient qu'on manquast de raison pour leur en faire connoistre la necessité. Quant aux Sçauans, ils en sont pleinement persuadez, parce qu'ils voyent clairement que la Vray-semblance ne se peut conseruer autrement ; mais i'ose auancer que iusqu'à present ie n'ay trouué personne qui l'ait expliquée, ie ne veux pas dire entenduë, soit parce que les Autheurs de la Poëtique n'en ont rien écrit, & qu'on ne s'auise guere d'aller au de-là des grands Maistres; soit parce qu'on ne prend pas la peine de faire sur les Anciens toutes les reflexions necessaires pour en connoistre l'art, qui souuent est couuert, & qui le doit estre presque toûjours sous vne apparête necessité du Sujet & des interests des Acteurs. Aristote dans ce qui nous reste de sa Poëtique n'en a rien dit, & i'estime qu'il l'a negligé, à cause que cette regle

Q ij

estoit trop connuë de son temps, & que les Chœurs qui demeuroient ordinairement sur le Theatre durant tout le cours d'vne Piéce, marquoient trop visiblement l'Vnité du lieu. En effet, n'eust-il pas esté ridicule dans *les Sept deuant Thebes*, que les ieunes filles qui en font le Chœur, se fussent trouuées tantost deuant le Palais de leur Roy & tantost dans le camp des Ennemis, sans qu'on les eust veuës changer de place? Encore est-il vray que ces trois excellens Tragiques qui nous restent, & qu'Aristote donne pour Modelles dans toutes les matieres qui regardent le Theatre, ont si sensiblement pratiqué cette Vnité de lieu, & font dire si souuent à leurs Acteurs d'où ils viennent & où ils sont, que ce Philosophe eust supposé trop d'ignorance en celuy qui les eût lûs, s'il se fust amusé d'en faire vne regle. Mais puisque la corruption & l'ignorance du dernier Siecle ont porté le desordre sur le Theatre iusqu'au point d'y faire paroistre des Personnages en diuerses parties du monde, & que pour passer de France en Dannemarc il ne faut que trois coups d'archet, ou tirer vn rideau; il n'est pas mal à propos de rendre icy la raison de cette pratique des Anciens, & cela pour faire honneur à quelques Modernes qui les ont sagement imitez.

Pour l'entendre, il faut recourir à nostre principe ordinaire, Que le Theatre n'est autre chose qu'vne representation, il ne se faut point imaginer qu'il y ait rien de tout ce que nous y voyons, mais bien les choses mesmes dont nous y trouuons les images. Floridor alors est moins Floridor que cét Horace dont il fait le Persónage, ses habillemens representent ceux de ce Romain, il parle comme luy, il en fait les actions, il en porte mesme tous les sentimens ; Mais comme ce Heros agissant & parlant ainsi que Floridor le represente, estoit en quelque lieu, il faut sans doute que le lieu où paroist Floridor represente celuy où lors estoit Horace, autrement la representation demeureroit imparfaite en cette circonstance. Il n'en est pas de méme au Poëme Epique, car ne consistant qu'en recits, d'où mesme il a pris son nom, & non pas en actions, le Poëte n'est pas obligé d'en marquer les lieux, & ne le fait point, si ce n'est que cela fust necessaire pour l'intelligence de ce qu'il recite ; Mais le Dramatique ne consistant qu'en actions & non point en recits, & le Lieu estant vne dépendance necessaire & naturellement iointe à l'action, il faut absolument que le lieu où paroist vn Acteur, soit l'image de celuy où lors agissoit le Personnage qu'il represente.

Loci ficti, vera loca imitantur. Scal. l. 1. cap. 13.

Cette verité bien entenduë nous fait connoistre que le lieu ne peut pas changer dans la suitte du Poëme, puis qu'il ne change point dans la suitte de la representation ; car vne seule

Image demeurant en méme eſtat ne peut pas repreſéter deux choſes differentes; Vn méme Hiſtrion ou Comedien ne peut pas repreſéter tout enſéble deux hómes differés, ny ſans aucun chágement faire Auguſte & Marc-Anthoine à la fois; & quand la neceſſité oblige à ſe ſeruir d'vn méme Acteur pour faire deux Perſonnages, on le déguiſe de telle ſorte qu'on le rend entierement méconnoiſſable; il change d'habits, de poil & de viſage, & ſi l'on pouuoit changer encore ſa voix, on le feroit; attendu qu'il ſe trouue ie ne ſçay quoy contre la Vray-ſemblance, qu'vn méme hóme ſoit tantoſt l'image de l'vn, & auſſi-toſt l'image d'vn autre; & ceux qui n'ót pas l'eſprit ſi penetrant, confondent d'ordinaire l'intelligence du Sujet, à cauſe que la voix faiſant reconoiſtre le Comedien, quelques-fois on viét à s'imaginer que c'eſt le méme Perſonnage déguiſé par l'ordre & la neceſſité de quelque avanture, & non pas par le beſoin d'Acteurs; de ſorte qu'on attribuë ce changement à l'homme repreſenté, & non pas à celuy qui le repreſente. Or il n'eſt pas moins contraire à la vray-ſemblance, qu'vn méme eſpace & vn méme ſol, qui ne reçoivent aucun chágement, repreſentent en méme temps deux lieux differens, par exéple, la France & le Dannemarc, la Gallerie du Palais & les Thuilleries. Et certes pour le faire auec quelque ſorte d'apparence il faudroit au moins auoir de ces Theatres qui tournent tous entiers, veu que par ce moyen le lieu changeroit entierement aussi bien que les Personnes agissantes, & encore seroit-il necessaire que le Sujet fournist vne raison de vray-semblance pour ce changement, & comme cela ne peut arriuer que par la puissance des Dieux qui changent comme il leur plaist la face & l'estat de la Nature, ie doute qu'on pûst faire vne Piéce raisonnable par le secours de dix ou douze miracles.

Qu'il demeure donc pour constant que le Lieu, où le premier Acteur qui fait l'ouuerture du Theatre est supposé, doit estre le méme iusqu'à la fin de la Piéce, & que ce lieu ne pouuant souffrir aucun changement en sa nature, il n'en peut admettre aucun en la representation; & par consequent que tous les autres Acteurs ne peuuent raisonnablement paroistre ailleurs.

Mais il se faut souuenir que ce lieu qui doit estre toûjours Vn, & ne point changer, s'entend de l'Aire, Sol, ou Plancher du Theatre, que les Anciens nomment *Proscenium* ou *Auant-Scéne*, c'est à dire de cét espace où les Acteurs viennent paroistre, marchent, & discourent; car comme cela represente le Terrain ou lieu ferme sur lequel les Personnages representez estoient & marchoient, & que la Terre ne se remuë pas comme vn Tourniquet; dés lors qu'on a choisi vn Terrain pour commencer quelque

Locus ante scenam proscenium in quo erant agentium discursiones. Scal. lib. 1. cap. 21.

action par repreſentation, il le faut ſuppoſer immobile dans tout le reſte du Poëme, comme il l'eſt en effet. Il n'en eſt pas de méme du fond, & des coſtez du Theatre; car comme ils ne figurent que les choſes qui environnoient dans la verité les Perſonnages agiſſans, & qui pouuoient recevoir quelque changement, ils peuuent auſſi changer en la repreſentation; & c'eſt en cela que conſiſtent les changemens de Scénes, & ces Décorations dont la varieté ravit toûjours le peuple, & méme les habiles, quand elles ſont bien faites. Ainſi nous avons veû ſur vn Theatre vne façade de Temple ornée d'vne belle architecture, & puis venant à s'ouvrir, on découvroit en ordre de perſpectiue des colonnes, vn autel, & tout le reſte des autres ornemens merveilleuſement repreſentez; tellement que le lieu ne changeoit point, & cependant ſouffroit vne belle Decoration. Mais il ne faut pas s'imaginer que le caprice du Poëte ſoit maiſtre abſolu de ces beautez, s'il n'en trouue les couleurs dans ſon ſujet : comme par exemple, on pourroit feindre vn Palais ſur le bord de la Mer abandonné à de pauures gens de la campagne ; Vn Prince arrivant aux coſtes par naufrage qui le feroit orner de riches tapiſſeries, luſtres, bras dorez, tableaux & autres meubles precieux: Aprés on y feroit mettre le feu par quelque avanture, & le faiſant tomber dans l'embraſe-

ment,

ment, la Mer paroiſtroit derrierē, ſur laquelle on pourroit encore repreſenter vn combat de Vaiſſeaux. Si bien que dans cinq changemens de Theatre l'Vnité du lieu ſeroit ingénieuſement gardée.

Ce n'eſt pas que le Sol ou l'Aire de l'Auant-Scéne ne puiſſe changer auſſi bien que le fond & les coſtez, pourveu que ce ſoit ſeulement en la ſuperficie; car cela ſe feroit ſans perdre l'vnité du lieu: Par exmple, ſi on faiſoit tranſporter vne montagne dans vne plaine, ainſi que les Geants porterent dans la Fable Pelion ſur Oſſe: Ou ſi par vn débordement de quelque fleuue, l'Auant-Scéne venoit à eſtre couverte d'eau, ainſi que le Tybre fit à Rome ſous Auguſte. Ou enfin ſi par Magie on faiſoit ſortir de terre des flames & des braziers ardens, qui tout d'vn coup vinſſent à couvrir le Sol de l'Avant-Scéne. En toutes ces rencontres donc le lieu recevroit du changement, & méme fort notable, ſans en violer pourtant l'vnité. Mais il faut, comme i'ay dit, que le Sujet en fourniſſe toûjours des raiſons de vray-ſemblance: Ce que ie répete ſouvent, tant i'ay crainte de ne pas aſſez l'imprimer dans l'eſprit du Lecteur.

Encore n'eſt-ce pas aſſez de dire que l'Avant-Scéne doit repreſenter vn Terrain immobile, il faut encore que l'eſpace en ſoit préſuppoſé ouvert dans la realité des choſes, comme il le

R

paroiſt dans la repreſentation. Car puiſque les Acteurs y vont & viennent d'vn bout à l'autre, il eſt certain qu'il n'y a point de corps ſolide qui puiſſe y empécher la veuë ny le mouvement. Auſſi les Anciens avoient-ils accoûtumé de prendre communément pour le lieu de la Scéne aux Tragédies, le devant d'vn Palais; & aux Comédies, vn Carrefour, où répondoient les maiſons des principaux Acteurs; à cauſe que ces eſpaces pouvoient eſtre vray-ſemblablement repreſentez par le vuide du Theatre, & ces Palais & ces maiſons par des toiles peintes au fond & aux coſtez. Ce n'eſt pas qu'ils ſe ſoient toûjours aſſujettis à cette maniere de lieu; car dans *les Suppliantes* & dans *l'Ion* d'Euripide, la Scéne eſt au devant d'vn Temple; Et dans *l'Aiax* de Sophocle au devant d'vne Tente & d'vn coin de foreſt; Et dans *le Rudens* ou *Cable* de Plaute, au devant d'vn Temple & de quelques maiſons Champeſtres, d'où on voit la Mer. Auſſi cela dépend-il de l'induſtrie du Poëte, qui choiſit ſelon ſon Sujet le lieu le plus commode à tout ce qu'il veut repreſenter, & s'il eſt poſſible avec quelque apparence agreable. On peut iuger de là, combien fut ridicule dans la *Thiſbé* de Theophile vn mur avancé ſur le Theatre, au travers duquel elle & Pyrame ſe parloient, & qui diſparoiſſoit quand ils ſe retiroient afin que les autres Acteurs ſe puſſent voir: Car outre que les deux espaces qui estoient deçà & delà ce faux-mur, representoient les deux chambres de Thisbé & de Pyrame, & qu'il estoit contre toute apparence de raison, qu'en ce méme lieu le Roy vint parler à ses Confidens, & moins encore qu'vne Lyonne y vint faire peur à Thisbé; ie demanderois volontiers, par quel moyen supposé dans la verité de l'action, cette muraille devenoit visible & invisible? par quel enchantement elle empêchoit ces deux Amans de se voir & n'empêchoit pas les autres? ou bien encore par quelle puissance extraordinaire elle estoit en nature, & tantost elle cessoit d'estre.

La faute n'est pas moindre de ceux qui supposent des choses faites sur l'Auant-Scéne, qui n'ont point esté veuës par les Spectateurs; car enfin il n'est pas vray-semblable qu'elles y soient arriuées, si elles n'y ont point esté veuës: où tout au contraire il faut qu'on les y ait veuës, si effectivement elles y sont arrivées; autrement il faudroit supposer que ces choses auroient esté invisibles dans la verité de l'action pour les faire croire telles aux Spectateurs, ce qui seroit vne assez froide & mauuaise invention. Sur quoy, si ma memoire ne me trompe, il me semble qu'vn Moderne autrefois tomba dans vne faute grossiere de faire paroistre des gens sur vn bastion, agissans & parlans auec leurs ennemis qui estoient au pied ; & en suitte d'avoir fait prendre la place par ce méme baſtion, qu'on ne vit ny attaqué ny deffendu.

Quant à l'Eſtenduë que le Poëte peut donner au lieu de la Scéne, lors qu'il ne prend pas vn lieu fermé comme vne Salle ou la Chambre de quelque Prince, mais tout ouvert comme vn carrefour, le coin d'vn bois, ou le bord de quelque riviere: Ie croy pour moy, qu'elle ne peut eſtre plus grande que l'eſpace dans lequel vne veuë commune peut voir vn homme marcher, encore qu'on ne le puiſſe pas bien reconnoiſtre; car de prendre vn lieu plus étendu, cela ſeroit inutile & méme ridicule; veu qu'il ſeroit impertinent que deux perſonnages eſtans aux deux bouts du Theatre, ſans eſtre empéchez par aucun obſtacle, ſe regardaſſent & ne ſe viſſent point; au lieu que cette diſtance, telle que nous la prenons, ſert au jeu du Theatre aſſez ſouuent, en faiſant qu'vn homme puiſſe douter de celuy qu'il voit venir ou le prendre pour vn autre, comme Donat l'obſerve de Demea voyant Micion ſon frere au bout du Theatre. A quoy méme les Theatres des Anciens s'accommodoient aſſez bien; car eſtant de trente toiſes de long chez les Romains, & de quelque peu moins chez les Grecs, c'eſtoit à peu prés l'étenduë dont nous parlons: *Les Grenoüilles* d'Ariſtophane, & pluſieurs Piéces de Plaute, peuvent bien ſervir pour connoiſtre la verité de ce que nous diſons. Ce que ie n'eſti-

Eſſne is de quo agibam? & certè is eſt. Adelph. act. 1 ſc. 1. Ibi Donat. bene nunc confirmat ipſum eſſe eum, cum propior ſit, vtpote ſenili nec in longum proſpiciente conſpectu.

me pas à propos de traitter icy plus au long aprés ce que i'en ay écrit dans le 17. & 18. Chapitre du *Terence iustifié*. Ie prie seulement les Lecteurs de considerer que si le Poëte representoit par son Theatre tous les endroits ensemble d'vn Palais, ou tous les quartiers d'vne Ville, ou bien toutes les Provinces d'vn Estat, il devroit faire voir alors aux Spectateurs, non seulement toutes les choses generalement qui se sont faites dans son histoire ; mais encore tout ce qui s'est fait dans le reste du Palais, & dans toute la Ville, ou dans tout cét Estat ; car enfin il n'y a point de raison qui puisse empécher les Spectateurs de le voir, ny qui monstre pourquoy ils voyent plustost cette actió en particulier qu'vne autre ; attendu que si l'on peut voir tout ensemble dans le Iardin d'vn Palais, dans le Cabinet du Roy, & dans les appartemens de deux Princes ce qui s'y fait, & entendre ce qui s'y dit, selon le Sujet d'vne Tragédie ; on doit encore voir & entendre tout ce qui s'y fait & s'y dit hors de l'action Theatrale, à moins d'vn enchantement qui fist voir ce que le Poëte voudroit, & cachast ce qui ne seroit pas de son Sujet.

Davantage le Theatre ne devroit iamais éstre vuide ni iamais les Acteurs ne devroiét disparoistre, s'ils ne sortoient tout à fait du Palais ou de la Ville ; car puisque ce méme lieu represente le Iardin, la Cour, & les autres appartemens du Palais, on ne sçauroit perdre de veuë celuy qui voudra passer du Iardin dans l'vn de ces appartemens; ainsi on devroit toûjours voir les Acteurs, du moins tant qu'ils seroient dans l'étenduë du lieu representé par le Theatre. A quoy on ne doit pas objecter que pour marquer divers appartemens on met des rideaux qui se tirent & retirent, pour faire que les Acteurs paroissent & disparoissent selon la necessité du Sujet: car ces rideaux ne sont bons qu'à faire des couvertures pour berner ceux qui les ont inuentez, & ceux qui les approuvent. I'en ay parlé si clairement dans le *Terence iustifié* au Chap. 18. qu'il ne me reste rien à dire contre cette ignorance.

Que si on allégue que le Poëte monstre & cache ce qu'il luy plaist, i'en demeure d'accord quand il y a quelque vray-semblance pour faire qu'vne chose soit veuë, & l'autre non; Mais il faudroit d'étranges couleurs & de merueilleux pretextes pour faire que tantost on vist ce qui se passe dans vn Palais, & que tâtost on ne le vist point, quoy que les mémes personnes y agissent & y parlassent; Il faudroit des avantures bien extraordinaires, pour faire que des murs tombassent & se relevassent, s'avançassent & se reculassent à tous momens. Ce qui suffira pour découvrir la faute notable de ceux qui sur la méme Avant-Scéne font venir des gens qui sont supposez en Espagne, & d'autres en France; rendans non seulement leur Theatre aussi grand que toute la Terre, mais faisans qu'vn Sol immobile represente à méme heure des choses si éloignées, & sans aucune cause d'vn changement si prodigieux.

On peut aussi connoistre combien s'abusent ceux qui supposent dans vn costé du Theatre vn quartier ou partie d'vne ville, & dans l'autre quelque autre quartier, cóme pourroient estre la *Place Royalle*, & *le Louvre* ; s'imaginans que par cette belle inuention, l'vnité du lieu se trouue fort bien obseruée. A la verité, si deux quartiers d'vne méme Ville, ainsi supposez en deux differens endroits du Theatre, n'estoient pas trop éloignez l'vn de l'autre, & que l'espace qui les sepate fust tout ouvert, cela seroit raisonnable, & on ne pourroit pas dire qu'il y auroit changement de lieu ; Mais si entre ces deux quartiers il se trouuoit des maisons & autres corps solides, ie demanderois alors suiuant telles suppositions, Pourquoy ces maisons ne rempliroient pas le lieu de la Scéne ? Par quel artifice le Poëte les rend inuisibles ? Comment vn Acteur voit vn autre lieu au delà de toutes ces maisons ? Commét il peut passer si facilemét au travers de tous ces obstacles? Enfin cóment cette Auant-Scéne, qui n'est en soy qu'vne image, represente vne chose dont elle ne porte aucune ressemblance?

Qu'il passe donc pour constant, que l'Auant-Scéne ne peut repreſenter qu'vn lieu ouvert & de mediocre étenduë, où ceux dont les Acteurs portét l'image pouvoient eſtre dás la verité de leur action. Et quád nous trouvons écrit, *La Scéne eſt à Aulide, à Eleuſis, au Cherroneſe, en Argos*, ce n'eſt pas à dire que le lieu particulier où les Acteurs paroiſſét ſoit cette ville ou cette Prouince entiere; mais c'eſt à dire que tout l'Ouurage & les Intrigues de la Piéce, tant ce qui ſe paſſe hors de laveuë des Spectateurs, que ce qui ſe paſſe en leur preſence, ſe traittent en ce lieu-là, dont le Theatre n'occupe que la moindre partie.

Perparvam partem poſtulat Plautus loci de voſtris magnis atque amœnis mœnibus, Athenas quò ſine Architectis conferat. Prolog. Trucul.

Auſſi le Prologue de la derniere Comédie de Plaute, voulant expliquer le lieu de la Scéne, dit, *Que le Poëte demande aux Romains vn petit eſpace au milieu de leurs grands & ſuperbes baſtimens, pour y transporter la ville d'Athenes ſans Architectes*. Sur quoy Samuel Petit obſerue, qu'il ne faut pas s'imaginer que Plaute pretende mettre toute la ville d'Athenes dans celle de Rome; mais ſeulemét vne petite partie, où les choſes repreſentées dans la Comédie eſtoient arriuées, c'eſt à ſçauoir le quartier des Plothéens; & encore de tout ce canton, le lieu ſeulement où Phroneſion habitoit. Ce qu'il confirme, & par le reſtabliſſement de deux mots Grecs, dont il prétend que mal à propos on en a fait vn Latin; & par vn Vers qu'il corrige ſur des Manuſcrits qu'il auoit veuz, faiſant dire à ce Prologue, *l'abrége icy la ville d'Athénes*

Ibi Samuel Petit. Non totas Athenas ſed Athenarum regionem illam deformabat hæc Plauti ſcena, in qua res iſta quæ hoc Dramate repræſentabátur, geſta dicebantur, &c. Et enſuite id eſt Plotheenſium regionem, eamque non totam, ſed extremam illius partem in qua habitare fingitur Phroneſion meretrix.

thénes *sur cette Auant-Scéne durant cette Comédie*, & *dans cette maison demeure Phronesion*. Ce sont là les seuls témoignages des Autheurs anciens & modernes que i'ay pû trouuer concernant le lieu de la Scéne. Castelvetro dit bien que la Tragedie ne demande qu'vn petit lieu, mais puis qu'il ne s'est pas mieux expliqué, nous ne sommes pas obligez de deuiner à son avantage.

Athenas arcto ita vt hoc est proscenium tantisper dum transigimus hanc Comœdiam, hic habitat mulier nomine quæ est Phronesion &c. Prolog. Truc.

Ces choses donc présupposées pour la doctrine, voicy ce que i'ay pensé pour la pratique. Le Poëte ne veut pas representer aux Spectateurs tout ce qui s'est fait generalement dans vne histoire, mais seulement les principales circonstances, & les plus belles. D'vn costé il ne le peut pas, puis qu'il luy faudroit vn trop grand embarras d'Incidens, & de negoces; & ainsi il est obligé d'en supposer vne partie hors la veuë des Spectateurs. D'vn autre costé il ne le doit pas, veu qu'il se trouue cent choses horribles, des-honnestes, basses, & presqu'inutiles qu'il doit cacher, les faisant connoistre simplement aux Spectateurs, ou par le recit, qui lors les rectifie, ou par vne supposition facile. Il faut donc avant toutes choses qu'il considere exactement de quels Personnages il a besoin sur son Theatre, & qu'il choisisse vn lieu où ceux dont il ne sçauroit se passer, puissent vray-semblablement se trouuer; car comme il y a des lieux que certaines personnes ne peuuent quit-

Paralipsis est, cùm res omittitur, quæ adeò necessaria est, vt etiam non relata intelligatur: & per annos decè quot partes quot arma mente restituenda sint; sic non semper legimus quoties cibum ca-

piant aliáque natura necessaria expediat. Id quod sanè figura est, nam plebeia oratio, nihil omittere. Scal. lib. 3. c. 77.

ter sans des motifs extraordinaires, aussi y en a-t'il où d'autres ne se peuvent trouver sans vne grande raison. Vne fille voilée & consacrée au culte de quelque Religion, ne peut pas quitter le lieu de sa Retraitte, si quelque sujet bien pressant ne l'en tire. Vne femme d'hōneur ne pourroit pas accompagner Messaline dans les lieux de ses infames voluptez.

Davantage il doit prendre garde si dans son Sujet il n'y a point quelque Incidét notable qu'il soit necessaire de conserver pour l'intelligence ou pour la beauté de son Poëme, & qui ne puisse estre arrivé qu'en vn certain lieu ; car en cette rencontre il s'y faut assujettir & y accōmoder le reste de ses Evenemens. Ainsi qui voudroit faire voir Celadon demy-mort sur le sable & trouvé par Galathée, il faudroit par necessité mettre la Scéne sur le bord d'vne riviere, & y adiuster le reste de l'action Theatrale. C'est cōme a fait Plaute dans lē *Rudens* ; Il desiroit faire paroistre vn reste de naufrage, & pour cela fut-il obligé de prendre pour lieu de la Scéne le rivage de la Mer où toutes ses autres avantures se passent adroittement. Aprés le choix du lieu, il doit examiner quelles choses sont propres pour estre veuës avec agrément, afin de les mettre sur son Theatre, & en rejetter celles qui n'y peuvent ou n'y doivent pas paroistre ; mais qui doivent seulement estre recitées afin de les supposer faites en des lieux proches le Theatre, ou du moins qui ne soient iamais si éloignés, que l'Acteur qui les recite ne puisse raisonnablement estre de retour sur le lieu de la Scéne depuis qu'on l'en a veu sortir; sinon il faut supposer qu'il estoit party devant l'ouverture du Theatre; car par ce moyen on le fait venir de si loin qu'on veut, & méme on luy fait employer tout le temps necessaire à ce qu'il aura fait. Ce que Terence a pratiqué dans sa troisiéme Comédie, où les deux Esclaues Sirus & Dromo avoient esté envoyés il y avoit long-temps pour faire venir la Maistresse de Clitiphon; & par ainsi tout ce que Sirus conte de leur negotiation, est fort croyable, quelque temps qu'il ait fallu pour aiuster cette femme & faire tout le reste.

Et si les lieux où les choses, qui ne doivent entrer qu'en narration sur le Theatre, ont esté faites sont trop éloignés de la Scéne dans le Sujet, il les faut rapprocher dans la representation. Ce qui se fait en deux façons, Ou bien en supposant qu'elles sont arrivées en d'autres lieux plus proches, quand cela est indifferent, comme Donat remarque que les maisons de Campagne sont toûjours supposées dans les Comédies estre aux Faux-bourgs. Ou bien en supposant les lieux plus proches qu'ils ne sont en effet, quand il est impossible de les changer; mais en ce dernier cas il ne faut pas tellement rapprocher les

Nunc adest vbi opus est poëta: & vide hanc causam fuisse cur non ad villam diuerterit, omnes villas comicas suburbanas esse, cõmoditatẽ ipsrm nunc explicat & ostẽdit. Donat in Eunuch. Terent.

lieux qui font connus, contre leur veritable diſtance, que les Spectateurs ne ſe puiſſent facilement accommoder à la penſée du Poëte. Car bien que par ſa ſuppoſition l'vnité du lieu fuſt conſervée, la certitude neantmoins que les Spectateurs auroient du contraire, les empécheroit d'approuver ce qu'il auroit fait ; Par exemple, ſi l'on mettoit les Alpes & les Pyrenées en la place du Mont-Valerien, pour rapprocher vn bel incident dans vn Poëme dont la Scéne feroit à Paris ; car il ſeroit fort difficile que ceux qui ont ouy parler de ces grandes montagnes ſi éloignées, puſſent violenter leur imagination juſqu'à les croire ſi proches de Paris, contre leur connoiſſance, veritablement la rigueur de l'Art feroit ſauvée, mais la beauté de l'Art qui veut plaire & perſuader, ſeroit perduë. C'eſt pourquoy ie ne puis entierement approuver cette violence faite à la diſtance des lieux dans *les Suppliantes* & *l'Andromache* d'Euripide, dans *les Captifs* de Plaute & quelques autres Piéces de l'Antiquité ; Ie ne parle point icy des Modernes, car chacun ſçait qu'il n'y a jamais eu rien de plus monſtrueux en ce point que les Poëmes que nous avons veus depuis le renouvellement du Theatre, en Italie, en Eſpagne, & en France ; & ; ie doute que nous en ayons vn ſeul, où l'vnité du lieu ſoit rigoureuſement gardée ; pour le moins des Acteurs.

Il faut méme qu'il foit vray-femblable que les Perfonnages ayent fait ou dit fur le lieu de la Scéne ce que les Spectateurs y voyent & y entendent, comme nous le dirons en parlant des Acteurs. Et il ne faut pas imiter celuy qui fit fortir vne Princeffe feule de fa tente, tout exprés pour venir fur le lieu de la Scéne qui eftoit au deuant, & y prôner des plaintes fecrettes de fon infortune ; car il eftoit plus vray-femblable qu'elle les avoit faites dans fon pavillon : Il falloit feindre ou qu'elle eftoit importunée de quelques perfonnes defagreables qu'elle fuyoit, ou luy donner quelque impatience qui l'euft obligée de fortir, & en fuite comme naturellement l'efprit s'échauffe & s'emporte à parler de ce qui le preffe, on euft pû luy mettre en la bouche tout ce qu'on euft iugé neceffaire pour le Sujet.

Auffi quand il eft à propos de faire éclater la

Quand l'Horace de Corneille fut veu dans Paris, vis que la scene estoit dans la Salle du pallais Pere, comme tout se peut assez bien accommoder, mais l'Auteur m'assura qu'il n'y auoit pas pensé, & que si l'Vnité du lieu s'y trouuoit obseruée, c'estoit par hazard, & ce qu'il en a dit long temps apres n'est qu'vn galimatias auquel on ne comprend rien; tant nos Poëtes ont peu d'intelligence de leur art & de leurs propres ouurages.

vn bel incident dans vn Poëme dont la scene seroit à Paris ; car il seroit fort difficile que ceux qui ont ouy parler de ces grandes montagnes si éloignées, puſſent violenter leur imagination juſqu'à les croire ſi proches de Paris, contre leur connoiſſance, veritablement la rigueur de l'Art seroit ſauvée, mais la beauté de l'Art qui veut plaire & perſuader, ſeroit perduë. C'eſt pourquoy ie ne puis entierement approuver cette violence faite à la diſtance des lieux dans *les Suppliantes* & *l'Andromache* d'Euripide, dans *les Captifs* de Plaute & quelques autres Piéces de l'Antiquité; Ie ne parle point icy des Modernes, car chacun ſçait qu'il n'y a jamais eu rien de plus monſtrueux en ce point que les Poëmes que nous avons veus depuis le renouvellement du Theatre, en Italie, en Eſpagne, & en France ; & , ie doute que nous en ayons vn ſeul, où l'vnité du lieu ſoit rigoureuſement gardée ; pour le moins est-il certain que ie n'en ay point veû. Quand Encore est-il besoin d'avertir icy le Poëte que tous ses Personnages ne doivent point venir sur le lieu de la Scéne sans raison, puis qu'autrement il n'est point vray-semblable qu'ils s'y trouvent. Les Anciens le font toûjours connoistre, ou par la necessité de l'action qui ne peut estre faite ailleurs, ou par quelques autres paroles industrieusement inserées dans le discours des Acteurs.

Il faut méme qu'il soit vray-semblable que les Personnages ayent fait ou dit sur le lieu de la Scéne ce que les Spectateurs y voyent & y entendent, comme nous le dirons en parlant des Acteurs. Et il ne faut pas imiter celuy qui fit sortir vne Princesse seule de sa tente tout exprés pour venir sur le lieu de la Scéne qui estoit au deuant, & y prôner des plaintes secrettes de son infortune; car il estoit plus vray-semblable qu'elle les avoit faites dans son pavillon: Il falloit feindre ou qu'elle estoit importunée de quelques personnes desagreables qu'elle fuyoit, ou luy donner quelque impatience qui l'eust obligée de sortir, & en suite comme naturellement l'esprit s'échauffe & s'emporte à parler de ce qui le presse, on eust pû luy mettre en la bouche tout ce qu'on eust iugé necessaire pour le Sujet.

Aussi quand il est à propos de faire éclater la

passion de quelque Personnage par vn recit que le Spectateur a déja connû & qu'on ne peut pas repeter sans l'ennuyer, il faut supposer que la chose vient d'estre contée à ce Personnage en quelque lieu proche de la Scene, & l'y faire venir comme sur la fin du recit avec quelques paroles qui le fassent connoistre, & qui commencent d'en émouvoir les sentimens, afin que le reste se puisse achever agreablement sur le Theatre. Les exemples en sont frequens chez les Anciens qui le pratiquent avec beaucoup d'artifice, dont l'imitation ne sçauroit estre que tres-heureuse.

CHAPITRE VII.

De l'Estenduë de l'Action Theatrale, ou du Temps & de la durée convenables au Poëme Dramatique.

IL n'y a point eû en noſtre temps de Queſtion plus agitée, que celle que i'ay à traitter maintenant; Souvent les Poëtes en parlent, de leur coſté les Comédiens s'en entretiennent en toute rencontre, auſſi bien que ceux qui frequentent le Theatre; il n'y a point de Ruelles de lict où les femmes n'entreprennent d'en faire des leçons. Cependant c'eſt vne matiere ſi peu connuë, que i'ay tout ſujet de me mettre en peine de la bien ~~faire connoiſtre~~. expliquer

Pour en diſcourir donc avec intelligence, il faut conſiderer que le Poëme Dramatique a deux ſortes de durée, dont chacune a ſon Temps propre & convenable.

La premiere, eſt la durée veritable de la repreſentation; car bien que ce Poëme, comme nous avons dit pluſieurs fois, ne ſoit en ſoy, à le prendre preciſément, qu'vne Image, & partant qu'il ne ſoit à conſiderer ordinairement que dans vn estre representatif, on doit neantmoins se souvenir qu'il y a de la realité méme dans les choses representées. Réellement les Acteurs sont veûs & entendus; les vers sont réellement prononcez, & on souffre réellement du plaisir ou de la peine en assistant à ces representations, on y consume vn temps veritable qui tient l'esprit des Auditeurs attentifs durant le cours de certains momens, c'est à dire depuis que le Theatre s'ouvre, iusqu'à ce qu'il se ferme. Or ce Temps est ce que i'appelle la Durée veritable de la Representation.

De cette durée la mesure ne peut estre autre, que ce qu'il faut de temps pour la patience raisonnable des Spectateurs; car ce Poëme estant fait pour le plaisir, il ne faut pas qu'il dure tant, qu'enfin il ennuye & farigue l'esprit; Aussi ne faut-il pas qu'il soit si court que les Spectateurs sortent avec la creance de n'avoir pas esté divertis suffisamment. Ce n'est pas qu'il faille prendre cette mesure de certains Esprits inquietes qui se lassent incontinent de toutes choses, & ne cherchent que le changement; Ny de ceux encore qui par ie ne sçay quelle stupidité naturelle ne s'ennuyent iamais, se satisfaisant toûjours de l'estat present où ils se trouvent; mais il faut juger de ces choses par le sentiment commun des hommes, & comme i'ay dit, par vne patience raisonnable. En quoy l'experience

perience doit eſtre la plus fidelle Maiſtreſſe; car c'eſt elle qui nous apprend que les Comedies ne peuvent durer plus de trois heures, ſans nous laſſer, ny beaucoup moins ſans paroiſtre trop courtes. I'ay ſceû d'vn homme tres-ſçavant aux belles choſes, & qui avoit aſſiſté à la repreſentation du *Paſtor Fido* en Italie, qu'il n'y eût jamais rien de plus ennuyeux, à cauſe qu'elle avoit duré trop long-temps ; & que ce Poëme dont la lecture ravit, parce qu'on la peut quitter quand on veut, n'avoit donné que des dégouſts inſupportables.

Paucis verſibus nequit ſatisfieri populi expectationi qui eò convenit, vt multorū dierū faſtidia cum aliquot horarum hilaritate cōmutet; quemadmodum inepta quoque eſt prolixitas. Scal.lib.1.c.6

Mais il eſt bon d'obſerver icy que le temps dans lequel nous limitons la repreſentation, peut eſtre conſumé par divers moyens, Ou par les Intermédes, ou par le nombre des vers, ou par la maniere de les reciter.

Les Anciens avoient accoûtumé de mêler dans la Tragédie pluſieurs ſortes d'Intermédes, ſçavoir les *Mimes*, *Pantomimes* & autres bouffonneries. Ces divertiſſemens plaiſoient au peuple, & pourtant ie ne croy pas que cela rendiſt les repreſentations plus longues que celles de noſtre temps ; car outre que ces ſortes de divertiſſemens eſtoient courts, nous voyons que les Tragédies n'eſtoient environ que de mille vers, & encore de vers bien plus courts que nos Heroïques. Auſſi faut-il, ſelon mon avis, que le Poëte prenne bien garde que ſa Piéce ne ſoit pas

T

chargée de longs intermédes, si elle est de l'étenduë ordinaire; car quelques agreables qu'ils soient, ils inquiéteront le Spectateur dans l'impatience qu'il a toûjours de sçavoir la suitte d'vne histoire.

Quant au nombre des vers, il me semble que la coûtume, fondée en experience, les a reduits environ à quinze cens, parce que c'est tout ce qu'on peut reciter en trois heures: Et quand Victorius ne veut pas que cette mesure soit certaine, il l'entend à la derniere rigueur ; car il faut confesser qu'vn peu plus ou vn peu moins ne rendroiét pas vn Ouvrage importun ny méprisable; mais c'est la mesure de Sophocle & d'Euripide, & nous n'avons point veu de Piéces de Theatre aller jusqu'à dix-huict cens vers, sans laisser vn chagrin capable de faire oublier toutes les plus agreables choses. Comme aussi ay-ie observé que quand elles n'ont eû que douze cens vers, iamais elles n'ont pleinement satisfait les Spectateurs, qui se persuadoient que c'estoit leur dérober vne partie de leur plaisir en ne remplissant pas toute leur attente. Ce n'est pas que ce nombre ne fust suffisant, si la representation estoit accompagnée de grands Intermédes, comme Plaute & Terence l'ont observé & méme Æschyle, qui ne donnent gueres à leurs Piéces que mille vers, horsmis l'*Agamemnon* de ce Tragique, qui en contient 1600. ce que ses successeurs ont depuis continué à son exemple.

Il reste la *Maniere de reciter*, qui ne peut estre variée que par le mélange de la Musique ; mais comme ie n'ay pû iamais approuver cette pratique des Italiens dans la creance que i'ay toûjours euë que cela seroit ennuyeux, i'estime que Paris en est autant persuadé maintenant par l'experience, que ie l'estois par mon imagination. Le Theatre peut bien sans doute souffrir la Musique, mais il faut que ce soit pour réveiller l'appetit, & non pas pour le saouler; il n'y a point de plaisir qui puisse rassasier sans dégoust. Que le Poëte donc soit assez prudent pour faire que toute la Representation soit si bien ménagée, que ny les Intermédes, ny le nombre des vers, ny l'harmonie du recit ne l'étendent point iusqu'à lasser la patience des Spectateurs, afin qu'ils ne perdent pas le plaisir qu'ils en attendent.

L'autre durée du Poëme Dramatique est celle de l'Action representée entant qu'elle est considerée comme veritable, & qui contient tout ce temps qui seroit necessaire pour faire les choses exposées à la connoissance des Spectateurs, depuis que le premier Acteur commence de paroistre, iusqu'à ce que le dernier cesse d'agir. Or cette durée est la principale, non seulement parce qu'elle est naturellement attachée au fond & à l'essence du Poëme; mais aussi parce qu'elle dépend toute de l'esprit du Poëte; elle est de son invention & s'explique par la bouche de ſes Acteurs, ſelon que ſon induſtrie en rencontre ou s'en donne les ouvertures; Et c'eſt celle qui de noſtre temps a eſté le Sujet de tant de differens avis.

Nous ne pouvons pas dire ſi ces trois excellens Tragiques, Æſchyle Euripide & Sophocle qu'Ariſtote allegue ſi ſouvent, & qui donnent ſi peu d'heures à la durée de l'action Theatrale dans leurs Poëmes, en avoient trouvé la regle dans quelque Autheur de l'Art Poëtique qui les euſt devancez; ou bien ſi par la connoiſſance qu'ils avoient de la nature de ce Poëme, ils avoient d'eux-mémes reconnû que raiſonnablement il n'en pouvoit pas ſouffrir davantage: Mais il eſt certain que leur exemple fut negligé par la pluſpart des Poëtes qui les ſuivirent de prés, comme nous l'apprenons de ce Philoſophe, qui blâme pluſieurs de ſon temps de ce qu'ils donnoient à leurs Poëmes vne trop longue durée, ce qui ſemble l'avoir obligé d'en écrire la regle, ou pluſtoſt de la renouveller ſur le modelle de ces Anciens, en diſant, Que la Tragedie doit eſtre renfermée dans le tour d'vn Soleil.

ὑπὸ μίαν περίοδον ἡλίου. Poët. 5.

Ie ne ſçay ſi depuis elle fut pratiquée generalement par tous ceux qui vinrent aprés luy, comme par les Autheurs des Tragedies qui portent le nom de Senéque, qui ſont aſſez regulieres en cette circõstance ; Mais pour toutes celles que i'ay veuës qui furent faites lors du restablissement des Lettres & même auparavant soit en Espagne ou en France, elles sont tellemẽt desordonnées, non seulement au Temps, mais encore en toutes les autres regles les plus sensibles, qu'il y a sujet de s'étonner que des hommes Sçavans ayent esté capables de leur donner le jour.

Au Siecle de Ronsard, le Theatre commença à se remettre en sa premiere vigueur ; Iodelle & Garnier, qui s'en rendirent les premiers Restaurateurs, observerent assez raisonnablement cette regle du Temps. Muret, Scaliger & d'autres en firent de même en plusieurs Poëmes Latins ; mais aussi-tost le déreglement se remit sur le Theatre par l'ignorance des Poëtes, qui tiroient vanité de faire beaucoup de Piéces, & qui peut-estre en avoient besoin. Hardy fut celuy qui fournît le plus abondamment à nos Comediens de quoy divertir le peuple : & ce fut luy sans doute qui tout d'vn coup arresta le progrez du Theatre, donnant le mauvais exemple des desordres que nous y avons veû regner en nostre temps. Car il me souvient d'auoir remarqué des Poëmes si déreglez, qu'au premier Acte, vne Princesse estoit mariée ; au second, naissoit le Heros son fils ; au troisiéme, ce ieune Prince paroissoit dans vn aage fort avancé ; au quatriéme, il faisoit l'amour & des conquestes ; au cinquié-

Quod meritò improbatum & correctum est. Victor. in Aristot. cap. 5.

me, il époufoit vne Princeffe, qui vray-femblablement n'eftoit née que depuis l'ouverture du Theatre, & fans méme qu'on en euft oüy parler. Ces Ouvrages môftrueux ne pouvoiét pas eftre qualifiés du nom de Tragédies, puis qu'ils traitoient vn Sujet digne du Poëme Epique, felon le nombre des Incidens & pour leur eftenduë. On ne pouvoit pas auffi les nommer des Poëmes Epiques, puifque le Poëte n'y parloit point, de forte que n'eftans dans aucune regle, ils ne pouvoient pas avoir de nom. Quand i'approchay de M'. le Cardinal de Richelieu, i'y trouvay le Theatre en grande eftime, mais chargé de tous ces défauts, & principalement vicieux en ce qui regardé le Temps convenable à la Tragédie. I'avois fouffert affez patiemment les mauvaifes piéces de nos Colleges, & mefme celles de nos Theatres publics ; mais i'avouë que ie ne pûs voir vne faute fi groffiere en des Poëmes qui recevoient des applaudiffemens de toute la Cour, fans en parler. Mais ie fus generalement contredit, i'ofé dire méme raillé, & par les Poëtes qui les compofoient avec reputation, & par ceux qui les joüoient auec vtilité, & par tous les autres qui les écoutoient avec plaifir. Enfin cette regle du Temps fembla d'abord fi étrange, qu'elle fit prendre tout ce que i'en difois pour les réveries d'vn homme qui dans fon cabinet euft formé l'idée d'vne Tragédie qui ne fut jamais, & qui ne pouvoit eftre, fans perdre tous fes agrémens. Et quand ie penfois là deffus alléguer les Anciens dont l'art n'avoit pas empéché que leurs Ouvrages n'euffent eû la gloire de furvivre à tant de fiécles, on me payoit de cette belle réponfe, *Qu'ils avoient bien travaillé pour leur temps, mais qu'en ce temps icy ils euffent paſſé pour ridicules,* comme fi la Raifon vieilliffoit avec les années. Auffi bien loin de s'affoiblir, nous voyons qu'elle a peu à peu furmonté les mauvais fentimens de l'Ignorance, & fait croire prefque à tout le monde que l'action du Theatre devoit eftre renfermée dans vn temps court & limité, fuivant la regle d'Ariftote. Mais parce qu'on luy donne encore diverfes interpretations, & que quelques poëtes fe font imaginez que de refferrer vn peu trop l'étenduë de l'action Theatrale, ce feroit en violenter les incidens, il me femble neceffaire d'en donner icy la veritable intelligence & les moyens de la pratiquer avec fuccez.

Ie n'eftime pas à propos de repeter toutes les differentes opinions de ceux qui ont interpreté, traduit, ou commenté la Poëtique d'Ariftote: car ce feroit me charger inutilement des erreurs de ceux qui n'ont pas raifon, outre que ie côtredirois la maniere que i'ay refoluë de fuivre en cét Ouvrage, fi i'employois les autres pour autorifer mes fentimens. Le Philofophe a dit qu'vne des principales differences qui se trouve entre l'Epopée & la Tragédie est, que la premiere n'est point limitée d'aucun temps; & que la seconde doit estre renfermée dans le tour d'vn Soleil. Ie souhaiterois qu'il se fust vn peu mieux expliqué en l'vne & en l'autre de ces deux instructions; car ie ne puis croire qu'il vueille donner au Poëme Epique vne durée absolument indéfinie, & sans aucune mesure d'années ny de Siécles. Tous les Ouurages de ce genre de Poësie qui se sont sauvez de la rigueur du temps pour venir iusqu'à nous, & ceux-là méme qu'Aristote allegue pour des modelles parfaits, nous apprennent le contraire. Il ne faut que les lire, & on trouvera que toute l'action recitée par le Poëte, n'a point plus d'étenduë que le cours d'vne année; les autres avantures qui renferment vn plus long-temps, sont toutes supposées estre arriuées devant l'ouverture du Poëme, c'est à dire, devant le premier recit que le Poëte fait luy-méme, & sont rapportées par des personnes introduites agreablement pour en faire des narrations qui ne consument que fort peu d'heures dans la suitte de l'histoire. Les Romans qui doivent estre formez sur l'exemple des Poëmes Epiques, & qu'aucuns nomment des *Epopées en prose*, quand ils sont faits par vn homme intelligent & bien reglé, ne souffrent point vn plus grand espace de temps. Mais pour ne me me pas engager plus avant hors de mon Sujet, ie reviens à la Tragédie dont Aristote explique la durée en trop peu de paroles ce me semble; Ie ne comprens pas neantmoins pourquoy on en a fait vne occasion de tant de disputes: car premierement, par le *Tour d'vn Soleil*, on ne dira pas qu'il entende le cours d'vne année, c'est tout le temps qu'on peut donner au sujet d'vn Poëme Epique, & la Tragédie est renfermée dans vn espace bien plus court; Aussi peut-on voir aysément que tous ceux qui ont écrit du Theatre, ne se sont jamais emportez iusqu'à cét excés; Il n'y a eu que les mauvais Poëtes qui pour n'avoir iamais ouy parler ny rien estudié de l'art dont ils se méloient, sont tombez ignoramment dans ces desordres.

Il ne faut pas aussi prendre le *Tour d'vn Soleil* indefiniment, pour le temps de sa presence sur l'Horison; car on sçait qu'il y a des lieux qu'il éclaire continuellement durant cinq & six mois; ou bien il faudroit limiter l'intelligence de ces paroles dans la ville d'Athénes, comme si le Philosophe n'avoit point écrit pour les autres lieux. Il reste donc à dire que *le Tour d'vn Soleil* signifie son mouvemét iournalier; mais cóme le iour se cósidere en deux façós, l'vne par le mouvemét du Soleil avec le premier mobile, ce qu'on nomme *Iour naturel*, ou *de 24. heures*; & l'autre par la presence de sa lumiere entre son lever

V

& son coucher, ce qu'on nomme *Iour artificiel*; il est necessaire d'observer qu'Aristote entend seulement parler du iour artificiel, dans l'estenduë duquel il veut que l'action du Theatre soit renfermée, comme l'ont bien expliqué Castelvetro & Picolomini sur la Poëtique d'Aristote contre l'erreur de Segni qui fait ce iour naturel & de 24. heures. La raison en est certaine & fondée sur la nature du Poëme Dramatique; car ce Poëme, comme nous avons dit plusieurs fois, n'est point dás les Recits, mais dans les Actions humaines dont il doit porter vne image sensible. Or nous ne voyons point que regulierement les hommes agissent devant le Iour, ny qu'ils portent leurs occupations au delà; d'où vient que dans tous les Estats il y a des Magistrats establis pour reprimer ceux qui vaguent la nuit naturellement destinée pour le repos. Et quoy qu'il arrive assez souvent des occasions importantes qui obligent d'agir durant la nuit, cela est extraordinaire; & quand on veut establir des regles, il les faut toûjours prendre sur ce qui se fait le plus communément, & dás l'ordre.

Davantage nous avons dit, & personne n'en doute, que l'action Theatrale doit estre *Vne*, & ne comprendre aucunes occupations qui ne soient necessaires à l'intrigue du Theatre, & qui n'en fassent partie. Or ie demande si cela pourroit estre observé dans vne Piéce dont l'action contiendroit 24. heures? Ne faudroit-il pas que

Vn solo viaggio del sole sopra nostro hemisferio quanti contiene vn giorno artificiali Piccolom. in Arist. Ciò è hore dodici. Castelnet.

les Acteurs priffent du repos & leurs repas, & qu'ils s'employaffent à beaucoup de chofes qui ne feroient point du Sujet, qui détruiroient l'Vnité de l'action & qui la rendroient monftrueufe par vn mélange d'autres abfolument inutiles? Et quoy que le Poëte n'en parlaft point dans tout fon Ouvrage, cela ne laifferoit pas pourtant d'étre veritable & de choquer la penfée des Spectateurs qui ne pourroient s'empécher de le concevoir ainfi.

Mais il y a plus, l'Action du Theatre doit eftre *Continuë*: nous en avons expliqué les raifons; Or n'eft-il pas certain qu'elle ne pourroit demeurer dans cette continuité fi elle duroit 24. heures? La nature ne peut fouffrir vne action de fi longue durée fans quelque relâche, & tout ce que les hommes peuvent, c'eft d'agir continuellement durant toute vne iournée.

Encore ne pouvons-nous pas oublier vne raifon particuliere aux Anciens, & qui eft effentielle originairement à la Tragédie, fçauoir eft que les Chœurs, dont ils fe fervoient, ne fortoient point regulierement du Theatre depuis qu'ils y eftoient entrez ; & ie ne fçay pas avec quelle vray-femblance on euft pû perfuader aux Spectateurs que des gens qu'on n'avoit point perdu de veuë, fuffent demeurez vingt-quatre heures en méme lieu; ny comment on euft pû s'imaginer que dans la verité de l'action, ceux qu'ils repreſentoient euſſent paſsé tout ce temps ſans ſatisfaire à mille beſoins naturels non plus qu'eux. Car ſi le Chœur ſortoit quelquefois du Theatre chez les Anciens, ou s'il y en avoit de differens en divers Actes d'vne méme Piéce,cela ſe faiſoit par des raiſons ſingulieres, tirées du Sujet, ſelon que des perſonnes differentes pouvoient ſe trouver aſſemblées ſur le lieu de la Scéne, & durant le temps ordinaire que les autres Acteurs employoient à la continuation de leurs Intrigues.

Aprés tout, on ne peut mieux entédre Ariſtote que par ces trois excellés Tragiques qu'il propoſe toûjours pour des modelles parfaits, Æſchyle, Euripide & Sophocle, qui n'ôt iamais donné plus de temps à l'action de leurs Poëmes: & ie ne croy pas méme qu'il y ait aucune de leurs pieces qui compréne tout l'eſpace du lever au coucher du Soleil; eſtant certain que leur Theatre s'ouvre aprés le Soleil levé, & ſe ferme devát qu'il ſoit couché, ce qu'on peut encore obſerver dans les Comédies de Plaute & de Térence. C'eſt pourquoy Roſſy ne porte point l'action du Theatre au delà de 8. ou dix heures; & Scaliger plus rigoureuſemét, mais auſſi plus raiſonnablement veut qu'elle s'achéve dans l'eſpace de ſix heures. Il feroit méme à ſouhaitter que l'action du Poëme ne demandaſt pas plus de temps dans la verité que celuy qui ſe conſume dans la repreſentation; mais cela n'eſtant pas facile, ny

Tale Poëma repprefenta vna attione fatta in otto o dieci hore al piu. cap. 6. dell. Traged.

Scenicum negotium totum ſex octovè horis peragitur l.3.c 97.poet.

DV THEATRE, Liv. II.

méme possible en certaines occasions, on souffre que le Poëte en suppose vn peu davantage: A quoy la Musique qui marque les intervalles des Actes, le Recit d'vn Acteur sur la Scéne durant qu'vn autre travaille ailleurs, & l'Impatience naturelle à tous les hommes d'apprendre promptement ce qu'ils desirent sçavoir, aydent à tromper l'imagination du Spectateur ; & sans qu'il y fasse de reflexion, il se laisse persuader qu'il s'est passé vn temps convenable pour faire toutes les choses representées.

Ce que nous avons dit iusqu'icy sur la regle d'Aristote pourroit souffrir quelque difficulté pour les Poëmes qui representent des actions arrivées de nuit, si nous n'adjoûtons que ce Philosophe l'a préveuë, quand il écrit, *Que la Tragédie s'efforce toûjours de renfermer son action dans le tour d'vn Soleil, ou de changer vn peu ce temps* ; car c'est nous apprendre que le Poëte n'est pas obligé de mettre toûjours l'action Theatrale entre le lever & le coucher du Soleil ; mais qu'il peut prendre vne pareille durée dans le iour naturel, & renfermer son action dans la nuit, entre *le coucher & le lever* du Soleil, comme le *Rhesus* d'Euripide, & plusieurs autres des Anciens dont il ne nous reste que les noms, & quelques fragmens dans Athenée. Et méme on peut prendre vne partie de son temps dans le iour, & l'autre dans la nuit, comme a fait Euripide dans *l'Electre* &

V iij

Plaute dans l'*Amphitryon* ; Et ceux qui ont dit qu'Aristote avoit permis d'exceder vn peu le tour du Soleil & de donner à l'action Theatrale quelques heures au delà de ce temps, n'ont pas bien entendu ses termes ny sa pensée, ayans pris le mot de *changer* pour *exceder*, contre la raison & sa veritable signification. Mais sans m'arrester à cette scrupuleuse discussion de paroles, i'advertis seulement le Poëte qu'il ne doit point craindre de gâter son Ouvrage pour en resserrer ainsi les intrigues dans vn petit espace de temps; car au contraire c'est ce qui le rendra plus agreable & plus merveilleux; c'est ce qui luy donnera moyen d'introduire sur son Theatre des surprises extraordinaires, & des passions qu'il pourra conduire aussi loin qu'il le iugera convenable.

Ie ne veux pas icy m'arrester à combatre la mauvaise imagination de ceux qui ont appliqué cette regle d'Aristote à la durée de la representation d'vne Tragédie, comme Lusinus & quelques autres : car ie ne croy pas qu'il y en ait maintenant d'assez peu éclairez pour estre persuadez de cette opinion, ny qui voulussent s'obliger d'estre douze heures au Theatre pour entendre vne Comédie. Aussi est-il indubitable que les Anciens en iouoient qua-

Tres Tragœ-
dia, Satyräq;
vnä vnâ die
in Theatro
recitari. Vi-
ctor. in Arist
p. 86.

tre par iour dans les disputes publiques : ce qui revient à peu prés à ce que nous avons dit de la Durée de la representation qui est environ de trois heures.

Pour revenir donc à nostre Sujet, & pour contribuer de ma part aux moyens necessaires pour en venir à bout, voicy ce que i'ay pensé. Premieremét que le Poëte choisisse bien le iour dás lequel il veut renfermer toutes les intrigues de sa Piéce, & ce choix se doit prendre d'ordinaire du plus bel Evenemét de toute l'histoire, i'entends de celuy qui doit faire la catastrophe, & où tous les autres aboutissent comme des lignes à leur centre : Et s'il luy est libre de prendre tel iour qu'il voudra, il faut s'arrester à celuy qui doit le plus facilement souffrir l'assemblage & le concours de tous les Incidens du Theatre.

Aprés ce choix ainsi fait, le plus bel artifice est d'ouvrir le Theatre le plus prés qu'il est possible de la catastrophe, afin d'employer moins de temps au negoce de la Scéne, & d'avoir plus de liberté d'étendre les passions & les autres discours qui peuvent plaire ; Mais pour l'executer heureusement, il faut que les Incidens soient preparez par des adresses ingenieuses.

¶. C'est ce qu'on peut observer dans l'*Ion* d'Euripide, l'*Amphitryon* de Plaute, & l'*Andrienne* de Térence, où tous les Evenemens sont si bien preparez qu'ils semblent naistre necessairement dans le cours de la Piéce.

Licet Poëta coniungere tépora cum téporibus. Scal. l. 3. c. 26.
Nec vllo modo hic quoque à Poëta aliquid committendum est, quod non aut necessario aut verisimiliter illo tépore factū, dictumve esse videatur. Victor. in A-nist. c. 28.

Ces choses ainsi disposées, le Poëte en suitte doit s'étudier à assembler tous ses incidens si adroittement en vn méme iour, que cela ne paroisse point affecté ny violenté ; & pour y reüssir, il faut rectifier les temps des choses arrivées devant l'ouverture du Theatre, en supposer quelques-vnes arrivées ce iour-là, quoy qu'elles soient arrivées auparavant, & les ioindre toutes avec tant d'art qu'elles semblent connexes de leur nature, & non point par l'esprit du Poëte.

Ainsi

Ainsi Sophocle fait que Creon qui avoit esté envoyé à Delphes pour consulter l'Oracle, revient au même temps que la nouvelle arrive à Thebes de la mort de Polybe Roy de Corinthe, encore que ces choses ne soient pas arrivées en même iour. Et Plaute fait revenir Amphitryon victorieux *le iour* même qu'Alcméne deüoit accoucher d'Hercules. Mais à quoy il faut prendre garde, c'est de ne pas conioindre les temps de divers incidens avec tant de précipitation, que la vray-semblance en soit blessée, comme dans les *Suppliantes* d'Euripide, *les Captifs* de Plaute, & quelques autres Piéces des Anciens que ie ne puis approuver, bien qu'on les puisse excuser par d'autres considerations. Elles sont à la verité dans la regle du Temps, mais elles n'ont pas la beauté de l'Art, parce qu'il n'y est observé que par violence; on les peut iustifier, mais elles ne peuvent pas estre receuës pour modelles; Enfin il se faut toûjours souvenir du mot d'Aristote quand il establit cette Maxime, car en disant, *Que la Tragédie s'efforce de se renfermer toute entiere dans le tour d'vn Soleil*, il veut par là nous apprendre que le Poëte doit presser son esprit, & faire effort sur son imagination pour si bien ordonner tous les evenemens de son Theatre dans la mesure du

Temps, quoy qu'esséntielle, qu'il ne blesse point la vray-semblance qui doit toûjours en estre la principale regle, & sans laquelle toutes les autres deviennent déreglées.

CHAPITRE VIII.

De la Préparation des Incidens.

ON pourroit peut-eſtre s'imaginer que le Diſcours où nous allons entrer, ne ſeroit pas vne inſtruction avantageuſe au Poëte, mais pluſtoſt au contraire vne pratique capable de détruire tous les agrémens du Theatre. Car dira-t'on, s'il faut que les Incidens ſoient préparez long-temps auparavant qu'ils arrivent, ſans doute ils ſeront prévenus? & partant ils ne ſeront plus ſurprenans, en quoy conſiſte toute leur grace, & ainſi le Spectateur n'en aura plus aucun plaiſir, ny le Poëte aucune gloire. A cela ie réponds qu'il y a bien de la différence entre prévenir vn Incident, & le préparer; car l'Incident eſt prévenu lors qu'il eſt préveû, mais il ne doit pas eſtre préveû encore qu'il ſoit préparé.

Pour nous expliquer ſur cette matiere, qui eſt aſſez difficile, il faut comprendre, Qu'il y a certaines choſes dans la compoſition d'vne action Theatrale qui portent naturellement & preſque neceſſairement l'eſprit des Spectateurs à la connoiſſance d'vne autre ; de ſorte que ſi toſt que les premieres ſont dites ou faites, on en conclut aisément celles qui en dépendent ; & c'est ce que i'appelle, *Vn evenement prévenu*, lors que par les discours qui se font faits, par les personnes dont on parle, ou par quelque autre circonstance qui se découvre dans le commencement d'vn Poëme, on prévoit aisément les avantures qui suivent, soit qu'elles en fassent la Catastrophe & le Dénouëment, ou qu'elles servent dans les autres Intrigues de la Scéne. Or il est certain que toutes ces Préventions au Theatre sont vicieuses, parce qu'elles rendent les evenemens froids & de peu d'effet dans l'imagination des Spectateurs qui attendent toûjours quelque chose au contraire de leurs préjugez.

Mais il y a certaines choses qui doivent servir de fondement pour en produire d'autres, selon l'ordre de la vray-semblance, & qui neantmoins n'en donnent aucune connoissance, non seulement parce qu'il n'y a pas de necessité que les secondes arrivent en consequence des premieres, mais encore parce que ces premieres sont exposées sous des prétextes & avec des couleurs si vray-semblables, selon l'estat des affaires presentes, que l'esprit des Spectateurs est tout à fait arresté & ne pense point qu'il en doive sortir aucun autre Incident que ce qu'il connoist : De sorte que la Préparation d'vn Incident n'est pas de dire ou de faire des choses qui le puissent découvrir, mais bien qui puissent raisonnable-

Arist. c. x. poët. In multis œconomia Comicorum Poëtarum ita se habet, ut casu putet Spectator venisse quod consilio Scriptorum factum sit. Donat. in Terent. Andr. & in Eunuch. Idem alijs verbis.

DV THEATRE, Liv. II.

ment y donner lieu, fans pourtant les découvrir ; & tout l'art du Poëte confifte à trouver des apparences fi bien pretextées pour eftablir ces preparations, que le Spectateur foit perfuadé que cela n'eft point ietté dans le corps de la Piéce à autre deffein que ce qui luy en paroift. Scaliger a reconnû cét artifice neceffaire dans le Poëme Epique, & l'appelle méme *Préparation*; & encore *Les femences d'vne moiffon future*, comme s'il vouloit dire, Que tout ainfi qu'vn grain de femence contient en foy la force & la vertu qui doit produire en fon temps des fleurs & du fruict, & que neantmoins la Nature l'a formé de telle forte qu'on n'y remarque aucun rapport avec la beauté des fleurs & la douceur du fruit qu'il doit donner : De méme faut-il que ces difcours & ces autres petites confiderations qu'on employe pour préparer vn Incident, le renferment fi fecretement & le cachent fi bien, qu'on n'en puiffe rien prévoir. Cét excellent homme en rapporte plufieurs exemples, & entr'autres celuy-cy tiré de l'Eneide : car il obferve que pour donner lieu au favorable accueil que Didon fait à Enée & aux Toyens de fa fuite, Virgile auparavant rapporte que cette Reyne avoit fait peindre dans vn Temple toute la guerre de Troye, & qu'Enée méme eftoit reprefenté combattant au milieu des Grecs; car en apparence ce Tableau n'eft lors qu'vn fimple ob-

vbique verò aliquid incitamentum ad futuram meffem, vt auditorem quafi præguftatione alliciat ad epulas. Similis præparatio in primo cum enim recipiendus effet Æneas proponit hoc intelligendum ex pictura, in ea namque ipfe quoque pictus erat, lib. 4. c. 26.

jet d'admiration pour Enée de voir leurs malheurs déja connûs par toute la Terre; mais le secret est qu'il sert à fonder dans l'esprit de Didon le bon traittement qu'elle fait à des Affligez, dont vray-semblablement elle avoit déja plaind la mauvaise fortune.

Pour ce qui est du Poëme Dramatique ie n'en ay trouvé aucun exemple dans tous les Autheurs que j'ay pû parcourir, sinon vn dans Victorius en ses Commentaires sur la Poëtique d'Aristote, encore ne le donne-t'il pas comme vne instruction, mais simplement comme vne remarque qu'il fait sur la *Medée* d'Euripide, de laquelle il dit, Que la catastrophe est defectueuse, en ce que le Poëte dénoüant cette Piece par la fuite de Medée dans vn chariot enchanté, il n'en avoit auparavant jetté aucune semence, c'est à dire aucune préparation, les parties precedentes n'y contribuant en rien, en quoy il s'est expliqué par les mêmes termes que Scaliger. Ces deux passages au reste ne sont venus à ma connoissance que ~~depuis~~ aprés avoir fait les observations necessaires à ce Sujet. Mais comme ie ne me suis iamais piqué d'avoir inventé de nouvelles choses, ie ne suis iamais plus satisfait de mes meditations que quand, aprés en avoir tiré ~~~~, ie viens à découvrir que d'autres plus habiles & d'vne plus grande reputation les avoient dittes

Reprehensus est Poëta, quia femina nulla huius fabulæ exitus antea iacta erat, nec quicquam ipsum adiuuat superiore: partes Tragœdia. Victor. in Arist. Poët. p. 149.

auparavant que ie les euſſe penſées ; C'eſt pour cela que ie n'ay point voulu diſſimuler ces deux paſſages qui ſervent à noſtre Sujet, & ſi l'eſtime que l'on fait de ces deux excellens Ecrivains m'oſte l'honneur d'avoir dit le premier ce que ie croyois avoir ſeul inventé, au moins en puis-je tirer cét avantage qu'ils autoriſent ma penſée, & que le Poëte ne refuſera pas de ſuivre le conſeil que ie luy donne de bien préparer ces Incidens, puiſque Scaliger eſtime Virgile de l'avoir fait avec prudence, & que Victorius condamne Euripide d'y avoir manqué. Ie pourrois icy m'expliquer par vne infinité d'exemples, *H des moder* mais ie m'arreſteray ſeulement à *la Rhodogune de Corneille ;* il fait mourir Cleopatre par vn poiſon ſi prompt que Rhodogune en découvre l'effet, auparavant qu'Antiochus ait prononcé dix vers. Veritablement que Cleopatre ait eſté aſſez enragée pour s'empoiſonner elle-même afin d'empoiſonner ſon fils & Rhodogune, cela eſt aſſez preparé dans tous les Actes precedens, où l'on voit ſa haine, ſon ambition & ſa fureur, ayant tué de ſa propre main ſon mary, & fait perdre la vie à vn de ſes fils ; & tout cela pour ſe conſerver dans le thrône : mais que l'effet du poiſon ſoit ſi prompt que dans vn eſpace de téps qui ſuffit à peine pour prononcer dix vers, on l'ait pû reconnoiſtre, c'est à mon advis, ce qui n'est pas assez préparé, parce que la chose estant fort rare, il falloit que Cleopatre elle méme, quand elle espere que le poison la delivrera d'Antiochus & de Rhodogune, expliquast la force de ce poison, & qu'elle en conceust de la joye; veu que par ce moyen elle eust préparé l'evenement sans le prévenir. L'evenement dis je eust esté préparé, en ce qu'vn poison subtil & violent comme elle l'eust décrit, eust deû faire son effet sur elle promptement; mais pour cela il n'eust pas esté prévenu, parce qu'on auroit crû seulement qu'elle l'eust dit comme vn moyen facile dont sa rage se servoit contre ces innocens, & ainsi il n'y auroit pas eû lieu de prévoir qu'elle s'en dûst empoisonner elle-méme.

Mais

Mais qui voudroit icy rapporter tous les endroits des Anciens, où les Incidens font préparez avec beaucoup d'art & de iugement, il faudroit copier tous leurs Poëmes; car c'est à quoy ils ont toûjours le plus soigneusement travaillé; Voyés le *Curcullion* de Plaute, il y a vn anneau qui sert à faire reconnoistre Planesion pour estre de condition libre & sœur de Terapontigonus, lors qu'on ne pouvoit en façon quelconque prévoir cét evenement; mais il est si bien préparé dans toute la Comédie où cét anneau est employé à toute sorte d'intrigues, qu'il n'y a rien de précipité, encore que ce soit contre l'attente des Spectateurs: Et quand cét anneau est dérobé au Soldat, & que de là il passe en diverses mains, c'est pour des actions lors presentes, & qui n'ont aucun rapport avec la Catastrophe, qu'il est impossible de prévoir par là. Et quand dans l'Acte IV. Cappadox dit, *Qu'il n'avoit achepté cette fille que dix mines d'argent*, c'est en apparence seulement pour expliquer le gain qu'il faisoit en la vendant trente; mais c'est en effet pour préparer la narration que Planesion fait elle-même de son avanture. Ainsi dans le *Trinummus*, Carmides arrive à point-nommé d'vn long voyage pour vn Incident tres-divertissant, rencontrant vn Fourbe qu'on supposoit venir de sa part ; mais cela est bien préparé par le discours qu'en fait Caliclès au premier Acte, & par celuy de son Esclave au second. Et neantmoins quand Calicles parle de l'absence de son amy, c'est seulement pour faire entendre la fidelité qu'il luy doit ; Et ce que l'Esclave dit de son retour, n'est alors que pour en faire craindre la juste severité à son fils Telesbonicus. Enfin voicy en peu de mots tout ce que ie puis dire sur cette matiere. Les evenemens sont toûjours precipitez, quand il ne s'est rien dit auparavant dont ils puissent vray-semblablement proceder, comme lors qu'vn homme, dont on n'a point oüy parler en toute vne Piéce, survient exprés à la fin pour en faire le denoüement ; ou qu'il s'y fait sur la fin quelque action importante qui n'a aucun rapport avec tout ce qui s'est pasé ; car bien que le Spectateur vueille estre surpris, il veut neantmoins l'estre avec vray-semblance ; & bien que l'évenement ne soit pas moins vray-semblable en soy, encore qu'il n'en fust rien dit, que si l'on en avoit parlé, le Spectateur veut neantmoins qu'on en ait auparavant ietté les fondemens, parce qu'il ne doit rien fuppofer que ce qui fuit naturellement les chofes que le Poëte luy fait paroiftre. Le Theatre eft comme vn Monde particulier, où tout eft renfermé dans les notions & l'étenduë de l'action reprefentée, & qui n'a point de communication avec le grand Monde, finon autant qu'il s'y rencontre attaché par la connoiffance que le Poëte en donne avec adreffe. Mais il fe faut toûjours fouvenir que toutes les chofes qui fe difent & qui fe font pour eftre les préparatifs & comme les femences de celles qui peuvent arriver, doivent avoir vne fi apparente raifon & vne fi puiffante couleur pour eftre dites & faites en leur lieu, qu'elles femblent n'eftre introduites que pour cela, & que jamais elles ne donnent ouverture à prévenir les Incidens qu'elles préparent.

CHAPITRE IX.
Du Dénoüement ou de la Catastrophe & Issuë du Poëme Dramatique.

JE ne croy pas qu'il soit necessaire de charger ce Discours des explications de ce terme de *Catastrophe*, dont nous nous servons pour signifier la fin d'vn Poëme Dramatique : Ie sçay bien qu'on le prend cõmunément pour vn revers ou bouleversement de quelques grandes affaires, & pour vn desastre sanglant & signalé qui termine quelque notable dessein. Pour moy ie n'entends par ce mot, qu'vn renversement des premieres dispositions du Theatre, la derniere Peripetie, & vn retour d'evenemens qui changent toutes les apparences des Intrigues au contraire de ce qu'on en devoit attendre. Les Comédies ont presque toûjours cette fin heureuse, comme toutes celles de Terence & la pluspart de celles de Plaute ; ou bien elles se ferment par quelques bouffonneries, comme *le Stichus* & quelques autres du méme Poëte ; Mais pour les Tragédies serieuses telles que nous les avons, elles finissent toûjours, ou par l'infortune des principaux Personnages, ou par vne prosperité telle qu'ils l'a-

Catastrophe conversio negotij exagitati in tranquillitatem non expectatam. Scal. l. 1. c. 9.

voient pû fouhaitter. Nous avons l'exemple de l'vne & de l'autre Cataftrophe dans les Poëmes qui nous reftent de l'antiquité, bien que cette feconde maniere ne leur ait pas efté fi commune qu'elle l'eft de noftre temps.

Mais fans entrer plus avant dans cette diftinction, ny m'arrefter aux autres confiderations qui touchent cette matiere, qu'on peut apprendre ailleurs, ie viens aux obfervations particulieres qui peuvent eftre vtiles à toute forte de Poëmes, comme elles font communes à toute forte de Cataftrophes.

La principale, & qui doit eftre comme le fondement des autres, eft vne dépendance du Chapitre precedent où elle a efté déja touchée, quand nous avons dit, *Que les Incidens qui ne font pas preparez, péchent fouvent contre la vray-femblance par leur trop grande précipitation*, car ce defaut eft beaucoup plus grand & plus fenfible dans la Cataftrophe qu'en nulle autre partie du Poëme. Premierement c'eft le terme de toutes les affaires du Theatre, donc il faut qu'elles fe difpofent de bonne heure par tout pour y arriver. En fecond lieu, c'eft le centre de tout le Poëme, donc les moindres parcelles y doivent tendre comme des lignes qui ne peuvent eftre tirées droites ailleurs. Davantage c'eft la derniere attente des Spectateurs, donc il faut que toutes les chofes foient fi bien ordonnées, que quand ils y font arrivez, ils n'ayent pas lieu de demander par quel chemin on les y a conduits. En fin comme c'est le plus considerable evenement & où tous les autres doivent aboutir, aussi est-ce celuy pour lequel il faut les plus grandes préparations & les plus iudicieuses. Aristote & tous ceux qui l'ont suiuy, veulent que la Catastrophe soit tirée du fond des affaires du Theatre, & que les divers nœuds dont il semble que le Poëte embarrasse son Sujet, soient autant d'artifices pour en faire le denoüement: C'est pourquoy ils ont toûjours plus estimé cette fin des Tragédies que celle qui estoit fondée sur la presence ou la faveur de quelque Divinité; Et quand méme ils se sont servis pour cét effet de leurs Dieux en Machines, ils ont voulu que dans le corps de la Piéce il y en eust des dispositions raisonnables, ou par le soin particulier que ce Dieu prenoit du Heros, ou par les interests qu'il avoit luy-méme dans l'action Theatrale, ou bien par vne attente vray-semblable de son assistance, & par d'autres inventions de cette nature. Il semble pourtant que cét advis soit inutile pour les Piéces de Theatre dont la Catastrophe est connuë, ou par l'histoire qui n'est quelquesfois ignorée de personne, ou méme par le titre qui en renferme le dernier evenement, comme, la *Mort de Cesar*, le *Martyre de Polieucte* & autres semblables. Mais sans rien obmettre des préparations qui seront necessaires

Poët. cap. 18.

necessaires selon ce que nous en avons dit, voicy ce qu'on peut faire en cette rencontre. Il faut conduire de telle sorte toutes les affaires du Theatre, que les Spectateurs soient toûjours persuadez interieurement, que ce Personnage, dont la fortune & la vie sont menacées, ne devroit point mourir, attendu que cette adresse les entretient en des présentimens de commiseration qui deviennent tres-grands & tres-agreables au dernier point de son mal-heur; Et plus on trouve de motifs pour croire qu'il ne doit point mourir, plus on a de douleur de sçavoir qu'il doit mourir: On regarde l'injustice de ses Ennemis avec vne plus forte aversion, & on plaint sa disgrace avec beaucoup plus de tendresse. Nous avons veû ces exemples dans la *Marianne* & dans le *Comte d'Essaix*, quoy que d'ailleurs ces Piéces ayét esté assez defectueuses.

Que si la Catastrophe n'est point connuë, & qu'il soit de la beauté du Theatre qu'elle en dénouë toutes les Intrigues par vne nouveauté qui doive plaire en surprenant, il faut bien prendre garde à ne la pas découvrir trop tost, & faire en sorte que toutes les choses qui doivent servir à la préparer, ne la préviennent point ; puis que non seulement alors elle deviendroit inutile & desagreable, mais qu'il arriveroit encore que du moment qu'elle seroit connuë, le Theatre languiroit & n'auroit plus de charmes pour les Spectateurs. Et il ne faut pas iuger de cette circonstance comme de tout vn Poëme qu'on aura lû ou veû plusieurs fois sur la Scéne; car bien que la Catastrophe ainsi que tous les autres evenemens en soient parfaitement connus, il ne laisse pas neantmoins de plaire & d'avoir toutes ses graces quand il paroist sur le Theatre, parce qu'en ce moment les Spectateurs ne considerent les choses qu'à mesure qu'elles passent, & ne leur donnent point plus d'étenduë que le Poëte; Ils renferment toute leur intelligence dans les prétextes & les couleurs qui les font mettre en avant, sans aller plus loing; ils s'appliquent à ce qui se dit de temps en temps, & estant toûjours satisfaits des motifs qui les font dire, ils ne préviennent point celles qui ne leur sont pas manifestées; si bien que leur imagination se laissant tromper à l'art du Poëte, leur plaisir dure toûjours. Au lieu que dés-lors que la Catastrophe est prévenuë par la faute du Poëte, les Spectateurs sont dégoûtez, non pas tant de ce qu'ils sçavent la chose, que de s'appercevoir qu'on ne devroit pas leur dire; leur mécontentement procedant moins en ces occasions de leur connoissance, quoy que certaine, que de l'imprudence du Poëte.

Il faut aussi prendre garde que la Catastrophe achéve pleinement le Poëme Dramatique, c'est à dire, qu'il ne reste rien aprés, ou de ce que les Spectateurs doivent sçavoir, ou qu'ils vueillent entendre; car s'ils ont raison de demander, *Qu'est devenu quelque Personnage interessé dans les grandes intrigues du Theatre*, ou s'ils ont juste sujet de sçavoir, *Quels sont les sentimens de quelqu'vn des principaux Acteurs aprés le dernier evenement qui fait cette Catastrophe*, la Piéce n'est pas finie, il y manque encore vn dernier trait; Et si les Spectateurs ne sont pas encore pleinement satisfaits, le Poëte asseurément n'a pas encore fait tout ce qu'il doit. C'est vne faute notable de *la Panthée*, qui par sa mort laisse vn raisonnable desir aux Spectateurs de sçavoir ce que pense & ce que devient Araspe qu'on en a veû si passionnément amoureux; Au lieu que la Reyne Elizabeth parle comme elle doit aprés la mort du Comte d'Essaix, & en achéve bien la Catastrophe. Et l'vne des plus grandes fautes qu'on ait remarquée dans le *Cid*, est que la Piéce n'est pas finie : C'est aussi ce qu'on trouve à redire en quelques autres Poëmes du méme Autheur,

Mais pour éviter cét inconvenient il ne faut pas tôber dans vn autre, ie veux dire, d'adjoûter à la Catastrophe des Discours inutiles, & des actions superfluës qui ne servent de rien au

Denoüëment, que les Spectateurs n'attendent point, & méme qu'ils ne veulent pas entendre. Telle est la plainte de la femme d'Alexandre fils d'Herodes aprés la mort de son Mary, dont ie parleray sous vne autre consideration au Chapitre *Des Discours Pathétiques*. Telle est encore l'explication de l'Oracle dans l'*Horace*, car n'ayant point fait le nœud de la Piéce, les Spectateurs n'y pensent point & n'en recherchent pas l'intelligence, & tel est le cinquiéme Acte du Timocrate generalement condamné par cette raison.

Ie pourrois grossir ce Discours de plusieurs remarques, tant sur les Tragédies que sur les Comédies des Anciens ; mais comme toutes les Catastrophes tournent presque sur ces principes, il sera facile en les lisant de reconnoistre celles qui sont bien ou mal achevées, sans en faire icy de plus longues deductions, qui toûjours en ces matieres sont attachées à tant de circonstances, qu'il faut parler long-temps pour expliquer peu de chose. Ce que i'en puis dire seulement en vn mot, est Que les Tragiques ont mieux finy leurs Poëmes que les Comiques ; Et entre les Comiques, que Terence est le meilleur Modelle : Car Aristophane & Plaute, ont laissé la plus grande partie de leurs Comédies imparfaites & fort mal achevées. Ie laisse nos Modernes en repos, parce qu'ils sont bien aises qu'on ne les croye pas capables de faillir ; ioint que quand on leur monstre qu'ils pouvoient mieux faire, ils sont d'autant plus irritez qu'ils se sentent plus convaincus & moins en estat de se deffendre contre la Raison.

CHAPITRE X.
De la Tragi-Comédie.

CE nouveau terme qui semble peu à peu s'estre introduit pour signifier quelque nouvelle espece de Poëme Dramatique, m'oblige à l'expliquer plus au long & plus clairement que tous les Modernes, qui ne l'ont touché qu'en passant; & pour cét effet ie veux monstrer ce que nous avons de conforme & de different avec les Anciens dans les Ouvrages de la Scéne.

Le Theatre estant peu à peu & par degrez monté à sa derniere perfection, devint enfin l'Image sensible & mouvante de toute la vie humaine. Or comme il y a trois sortes de Vies, celle des Grands dans la Cour des Roys, celle des Bourgeois dans les Villes, & celle des gens de la Campagne; le Theatre aussi a receu trois genres de Poëmes Dramatiques qui portent en particulier le caractere de chacune de ces trois sortes de Vies, sçavoir la *Tragédie*, la *Comédie*, & la *Satyre* ou *Pastorale*.

La *Tragédie* representoit la vie des Princes, pleine d'inquietudes, de soupçons, de troubles, de rebellions, de guerres, de meurtres, de pas-

Athen. l. 5.
Tragœdia & Comœdia idé modus repræsentand:, sed diversa res, &c. Scal. Poët. l 3 c 97

sions violentes & de grandes avantures ; d'où vient que Theophraste l'appelle *l'Estat d'vne fortune heroïque*. Et l'Autheur de l'Etymologique, *Vne Imitation des discours & de la vie des Heros*. Or à distinguer les Tragédies par la Catastrophe, il y en avoit de deux especes : Les vnes estoiét funestes dans ce dernier evénement & finissoient par quelque mal-heur sanglant & signalé du Heros ; Les autres avoiét le retour plus heureux, & se terminoient par le contentement des principaux Personnages. Et neantmoins parce que les Tragédies ont eû souvent des Catastrophes infortunées, ou par la rencontre des histoires, ou par la complaisance des Poëtes envers les Atheniens, qui ne haïssoient pas ces objets d'horreur sur leur Theatre, comme nous avons dit ailleurs, plusieurs se sont imaginés que le mot de *Tragique* ne signifioit iamais qu'vne avāture funeste & sanglante ; & qu'vn Poëme Dramatique ne pouvoit estre nommé *Tragédie*, si la Catastrophe ne contenoit la mort ou l'infortune des principaux Personnages : mais c'est à tort, estant certain que ce terme ne veut rien dire sinon *Vne chose magnifique, serieuse, grave & convenable aux agitations & aux grands revers de la fortune des Princes* ; & qu'vne Piéce de Theatre porte ce nom de Tragédie seulement en consideration des Incidens & des personnes dont elle represéte la vie, & non pas à raison de la Catastrophe. Aussi voyons-nous que des dix-neuf Tra-

Tragœdia tota gravis, ea sanè qua verè Tragœdia est; nam quadam fuerunt satyrica. &c.

πραχθῆς τύχης μείζοσις.
Theoph. apud Diomid l 3.
βίωντε κ̀ λό-γων ἡρωικῶν μίμησις.
Etymol.

gédies d'Euripide, il y en a vn grand nombre dont l'issuë est heureuse; & ce qui est d'autant plus notable, est que son *Oreste* qui s'ouvre par la fureur & se soustient sur de fortes passions mélées de plusieurs Incidens, dont on doit aprehender vne fin mal-heureuse & quelque carnage, asseure dans la Catastrophe le contentement de tous les Acteurs; Helene estant mise au rang des Dieux, & Apollon obligeant Oreste & Pilade d'épouser Hermionne & Electre. Ce qui a fait dire mal à propos à vn Ancien, *Que la Catastrophe de cette Tragédie estoit entierement Comique*; à Victorius la méme chose de *l'Electre*, & autant à Stiblin de *l'Alceste*.

Nec minùs Tragœdia lata, non pauca & vt nequaquam verum sit qued hactenùs professi sunt, Tragœdia proprium exit' infelix, modo intus sint res atroces. Scal. idé.

τόδε δ'ἐάμα κωμικωτέραν ἔχει τὴν καταστροφήν. *Auth. Argum. Orest.*

Finis magi proprius Comœdia quàm Tragœdia videtur. Pet. Victor. in Electr. Eurip.

Catastrophe & finis fabula latissimus qualis in Comœdijs esse solet. Stiblin. in Eurip. Alcest.

La *Comédie* servoit à dépeindre les actions du peuple, & l'on n'y voyoit que Débauches de ieunes gens, que Fripponneries d'Esclaves, que Soupplesses de femmes sans honeur, qu'Amourettes, Fourbes, Railleries, Mariages & autres accidens de la vie commune. Et ce Poëme fut tellement renfermé dans la bassesse de la vie populaire, que le stile en devoit estre commun, les paroles prises de la bouche des gens de neant, les passions courtes & sans violence, toutes les intrigues soustenuës par la finesse & non par le merveilleux; Enfin toutes les actions populaires, & nullemét Heroïques; D'où vient que Scaliger a raison de reprendre Plaute, quand il fait venir sur le Theatre Alcesimarch, le poignard à la main,

Poët. l. 6. c. 3. Hoc enim tragicum atque adeo atrox, nimis.

la main comme pour se tuer, dautant que ce dessein est trop genereux pour le Theatre Comique ; Et Donat remarque en plusieurs endroits que Térence fait des passions trop longues & trop ardentes, & qu'il y employe souvent des expressions trop nobles & trop relevées, comme sortant des limites de son Art; Et la fin des Comédies n'est pas toûjours heureuse, comme on le peut voir en plusieurs de Plaute.

Elias Cret. in Nazianz. orat. 13.

Et Comœdia multa infelices quibusdā fines habent. Scalig. l. 3. cap. 97.

La *Satyrique* ou *Pastorale* portoit vn mélange de choses serieuses & de bouffonnes, cóme elle avoit souffert le mélange des personnes de condition & des gens de la Campagne, des Heros & des Satyres; Et ce dernier Poëme se doit considerer en deux façons ; d'abord ce n'estoit rien qu'vne petite Piéce de Poësie nommée *Idille* ou *Eglogue* composée de cinquante ou soixante vers au plus, chantée ou recitée par vn homme seul, quelque-fois par deux, & rarement par plusieurs : Là se voyoient des Bergers, des Chasseurs, des Pescheurs, des Iardiniers, des Laboureurs, des Satyres, des Nymphes, & enfin toutes sortes de personnes Champestres: Là ne s'entendoient que plaintes d'Amans, que cruautez de Bergeres, que disputes pour des Chansons, qu'embusches de Satyres, que ravissemens de Nymphes, & mille autres petites avantures douces & divertissantes; mais toutes par Piéces détachées sans aucune suitte d'action & sans necessité d'histoire.

A a

Nous en avons plusieurs exemples dans les Idilles de Theocrite & dans les Eglogues de Virgile ; Plusieurs Modernes les ont imitez en Latin; & méme sous le Roy Henry II. les Poëtes François firent des Pastorales de cette sorte, dont nous avons encore les exemples dans Ronsard.

Aliæ species continet Satyros miſtos heroibus, it avt etiam ſeveris hilariora miſceantur. Scal. lib. 1. c. 8.

L'autre estoit vn Poëme Dramatique conduit par les regles du Theatre, & où les Satyres principalement fûrent mélez aux Heros & aux personnes illustres, representans tous ensemble des Incidens graves & sérieux avec des bouffonneries & autres actions ridicules ; & pour cette raison ce Poëme se nommoit *Tragédie Satyrique*.

Cette espece de Poëme ne fut point receuë des Latins, au moins n'en ay-je rien veû dans l'Histoire ny dans les Poëtes de Rome, parmy lesquels la Satyre ne fut qu'vne Piéce de Poësie vsitée pour la médisance, & non pas au Theatre, sinon avec les Mimes, & seulement pour Intermedes; mais parmy les Grecs la Tragédie Satyrique fut en grande estime, dautant qu'aux Festes de Bacchus, nommées *Chytres*, les Poëtes disputoient l'honneur & le prix de leur Art par la composition de ce Poëme ; Nous en trouvons plusieurs alleguez par Athenée, Platon, Plutarque & Suidas ; nous en voyons méme des fragmens de plusieurs, mais nulle Piéce entiere que le *Poliphéme* d'Euripide. I'ay souvent estimé que l'*Alceste* du méme Autheur en estoit vne, à cause

Suid. in Tetralogia.

qu'Hercule y fait avec vn Esclave des discours bouffons & des actions toutes Comiques; mais i'attends le sentiment des Doctes pour me determiner.

Ces trois genres de Poëmes ne font pas maintenant sur le Theatre avec le même visage qu'autresfois; car à commencer par la pastorale, c'est vn Poëme Dramatique suivant les regles des autres, composé de cinq Actes, de plusieurs Intrigues & d'agreables Evenemens; mais tout cela tenát de la vie Champestre. Ce ne sont que Bergers, Chasseurs, Pescheurs, & pareille sorte de gens; Ainsi nous avons pris toute la matiere des Idilles & des Eglogues des Anciens, & nous y avons appliqué l'œconomie de la Tragédie Satyrique.

La Comédie est long-temps demeurée parmy nous non seulement dans la bassesse, mais dans l'infamie; car elle s'est changée en cette Farce ou impertinente bouffonnerie que nos Theatres ont soufferte en suite des Tragédies; Ouvrages indignes d'estre mis au rang des Poëmes Dramatiques, sans art, sans parties, sans raison, & qui n'estoient recommandables qu'aux maraux & aux infames, à raison des paroles déshonnestes & des actions impudentes qui en faisoient toutes les graces. Ie sçay bien que nos Poëtes quelquesfois se sont efforcez de rétablir l'ancienne Comédie, ou par la traduction des vieux Autheurs, ou par imitation ; mais cela ne s'eſt fait que rarement & n'a pas toûjours eû le ſuccez qu'ils avoient eſperé, pour pluſieurs raiſons, mais principalement pour n'avoir pas choiſi des Sujets conformes à nos mœurs, ou pour n'avoir pas changé dans les Anciens ce qu'ils y avoient trouvé de peu convenable à nos ſentimens. Il ne faut pas dire non plus que la Comédie des Italiens ait pris la place de celles de Plaute & de Terence, car ils n'en ont gardé ny la matiere ny la forme; Leurs Sujets ſont toûjours mélez d'avantures ſerieuſes, & de bouffonnes ; de perſonnes Heroïques, & de frippons : & la maniere dont ils les compoſent ordinairement en trois Actes & ſans ordre de Scénes, ne tient rien de la conduite des Anciens. Et ie m'eſtonne comment il eſt arrivé que les enfans des Latins ſoient ſi peu ſçavans en l'Art de leurs Peres.

Quant à la Tragédie, elle s'eſt vn peu mieux conſervée parmy nous : parce que les mœurs des François eſtant Heroïques & ſerieuſes, ils ont eû plus d'inclination à voir ſur le Theatre les avantures des Heros, & peu de diſpoſition à ſouffrir ce mélange de bouffonneries des Italiens. Mais outre les delicateſſes de l'Art que nous avons long-temps ignorées auſſi bien que les Italiens, nous avons fait deux choſes ; l'vne fort raiſonnable, & l'autre ſans fondement : la premiere eſt qu'abſolument nous avons rejetté du Theatre, les hiſtoires d'horreur & les cruautez extraordinaires, & par cette ſeule conſideration l'vne des plus ingenieuſes Tragédies de noſtre Temps & des plus dignes du Theatre d'Athenes, n'a jamais eſté veuë de bon œil, ny par le peuple ny par la Cour de France. I'en ay rendu la raiſon ailleurs, & i'approuve en cette circonſtance le changement, ou pluſtoſt la correction que nous apportons aux Poëmes des Anciens. Mais ce que nous avons fait ſans fondement, eſt que nous avons oſté le nom de *Tragédie* aux Piéces de Theatre dont la Cataſtrophe eſt heureuſe, encore que le Sujet & les perſonnes ſoient Tragiques, c'eſt à dire heroïques, pour leur donner celuy de *Tragi-Comedies.* Ie ne ſçay ſi Garnier fut le premier qui s'en ſervit, mais il a fait porter ce tiltre à ſa *Bradamante,* ce que depuis pluſieurs ont imité; Or ie ne veux pas abſolument combattre ce nom, mais ie pretens qu'il eſt inutile, puiſque celuy de *Tragédie* ne ſignifie pas moins les Poëmes qui finiſſent par la ioye, quand on y décrit les fortunes des perſonnes illuſtres. Davantage, c'eſt que ſa ſignification n'eſt pas veritable ſelon que nous l'appliquons; car dans les Piéces que nous nommons de ce terme compoſé du mot de *Tragédie,* & de celuy de *Comédie,* il n'y a rien qui reſſente la Comédie: Tout y eſt grave & merveilleux, rien de populaire ny de bouffon.

Mais j'adioûte que ce nom seul peut détruire toutes les beautez d'vn Poëme, qui cõsistent en la Peripétie ; car il est toûjours d'autant plus agreable que de plusieurs apparences funestes, le retour & l'issuë en est heureuse & contre l'attente des Spectateurs : mais dés-lors qu'on a dit *Tragi-Comédie*, on découvre quelle en sera la Catastrophe ; si bien que tous les Incidens, qui troublent l'esperance & les desseins des principaux Personnages, ne touchent point le Spectateur, prévenu de la connoissance qu'il a du succez contraire à leur crainte & à leur douleur; & quelques plaintes pathétiques qu'ils fassent, nous n'entrons pas bien avant dans leur sentiment, parce que nous prenons cela trop certainement pour vne feinte, au lieu que si nous en ignorions l'évenement, nous apprehenderions pour eux, toutes leurs passions s'imprimeroient vivement en nostre cœur, & nous goûterions avec plus de satisfaction le retour favorable de leur fortune.

Ce qui m'étône le plus en cette rencôtre est, qu'il se trouve des Gens de lettres si complaisans aux erreurs populaires qu'ils osent soûtenir, que ce terme estoit vsité parmy les Latins : car ie ne sçay pas où ils ont appris que iamais parmy les Latins vn Poëme Dramatique, contenant les avantures des Personnes Heroïques & finissant par vne heureuse Catastrophe, ait porté ce nom de *Tragi-Comédie*. Nous n'en voyons rien dans les Tragiques qui nous restent, & nous n'en trouvons aucuns memoires, ny dans ceux qui nous en ont écrit l'Art, ou compilé des Fragmens ; ny dans ceux qui ont discouru de quelques Maximes de ce Poëme. Ie sçay bien que Plaute, dans le Prologue de son *Amphitryon*, employe le mot de *Tragi-Comédie* ; mais c'est où nos Modernes se sont abusez, quand ils ont dit, Que le mot de *Tragi-Comédie* estoit vsité chez les Latins : car ce Poëte est le seul qui l'a dit, & encore dans vn sens bien éloigné de celuy que nous luy donnons. Qu'il soit le seul, cela ne peut estre mis en doute ; aussi les Modernes n'en sçauroient-ils apporter d'autres témoignages d'aucun Autheur Latin, tandis que cette Langue est demeurée vivante en Italie ; de sorte que c'est vn terme à qui Plaute a donné la naissance, & que personne n'a voulu depuis adopter, estant demeuré comme mort dans son berceau long-temps auparavant la mort de la Langue Latine. Mais quand d'autres s'en seroient servis aprés luy dans le sens qu'il l'employe, cela ne pourroit pas authoriser le mot de *Tragi-Comédie*, comme on l'entend maintenant ; au contraire c'est ce qui monstreroit la fausseté de sa signification, & le mauvais vsage que nous en faisons.

Et pour l'entendre il faut répéter ce qui a esté dit, Que la Tragédie & la Comédie estoient

Athen. l. 12.
Plin.

deux Poëmes tellement distinguez, que non seulement les avantures, les personnes, & le stile de l'vne ne se communiquoient point à l'autre sans pécher contre l'Art & contre l'Vsage ; mais encore que les Tragédiens, ne ioüoient point de Comédies ; ny les Comédiens, de Tragédies. Ce-stoit comme deux genres d'Acteurs & deux Mestiers differens, & l'Histoire ne nous fournit point d'exemples d'Histrions, ou du moins fort peu, qui se soient mélez de ces deux Poëmes à la fois ; mais bien au contraire l'on trouve assez distinctement le nom de ceux qui ont excellé & acquis vne haute reputation en ces deux genres separément.

On doit aussi sçavoir, Que les Mimes, les Embolaires *les Artisans* ou Bouffons, Pantomimes, Danseurs, Flûteurs, Musiciens ou Ioüeurs d'Instrumens, & autres sortes de gens employez aux Ieux Scéniques ; & méme encore ceux qui ioüoient *Les Fables Atellannes*, les plus modestes de toutes, n'estoient point receus parmy les Tragédiens, c'est à dire parmy ceux qui joüoient les Tragédies, ny parmy les Comédiens, ou ceux qui joüoient les Comédies, de tous lesquels la profession estoit reputée plus honneste ; attendu que les choses qu'ils representoient, n'avoiét rien de cómun avec ces Intermedes. Mais la principale marque qui distinguoit ces deux Poëmes, estoit la matiere des Incidens,
& la

& la condition des personnes: car où les Princes & les Dieux agissoient selon leur dignité, c'estoit *Tragédie*, c'est à dire vn Poëme grave, serieux, & magnifique, convenable à la grandeur des choses & des personnes representées : Et quand les intrigues du Theatre estoient fondées sur la fourbe des Esclaves & la vie des femmes debauchées, c'estoit *Comédie*. Et si nous en cherchons la raison, c'est que l'Hymne de Bacchus chantée & dansée devant ses Autels à la célebration de ses Festes, ayãt passé dãs les villes & pris le nom de *Tragédie*, cõme nous dirons ailleurs, le Sujet en fut toûjours tiré par les Poëtes, des Histoires ou des Fables serieuses & illustres, & traité en stile grave & sublime: Mais cette méme Hymne qui demeura dans les villages sous le nom de *Comédie* commun à ces deux Poëmes dans leur origine, ne prenoit son Sujet que de la vie du peuple, & n'estoit traittée qu'en railleries, médisances, & termes vulgaires. Et ces deux Poëmes enfin s'estans peu à peu perfectionnez, garderẽt toûjours ces deux caractéres differens, qui les ont fait distinguer parmy les Autheurs. Voicy donc comment Plaute forme le mot de *Tragi-Comédie* dans le Prologue de l'*Amphitryon* où Mercure parle, & qui aprés avoir demandé vne favorable audience au peuple, poursuit en ces termes: *Aprés cela ie vous veux expliquer l'Argument de cette Tragédie. Quoy vous rechignez ? parce que i'ay nommé cette Piéce, Tragédie ? mais ie suis Dieu, & ie la changeray bien-tost si vous voulez, & de Tragédie qu'elle est, ie feray qu'elle sera vne Comédie, sans y changer vn seul vers.* Puis ayant vn peu raillé, il poursuit. *Ie feray par vn mélange qu'elle sera Tragi-Comédie, car ie n'estime pas raisonnable qu'vne Piéce soit toute Comédie, quand les Roys & les Dieux y viennent agir ? comment donc ; puis qu'vn Esclave en est l'vn des principaux Personnages, i'en feray, comme ie vous ay dé-ja dit, vne Tragi-Comédie.* Aprés ces paroles fort intelligibles, ie ne puis comprendre comment on s'est avisé de dire, que Plaute avoit employé ce mot de Tragi-Comédie comme nous, car il n'y pensa iamais : c'est vne raillerie qu'il fait dans son Prologue, en ioignant les noms de ces deux Poëmes, comme il en avoit mélé les Personnages. Ce qui monstre clairement combien la distinction en estoit grande, & partant combien mal nous avons appliqué ce nom à des Piéces de Theatre, dont toutes les personnes & les avantures sont heroïques ; Aussi Plaute n'a-t'il iamais nommé son *Amphitryon* vne Tragi-Comédie ; mais parce que les Dieux & les Roys qu'il y introduit, n'agissent presque point selon leur dignité, mais toûjours en bouffonnant, ayant méme fait battre à coups de poings Iupiter & Amphitryon comme deux Crocheteurs, il la nomme hardiment *Comédie* en plusieurs endroits de son

DV THEATRE, Liv. II.

Prologue. *Iupiter, dit-il, ioüera luy même en cette Comédie.* Et ailleurs, *Ecoutez maintenant l'argument de cette Comédie.* Ses Interprétes ne l'ont point intitulée autrement, comme Lambin, Govean, & les autres. Et de méme tous les Anciens & les Modernes qui ont parlé de Plaute & de ses Comédies, Ciceron, Quintilien, Varron en son Livre *des Comédies de Plaute*, Aulu-Gelle, Volcatius en son Traitté *des Comiques*, Servius, Sextus Pompeius, Macrobe, Ruffinus, Donat, Petrus Crinitus, Lilius Giraldus en son *Histoire des Poëtes*, Scaliger en sa poëtique, n'ont iamais nommé plaute autrement que, Comique, ny son *Amphitryon*, comme toutes ses autres piéces, qu'vne Comédie. Aussi quand Vossius explique ce nom, il dit, *Que Plaute le donne à son Amphitryon, parce qu'il y mesle la dignité des Personnes, & la bassesse des discours Comiques.* Et Festus divisant les Fables Romaines écrit, *Que les Tavernieres sont celles qui recevoient des Personnages de qualité avec des gens de basse condition.* Sur quoy le méme Vossius adjoûte, *Que l'Amphitryon de Plaute est de cette sorte, & qu'on peut nommer vne telle Piéce, Tragi-Comédie, ou Hilaro-Comédie,* qui est vn mot nouveau & particulier à cét Autheur. Et Scaliger auparavant luy parlant de ce nom donné à l'*Amphitryon*, dit, *Que c'est par raillerie, & parce qu'il y avoit meslé la bassesse de la Comédie à la dignité des personnes.* Ne disons donc plus que ce mot de

Plautus Amphitryonem vocat Tragico-Comœdiā quia in ea est personarum excellentia & humilitas Comica dictionis. Inst. Poët. l 2. c. 24.

Tabernaria quia hominibus excellentibus etiam humiles permixti. Festus Pompon. in verb Togata. Et Vossi°. Tabernariā qua mixti erat argumenti vt Plautus vocat Tragico-Comœdiam quā & Hilaro-Comœdiam d.xeris, eius-

Tragi-Comédie estoit vsité chez les Latins, car il n'y a que Plaute qui l'ait dit en raillant; ny que dans Plaute il signifie la méme chose que parmy nous; car par là nous entendons, *Vn Poëme Dramatique dont tout le Sujet est heroïque, & la fin heureuse, la plus noble & la plus agreable espece de Tragédie, fort commune parmy les Anciens*; mais Plaute ne vouloit signifier par ce mot, qu'vne veritable Comédie, dans laquelle les personnes illustres estoient introduites pour bouffonner, & rendre leur propre grandeur ridicule; Et dans ce sens l'on pourroit dire, Que la plus grande part des Comédies d'Aristophane sont des Tragi-Comédies, car presqu'en toutes, les Dieux ou les personnes de condition y viennent en Trivelins, & iouent du pair avec les Esclaves & les Bouffons.

La méme faute, à mon advis, est de ceux qui veulent que *Hilaro-Tragedie* soit vne Piéce de Theatre vsitée parmy les Grecs & conforme à ce que nous appellons *Tragi-Comédie*; mais cela n'est pas seulement vray-semblable. Suidas rapporte bien que Rinthon Poëte Comique inventa vne sorte de Poësie qu'il nomma *Hilaro-Tragedie*; mais de conclure de là que c'estoit vn Poëme Dramatique traitté selon les regles du Theatre, & dont le Sujet fust heroïque & la fin heureuse, il n'y a point d'apparence. Premierement, parce que c'est de l'invention d'vn poëte

modi est Amphitryo. Inst. Poët. l. 2. c. 7. Festivè, vt solet Plautus, Amphitryonē Tragico-Comœdiam appellat, in qua personarum dignitas ac magnitudo, Comœdia humilitati admixta essent. l. 1. c. 7. Poët.

Athen. l. 14.

Comique ; or les Comiques n'entreprenoient pas d'ordinaire de traitter des Sujets graves & sérieux, ou quand ils l'entreprenoient, ils les tranfportoient toûjours dans le ridicule, comme cét *Amphitryon* de Plaute, & les Comédies d'Ariftophane. Suidas nomme cette Piéce, *Vn Ecrit Bouffon*. Hefychius appelle l'Autheur *Bouffon & Rieur* Eftienne le nomme *Autheur de Poëfie ridicule*, & Varron met le mot de *Rhinton*, pour vn *Scurre* ou faifeur de plaifanteries. Davantage cette invention n'a point eû de fuitte, & nous n'avons point oüy parler de Piéce reglée qui ait porté ce tiltre, ny d'autre Poëte qui iamais en ait compofé. Ce que ie penferois donc de cette *Hilaro-Tragedie*, eft que ce fut vne petite Piéce de Poëfie du nombre des Mimes, mélée de chofes gayes & ferieufes, chantée avec la voix ou les inftrumens, & danfée fur les Theatres avec des geftes exprimans le fens de chaque parole, fuivant cette merveilleufe methode des Anciens & peu connuë de noftre temps. Ce qui eft d'autant plus vray-femblable que *l'Hilaroedie*, que Voffius dit eftre la méme que *l'Hilaro-Tragédie* & la *Magédie* ont efté deux Poëfies de cette forte, chantées & danfées fur les Theatres par ceux qu'ils nommoient *Hilaroediens*, & *Magediens*, & non pas des Poëmes Dramatiques reprefentez par les Tragédiens & Comédiens, comme aucuns l'ont mal penfé; car les Hilaroe-

φλυακογραφία
φλυαξ. τὸ γελοῖον.

Rhinton pro Scurra.

Inft. Poët. l. 2. c. 21.
Athen. l. 14.

diens qui depuis furent nommez *Simoediens*, à cause de Simon Mages excellent en cét Art, dansoient & chantoient vne Piéce de Poësie plaisante mais serieuse, moins grave toutesfois que la Tragédie, quoy qu'elle fust du méme caractére; Et les Magédiens ne s'employoient au commencement qu'à representer les discours de Magie, comme la *Pharmaceutre* de Theocrite & de Virgile; mais aprés ils s'adonnérent à toutes sortes de Poësies bouffonnes & lascives suivant le caractére Comique, mais non pas si serieux encore, que la Comédie: & ceux mémes qui ne representoient que les femmes avec des habits d'hommes, se nommoient *Lysioediens*, au lieu que les Magédiens ne representoient que les hommes avec des habits de femmes; Athenée en remarque encore quelques autres particularitez inutiles à nostre sujet.

Mais afin qu'on ne trouve pas étrange ce que ie dis de l'*Hilaro-Tragedie*, on doit sçavoir, Que toutes les Poësies des Anciens se chantoient & dansoient avec des gesticulations ingenieuses ou dans les Temples, ou sur les Theatres, ou durant les Festins, & presque en toutes les pompes saintes & profanes. Tantost ils prenoient les Odes, Idilles, & autres petites Piéces de Poësie, comme Mnasion fit, des *Jambes* de Simonides; Cleoménes, des *Expiations* d'Empedocles; & quelques autres des Vers de Phocylide, d'Ar-

Hanc partem Musica disciplina mutam nominavere Maiores, scilicet quæ ore clauso manibus loquitur & quibusdam gesticulationibus facit intelligi quod vix narrante linguâ aut scripturæ textu possit agnosci. Cassiod. c. 1. Ep. 20. Variar. Athen. l. 15. 8.

chiloc & de Mimnerme. Ce que les Lacedœmoniens faisoient aussi des *Chansons* de Thaletas & d'Alcman, & des *Pæans* de Dionysiodote à la celebration de la Feste instituée aprés la victoire de Tyrée. Souvent méme ils détachoient quelque Centon d'vn grand Ouvrage, comme d'Hesiode ou d'Homere, entre lesquels Hermodote fut celebre, & dont méme les Recitateurs furent nommez *Homeristes*, que Demetrius Phalereus le premier fit monter sur les Theatres, comme avoit écrit Aristocles ; Et nous trouvons, au rapport d'vn certain Iason cité par Athenée, Que dans le grand Theatre d'Alexandrie Hegesias le Comique fut vn fameux Histrion des choses écrites par Herodote, non pas à mon advis l'Historien, mais vn Poëte Comique ainsi que i'estime sur la foy de cét ancien Autheur qu'il nomme *Logomimus*. Voire méme y avoit-il des gens qui durant les Festins, chantoient & dansoient des Episodes, Centons, ou Piéces détachées des Tragédies & des Comédies ; & quelquesfois méme les Tragédies & les Comédies toutes entieres ; & cela non seulement au temps qu'elles ne consistoient qu'en cette Hymne de Bacchus dont nous parlerons en son lieu, mais encore depuis qu'elles furent reduites en Art, & composées de plusieurs Episodes inserez entre les chants du Chœur, comme nous les avons maintenant. D'où vient qu'Aristocles estimoit Celeste le

Athen. l. 11. p. 596. & l. 1. p. 25.
Heracleotes. p. 75. & non Lycius, in Commentario de ficubus. p. 99.

Athen. l. 1. c. 19.

Danseur d'Æschyle, sur tout pour avoir excellemment dancé les *Sept devant Thebes* : Et de là vient que Pilade estant fort estimé pour dancer les Tragédies, & Batyllus les Comédies, Seneque se sert de leur exemple pour nous apprendre, Qu'il ne se faut jamais mêler que de ce qu'on [...] l'on y veut reüssir. En quoy un Moderne s'est fort abusé d'avoir dit que ce Pylades estoit un Pantomime comique, car son excellence fut de bien danser les Tragedies ou Subiects tragiques, & qui n'estoit plus semblable a luy mesme quand il dansoit les Comedies, c'est a dire, les Subiects tirez de la vie commune.

Pylades in Comœdia, Batyllus in Tragœdia multùm à se aberant. Senec. contr. lib. 3. & quaest. nat. l. 7. c. 32. Stat. per successores Pyladis & Batylli [...] Et Athen. l. [...] cap. 17. Macrob. lib. [...] Saturn. Sidon. Apoll. Car. 23. Marcel. Donat. in Suetonium.

Et ces Danses ingenieuses à representer ainsi par mouvemens & par postures les Personnes & les actions differentes, Plutarque en fait deux grands Discours dans ses *Propos de Table*, voulant que la Poësie ne soit, Qu'vne Dance parlante; & la Dance, vne Poësie muette, ne pouvant approuver dans les Festins la dance de Pylades, pour estre trop serieuse & trop passionnée. Mais quoy que ce Discours de l'Antiquité ne soit peut-estre pas inutile ny desagreable, il m'emporte pourtant trop loin de mon Sujet; & peut-estre n'en ay-je que trop dit pour expliquer le mot de *Tragi-Comédie* : Nos Poëtes adviseront s'ils le doivent laisser dans l'intelligence vulgaire, ou s'ils restabliront la Tragé-

Plutar. Symposf. l. 7. q. 8. & 15.

die dans son estat naturel, conservant ce nom indifferemment aux Poëmes Dramatiques dont les personnes sont heroïques, sans distinguer si les Catastrophes sont heureuses ou funestes, afin d'empécher que d'abord les Spectateurs ne découvrent l'evénement de leurs Intrigues.

LA PRATIQVE DV THEATRE
LIVRE TROISIESME.

CHAPITRE PREMIER.

Des parties de Quantité du Poëme Dramatique, & specialement du Prologue.

LE Poëme Dramatique a tellement changé de face depuis le siécle d'Aristote, que quand nous pourrions croire que le Traité qu'il en a fait, n'est pas si corrompu dans les instructions qu'il en donne, que dans l'ordre des paroles, dont les impressions modernes ont changé toute l'œconomie des vieux Exemplaires, nous avons grand sujet de n'estre pas en toutes choses de son advis. Mais s'il a mis en avant quelque Maxime qu'il nous soit permis de contredire, sans blesser l'autorité d'vn si grand homme, c'est en la matiere dont nous avons maintenant à parler.

Il écrit que la Tragédie a quatre parties de Quantité, sçavoir le *Prologue*, le *Chœur*, l'*Episode* & l'*Exode*; & pour les bien faire connoistre, il en definit trois ainsi. *Le Prologue*, dit-il, *est toute la partie de la Tragédie qui est devant l'entrée du Chœur. L'Episode est tout ce qui est entre deux chants du Chœur; & l'Exode est toute la partie aprés laquelle il n'y a plus de chant du Chœur.* Ce que i'estime n'estre pas veritable à present, selon que la Tragédie s'est formée, par les chágemés qui luy sont survenus dans le cours des années, ny méme qu'Aristote ait bien distingué les parties de ce Poëme, comme il estoit de son temps, ou pour le moins sous les trois excellens Tragiques qui nous restent, dont les Ouvrages n'ont point de rapport avec son Discours.

Pour le bien entendre, il faut commencer par le Prologue, en examinant de combien de sortes nous en pouvons remarquer dans les anciens Dramatiques.

La premiere espece estoit de ceux qui se faisoient pour l'interest du Poëte, soit en faisant connoiſtre ſon procedé, ſoit en répondant aux invectives de ſes Adverſaires & mal-veillans, comme ſont quelques-vns de Plaute, & preſque tous ceux de Terence. Ce qui donna ſujet à beaucoup de gens de dire, *Que ſans les reproches du Vieux Poëte, ce Nouveau n'auroit ſceû quel Sujet prendre pour faire ſes Prologues.*

Vetus ſi Poëta non laceſſiſſet prior, nullum invenire Prologum potuiſſet nouus. Prolog. in Phorm.

Il y en avoit d'autres qui ne concernoient que les intereſts des Comédiens, ſoit pour ſe concilier la bien-veillance de leurs Iuges, pour gagner la faveur du peuple, ou pour obtenir vne favorable attention, tels qu'eſt celuy du *Pſeudolus* de Plaute & quelques autres. Il s'en trouve auſſi qui mélent l'Argument de la Comédie aux intereſts du Poëte, ou des Comédiens; & c'eſtoit la plus ordinaire façon de les faire, ainſi que nous le pouvons facilement reconnoiſtre par les *Captifs*, le *Pœnulus*, les *Menechmes* & autres de Plaute. Auſſi quand ils ne parloient point de l'Argument, ils avoient accoûtumé d'en faire des excuſes, comme Plaute en ſon *Pſeudolus* & en ſon *Trinummus*, & Terence dans ſes *Adelphes*.

Or ces trois eſpeces de Prologues eſtoient particulieres à la Comédie, & nous n'en voyons point dans les Tragiques, ſoit qu'ils ne s'en ſoient iamais ſervis, ou que le temps nous en ait oſté la connoiſſance; & quand ils l'auroient fait, ie ne croy pas qu'Ariſtote euſt voulu compter ſes Prologues entre les parties de Quantité de la

Tragédie: Ce sont des Piéces hors d'œuure qui ne sont point du corps du Poëme, & qui peuvent en estre retranchées sans luy rien faire perdre de sa grandeur naturelle, non plus que de ses agrémens. C'est pourquoy Donat dit, *Que c'est vn Discours fait aux Spectateurs, & qui précede la veritable composition de la Comedie.* Aussi le docte Vossius a-t'il dit, *Que les Prologues de la Comédie & de la Tragédie sont bien differens, parce que dans la premiere le Prologue est étranger au Poëme, & que dans la seconde il y est incorporé & en fait partie.* Mais pour moy ie croy qu'il n'a dit vray ny pour l'vne ny pour l'autre, attédu que la Comédie a quelquesfois vn Prologue attaché au corps du Poëme, comme la *Cistellaria* de Plaute où il a trois Scénes, & que la Tragédie n'en a pas toûjours de si vnis qu'ils en puissent faire partie.

Les premiers & les plus ordinaires Prologues de la Tragédie Grecque sont ceux que faisoit l'vn des principaux Acteurs qui venoit expliquer aux Spectateurs, non pas l'Argument de la Piéce, mais tout ce qui s'estoit passé de l'histoire concernant le Theatre iusqu'au point que s'en faisoit l'ouverture & que l'action Theatrale commençoit. Nous en avons plusieurs de cette maniere dans Euripide, où l'Acteur instruit les Spectateurs des choses précedentes, & finit par quelques vers qui donnent vn petit commencement à l'action particuliere du Poëme. Ce que

Antecedens veram fabulæ compositionem locutio. Donat. in Terent. Prolog. Aliquid ad populum, &c. Prologus correptè ἀπὸ τοῦ προλέγειν non productè ἀπὸ τοῦ πρώτου.

Plaute imite dans sa Comédie intitulée *Mercator* où Charinus le principal interessé dans la Piéce fait vn Prologue de cette qualité; Mais on ne peut pas dire que ces Prologues fassent partie de la Tragédie, Premierement, parce que ce sont des Discours faits aux Spectateurs, & par consequent vicieux en ce qu'ils mélent la Representation avec l'Action Theatrale: Et pour le connoistre il ne faut que se remettre en l'esprit, Que les Acteurs de la Piéce representent des Gens qui agissent selon leur interest veritable dans la ville de Thebes, dans celle d'Argos ou ailleurs, & qui n'avoient pas devant eux le peuple d'Athenes auquel ils pûssent conter les choses contenuës en ces Prologues, si bien que ce sont des Images d'Originaux qui ne furent iamais. Aussi est-il certain que ce sont des Piéces entierement détachées & non necessaires, car toutes ces choses qui précedent l'action du Theatre & qui peuvent en faire les fondemens, doivent estre contées par adresse en differens endroits du Poëme, comme ont toûjours fait Sophocles & Eschyle, qui ne se sôt iamais amusez à ces Prologues, ayant toûjours fort bien expliqué leur Sujet dans la suite de leurs Piéces. Les Comiques mémes qui avoient de coûtume d'expliquer tout l'Argument, les ont iugez tellement inutiles, que Plaute en son *Pseudolus* & en son *Trinummus*, & Terence en ses *Adelphes*, disent

Non argumentum neque huius nomen fabula nimis prologuar ego, satis id

Faciet Pseudo-lus. Prolog. Pseud. Sed de argumento ne expectetis fabula, scenes qui huc venient hi rem vobis aperient. Prol. Trinum.
Ne expectetis argumentum fabulæ, scenes qui primi ve-niét,ij partem aperient, in agendo partem ostendent. Prolog. Adelph.

Qu'ils ne s'arresteront point à declarer l'Argument de ces Piéces, parce que les premiers Acteurs le découvri-ront assez par leurs actions. Tant il est vray que ces Prologues qui contiennent l'Argument d'vne Piéce de Theatre, sont defectueux, inutiles, & entierement séparez du Poëme.

& ie ne puis approuver en cela, ny les Italiens, ny les François qui les ont imitez.

Les Tragiques Grecs, ou pour le moins Euripide (car nous n'en avons point d'autres exemples) ont fait vne autre espece de Prologue bien plus vicieux, sçavoir quand ils y employoient quelqu'vn de leurs Dieux: car souvent ils fai-soient que ce Dieu, qu'on presupposoit sçavoir tout, expliquoit non seulement les choses pas-sées, mais aussi les futures; ils ne se conten-toient pas d'instruire les Spectateurs de l'histoi-re precedente, necessaire à l'intelligence de la Piéce; mais ils en faisoient encore sçavoir le Dénouëment & toute la Catastrophe; de sorte qu'ils en prévenoient tous les evenemens: ce qui estoit vn défaut tres-notable du tout contraire à cette à cette attente ou suspension qui doit toûjours regner au Theatre, & détruisant tous les agrémens d'vne Piéce, qui consiste presque toûjours en la surprise & en la nouveauté. Plaute est tombé dans ce déreglement au Prologue de Mercure dans *l'Amphitryon* ; du Dieu Lar, dans *l'Aululuria* ; & d'Arcturus dans le *Rudens* ; où ces Divinitez expliquant toute la Comédie, en font perdre toutes les beautez. Il n'en a pas fait de méme dans le *Trinummus*, où il employe la Luxure & la Pauvreté pour faire le Prologue ; car il se contente d'en prendre occasion de railler, sans rien découvrir des Intrigues de son Theatre. Or je n'estime pas qu'Aristote ait voulu dire qu'vn tel Prologue fasse vne partie de Quantité de la Tragédie ; il en est entierement separé, & on ne pourroit l'y ioindre sans la rendre monstrueuse, & luy ravir toutes ses graces.

Les deux especes de Prologue qui nous restent à considerer, semblent avoir bien plus de rapport au Discours d'Aristote. *Le Prologue*, dit-il, *est cette partie de la Tragédie qui précede l'arrivée du Chœur au Theatre.* En quoy ce Philosophe nous enseigne bien pluftoft le lieu du Prologue que non pas sa nature ; & selon cette definition les Tragédies qui commencent par le Chœur, comme le *Rhese*, les *Persiennes*, & les *Suppliantes* d'Euripide, n'ont point de Prologue ; & partant selon cette doctrine, elles n'ont pas toute leur grandeur; puis qu'elles sont privées de leur premiere partie de Quantité. Ce qui monstre assez l'ignorance de ceux qui nous ont donné les Argumens & les autres Préambules des Tragédies Grecques, en ce qu'ils ont mis au commencement de ces trois que ie viens de citer, *Que le Chœur fait le Prologue* ; car puisque le Prologue, selon Aristote, doit côtenir ce qui se dit devant l'entrée du Chœur, il est impossible que le Chœur fasse le Prologue ; ou si le Chœur a pû faire le Prologue chez les Grecs, cette definition d'Aristote ne peut pas estre veritable. Mais sans nous amuser à vouloir concilier cette contrarieté de sentimens, venons à ces deux dernieres especes de Prologue.

L'vne contenoit en deux ou trois Scénes, faites auparavant l'arrivée du Chœur, des choses qui concernoient l'action Theatrale, mais qui dans la verité n'en estoient point des parties necessaires, pouvant en estre retranchées sans luy faire aucun tort, & sans en alterer ny la plénitude ny l'intelligence; Nous en avons deux exemples tres-sensibles dans les *Pheniciennes*, & dans la *Medée* d'Euripide ; car dans cette premiere Tragédie, Antigone paroist sur les murs de Thebes avec son Gouverneur, qui luy monstre l'armée des assiegeans, & luy fait plusieurs discours touchant les Princes qui la commandent : Cela regarde bien en quelque sorte le fond du Poëme, mais à la rigueur il n'en fait point partie. Aussi l'Autheur de l'Argument dit en termes exprés que tout ce qu'Antigone fait sur les murailles de la ville, est entierement hors l'action Theatrale. Dans l'autre Tragédie les enfans de Medée paroissent avec leur Gouverneur, auquel la Nourrice de cette Princesse, c'est à dire sa Gouvernante, les recommande ; témoignant quelque apprehension pour eux dans la fureur où Medée se trouve contre Iason leur pere & contre tout ce qui le regarde ; ce qui semble appartenir en quelque sens au Sujet de la Tragédie, & qui pourtant n'en fait point vne partie necessaire ; car en la commençant aprés le premier chant du Chœur, vous n'y trouvez rien à redire ; & partant en l'vne & en l'autre de ces deux Tragédies, ces Prologues, c'est à dire, ce qui se passe devant l'entrée du Chœur, n'en font point de veritables parties inséparablement attachées au corps de la Piéce. Et ce qui nous le doit d'autant plus fortement persuader, est que souvent dans ces Prologues ils y inseroient des choses qui ne pouvoient pas compatir avec les regles de leurs Poëmes, comme dans l'*Agamemnon* d'Eschyle, où vn Garde qui fait cette espece de Prologue, semble voir des choses qui ne pouvoient pas estre arrivées dans le temps prescrit au Poëme Dramatique ; & si l'on vouloit cóprendre ce Prologue dans le corps de la Piéce, on la rendroit vicieuse, & côtre l'ordre.

Dd ij

L'autre espece de Prologue placé devant l'entrée du Chœur, contenoit des choses qui non seulement concernoient le Sujet du Poëme; mais aussi qui luy estoient propres & incorporées, & qui en faisoient vne veritable partie, comme dans l'*Iphigénie en Aulide*, où l'inquiétude d'Agamemnon, ce qu'il écrit à sa femme, & la narration qu'il fait à vn Vieillard qu'il charge de ses lettres, ouvrent certainement le Theatre, & font partie du Sujet dont on ne les peut séparer: Et si l'on veut reduire la definition d'Aristote à quelque sens raisonnable, on ne la peut entendre que de cette sorte de Prologue. Mais ie ne sçay pourquoy on doit nommer ces choses vn Prologue plustost que le reste de la Tragédie ; c'est proprement vn Episode, & pour estre devant le Chœur ou aprés, cela n'en change point la nature, mais seulement leur place. Ce qui n'est pas suffisant, ce me semble, pour faire vne iuste distinction de Parties, qui doivent avoir entr'elles d'autres differences. Ainsi ce qu'on peut nommer veritablement Prologue, ne doit point estre consideré comme vne partie veritable de la Tragédie ; & ce qu'on peut considerer comme l'vne des parties de la Tragédie, ne doit point estre plustost nommé Prologue, que les autres Episodes qui la composent.

Ie ne veux pas icy m'arrester à ce que nous

trouvons au commencement de toutes les Tragédies de Sophocle & d'Eschyle, où, quoy qu'en la pluspart ces deux Tragiques n'ayent pas pensé d'y faire de Prologue (car hors l'*Electre* de Sophocle & l'*Agamemnon* d'Eschyle, il n'y en a point) on a mis le méme terme Grec que celuy qui est dans Euripide, & qui signifie, *faire le Prologue*; car en tous ces endroits, il doit marquer seulement celuy qui parle le premier, comme la Traduction Latine le porte, en ne disát pas, *Ce Personnage fait le Prologue*; mais *Ce Persönage parle le premier*. Ce que ie dis seulement par maniere d'advis, afin qu'on ne s'y laisse pas abuser; le méme mot se trouvât dans tous les Prologues d'Euripide, & aussi dans ces Tragédies de Sophocle & d'Eschyle qui n'en ont point, dans lesquelles certainement le premier Acteur commence le premier Episode, c'est à dire selon nous, le premier Acte.

Quant au Chœur dont le Philosophe fait la seconde partie de la Tragédie, il le faut considerer en deux estats bien differens; le premier est lors qu'il parloit avec les autres Acteurs dans la suite d'vn Episode, c'est à dire maintenant dans la suitte d'vn Acte, estant lors vn veritable Acteur, & travaillant comme les autres aux Intrigues du Theatre, selon la doctrine d'Aristote & d'Horace; & en ce sens ie n'estime pas qu'on puisse compter le Chœur comme vne partie de la Tragédie distincte des autres, parce que tout

Dd iij

ce qu'il dit & tout ce qu'il fait en cét estat, fait partie d'vn Episode, & n'est en rien different de ce que disent ou font les autres Acteurs.

L'autre estat où nous le devons considerer, est quand il chantoit pour marquer les Intervalles des Actes, selon que nous parlons maintenant, c'est à dire pour remplir vn intervalle de temps durant lequel l'action visible du Theatre cessoit, & qui estoit necessaire aux Acteurs pour la continuer en des lieux éloignez de la Scéne. Aussi Vossius le definit-il, *Vne partie de la Fable aprés vn Acte ou entre deux Actes*. Or ie veux que les Chœurs ayent esté comme des parties veritables de la Tragédie tant qu'ils ont duré sur le Theatre où ils chantoient des choses concernant le Sujet du Poëme, il faut qu'ils en ayent esté des parties peu necessaires, puis qu'on les en a retranchez innocemment; & ie ne croy pas que maintenant personne vouluft dire que nostre Musique, qui tient la place des chants du Chœur & qui en fait l'office, soit vne partie du Poëme Dramatique : Non certes, la *Bocane*, la *Vincennes*, & les Balets qu'on iouë sur nos Theatres dans les Intervalles des Actes, ne sont pas plus incorporés aux Tragédies que les *Mimes*, les *Embolaires*, les *Exodiaires*, & les autres bouffons de l'Antiquité.

L'*Exode* d'Aristote n'est pas encore à mon advis vne partie de la Tragédie plus raisonnable-

Chorus pars fabula post actum vel inter actum & actum. Voss. l. 2. c. 5. Inst. Poët.

ment distincte des autres ; car si l'Exode contient tous les Recits, aprés lesquels il n'y avoit plus de chants de Chœur, ce n'est autre chose que nostre cinquiéme Acte, aprés lequel il n'y auroit plus de Musique. C'est pourquoy Vossius veut que l'Exode & la Catastrophe soient la méme chose ; mais il n'est pas en cela conforme au sentiment d'Aristote ; car souvent la Catastrophe, selon les Maistres, commence dés la fin du quatriéme Acte ; De sorte qu'en ce cas, l'Exode, selon Vossius, seroit divisé par vn chant de Chœur. Quelquesfois méme la Catastrophe ne commence qu'au milieu ou vers la fin du cinquiéme Acte, si bien qu'il faudroit retrancher de l'Exode vne partie des Recits aprés lesquels il n'y auroit point de chant de Chœur, & l'vn & l'autre sont directement contre les termes du Philosophe. Mais que deviendra cét Exode quand les Tragédies finissent par le Chœur ? comme toutes celles d'Euripide & la plus part de celles de Sophocles & d'Eschyle ; car s'il ne chante point, ce sera contre l'advis de plusieurs qui veulent que ces derniers vers du Chœur ayent toûjours esté chantez ; Et s'il chante, où sera l'Exode ? puisque c'est la partie aprés laquelle il n'y a plus de chant du Chœur, sans doute il n'y en aura point, & ces Tragédies seront defectueuses & privées de leur derniere partie de Quantité. Surquoy ie diray encore ce mot

L. 2. cap. 5. Inst. Poet.

que *Exodos* & *Exodion* n'est pas la méme chose; car *Exodos* est la derniere partie de la Tragédie: & *Exodion* n'estoit qu'vne bouffonnerie du nombre des Mimes & des Embolimes, qui se faisoient à la fin des Piéces de Theatre, par ceux qu'ils nommoient *Exodiaires*. Ce qui doit servir d'avis pour ne se pas tromper en lisant les Autheurs en confondant ❧ deux choses si differentes.

Effœminati corporis mollitie cinædos efficiūt, & qui veterum fabularum exitus in Scená sæpè saltantes imitantur. Iul. Firmic. Exodiarius in fine ludorum apud veteres intrabat quod ridiculum foret vt quicquid lachrymarum atque tristitia coëgissent ex tragicis affectibus, huius spectaculi risus detergeret vet. interp. Iuu. Sat. 6.

De tout ce discours il resulte, ou qu'Aristote ne s'est pas bien expliqué, ou que les Tragédies Grecques qui nous restent, ne luy ont pas donné les fondemens de sa Poëtique, ou enfin que les regles en estoient déja changées de son temps; mais quoy qu'il en soit, de ces quatre parties de la Tragédie dont parle le Philosophe, nous n'en avons plus qu'vne qui fait maintenant toute nostre Tragédie, sçavoir l'*Episode*; car puisque l'Episode doit contenir tout ce qui estoit entre les chants du Chœur ancien, & que nostre Musique par laquelle on commence & on finit toutes nos Piéces de Theatre, tiennent parmy nous la place du Chœur, il est manifeste que cinq Episodes, selon la doctrine d'Aristote, sont nos cinq Actes qui font toute l'étenduë sensible du Poëme Dramatique. Mais parce que nous divisons les Actes en Scénes, & que méme nous les séparons par des intervales considerables & qui

occupent

occupent vn espace necessaire à vne action Theatrale, I'estime que le Poëme Dramatique n'a que deux parties de Quantité, c'est à sçavoir *Cinq Actes* subdivisez en Scénes qui n'ont point de nombre limité; & les *Quatre Intervales des Actes.* Si quelque autre a plus d'experience & plus de lumiere pour nous en mieux expliquer les parties, ie donneray volontiers les mains.

CHAPITRE II.

Des Episodes, selon la doctrine d'Aristote.

POvr bien entendre cette matiere, il faut remonter à la connoissance des choses passées, & sçavoir que la Tragédie & la Comédie ont commencé de cette sorte.

<small>Hygin l.2.
Astron. in
Actoph. ex
Eratostene.
Virg.Georg.2.</small>
Bacchus ayant trouvé l'Art de planter la Vigne, de la cultiver, & de faire le Vin, l'enseigna à Icarius qui tenoit lors vne petite contrée du pays d'Attique, à laquelle méme il donna son nom. Icarius ayant aussi-tost mis en pratique cette belle invention, rencontra dans les vignes au temps des Vendanges vn Bouc qui mangeoit les raisins, & qui en faisoit vn grand degast; Ce fut pourquoy le considerant en qualité d'ennemy de Bacchus, il le luy immola, comme vne Victime tres-convenable; & à ce Sacrifice ayant appellé ses voisins, ils s'adviserent tous ensemble de danser & de saulter à l'entour, avec quelques loüanges du Dieu qui leur avoit donné le vin, & qu'ils vangeoient de l'outrage que cét Animal luy avoit fait. Ce

qui leur sembla si plaisant & si religieux, que tous les ans ils continuérent le même Sacrifice avec danses & chansons en l'honneur de Bacchus, & nommérent cela *Trygodie*, c'est à dire, Chansons de Vendanges.

Athen. l. 2.

Or les Atheniens ayant transporté cette ceremonie dans leur ville, les meilleurs Poëtes s'en mélerent, & en firent vne occasion de disputer l'honneur de la Poësie. Ils y introduisirent de grands Chœurs de Musique & des Danses, ornées de divers tours, retours & figures, & la porterent des Temples sur les Theatres sans rien perdre de sa réverence, parce qu'ils estoient sacrez à Bacchus, & que la victime qui luy estoit immolée, estoit vn Bouc en qualité de destructeur des vignes & son Ennemy, d'où cette Hymne fut nommée *Tragédie*, comme qui diroit, *La Chanson du Bouc*, & ce qui en resta parmy les gens de la campagne, prit specialement le nom de *Comédie*, c'est à dire, *Chanson de Village*, comme on l'apprend fort clairement de plusieurs Autheurs anciens & fort celebres.

*Cassiod. l. 4. Var. Varr. l. 1. de vit. pop. Rom. Plut. sym poss. *, *q. 1.*

Ath. lib. 2. Cassiodor. l 1. Plutar. sympos. lib. 1. q. 1.

Suidas Initium Tragœdia & Comœdia à rebus divinis, incensis altaribus & admoto Hirco id genus carminis, quod sacer Chorus Libero Patri reddebat, Tragœdia dicebatur. Donat in Terent.

Ainsi furent distinguez ces deux Poëmes, qui dans leur commencement estoient vne même chose, ayant eû méme nom, même naissance dans la méme contrée d'Icarie, aux termes d'Athenée, & par la méme avanture, à quoy méme se rapporte entierement l'opinion de Donat, de Maxime de Tyr, & d'Eustatius.

Or comme peu à peu les matieres, dont les Poëtes prenoient occasion de loüer Bacchus, s'épuisoient, ils furent obligéz de prendre de petites histoires ou fables, & de les traitter avec tant d'adresse qu'ils en tiroient sujet de rire, & de chanter les loüanges de ce Dieu. D'où vient qu'Aristote écrit, *Que des petites fables & d'un discours fait avec bouffonnerie, la Tragédie s'éleva à la perfection qu'elle acquit au temps de Sophocle.* Aucuns veulent qu'Epigene Sicyonien ayt esté l'Autheur de la Tragedie, c'est à dire, à mon advis, ou qu'il transporta dans la ville cette Chanson de vendanges, ou qu'il méla le premier les fables & les histoires aux loüanges de Bacchus, ou bien qu'il institua la dispute des Poëtes, dont le vainqueur recevoit pour marque d'honneur le Bouc que l'on sacrifioit à ce Faux-Dieu, apres vne Procession, dont Plutarque deduit l'ancienne ceremonie fort simple & qui estoit bien changée de son temps. D'autres ont écrit que le Poëte Theomis, qui vécut au temps d'Oreste il y a pres de trois mille ans, en fut l'Autheur, & qu'Auleas y adjousta les grāds Chœurs de Musique. Quoy qu'il en soit, la Tragedie demeura fort long-temps en cét estat ; car entre cét Epigene & Thespis qui le premier adjoûta l'Action à cette Hymne, on compte qua-

Eustat. in Odyss. E. p. 1769. edit. Rom.

Vetus Atheniensibus Musa nihil erat quam Chori puerorum & virorum, atque Agricolæ tributim divisi, & adhuc à messe & semente sordidi cantica quædam canentes subita & extemporanea, ab his animus paulatim deflexit ad artem Scenicam & Theatralem cuius ea voluptas est, &c. Maxim. Tyr. differt. 21.
Arist. poët. c. 4.

ἐκ μικρῶν μύθων καὶ λέξεως γελοίας.

Vetus Scholiast.

torze Poëtes Tragiques fameux & presque tous successeurs les vns des autres. Et c'est des Tragédies de ce temps-là qu'il faut entendre Diogenes Laërce, quand il écrit dans la vie de Platon, *Qu'autrefois le Chœur joüoit seul toute la Tragedie.* Ces paroles me donnerent d'abord beaucoup de peine, parce que le mépris qu'on a fait des Chœurs en nostre temps, m'empeschoit de pénetrer dans le veritable sens de l'Autheur : Ie regardois la Tragedie comme elle a esté formée seulement depuis Sophocle, dont l'idée n'avoit rien de conforme au discours de cét Autheur; & ce que je pensay lors pour en avoir l'intelligence fut, Que ceux qui faisoient le Chœur estoient aussi les Histrions & les Acteurs de la Tragedie, personne ne se mélant en ces representations que ceux là mémes qui faisoient partie du Chœur; Mais outre qu'en cela ie ne faisois point de distinction entre les *Histrions* ou *Acteurs*, & les *Thymeliques* ou Musiciens, contre la verité qui m'estoit connuë par vne infinité de témoignages, ma difficulté se trouva bien augmentée quand j'appris d'Athenée, *Qu'anciennement la Tragedie, tant la serieuse que la Satyrique, n'estoit composée que du Chœur, & n'avoit aucuns Histrions ou Acteurs* ; car ces dernieres paroles détruisoient entierement ma premiere pensée, & ie n'avois aucun secours des Interprétes de ces deux Autheurs, sur lesquels tant de gens habi-

Diog.Laert. Plat. lib. 3.
ὥσπερ τὸ παλαιὸν ἐν τῇ τραγῳδίᾳ πρότερον μὲν τὰ μόνος ὁ χορὸς διεξῄει, ὕστερον δὲ Θέσπις ἕνα ὑποκριτὴν ἐξεῦρεν ὑπὲρ τοῦ διαναπαύεσθαι τὸν χορόν, καὶ δεύτερον Αἰσχύλος, τὸ δὲ τρίτον Σοφοκλῆς, καὶ συνεπλήρωσαν τὴν τραγῳδίαν.

Lib. 4. d. pn. c. 6.
συνέστηκε δὲ καὶ συνείχη πᾶσα ποίησις τὸ παλαιὸν ἐκ χορῶν, ὡς ἢ τότε τραγῳδία διόπερ οὐδὲ ὑποκριτὰς εἶχεν.

les ont travaillé, & qui n'en ont pas dit vne seule parole, ce qui m'obligea de remonter à l'origine des choses, & me remettant dans l'esprit, que la Tragédie n'estoit en son institution qu'vne Hymne de religion Payenne, ou Chanson mysterieuse dansée par les Chœurs de Musique pour honorer le Dieu Bacchus, i'eus facilement la solution de ces difficultez ; car il est certain qu'en ce temps, & environ six cens ans encore apres, la Tragédie estoit joüée par le Chœur seul, comme parle Diogenes, & qu'elle n'avoit point d'Acteurs, comme parle Athenée ; mais enfin Thespis s'advisa d'y inserer vn Acteur qui recitoit sans chanter, afin que tout le Chœur pust prendre haleine & se reposer ; non pas que cét Acteur, à mon advis, parlast seul, mais i'estime qu'il formoit vn dialogue avec le Choryphée, ou quelque autre personne du Chœur, qui luy répondoit quelques paroles pour luy donner sujet de discourir, comme nous voyons dans quelques fragmens d'Epicharmus qui vivoit au méme-temps.

Diogen. loc. cit. Varr. l. 4. de Orig. latin. Horat. de art. Poët.

Il ne faut donc pas dire que ce Poëte fut l'Autheur de la Tragédie, & qu'il inventa cette espece de Poësie auparavant inconnuë, comme il semble qu'Horace l'ayt pensé ; mais seulement qu'il y introduisit le premier Acteur sans chanter, veû que Platon méme nous apprend qu'elle ne fut point de l'invention de

Plat. in Min. siue de lege.

Thespis, mais qu'elle estoit en grand credit dans Athenes long-temps avant l'aage de ce Poëte.

Quant à ce qu'on adjoûte de luy, *Qu'il promenoit ses Tragédies dans vn chariot découvert, (ou pour mieux dire, dans vne charette) d'où les Acteurs recitoient plusieurs brocards & parolles piquantes contre les passans*, il ne faut pas l'entendre de la Tragédie serieuse, & pour laquelle il y avoit dé-ja des theatres publics; mais bien de la Satyrique en laquelle ils representoient les danses deshonnestes & les postures grotesques des Satyres & des Silenes qu'ils croyoient avoir accompagné Bacchus en son voyage; car cette Satyrique fut auparavant sans Acteurs, aussi bien que la serieuse selon Athenée, & se perfectionna iusqu'à ce poinct, qu'elle fut vn des quatre poëmes Dramatiques, qui composoient la tetralogie, quand les Poëtes disputerent depuis, le prix du theatre aux grandes festes d'Athenes. Et ce qui nous le doit encore persuader, est qu'outre que cette façon d'écrire en parolles piquantes, ne convenoit point à la maiesté des tragedies serieuses, c'est que le méme Thespis s'advisa le premier de barboüiller le visage de ses Acteurs avec de la lie de vin, selon Horace, ou avec de la céruse & du vermillon, selon Suidas; car i'estime qu'il le fit ainsi pour imiter d'autant mieux les Satyres qu'ils peignoient toûjours avec vn visage rou-

Cassiodor. loc. cit.

Athen. l. 14.

Diog. in Plat.

Qui canerèt agrestique peruncti fæcibus ora, Horat. de art. poët.

ge & enluminé, tel que Virgile fait celuy de Siléne avec du vermillon, de l'hyeble, ou des meûres. Enfin la Tragedie ayant commencé de changer de forme, & de recevoir des recits pour intermedes de la Musique, elle acquit bien-toft apres sa derniere perfection; car Æschyle qui florit 50. ans ou environ apres Thespis & qui pouvoit l'avoir veû, y mit deux Acteurs; & de fait dans ses Poëmes, il ne s'en trouve point trois parlans ensemble sur la Scene, sinon peu de paroles & encore en peu d'endroits, quoy qu'en die Scaliger : aussi faut-il entendre par ce second Acteur, vn des principaux personnages; les autres estant peu considerables en leurs actions. Il leur donna encore des habillemens & des masques convenables à ce qu'ils representoient avec des Cothurnes ou chaussures hautes pour les faire paroistre grands comme des Heros : Et Sophocle qui *fleurit* dix ou douze ans devant la mort d'Æschyle, augmenta le nõbre des Acteurs iusqu'à trois, comme on le peut voir en toutes ses Piéces, & fit peindre la Scene, y apportant toutes les décorations suivant le Suiet : de sorte qu'en moins de 80. ans la Tragédie acquit toute l'excellence & toute la gloire dont elle estoit capable.

Quant à la Comédie, Donat veut en apparence qu'elle ait esté inventée par les Pastres & gens de Village, qui dansoient à l'entour des Autels

Virgil. in Silen. Sanguineis frontem moris & tempora pingit.

Diogen. in Plat. & Philost. in Sophist. Et de vit. Apollon. l. 6. c. 6.

Vna neque multorum annorum spatio divisa ætas per divini spiritus viros Æschylum, Sophoclem, Euripidem illustravit Tragœdias. Vell. Patercul. lib. 1 Diog. in Plat

autels d'Apollon Nomien, en chantant quelque hymne à son honneur: mais j'aymerois mieux en croire Athenée, qui la fait naistre avec la Tragédie; aussi furent-elles toutes deux consacrées à Bacchus & non point à Apollon, si ce n'est, qu'en ce lieu Donat ayt iugé de tous les Ieux du Theatre par les Apollinaires, qui estoient Scéniques & celebrez en l'honneur de ce Dieu.

Ie dis donc que la Comédie eût la méme origine que la Tragedie : aussi trouvons-nous chez Clement Alexandrin, que l'invention de la Comédie est attribuée à vn certain Sisarion d'Icarie, parce que vray-semblablement il y composa le premier les hymnes de Bacchus apres le sacrifice du Bouc fait par cét Icarius, dont nous avons parlé : ce qui doit servir pour appaiser toutes les querelles des Sçavans sur l'origine de la Comédie, n'estans d'accord ny des temps, ny des lieux, ny des personnes. Mais elle n'eut pas le méme progrez que la Tragédie: car elle demeura bien plus long-temps dans les premieres confusiōs ; & méme au Siécle d'Aristophane, qui suivit Sophocle & Euripide, elle estoit encore dans les iniures & les médisances publiques. Il est bien certain qu'elle n'estoit au commencement qu'vne Hymne consacrée à Bacchus, chantée & dansée par vn Chœur de Musique devant ses autels & sans Acteurs ; tout ainsi que la Tragédie, au rapport d'Athenée, & de Donat qui le dit

Clem. Alexād. Stromat. lib. 1.
ποιήσων ὁ Ἰκάριος.

Comœdia vetus vt ipsa Tragœdia simplex fuit

Ff

en paroles expresses. Mais certes nous avôs bien de la peine à reconnoistre comment, & par quelles personnes elle a receu des changemens pareils à ceux de la Tragedie: Parceque comme dit Aristote, *estāt moins illustre & moins considerable*, on n'a pas eû tant de soin d'en faire les observations, & que les Magistrats n'en donnérent les Chœurs que bien tard, les ayant laissez à la discretion des particuliers qui faisoient iouër des Comédies. Neantmoins, s'il m'est permis de ramener au iour des choses envelopées dans ces vieilles tenebres, i'estime qu'elle a commencé de recevoir des Acteurs environ le même temps que la Tragédie, c'est à sçavoir sous Epicharmus Sicilien contemporain de Thespis. Et de fait, apres avoir bien examiné tous les fragmens des anciens Comiques citez par Athenée, ie n'y ay point remarqué d'Entreparleurs dans ceux qui ont precedé Epicharmus; car cét Epigene, dont il rapporte quelques vers dans lesquels il y a comme des Dialogues, n'est pas le Tragique Sicyonien dont nous avons parlé, mais vn Comique bien plus moderne : de là vient que les Siciliens soûtiennent que la Comédie nâquit dans Syracuse, & qu'Epicharmus en fut le pere ; non pas qu'ils puissent pretendre qu'avant luy personne n'en eust fait (car sans doute elle est bien plus ancienne, & même nous avons des fragmens de celles d'Alcée, qui le preceda de plus de deux cens ans) mais

carmen quod Chorus circa aras fumantes, nunc spatiatus, nunc consistens, nūc revolvens gyros cum tibicine canebat. Donat. in præfat.

Cap. 5. Poët.

Girald. hist. Poët. dial. 6.

Athen. l. 9. Ἐπιγένης ὁ κωμῳδοποιός. Solin. lib. 2.

parce qu'il y introduisit le premier des Acteurs parmy le Chœur de Musique, on luy donna cette gloire, aussi bien qu'à Thespis pour la Tragedie. Or je croy qu'il en faut dire autant de Sannyrion, qui le premier y adjoûta les masques & les bouffonneries, selon Athenée; *Schol. Aristoph. Scalig. l. 1. c. 7.* autant encore de Cratinus, qui les regla depuis à trois Personnages, & qui en ordonna la composition ; autant d'Aristophane qui la perfectionna ; & autant enfin de tous les autres, que Dioméde nomme les premiers Comiques, bien *Diomed. l. x.* qu'ils soient venus long-temps aprés la naissance de la Comédie.

On doit sçavoir que le récit de cét Acteur, ou Histrion introduit par Thespis dans la Tragedie, dont le nombre fut augmenté par ces deux autres Poëtes, receut le nom d'*Episode*, comme qui diroit, *Une Piéce hors d'œuvre, ou un Discours survenant, & jetté à la traverse dans un autre.* Ce que Iulius Pollux, & Victorius nous font assez connoistre quand ils écrivent : *Que dans la Tragedie ce mot d'Episode signifie une chose survenuë, & sur-adioûtée à une autre.* Côme encore Suidas qui dit expressément, *Que l'Episode veut dire une chose qui est hors la cause & le suiet d'une autre, à laquelle elle est iointe.* Aussi quand dans la suite du temps Phrynicus Disciple de Thespis, Æschyle, & quelques autres à l'exemple de leur Maistre insererent dans leurs Tragédies des Acteurs recitans

ἐπεισόδιον
ἐπεισοδιῶν ἐναπομέτρῳ.
Pollux & Victorius Interpret. Arist. Poët.
τῶν ἐξαγωνίων ἐπεισόδιον. Suidas.

Ff ij

des vers touchant quelque histoire qui ne faisoit point partie des loüanges de Bacchus, les Prestres de ce Dieu le trouvérent alors fort mauvais & s'en plaignirent tout haut, disans, Que dans ces Episodes il n'y avoit rien qui pût s'approprier, ni aux actions, ni aux biens-faits, ny aux mysteres de leur Dieu : ce qui donna lieu à ce Proverbe, En tout cela rien de Bacchus. C'est ainsi qu'en avoit parlé Chameleon ancien Autheur dans son Livre intitulé, *De Thespis*, où sans doute il expliquoit toutes ces choses, & dont Suidas rapporte toutes les paroles : C'est ainsi que Zenobius & Diogenian ont interpreté ce Proverbe, que ce dernier attribuë aux Prestres de Bacchus ; d'où vient aussi que Plutarque parlant de cette nouveauté, nomme cela, *Détourner la Tragedie, & la faire passer de l'honneur de Bacchus aux fables & aux affections passionnées.* Et en verité il n'y auroit point d'apparence de pretendre que dans l'origine de la Poësie Dramatique on eust nommé, *Episodes*, ou, *Choses étrangeres au Suiet d'vne Tragédie*, les Descriptions, les Narrations, les Entretiens, les Discours Pathetiques, & les autres parties qui en font tout le corps ; car tant s'en faut qu'elles y soient étrangeres & sur-adioûtées ; que même elles luy doivent estre propres & naturelles ; iusques-là qu'elles deviennent vicieuses dés-lors qu'elles cessent d'estre telles. Et

DV THEATRE, Liv. III.

c'eſt pour cela que les Autheurs ont tant de peine à rendre raiſon, pourquoy ces parties de la Tragédie ſe nôment *Epiſodes*, veu qu'elles luy sõt ſi convenables & ſi neceſſairement attachées; car en effet elles ne doivent pas avoir ce nom par rapport à leur ſuiet ; mais elles ont eſté nommées, *Piéces hors d'œuvre & étrangeres*, par rapport à quelque autre choſe qui ſubſiſtoit ſans elles, & à laquelle elles ſont ſurvenuës hors la cauſe de ſon inſtitution ; Et cela n'eſt autre choſe que l'Hymne de Bacchus chantée & danſée par les Chœurs, où tous ces beaux recits, qui depuis ont fait la Tragédie, furent adioûtez en divers temps ſous ce nom d'*Epiſodes* : car il eſt certain que les plaintes des Preſtres de Bacchus n'empeſchérent point le progrez de ce Poëme, qui peu à peu s'eſt éloigné tellement de ſon origine, qu'enfin l'Epiſode, & ce qui eſtoit étranger à la Tragédie, eſt devenu la Tragédie méme : ce que Voſſius dit de la Comédie en d'autres paroles, quand il aſſeure, *Qu'au commencement le Chœur fut ſans Acteurs, & qu'apres les Acteurs furent ſans Chœur* ; cette verité ſe iuſtifie clairement & ſans contredit par Ariſtote, qui nous enſeigne, *Que la Tragédie a quatre parties de Quantité, le Prologue, l'Epiſode, le Chœur, & l'Exode.*

Or *l'Epiſode*, dit-il (car ie ne parleray point icy des trois autres parties) *eſt tout ce qui eſt entre deux chants du Chœur*, comme ſi nous diſions

Cum primùm Comædia nihil eſſit niſi Chorus, poſtea perſonarum numerus acceſſit, poſtque perſonarum quidem numerus remanſit, at Chorus eſt ſublatus. Ita primùm Chorus fuit ſine perſonarum numero, poſtea verò perſonarum numerus ſine Choro. Voſſ. Poët. lib. 2. cap. 2.

maintenant, Que l'Episode est ce que l'on recite au Theatre entre deux concerts de Musique, qui tiennent parmy nous, comme en la nouvelle Comédie, la place du Chœur; & cela n'est autre chose que ce que nous appellons *vn Acte*; de sorte que cinq Episodes feroient cinq Actes; & partant les Episodes au sens & selon les termes de la definition qu'en donne Aristote, sont proprement ce que nous appellons maintenant *la Tragedie*; & tous les préceptes qu'il donne pour les bien faire, doivent maintenant estre considerez, comme l'art de composer vn Poëme Dramatique, à cause que nous n'avons plus ny Prologue, ny Chœur, ny Exode. Et quand nous lisons dás Athenée apres Ephippus, *Qu'Alexandre au dernier festin qu'il fit avant sa mort, recita vn Episode de l'Andromède d'Euripide*, il ne faut pas entendre, comme l'explique à la marge Noël le Comte, *vne Piéce hors d'œuvre, & adjoûtée pour rire*; mais bien au sens d'Aristote, quelque bel endroit ou Centon de ce Tragique, par exéple vne Description, ou quelque expression Pathetique & pleine de beaux sentimés; car bien que le Philosophe, dans sa definition comprenne sous ce nom tout ce que nous appellons vn *Acte*; il considere principalement la chose qui fait cét Acte, & la nomme *Episode*, comme seroit la Description d'vne Tempeste, ou la Contestation de deux Princes Rivaux, encore qu'il y ayt d'autres vers entre les deux chants du Chœur ; parce que le reste n'est adjoûté que pour joindre & soutenir ce qui fait l'Episode, ou l'Acte ; Et ie ne puis assez m'estonner de l'aveuglement de ceux qui iusqu'à present ont lû & commenté la Poëtique de ce Philosophe ; car ces paroles n'ont aucune ambiguité, il n'y a point d'Equivoque, & on ne leur peut donner vn autre sens que celuy qu'elles portent dans la plus grossiere intelligence qu'on en puisse concevoir ; & neantmoins ils ne l'ont jamais compris, ny expliqué ; & la prévention de leur esprit les a tellement engagez dans l'erreur des Modernes, qu'ils ont toûjours estimé les Episodes comme des choses en quelque sorte étrangeres à la Tragédie, & neantmoins quand ils en ont voulu discourir, les termes d'Aristote, qui ne s'accōmodoient pas à tout ce qu'ils en pésoient, leur revenans à l'esprit, leur en ont fait dire bien souvent des choses fort cōtraires, mal demélées, & mal entenduës. Ie pardonne à la gloire de leur nom, & pour ne pas faire le Censeur de tant d'hommes, d'ailleurs illustres & de grande érudition, ie me contente icy d'en donner advis aux amateurs de la verité, qui n'ont qu'à lire le texte d'Aristote & à examiner ce qu'en ont dit ses Interpretes, & ceux qui pour nous le faise entendre, ont expressémét traitté de la Constitution des Tragédies, ou de l'Art du Theatre. Il doit donc demeurer pour constant que les Episodes, selon le Philosophe, contiennent tout ce qui se recite entre deux chants du Chœur, c'est à dire les cinq Actes de la Tragédie distinguez par les concerts de Musique ; & partant, pour bien faire vne Tragédie selon ses preceptes, il ne faut que bien observer ceux qu'il donne pour composer les Episodes. Or voicy trois principales Instructions de ce grand Maistre.

La premiere, *Qu'ayant disposé la Fable & resolu ce que l'on veut prendre du Sujet pour le mettre sur le Theatre, il faut y jetter les Episodes*, c'est à dire, les Descriptions, les Entretiens & les autres Discours qui doivent fournir le Theatre : Aussi est-ce la plus grande adresse du Poëte de disposer si bien les évenemens de son histoire, qu'il se donne iour à faire ces beaux Episodes.

Chap. 10.

La seconde est, *Que les Episodes doivent estre propres & naturels à la Fable*, c'est à dire, tirez du fond du Suiet, & si convenables qu'ils semblent naistre naturellement d'eux-mémes dans la suitte & le concours des évenemens ; & c'est par la connoissance naturelle de ce precepte que l'on a quelquesfois blâmé sur nostre Theatre, des narrations qui n'estoient pas necessaires, des descriptions inutiles, des plaintes mal

mal introduites ; & d'autres discours sans lesquels l'histoire pouvoit fort bien subsister, n'y adjoûtant rien que la longueur & le dégoût ; & ce defaut en certaines Piéces les a fait nommer *fables Episodiques*, non pour avoir des Episodes, car toutes en ont & ne seroient pas Tragédies sans cela ; mais pour en avoir de mauvais & mal introduits dans le Sujet. vist. p. 99.

La troisiéme, *Que les Episodes ne doivent point estre trop longs*, & c'est ce que le moindre du peuple condamne tous les jours sur nos Theatres, quand ils s'y rencontrent; car les plus beaux discours & les plus necessaires ont leurs mesures & leurs proportions, au de là desquelles ils deviennent defectueux, parce qu'ils deviennent ennuyeux. Nous en avons veû l'effet dans vne narration pleine d'esprit & de beaux vers, mais qui pour estre trop longue d'abord, donna de mauvaises impressions d'vne Piéce, d'ailleurs toute illustre & fort ingenieuse. Et le Riche visionnaire fait vne si longue description de son Palais, & le remplit de tant de bagatelles qu'il en est insupportable.

A ces trois Preceptes d'Aristote, j'adjoûte deux observations particulieres; l'vne, Que le Poëte Dramatique se doit bié garder dás ses narrations, Descriptions, & autres Episodes d'entrer dás le détail des choses, mais il doit seulemét toucher par des pensées agreables ou fortes, les grands & beaux endroits de son Sujet; non seulement parce qu'il ne peut éviter en ces deductions particulieres la longueur & l'ennuy, mais encore parce que cela paroist trop affecté, & tient trop peu du discours naturel qu'il doit imiter autant qu'il luy sera possible.

L'autre est, Que souvent la rencontre des affaires & du temps, ne permet pas que les Acteurs fassent vn long discours, méme d'vne chose necessaire; par exemple si l'on faisoit racōter vne grande histoire à des gens qui deûssent aller à grand'haste secourir vn Affligé; ou si on faisoit long-temps discourir des personnes qui seroient pressées d'éviter la poursuitte de leurs Ennemys, ou si enfin dans la prise, ou le sac d'vne ville, des gens venans à se reconnoistre, s'amusoient reciproquement à des narrations de leurs avantures. Ie conseillerois donc au Poëte en ces occasions, d'employer vn autre moyen pour faire entendre aux Spectateurs ce qu'ils ne doivent pas ignorer, ou bien de faire dire si peu de paroles, que la chose pust estre entenduë, sans que le retardement fust contre la vray-semblance. Mais le plus grand artifice dans ces momens précipitez, est d'expliquer quelque circonstance de l'histoire qui puisse servir suffisamment à l'intelligence des plus prochains évenemens, & se reserver à faire entendre le reste à loisir ; par exemple, si ie mettrois vne Princesse déguisée dans le saccagement d'vne ville, ie me contenterois à la rencontre de quelqu'vn de ses amis de party contraire de les faire reconnoistre, & de découvrir aux Spectateurs que ce seroit vne femme, dans la crainte que l'autre auroit de la voir perir ; & en suitte au premier moment de tranquilité, ie ménagerois telle occasiō qu'ils pourroiét se rejoindre & s'entretenir de tout le reste que les Spectateurs ne sçauroient point & qu'ils auroient impatience de sçavoir : Ainsi les Acteurs n'auroient point fait vn trop long discours à contre-temps, & neantmoins ils auroient suffisamment éclaircy la suitte & le jeu du Theatre jusqu'au point de la narration necessaire & qu'on attendroit.

Quant aux autres instructions generales qu'Aristote donne pour les Episodes, on les trouvera chez ses Interpretes ; mais il faut que le Poëte se souvienne toûjours, Qu'elles se doivent appliquer aux Actes & à la disposition de la Tragédie, selon qu'elle est maintenant traittée parmy nous ; estant certain que les Poëmes Dramatiques qui comprennent les évenemens de deux histoires dans l'vnité de l'action Theatrale, n'ont iamais esté nommez par les Anciens

Epiſodiques, non pas méme *Compoſez*, parce que ceux qui ne contiennent qu'vne ſeule hiſtoire, ne le ſont pas moins, & n'ont pas moins d'Epiſodes ; puis qu'ils n'ont pas moins de recits d'Hiſtrions entre deux chants du Chœur, comme nous avons expliqué ailleurs plus au long.

CHAPITRE III.

Des Acteurs anciens, ou premiers recitateurs des Episodes, contre l'opinion de quelques Modernes.

BIEN qu'en tout cét ouvrage ie n'aye point eû d'autre dessein que d'instruire le Poëte de plusieurs particularitez que i'ay iugées tres-importantes pour bien former vne Piéce de Theatre, neantmoins comme les recherches de l'estude & la chaleur de la composition nous emportent assez souvent au de là de nos premieres pensées, ie me suis trouvé tellement surpris d'vne erreur de quelques Modernes, touchant les anciens Recitateurs de la Tragédie, que ie me suis insensiblement engagé à la mettre au iour pour la combattre : C'est pourquoy i'avertis icy mes Lecteurs que s'ils cherchent seulement ce que i'ay promis d'abord, ie veux dire, des preceptes qui concernent la pratique de cette Poësie, ils ne doivent pas se donner la peine de lire ce Chapitre, parce qu'il n'y a rié qui puisse y servir; mais s'ils sont assez curieux pour vouloir sçavoir au vray quelques circonstances notables qui regardent le progrez de la Tragédie, i'espere que ce Discours ne leur sera pas desagreable, estant méme vne dependance du precedent.

Nous avons dit, comme vne chose constante, Que, durant vn long cours d'années, la Tragédie n'a esté qu'vne hymne de la Religion Payenne, chantée & dansée à l'honneur de Bacchus ; Que Thespis y introduisit vn Acteur, pour y reciter quelque discours étranger, ou Episode, & donner sujet au Chœur des Musiciens & des Danseurs de se reposer ; Qu'Æschyle y en mit deux, & Sophocle trois avec d'autres ornemens, qui par ce moyen donnerent à cette Poësie sa derniere perfection ; ce que nous avons iustifié par les témoignages d'Aristote, de Diogenes, Laërce, d'Athenée, de Plutarque, de Donat, & de plusieurs autres dignes de foy, ausquels ie pourrois adjoûter presque tous ceux qui depuis ont écrit de la Musique & de la Poësie : Mais Castelvetro, Riccoboni & quelques autres veulent contre le témoignage de tous les Anciens & le sentiment des Sçavans modernes, que le Chœur signifie quelques-fois *la Trouppe des Comédiens*, & que c'est ainsi qu'il faut entendre Diogenes en cét endroit de la vie de Platon dont nous avons parlé, qui porte, *Qu'autres-fois le Chœur seul ioüoit toute la Tragedie*; car en l'expliquant il dit, *Qu'en cela cét Autheur nous apprend qu'autres-fois les Histrions joüoient, sans musique & sans danse*; & comme vne absurdité nous traîne insensiblement dans vne autre, Castelvetro pour soûtenir son erreur, en fait vne bien plus grande, quand il met en avant, *Que l Histrion introduit par Thespis, estoit un Personnage bouffon qui chantoit seul, qui dansoit & joüoit ensemble des instruments; & qu'Eschyle apres y en introduisit deux, separant la Danse du Chant & des instrumens; & que Sophocle en fit trois pour ces trois actions differentes.* De sorte qu'il pretend, qu'auparavant Thespis, le Chœur estoit vne assemblée de Recitateurs qui joüoient la Tragédie, & que les Acteurs ou Histrions introduits par Thespis, Eschyle, & Sophocle, n'estoient pas des Recitateurs, mais des Chantres & des Baladins, ce qui certainement est faux & ridicule.

Premierement, on ne sçauroit cotter aucun passage des Anciens, où la compagnie de ceux qui s'associoient pour joüer les Piéces de Theatre, soit nommée, *Chœur*; elle s'appelloit, *Troupe*: Nous en avons plusieurs exemples chez Plaute, qui les fait souvent paroistre sous ce nom à la fin de ses Comédies pour remercier les spectateurs; & méme encore en d'autres endroits & dans les Prologues. Et chez Terence Ambivius Turpio se plaint, *Qu'on portoit aux autres Troupes les Piéces faciles à representer.* Et tant s'en faut qu'anciennement la Tragédie ait esté iouée par des Histrions sans bal & sans musique, qu'au contraire il est bien certain, qu'elle estoit originairement chantée & dansée par vn Chœur de Musiciens sans aucuns Histrions, ainsi qu'Athenée & Donat nous l'enseignent par les termes que j'ay citez, & que cét Italien sans doute n'avoit pas veus; car il est impossible qu'ils puissent laisser aucun scrupule en cette matiere.

Et pour mettre en son plein iour cette verité, c'est à mon advis vn étrange aveuglement de s'estre persuadé que le Chœur, dont parlent Diogenes, Athenée & Donat quand ils disent *Que la Tragédie serieuse ou bouffonne, n'estoit faite au commencement que par le Chœur*, fust vne troupe de Comédiens ou de Representateurs recitans côme ils font maintenant, sans danse ny musique: dautant que ces Autheurs ne parlent que des Chœurs, ou Assemblées de gens qui chantoient & dansoient, & non pas des Recitateurs; il ne faut que les lire pour estre convaincu sans replique. Et quand Athenée dit en termes précis, *Que la Tragédie n'avoit point d'Histrions*, que le Grec nomme *Hypocrites*, ou *Representateurs d'autres hommes que ce qu'ils sont*, on ne peut pas l'entendre de personnages divertissans & bouffonnans par danses grotesques & chansons ridicules, puis qu'alors ils en avoient vn grand nombre & qui ne servoient qu'à representer la Poësie Satyrique.

Chorus sacer. &c. Chorus ante aras &c. Donat.

que. Davantage il est certain qu'avant Thespis (car c'est de ce temps-là dont il s'agit chez ces Autheurs) les Chœurs n'estoient pas des Comédiens, ou Histrions, associez pour iouër au Theatre, comme à present; mais des assemblées de gens chantans, & jouans des instrumens; & cela resulte clairement de ce que, avant l'âge de ce Poëte, on se servoit, au rapport de Iulius Pollux, d'vn petit échaffaut nommé, *Eileos*, où se plaçoit vn Chantre répondant à ceux qui composoient le reste du Chœur; & comme alors la Tragédie n'estoit encore qu'vne hymne sacrée en l'honneur de Bacchus, ce Chœur n'estoit composé que de ceux qui servoient aux cérémonies religieuses de ce Dieu, nommez *Artisans*, ou *Ministres de Bacchus*, que méme on loüoit à prix d'argent pour venir chanter & baler dans les festins aux festes de débauche: De sorte que si l'Acteur introduit par Thespis n'eust point recité sans chanter, il n'auroit rien fait de nouveau, & les Prestres de Bacchus n'auroient pas eu sujet de s'en plaindre. Mais il y a plus, car au temps méme de Thespis les Chœurs estoient de danse & de Musique; Et Athenée écrit que Thespis (c'est ainsi qu'il faut lire, & non pas *Thespia*) Pratinas, Phrinicus, & autres Poëtes de ce vieux temps, furent surnommez *Danseurs*, parce qu'ils accommodoient leurs Poëmes à la danse des Chœurs, & qu'ils enseignoient eux-

Lib. 4. c 19. S. 2. où les Interpretes se sõt trõpez ayãt traduit πρὸ θεσπιδὸς ante Vatem, comme s'il y eust eû πρὸ θεσπιος au lieu qu'ils devoient traduire ante Thespida.

οἱ περὶ τῶν Διονύσου τεχνῖται Diodor. Sicul. l. 4. Athen. l. 4. c 1. Athen. l. 5. c. 13. lib. 9. Arist. probl. 30. c. 10.

mémes aux Chœurs à bien repreſenter par la danſe ce qu'ils avoient exprimé par leurs vers. Et ce Pratinas, Poëte tragique, fleriſſoit vn peu apres Theſpis eſtant contemporain d'Æſchyle, & avoit écrit, au rapport du méme Athenée, *Que quand on vit arriver ſur le Theatre les Ioüeurs d'inſtrumens ſans danſer avec le reſte du Chœur, & le Chœur chanter & danſer ſans joüer des inſtrumens, on s'en faſcha comme d'vne nouveauté contraire à la coûtume.* Ce qui monſtre que la diviſion de la muſique & de la danſe qui fut faite en ce temps par ces Poëtes, eſtoit vn changement dans les Chœurs, & non pas vne introduction de nouveaux Intermédes ; & ces Chœurs eſtoient compoſez de tant de perſonnes, qu'Æſchyle fut obligé d'en diminuer le nombre, comme Ariſtote méme nous l'enſeigne ; ce qu'il fit apres la repreſentation de ſes *Eumenides* ; & ce Chœur eſt bien diſtingué des perſonnages qui recitoient ; & Horace nous dit clairement qu'au temps de Theſpis il y avoit des gens qui chantoient, & d'autres qui ioüoient les Tragédies, à cauſe qu'il y avoit des Chœurs anciens & des Acteurs qui faiſoient ce nouveau Perſonnage, ou Hiſtrion, qu'il y avoit introduit. Si donc il eſtoit vray qu'au temps de Theſpis le Chœur eſtoit la troupe des Comédiens ou Hiſtrions, il faudroit nous dire comment ce nom fut tranſporté des Recitateurs aux Muſiciens, & qui fut le premier qui inſera dans la Tragédie ce grand nombre de Chantres & de Danſeurs, ce qui ne ſeroit pas inconnu, parce qu'il y avoit pres de trois cens ans que les Olympiades eſtoient eſtablies, & que depuis cette regle des années, les Grecs nous ont aſſez bien inſtruits de leur hiſtoire.

A cela ne peut-on pas adjoûter, & mettre en grande conſideration ce que diſent Ariſtote & Diogenes-Laërce ? *Que par le moyen des trois Acteurs introduits par ces trois grandes lumieres du Theatre, Theſpis, Æſchyle, & Sophocle, la Tragédie receût toute ſa ſplendeur & ſa derniere perfection* ; car ſi devant eux il y euſt eû des Troupes d'Hiſtrions, ou Repreſentateurs recitans, comme ils ont fait depuis ; & que ces trois Acteurs adjoûtez ſucceſſivement n'euſſent eſté que pour chanter, danſer & joüer des inſtrumens, ces deux excellens Autheurs euſſent-ils iugé cela ſi grand & ſi merveilleux que d'en faire le dernier trait & l'accompliſſement du Poëme Dramatique ? Et quand dans les derniers ſiécles, la Tragédie s'eſt relevée ſans toutes ces bouffonneries, chants de muſique, ny danſe groteſque, s'eſt-on jamais adviſé de dire, Qu'elle eſtoit par ce defaut tres-imparfaite, & qu'on l'euſt rétablie dans ſon premier luſtre, en luy rendant ſes ridicules Intermédes ? Outre que Theſpis apporta vn ſi grand changement à l'ancienne Tragédie, qu'il en fut ſurnommé l'Inventeur, & s'il y euſt eû

Hh ij

devant luy des Troupes de Comédiens recitans, ie n'eſtime pas qu'on luy euſt iamais donné ce nom pour y avoir ſeulement adjoûté vn Bouffon.

Diſons encore vne choſe, à mon advis, importante ; Que ſi devant l'âge de Theſpis il y euſt eû des Hiſtrions ou Recitateurs de Tragédies, il faudroit qu'ils les euſſent joüées ſans eſchafaut qui les élevaſt plus haut que les Spectateurs, & de plus ſans maſques ny veſtemens conformes aux Perſonnages qu'ils euſſent repreſentez, & ſans aucuns ornemens de Theatre, non pas méme avec des toiles peintes ; car il eſt certain que ces choſes y furent introduites ſeulement par ces trois Poëtes, Theſpis, Æſchyle, & Sophocle, & en divers temps.

Encore eſt il vray qu'Æſchyle, ayant introduit le ſecond Acteur, diviſa le recit du Theatre ; & Ariſtote nomme pour cette raiſon ce que recitoit le premier Acteur, *Diſcours principal*, & non pas *Chant principal*, lequel commença d'eſtre ainſi nommé par rapport au ſecond introduit par Æſchyle. Et Philoſtrate, parlant de ce ſecond Acteur d'Æſchyle, écrit *Que par ce moyen il oſta du Theatre les longues & ennuyeuſes Monodies, ou Recits d'vne ſeule perſonne, mettant en leur place les entretiens, ou devis de differens Acteurs*. Et il ne faut pas que ce terme de *Monodie* ſoit pris pour *le Chant d'vn ſeul* : car quand il s'agit de Poëſie, on dit

Robortel. in Ariſt. poët. cœpit vocari Protagoniſta, quo primum tempore, Æſchylus duos adhibuit Hiſtriones, ratione ſecundarij.

Lib. 6. de vita Apoll. ᾗ τὰς τῶν ὑποκειτῶν ἀνπλέξεις εὗρε, παραιτούμενος τὸ τῶν μονῳδιῶν μῆκος.

communement *Chanter* pour *Reciter*. & les Eglogues qui sont faites en recits d'vne seule personne sont ainsi nommées. Aussi quand Scaliger écrit la méme chose, il adjoûte, *Qu'au commencement la Tragédie estoit Monoprosope*, c'est à dire, d'vn seul personnage, *& qu'Æschyle y porta les entretiens de plusieurs*, que Donat dit avoir esté prononcez par les Histrions & non pas chantez, où nous voyons clairement que *Monodie*, est ce qu'Aristote appelle, *Principal discours*, & Scaliger avec Donat, *Recits d'vne seule personne*, & partát que l'Histrion de Thespis & les deux autres d'Æschile & de Sophocle ont esté des Recitateurs, & non pas des Chantres & des Baladins.

Cumque esset Tragœdia Monoprosopi, diduxit recitationem in diverbia Scal. l. 7. c. 7. poët.

Diverbia Histriones pronuntiabant. In præfat. in Terent.

Mais pour achever cette preuve il faut sçavoir que, par l'interpretation generale de tous les Autheurs Grecs & Latins qui sont venus apres ces trois Poëtes, l'Histrion introduit par Thespis est nommé *Protagoniste*; celuy d'Æschyle, *Deuteragoniste*; & le troisiéme adjoûté par Sophocle, *Tritagoniste*; c'est à dire, premier, second & troisiéme Acteur; & non pas *Danseur*, ou *Musicien*. Par le premier, ils ont entendu celuy qui dans la Tragédie represente le principal personnage, qui soûtient la plus forte action de la Piéce, qui recite le plus grand nombre de vers, & qui paroist le plus souvent sur la Scéne; & par les deux autres, ceux qui font le second & troisiéme personnage au Theatre. Et

Protagonista Histriones erát primi ordinis quibus maximum onus recitandæ fabulæ cōmittebatur, &c. necesse autem erat. Asconius.

In Verrem. 2. pour cela Ciceron écrit, *Que souvent entre les Acteurs Grecs, celuy qui fait le second ou le troisiéme personnage, quoy qu'il ayt la voix plus forte que le premier, la modere & la tient plus basse pour ne pas paroistre à son desavantage.* Et Porphyre a dit, *Que les Tritagonistes agissent toujours avec beaucoup de moderation.*

In Horat. Epist. l. 1.

Et par rapport à cette doctrine on a toûjours appliqué ces noms à ceux qui dans d'autres affaires ont le premier, le second, ou troisiéme employ, & sur tout pour parler : D'où vient que Demosthenes dit, *Faire le troisiéme discours* pour *le troisiéme personnage ou Tritagoniste*, & il nomme Æschines par injure *Tritagoniste*, voulant faire connoistre qu'il avoit esté Histrion, mais fort mauvais & joüant seulement le troisiéme personnage, sans que dans tous ces rapports personne ait eû la pensée, que ces Acteurs, dont est tirée cette comparaison, ayent esté des Musiciens & des Danseurs, mais bien des Acteurs avec vn recit de voix libre.

De falsa legat. τειταγωνιϛὴς γεҫς τι ἐξαι-ρετον πϱὸς τὰς τυϱαννες, ϰ̓ τὰς τὰ σκή-πτϱα ἔχοντας εἰσιέναι. ἀεὶ ἐξέβαλλετε αυτὸν, ϰ̓ ἐξε-συείΠετε ἐκ τῶν θεάτϱωϛ, ϰ̓ μόνον ὰ̓ ϰαὶ τελέυετε οὕτως ὥϛε τελευ-τῶντα τῶ τει-ταγωνιϛεῖν ἀπιϛῆναι.

Il est bien arrivé quelque chose de semblable à la pensée de Castelvetro dans la Comédie; car lorsqu'elle fut receuë dans Rome, elle n'avoit point de Chœur, mais des intermedes de Gens qui tout ensemble chantoient, dansoient, & joüoient des instrumens pour marquer les intervalles des actes, & qui, selon mon advis, passérent des jeux Scéniques sur le Theatre Comique. Et bien souvent les Poëtes eux-mêmes, ainsi qu'autresfois en Grece, faisoient ces intermedes dans leurs Poëmes ; mais Livius Andronicus se voyant avancé en âge, prit pretexte de la foiblesse de sa voix, pour avoir vn ieune Garçon qui chantoit, ce qui rendit sa danse bien plus animée, n'estant plus obligé de contraindre les mouvemens de son corps pour conserver la liberté de sa voix. Et quelque temps apres il quitta mêmes les instrumens, dont quelqu'autre joüoit, ne s'estant reservé que la danse, qui se trouvoit ainsi plus belle & plus forte ayant les bras libres pour mieux former & faciliter les postures de tout le reste du corps ; ce qu'il fit peut-estre à l'imitation des Grecs : car nous voyons chez Lucien, que mêmes dans la Tragédie ces trois actions estoient anciennement conjointes, & qu'elles furent separées pour les rendre plus libres: Et s'il est vray que ce changement ait esté fait par Æschyle & Sophocle, comme veulent ces Modernes, (car ie ne l'ay point lû dans aucun des Anciens) ce fut seulement en ceux qui composoient le Chœur. L'étonnement qui surprit le peuple à cette nouveauté, au rapport de Pratinas que nous avons allegué, en est vn témoignage singulier; & c'est peut-estre ce que nous enseignent ceux qui disent qu'Æschyle & Sophocle travaillérent à regler & diversifier les Chœurs, où sans doute, pour les rendre plus agreables, ils s'ad-

Arist. de Poët.
Lucian.

visérent de distinguer bien souvent ces trois actions ayant fait que les vns y chantoient, les autres y dansoient, & d'autres encore y joüoient des instrumens.

Ce n'est pas qu'on ne rencontre quelques Passages des Autheurs anciens qui semblent nous dire, Qu'autresfois les Tragédies & les Comédies estoient chantées & dansées, & que l'art en estoit tel, que la musique & les postures donoient des images sensibles de toutes les choses énoncées par les vers, mais c'est parce que les jeux de Musique, méme dans Platon, comprennent sous leur nom tous les jeux de Poësie & méme le Dramatique, ou bien parce que les hymnes de Bacchus qui furent originairement & veritablement toute la Tragédie & toute la Comédie, estoient toûjours accompagnées de la musique & des danses du Chœur ; ou bien parce que dans les intervalles des Actes ils avoient des gens qui representoient par leurs danses & par leurs postures les choses que l'on avoit recitées, comme il se voit dans Plutarque & dans Lucien ; ou bien, comme il y a plus d'apparence, parceque non seulement ils avoient en méme temps & dans vne méme Piéce des Acteurs qui recitoient la Tragédie avec la grace & la maiesté convenable aux personnages qu'ils representoient, mais encore des Chœurs pour la Tragédie, & des Mimes ou Bouffons pour la Comédie, qui chantoient

Plaustris solitum sonare, Thisp. Sidon. Apul. Pan 4 vt Tragicus Cantor ligno tegit ora. Prudent. l. 1. in Sym Arist. poët. c 5.

Symp.

toient & dansoient au son des instrumens avec des postures qui exprimoient les personnes des hommes & des Dieux.

Concluons donc qu'avant l'âge de Thespis, le Chœur n'estoit autre chose, qu'vne assemblée de Musiciens chantans & dansans la Tragédie, comme vne hymne sainte pour honorer Bacchus ; & que ce Poëte y introduisit le premier Acteur, lequel divisant les chants du Chœur par ses Recits tirez de quelque histoire, ou fable ingenieusement recherchée, donna le commencement aux Episodes, ou Discours estrangers à cette chanson religieuse ; & de cette verité, outre les anciens Autheurs, nous avons pour garans plusieurs Modernes, comme Robortel, Piccolomini, Bernard Segni, Scaliger, Benius Eugubinus, Vossius, Heinsius, Victorius, & autres Interpretes d'Aristote qui l'ont prouvée, mais par des raisons differentes de celles qui sont icy déduites.

CHAPITRE IV.

Des Chœurs.

NOvs avons dit que la Tragédie dans son origine n'estoit qu'vne hymne sacrée, chátée & dansée à l'honneur de Bacchus par des Chœurs de musique ; & que peu à peu les Episodes, que nous appellons *Actes*, recitez par les Histrions, y furent adioûtez entre deux chants du Chœur; & chacun sçait qu'à la fin la Tragédie a perdu les Chœurs parmy nous, aussi bien que la Comédie les avoit perdus méme avant l'âge de Plaute : de sorte qu'on pourroit s'imaginer, que presentement le discours des Chœurs est absolument inutile dans cette pratique du Theatre, où ie n'ay rien promis que de necessaire à la composition de nostre Poëme & à la connoissance de l'Art. Mais outre qu'ils pourroient bien estre rétablis sur nos Theatres, quand on aura découvert ce qu'ils estoient au vray chez les Anciens; i'estime qu'il est tres-important d'expliquer icy ce que i'en ay pensé & ce qui n'est point ailleurs : car comme le Chœur fut le principe de l'estre de la Tragédie, il le fut sans doute aussi de ses qualitez plus naturelles ; c'est le fondement de toute l'œconomie de ce Poëme, & la lumiere presque de toutes ses reigles; mais ne repétons point sans vne grande necessité ce que l'on en peut trouver dans les Autheurs Latins, Italiens, & François que nous avons, & méme dans Scaliger qui n'en a presque rien oublié que la definition, de laquelle neantmoins dependent toutes les difficultez qui naissent en cette matiere.

A prendre donc le Chœur, non pas comme il estoit avant l'âge de Thespis, quand il composoit seul toute la Tragédie, parce que cela seroit inutile ; mais à le considerer au temps de Sophocle & d'Euripide, quand ce Poëme fut en sa perfection parmy les Grecs, voicy comme on le peut definir.

Le Chœur est vne troupe d'Acteurs representans l'assemblée de ceux qui s'estoient rencontrez, ou qui vray-semblablement se devoient ou pouvoient rencontrer au lieu où s'est passée l'action exposée sur la Scéne. Ces paroles sont d'importance, & personne ne doit passer outre, sans en avoir bien pris l'intelligence; ny les condamner, sans avoir bien examiné les Tragiques : car on verra que dans l'*Hecube* d'Euripide le Chœur est d'Esclaves Troyennes, par ce que ces personnes plus vray-semblablement qu'aucunes autres pouvoient estre à la porte de la demeure d'Hecube leur Reine, lors captive avec elles. Et dans le *Cyclope*, il est de Satyres,

& certes ingenieufement, parce qu'il n'y avoit point d'autres gens capables de s'arrefter devant l'Antre du cruel Polyphéme. Dans l'*Antigone* de Sophocle, ce font les vieillards de Thébes qui le compofent, parce qu'ayans efté mandez au Confeil par Creon, il n'y avoit point d'autres hommes qui puffent plus raifonnablement eftre en troupe devant le Palais du Roy. Dans l'*Aiax*, ce font les Matelots Salaminiens qui viennent avec raifon devant la Tente de leur Prince, fur le bruit de fa fureur, pour luy rendre quelque fervice. Dans le *Promethée* d'Æfchyle, les Nymphes de l'Ocean font le Chœur, parce qu'il n'y avoit guere d'apparence que d'autres perfonnes fe puffent trouver aupres de ce Malheureux attaché fur vn Rocher bien loin du commerce des hommes. Enfin dans *les Sept devant Thébes*, ce font les ieunes filles de la ville, parce qu'il eftoit plus raifonnable de les affembler devant le Palais, & les y faire demeurer craintives, & pleurant les malheurs de la guerre, que des hommes neceffaires à la deffence de la Patrie. Et de là peut-on iuger combien induftrieufement Ariftophane a fait vn Chœur de Nuées, parce qu'elles fe rendent prefentes aux Sophifmes de Socrate qui les invoque; comme encore cét autre qu'il a fait d'oifeaux dans vn lieu reculé, plein d'arbres & fans chemin où deux Atheniens les viennent entretenir du baſtimét d'vne ville en l'air. Ie n'allégue point les Tragédies qui portent le nom de Seneque, parce que ce ſont de tres-mauvais modelles, il y en a peu de raiſonnables, & pas vne qui ne ſoit pleine de fautes & ſur tout aux Chœurs : car quelquesfois ils y voyent tout ce qui ſe fait ſur la Scéne, ils entendent tout ce qui s'y dit, & parlent fort à propos ſur la connoiſſance qu'ils en ont ; & d'autres fois il ſemble qu'ils ſoient aveugles, ſourds & muets : En pluſieurs de ces Piéces on ne ſçauroit connoiſtre au vray, de quelles perſonnes ils ſont compoſez ; comment ils eſtoient veſtus ; quelle raiſon les ameine au Theatre, quand ils y entrent, ou quand ils en ſortent ; s'ils ſont toûjours preſens ; dequoy ils ſervent ; ni pourquoy plûtoſt d'vne condition ou d'vn ſexe, que d'autre ; d'où vient que les Autheurs qui ont travaillé ſur cét Ancien, les nomment diverſement, ou ne les nomment point du tout ; ce ſont de beaux vers remplis, voire méme chargez de penſées, & qui pour la pluſpart peuvent eſtre oſtez, ſans alterer, ny le ſens, ny la repreſentation du Poëme : outre que la *Thebaïde* n'en a point du tout, ſoit qu'elle l'ait perdu par la faute des Copiſtes & de nos Imprimeurs, ce qui n'eſt pas vray-ſemblable ; car il en ſeroit à mon advis reſté quelque fragment, veû méme que ce ſont des Piéces inſerées dans le corps du Poëme en divers endroits; ou soit que l'Autheur n'en ait iamais fait, ce qui m'a donné lieu de douter avec beaucoup d'autres conjectures de ce que dit Scaliger, & quelques autres ; *Que la Tragédie n'a iamais esté sans Chœur*, car i'ay quelque croyance qu'au temps de la débauche des Empereurs, quand les Mimes, les Embolimes d'Agathon, & les Bouffons furent iettez pour intermédes dans la Tragédie aussi bien que dans la Comédie, le Chœur cessa peu à peu de faire partie du Poëme, n'estant plus qu'vne troupe de Musiciens chantans & dansans pour marquer les intervalles des Actes. Mais pour les quatre Grecs qui nous restent, ils ont esté bien plus religieux en la composition du Chœur, que l'Autheur des Tragédies de Seneque ; comme ils sçavoient bien mieux que luy l'art & la conduitte de ce genre de Poëme; Aussi nous est-il tres-facile, en les lisant, de connoistre ce que nous en avons dit, & que le Chœur pouvoit estre composé de toutes sortes de personnes, sans distinction de condition, d'âge ny de sexe; & méme qu'il pouvoit estre composé d'Animaux, & de choses insensibles, comme a fait Aristophane, selon que plus vray-semblablement on les pouvoit faire rencontrer sur le lieu representé par le Theatre. D'où l'on peut apprendre, Que ceux-là qui pensoient que le Chœur representoit le peuple, n'ont pas bien nettement reconnu ce qu'il estoit; car nous voyons dans les *Chevaliers* d'A-

Arist. poët. c. 17.

ristophane, que le peuple d'Athenes est Acteur, parlant, agissant, & iugeant la contestation de Cleon & d'Agoracrite; & que le Chœur est fait des Chevaliers Athéniens, clairement distinguez de ces autres Personnages representans le peuple.

Et quand Aristote, & Scaliger apres luy, nomment le Chœur, *Vn Client oysif & qui ne donne qu'vne soigneuse bien-veillance à ceux qu'il assiste*, il faut l'entendre seulement par rapport aux autres Acteurs qui sont d'ordinaire bien plus agissans. Et parce que le Chœur, sans quelque motif important, ne quitte point le lieu de la Scéne, les autres Acteurs faisans bien souvent les plus grandes choses hors le Theatre. Aussi les Poëtes Grecs n'ont pas esté si peu iudicieux d'avoir jamais choisi, pour composer le Chœur, des faineans qui pouvoient méme, avec quelque vray-semblance s'estre trouvez presens à l'action veritable sur le lieu representé au Theatre; ni des gens non plus qui n'y avoient pas grand interest; parce que tout ce qu'ils eussent dit & fait sur la Scéne, eust esté foible & languissant; estant certain que les Spectateurs ne peuvent souffrir dans le corps d'vne Piéce des personnes inutiles à l'histoire ; & c'est pour cela que les Chœurs dans ces Tragédies qui portent le nom de Senéque, sont fort desagreables en la representation, quoy que remplis de sentimens moraux

Arist. probl. sect. 19. q. 49. Otiosus curator rerum, &c. Scal. lib. 3. c. 97.

tres excellens; pource que souvent estant difficile de reconnoistre quelles sortes de gens ces Chœurs representent, & ne faisans que moraliser sur les évenemens representez sans y prendre interest; on ne sçauroit dire pour quelle raison ils paroissent & font ces beaux discours sur des choses qui ne les regardent point. Davantage il faut, selon l'art Poëtique au sens d'Aristote & d'Horace, que le Chœur agisse, outre ce qu'il chante pour marquer les intervalles des Actes, & qu'il fasse vn Personnage vray-semblablement interessé dans la Piéce, avançant par ses actions les affaires du Theatre comme les autres Acteurs : Et l'on ne dira pas que des Acteurs ne representent que des Spectateurs oysifs, il ne faut pour connoistre cette verité que lire les Piéces des Anciens, où non seulement les Chœurs representent des gens interessez dás la verité de l'action, comme les Salaminiens dans l'*Aiax furieux* de Sophocle; mais qui sont bien souvent entre les principaux personnages, cóme les Princesses d'Argos dans les *Suppliantes* d'Euripide; les Gardes de nuict, dans son *Rhesus*, si tant est qu'il soit de luy; les Dames Troyennes, dans ses *Troades*; les femmes d'Athénes, dans les *Harangueuses* d'Aristophane; les Vieillards Thebains, dans l'*Antigone* de Sophocle, & en beaucoup d'autres.

 Mais ce qu'il faut considerer, est, Que quand

le Suiet fournissoit le Chœur naturellement, ils ne l'empruntoient point d'ailleurs, comme dans le *Rhesus* d'Euripide, dont la Scéne estant devant les pavillons des Generaux de l'armée Troyenne, & tout se passant la nuict, ce sont les Gardes qui font le Chœur; parce que la vray-semblance n'eust pas souffert que d'autres personnes se fussent assemblées en ce lieu & en ce temps. Et dans les *Grenouilles* d'Aristophane, il est fait des Prestres & des Confreres des Mysteres de Cerés, parce que la Feste fournit cette compagnie, aussi bien que dans les *Thesmophories* du méme Autheur. Que si les principaux Acteurs estoient en nombre suffisant, ils en composoient le Chœur, comme dans les *Suppliantes* d'Euripide, où les sept Princesses d'Argos, qui y demandent secours à Thesée pour inhumer les corps de leurs Maris morts devant Thebes, font le Chœur; Et dans les *Harangueuses*, & les *Tesmophories* d'Aristophane, les femmes sont les principales Actrices & le Chœur.

Mais s'il le falloit inventer, ils le cherchoient toûjours conforme à la nature du Suiet, & selon que plus vray-semblablement il pouvoit estre. Ce qu'Aristophane a tres-ingénieusement observé dans la Comédie, ayant fait vn Chœur de Grenoüilles qui chantent, tandis que Bacchus passe le Stix dans la barque de Caron; & vn autre de Freslons, ou Mouches guespes dás la mai-

K k

son de Philocleon, dont son fils le veut empêcher de sortir : Imaginations certes tres-ridicules, mais Comiques, & où la vray-semblance est bien gardée; il invente fort bien pour faire rire, & ne contrevient point aux maximes de son Art.

De là nous pouvons bien iuger pourquoy le Chœur fut retranché de la Nouvelle Comédie, dont personne n'a iusqu'à present rendu la raison. Ie sçay qu'Horace veut que la malignité des Poëtes en fut la cause, qui dans la Moyenne Comédie venant à se servir des Chœurs pour médire adroitement de ceux qu'ils entreprenoiét sous des noms empruntez, & méme avec autant d'aigreur que les Poëtes de l'Ancienne, lors qu'ils designoiét par leur propre nom & leurs qualitez ceux qu'ils vouloient maltraitter; pour lors les Magistrats craignirent les mauvais évenemens de cette licence, & leur firent deffenses de plus méler ces representations aigres & dangereuses dans les Piéces Comiques. Mais à mon advis si la raison de la vray-semblance, qui doit estre la regle generale de cét Art, n'eust soûtenu cette deffense, les Poëtes eussent esté assez moderez pour conserver le Chœur dans la Comédie avec autant de rapport au Suiet qu'en la Tragédie, & sans médisance: Or voicy ce que ie me suis imaginé là-dessus.

La Comédie prit sa forme & sa constitution parfaite sur le modelle de la Tragedie ; car bien qu'elle fuſt auſſi ancienne en origine, elle receut pourtant bien plus tard ſon accompliſſement ; & pour dire le vray, elle n'a iamais eſté vn Poëme iuſte ny bien reglé que chez les Autheurs de la Nouvelle Comédie ; parce que la médiſance leur eſtant interdite par les loix, & voyât qu'il y avoit du peril de la vouloir mettre ſur leur Theatre, quelque déguiſement que l'eſprit y puſt apporter, ils furent obligez de prendre des Sujets preſques tous inventez, & à peu pres comme ceux de la Tragédie, & en ſuitte ils les reglerent ſur ce méme modelle : mais comme ils n'en faiſoient que des images de la vie commune, & qu'ils la renfermoient dans le plus bas étage du peuple, dont les affaires, peu conſiderables dans la Politique, n'eſtoient ſouvent que des fourbes d'Eſclaves, & des débauches de femmes ; ils choiſirent ordinairement pour le lieu de la Scéne vn Carrefour, au devant des maiſons de ceux qu'ils ſuppoſoient les plus intereſſez dans l'hiſtoire ; & comme il eſt bien rare qu'il y ayt des gens en troupe dans vn lieu de cette qualité arreſtez tout vn iour dans vne intrigue de perſonnes peu conſiderables, & méme qu'il eſtoit mal-aiſé de trouver toûjours quelque raiſon vray-ſemblable pour les y feindre preſens, & moins encore pour leur y faire prendre intereſt ; la Comédie perdit d'elle-méme inſensiblement le Chœur, qu'elle ne pouvoit conserver avec vray-semblance.

Voilà donc pourquoy la Comédie perdit bien plûtost les Chœurs que la Tragédie, & que la Nouvelle receût les bouffonneries, les danses, & les musiques ridicules, pour marquer les intervalles des Actes, comme des choses plus convenables au genie de la Poësie Comique. Au reste ie ne sçay pourquoy Scaliger écrit, *Que les Chœurs furent trâsportez des hymnes saintes dans les fables*, c'est à dire, dans les histoires ou Sujets de Tragédie, *& qu'au commencement ils n'estoient que d'vne seule personne, comme dans le* Curculion *de Plaute* ; car il est indubitable que les fables furent inserées dans les Chœurs chantans & dansans la Tragédie ou hymne du Bouc à l'honneur de Bacchus, cóme vne chose étrangere à cette ceremonie religieuse, ainsi que nous l'avons monstré par l'authorité des anciens Grecs, & la plainte des Prestres de ce faux-Dieu.

Et tant s'en faut que le Chœur originairement ayt esté fait par vne seule personne, que c'estoit l'Action, ou Recit, qui fut au commencement d'vn seul personnage, ayant luy-méme reconnu que ce fut Æschyle qui le premier mit dans la Tragédie les Entreparleurs, & qui diminua le Chœur qui lors estoit de plus de cinquante personnes. Aussi ne sçauroit-on iamais monstrer vn ancien Chœur tel qu'il le dit, le nom seul y repugne, & la lecture des Grecs peut éclarcir aisément cette difficulté: Ce n'est pas que souvent le Choryphée ne parle seul quand il soûtient la personne de quelque Acteur, & méme qu'il ne chante quelques-fois seul, ce que nous appellons communément Recit; mais il ne laisse pas d'estre accompagné d'vn grand nombre d'autres Musiciens & Danseurs qui sont presens ausquels il parle, & qui luy répondent quelquesfois sans chanter quand ils agissent dans la fable ou Suiet de la Tragedie, mais le plus souvent en chantant & en dansant, comme estant leur principal office, afin de marquer les intervalles des Actes. Et le témoignage que Scaliger apporte de sa pensée, non seulement est sans consequence, mais prouve tout le contraire; car au temps de Plaute, la Comédie n'avoit point de Chœurs vnis & dépendans du Suiet de la Piéce; elle les avoit perdus lóg-temps auparavant en Grece, & ne les a iamais repris en Italie; en leur place elle avoit, pour distinguer les Actes, des Mimes, Pantomimes, Embolaires, & autres Intermedes: de sorte qu'on ne peut pas dire que le Chœur est d'vne seule personne chez Plaute, non seulement on n'en a point, mais qui écrit dans vn temps où on n'en connoissoit plus l'vsage. Ce discours, dans le Curculion, est vn intermede fait par le Chorague ou Entrepreneur des Ieux, sans aucune liaison avec la fable ou action de la Comédie, & que Scaliger luy-même nomme, *Vne licence du Poëte & vn trait de la Vieille Comédie, qui ne peut faire ny exemple ny regle*. Ie l'ay fait voir trop clairement, & trop au long dans le *Terence Iustifié*, pour le repeter icy.

Connoissant donc ce qu'estoit le Chœur autresfois, voyons cóment il agissoit sur la Scéne.

Au commencement on le plaçoit vn peu plus bas que le Theatre *hors le proscenu* estoit assis en vn lieu qui luy estoit particulier d'où il se levoit pour agir, chanter, & danser; Apres on le mit sur le Theatre, & puis enfin il passa iusques dans la Scéne, c'est à dire derriere la Tapisserie ; ce qu'on peut voir plus au long dans Scaliger, Castelvetro & les autres, avec beaucoup de choses que ie ne repete point : Mais il faut sçavoir que le Chœur ordinairement ne paroissoit sur le Theatre qu'apres le Prologue, c'est à dire, comme nous l'avons expliqué apres vne ou plusieurs Scénes qui preparoient l'intelligence de la Tragédie, & qui n'estoient point cóptées entre les Actes, ou Episodes; d'où vient qu'Aristote, definissant le Prologue, qu'il veut estre l'vne des quatre parties de Quantité de la Tragédie, dit, *Que c'est tout ce qui se passe devant l'entrée du Chœur*, ce qu'il faut entendre regulierement, comme on le découvre aisément par la lecture des Anciens; car quelquesfois il n'y avoit point de Prologue, & tout ce qui se passoit devant l'entrée du Chœur, compofoit le premier Acte, eftant du corps de la Tragédie ; comme dans l'*Aiax* de Sophocle. D'autresfois le Chœur faifoit l'ouverture du Theatre, comme dans le *Rhefus* d'Euripide, parce qu'eftant compofé des Gardes de la nuict, il n'y avoit point d'apparence que d'autres qu'eux fuffent les premiers en action. Davantage depuis que le Chœur eftoit entré fur le Theatre, régulierement il n'en fortoit plus, dont il ne faut point d'exemples, parce qu'il n'y a pas vne Tragédie où cela ne paroiffe aifément aux moins entendus, qui verront que le Chœur enfeigne la maifon des Grands aux Etrangers ; qu'il fe plaint ou s'étonne fouvent aux bruits qui fe font dans les Palais reprefentez ; qu'on le prie fouvent de ne rien redire de ce qu'il entend dans le milieu d'vn Acte, & mille chofes femblables, dont on peut conclure qu'il demeuroit toûjours fur le Theatre. Il eft vray que quelques-fois nous le voyons fortir & rentrer, mais c'eft extraordinairement & par vne infigne adreffe du Poëte, qui le faifoit par deux motifs ; l'vn, pour faire fur le Theatre vne action notable qui ne veut point avoir de témoins ; comme Sophocle qui voulant qu'Aiax fe tuë fur le Theatre, en fait fortir le Chœur, fous pretexte d'affifter Tecmeffe au foin qu'elle prend de chercher ce Prince furieux, & qui venoit de fortir de fa Tente avec

vne épée ; l'autre, quand il est vray-semblable que ceux qui representent le Chœur, ont fait vne action qui n'a pû se faire que dans vn autre lieu que celuy de la Scéne : car il ne seroit pas vray-semblable que ces gens eussent fait ce qu'on ne leur auroit point veu faire, ny qu'ils fussent dans vn autre lieu que dans celuy méme où on les verroit ; d'où vient que dans les *Harangueuses* d'Aristophane, des femmes qui sõt les principales Actrices & qui cõposent le Chœur, sortent à la fin du premier Acte déguisées en hõmes pour aller au Cõseil public, afin d'y faire resoudre, Que la domination d'Athenes leur seroit mise entre les mains : Et à la fin du second, elles reviennent sur le lieu de la Scéne devant leurs maisons, pour reporter les habits de leurs maris qu'elles avoient pris la nuict : ce qui découvre l'ignorance de nos Pédans, quand dans leurs Tragédies Latines ils font paroistre à la fin des Actes vn homme seul, qu'ils nomment le *Chœur*, & qu'ils ameinent & chassent du Theatre sans aucune raison, croyans satisfaire à la reigle d'Aristote, & parfaitement imiter les Anciés en faisãt reciter quelques vers de Morale par vn malheureux Declamateur ; au lieu que les anciens Chœurs estoient composez de plusieurs persõnes, estoient chantans agreablemét & dansans avec grand art, & toûjours introduits au Theatre avec iuste raison. Ce n'est pas qu'il se
faille

faille imaginer que le Chœur chantaft & danfaft toûjours; car cela ne fe faifoit que quád il falloit marquer les intervalles des Actes; mais dás les autres endroits le Chœur eftoit confideré cóme vn autre Acteur, dót le Chef parloit pour tous avec les autres Acteurs, ou bien eftant feparé en deux (comme il eftoit affis aux deux coftez du Theatre) le Chef du Chœur & le Chef du demi-Chœur difcouroient & agiffoient enfemble fur les affaires prefentes, ainfi que l'on peut voir dans l'*Agamemnon* d'Æfchile fur la mort de ce Roy, & ailleurs. Auffi voyons-nous fouvent que le Chœur, apres avoir long-temps parlé, fe refout de chanter, ou qu'on luy commande de le faire; d'où il s'enfuit qu'auparavant il ne chantoit pas : l'exemple en eft précis dans les *Sept devant Thebes*, où le Prince Eteocle, apres avoir fait vn long difcours avec le Chœur, luy cómande de fe taire & de chanter, & nous enfeigne clairement en cela ces deux façons differentes avec lefquelles le Chœur agiffoit fur le Theatre. Et certes il eût efté ridicule qu'il eût répódu en chantant à des Acteurs qui luy parloient fans chanter, & que douze ou quinze perfonnes euffent répondu toutes enfemble: car pour la maniere de chanter, & de fçavoir s'ils faifoient des Recits comme dans noftre mufique; s'ils danfoient toûjours; s'ils danfoient tous; fi les mémes perfonnes chátoient, danfoient & joüoient

Ariftot. Hærat.

des inſtrumens; & quelles ſont toutes ces diverſitez de chanſons que nous trouvons dans les Anciens; cela ne peut ſervir à la compoſition du Poëme, & ne doit eſtre examiné que pour inſtruire nos Muſiciens, en cas que l'on vouluſt rétablir les Chœurs ſur nos Theatres.

Mais il ne faut pas oublier icy, Que les principaux Acteurs ſe méloient bien ſouvent au Chœur, comme Electre dans Euripide & dans Sophocle; & la Reine Æthra avec le Roy Adraſte; dans les *Suppliantes* du méme Euripide; & i'eſtime qu'en ces rencontres cét Acteur faiſoit le Coryphée. Les Sçavans le peuvent examiner, & là-deſſus donner leur iugement.

Quelquefois, il y avoit pluſieurs Chœurs, quand il n'eſtoit pas vray-ſemblable que les mémes perſonnes ſe peuſſent retrouver ſur le lieu de la Scéne, comme dans Ariſtophane; car tandis que Bacchus paſſe le Stix pour aller au Palais de Pluton, les Grenouïlles font le Chœur; mais quand il eſt à la porte de ce Palais, ce ſont les Preſtres & Confreres de ſes myſteres qui le font.

Quelquesfois auſſi le Chœur ne revenoit pas ſur le Theatre à la fin d'vn Acte, quand apparemment il devoit eſtre ailleurs, & lors on marquoit l'intervalle par quelque Mime, muſique, danſe, ou bouffonneries tirées du Sujet, comme dans les *Harangueuſes* d'Ariſtophane, où les femmes eſtant occupées toutes ailleurs & ſeparément à la fin du quatriéme Acte, & ne pouvant pas ſe retrouver enſemble ſur le lieu de la Scéne ; le Poëte fort ſubtilement fait en cét endroit vne bouffonnerie de deux vieilles femmes & d'vne ieune fille, qui chantent & danſent au ſon des inſtrumens en attendant quelque homme, & diſputent entr'elles, à qui l'aura pour le contraindre d'obeïr aux Loix.

De toutes ces obſervations, & de celles qu'vn meilleur eſprit que le mien pourroit faire dans la lecture des Anciens, il reſulte bien clairement, Que le Chœur n'eſt autre choſe que ce que nous avons dit, & qu'il y a grand ſujet de s'étonner que les Sçavans, qui iuſques-icy nous ont entretenu de tant de curioſitez concernant le Poëme Dramatique, ne l'ayent point enſeigné, quoy que tres-facile à découvrir, tres-importante d'ailleurs pour bien connoiſtre l'ancienne Tragédie, & tres neceſſaire enfin pour bien iuſtifier la vray-ſemblance de toutes les regles du Theatre.

Car premierement, ſi les Poëtes Grecs ont fait peu de Monologues ſur le Theatre, c'eſt parce que d'vn coſté il n'eſtoit pas toûjours facile d'en faire ſortir le Chœur, & l'y faire rentrer ; & que de l'autre vn homme ne pouvoit vray-ſemblablement parler tout haut de choſes ſecrettes, ſans eſtre entendu par des perſonnes qui eſtoient preſentes & proches de luy ; ou bien ſi l'on feignoit qu'il parloit tout bas & ſeulement de penſée, comme il eſt toûjours à propos de ſuppoſer les monologues, il euſt fallu que le Chœur l'euſt pris pour inſenſé ; mais nous en parlerons plus au long dans vn Chapitre exprés.

Secondement, on doit reconnoiſtre, que les anciens Poëtes font mourir rarement des Acteurs ſur le Theatre, à cauſe qu'il n'eſtoit pas vray-ſemblable que tant de perſonnes qui compoſoient le Chœur, euſſent veu aſſaſſiner vn Prince ſans le ſecourir. Auſſi quand Æſchyle fait mourir Agamemnon, on le poignarde dans ſon Palais, où il s'écrie ſans qu'on le voye, & dont le Chœur effrayé delibere s'il doit advertir le peuple, ou bien entrer dans le Palais pour voir ce qui s'y paſſe ; ſur quoy Clytemneſtre arrive, leur diſant elle-méme ce qu'elle a fait, & leur monſtrant le corps de ce Prince mort ; ce qui a fait croire à quelques-vns que le Poëte le faiſoit mourir ſur le Theatre. Et Sophocle au contraire fait ſortir le Chœur de la Scéne, pour y mettre Aiax avec vn eſprit vn peu raſſis, recitànt vn beau monologue, & ſe perçant le cœur de ſon épée, dont perſonne ne le pouvoit empécher, puis qu'il eſtoit ſeul : ce qui ſert à contredire ceux qui nous aſſeurent opiniâtrement que jamais les Anciens n'ont enſanglanté la Scéne ;

car quand ils l'ont fait, & quand ils l'ont évité, ç'a toûjours esté par raison de vray-semblance; & l'on se détrompera facilement de ces erreurs quand on examinera leurs ouvrages soigneusement.

En troisiéme lieu, le Chœur obligeoit encore à la continuité de l'Action; car si elle venoit à cesser & à estre interrompuë, il n'estoit plus vray-semblable que le Chœur demeurast sur le lieu de la Scéne où il n'estoit venu qu'au sujet de l'Action qui s'y passoit, quelquesfois par curiosité, quelquesfois par compassion, & quelquesfois pour servir les affligez. Et de fait dans Sophocle Aiax estant vn peu rassis, & sa fureur ne donnant plus occasion de craindre, le Chœur composé de ses Sujets qui estoient venus pour en sçavoir des nouvelles & le servir, s'en veut retourner, & part à ce dessein; mais il est retenu par vn messager qui luy conte l'arrivée de Teucer, & le peril où Minerve avoit mis Aiax durant tout ce iour.

De plus on peut conclure icy, Que le Chœur engageoit encore le Poëte insensiblement & par necessité à garder l'vnité du lieu de la Scéne; car puis que le Chœur reguliérement demeuroit sur le Theatre depuis qu'il estoit entré iusques-à la fin de la Tragédie, il est indubitable que le lieu ne pouvoit pas changer, autrement il eust esté ridicule que des personnes qui ne changeoient point de lieu, qui ne fortoient point de la Scéne, euffent paffé d'Afie, en Europe; de France, en Dannemarc; d'Athénes, à Thébes; de Paris à Reims; fans avoir marché, & fans eftre difparus aux yeux des Spectateurs: Et pour cette raifon quand les Poëtes ont quelquefois tiré le Chœur hors de la Scéne, ils ont efté tres-foigneux, & plus qu'en nulle autre occafion, de luy faire dire en partant, où il alloit, afin qu'on ne s'imaginaft pas, qu'en tranfportant le Chœur, on euft deffein de tranfporter avec luy le lieu de la Scéne; & de fait, fi le Poëte l'euft changé de telle forte que les Acteurs fuffent allez maintenát en vne ville, & maintenant en l'autre, comme de Thrachyne en Eubée, & de là fur le mont Ætha, il euft efté bien empéché de faire retrouver les mémes perfonnes affemblées en divers lieux, de çà & de là la Mer; & iamais les Spectateurs n'euffent pû fe l'imaginer, fur tout les ayant toûjours eûs devant les yeux.

Et non feulement l'vnité du lieu, mais encore la mefure du temps convenable au Poëme Dramatique fe peut apprendre facilement par cette connoiffance des Chœurs: car fi le Poëte euft renfermé dans fa Tragédie vne année entiere, vn mois, vne femaine, comment euft-il pû faire croire aux Spectateurs, que des gens qui n'avoient point difparu, avoient paffé tout ce longtemps, entre le moment de leur entrée au Theatre & celuy de leur sortie ? par quel artifice, ou par quelle magie pouvoit-il rendre cela vray-semblable, & donner raison de ce qu'on ne les avoit veus ny boire, ny manger, ny dormir ? Ie sçay bien que le Theatre est vne espece d'illusion, mais il faut tromper les Spectateurs en telle sorte, qu'ils ne s'imaginent pas l'estre, encore qu'ils le sçachent ; il ne faut pas tandis qu'on les trompe, que leur esprit le connoisse; mais seulement quand il y fait reflexion : Or en ces rencontres les yeux ne seroient point deceûs, & l'imagination par consequent ne le pourroit estre, par ce qu'on ne la peut decevoir, si les sens n'en facilitent les moyens. Et ce qui a fait que de nostre temps l'imagination des Spectateurs n'a pas esté si rudement choquée de ces Tragédies de plusieurs mois, & de plusieurs années, c'est que le Theatre demeuroit tout vuide apres vn Acte, & que l'on ne consideroit point nostre musique, comme partie, ny les Violons, comme Acteurs de la Tragédie; si bien que durant cette absence de toutes sortes de personnages, l'imagination, qui racourcit les temps, comme il luy plaist, faisoit passer les momens pour des années, d'autant plus aisément que les yeux n'y contredisoient point.

A quoy peut-estre on pourroit m'objecter pour ce qui regarde les Anciens, Que faisant quelques-fois sortir & revenir les Chœurs, ils pouvoient ainsi tromper l'imagination des Spectateurs par cette absence generale : mais comment eust-il pû se faire que les mémes personnes representées par vn méme Chœur dans toute vne Tragédie, se fussent retrouvées ensemble au bout de trois mois, & quelquesfois au bout d'vne année ? par quelle vray-semblance pouvoit-on sauver cette avanture ? Il seroit certes bien difficile que trois ou quatre personnes seulement s'estans rencontrées ensemble au commencement de quelque affaire importante, se pussent rejoindre au bout de cinq ou six mois sans que la mort, la fortune, ou leurs interests differens les eussent éloignez les vns des autres. D'où il resulte, Que le temps de la Tragédie doit estre fort court, comme nous avons monstré en son lieu. Achevons cette matiere, en remarquant icy que les Chœurs faisoient la magnificence & la grandeur de la Tragédie, non seulement parce que le Theatre estoit toûjours remply; mais encore parce qu'il y falloit faire beaucoup de dépense : car il y avoit vn grand nombre d'Acteurs, de Ioüeurs d'instrumens, de Musiciens, de Danseurs, & d'habits; quelquesfois méme de merveilleuses Machines, comme aux *Nuées* d'Aristophane. Aussi parmy les Grecs estoit-ce vn exercice honneste, que de s'adonner à l'instruction des Chœurs ; ce qu'il est

est aisé de prouver, puis qu'Aristophane conduisit le Chœur de plusieurs de ses Comédies, & sur tout des *Nuës*; & que Platon même le Philosophe s'y employa dés sa ieunesse. Les grands Seigneurs souvent fournissoient aux frais en faveur de ceux qui faisoient les Ieux, comme fit autresfois Dion en faveur de Platon, qui fut au commencement Poëte Tragique. Souvent encore les Magistrats en vsoient ainsi, pour rendre leur administration plus honorable, comme chacun sçait; & quelquesfois aussi les Republiques, quand elles vouloient rendre vn honneur extraordinaire à quelque Tragique, ordonnoient, Que les frais du Chœur seroient faits des deniers publics; comme les Athéniens firent quelques-fois; & i'estime pour moy que le Theatre estant tombé dans le mépris, & les grands Seigneurs l'ayant abandonné, les Chœurs en ont esté retranchez par l'impuissance des Histrions & des Poëtes qui n'avoient pas moyen de fournir à cette dépense; & qu'en suitte l'ignorance nous a laissé croire qu'ils estoient inutiles, superflus & difficiles à mettre sur la Scéne. Et si la Nouvelle Comédie perdit les Chœurs dés le temps que le Theatre estoit encore en sa premiere splendeur, ce fut pour ce qu'il estoit bien plus difficile de les y mettre raisonnablement que dans la Tragédie, selon que nous l'avons dit cy-dessus; car

Diog. in Plat.
Plut. in Dion.
Æian. lib. 2.
cap. 30.
Apul.

les Mimes, les Muſiciens, les Flûteurs, & autres Embolaires qui en marquoient les Intervalles, ne furent pas à mon advis de moindre magnificence que les Chœurs de la Tragédie ; veu que ceux qui en eſtoient les Maiſtres, n'en tiroient pas moins de gloire quand ils y avoient bien diverti le peuple, que faiſoient les Æſopes, Roſcies & autres Chefs de Troupe, quád les Tragédiens ou les Comédiens avoient bien reüſſi dans la repreſentation : comme on peut voir par les anciennes Inſcriptions des Comédies de Terence, & par d'autres preuves fort conſiderables, mais qui ne ſont pas de mon deſſein.

Si donc noſtre ſiécle pouvoit ſouffrir le rétabliſſement des Chœurs comme le plus ſuperbe ornement du Theatre, il faudroit premierement que nos Poëtes étudiaſſent avec ſoin dans les Anciens, l'artifice dont ils ſe ſervoient pour les rendre excellens, pour ingenieuſement les inventer, pour les introduire avec neceſſité, pour les faire agir & parler agreablement, enfin pour faire mouvoir ou tout ce grand Corps, ou quelque partie ſans aucun deſordre. Davantage il faudroit que le Roy ou les Princes donnaſſent de quoy faire cette magnificence, ce qui ne ſeroit pas à mon advis le plus malaiſé, apres ce que nous avons veu depuis quelques années dans ce Royaume aux Balets, & aux Tragédies: Et enfin, il ſeroit neceſſaire d'avoir des Muſiciés

& des Danseurs capables d'executer les inventions des Poëtes, à la façon de ces Danses parlantes & ingenieuses des Anciens; ce que i'estime presque impossible à nos François, & tres-difficile aux Italiens. C'est pourquoy ie ne m'arresteray point à déduire icy, comment on pourroit faire pour adjoûter les Chœurs à nostre Tragédie; Ce qu'il faudroit imiter des Anciens; ce qu'il en faudroit retrancher ou changer selon nos Coûtumes, ny quel estoit le devoir des Musiciens & des Danseurs; car cela meriteroit vn Traitté particulier, qui maintenant seroit fort inutile. Passons-donc à des choses plus necessaires pour l'intelligence du Poëme Dramatique, & qui regardent la Pratique du Theatre.

LA PRATIQVE

CHAPITRE V.
Des Actes.

NOvs appellons *Acte*, cette cinquiéme partie du Poëme Dramatique qui est renfermée entre deux chants de musique, & qui consiste parmy nous en trois cens vers, ou environ. Les anciens Poëtes de la Gréce n'ont point connû ce nom, bien qu'ils en ayent eû la chose; car puis qu'au rapport d'Aristote, on appelloit *Episode*, tout ce qui estoit compris entre deux chants du Chœur; & que maintenant nostre musique, bonne ou mauvaise, tient la place des Chœurs; Il est manifeste que les Episodes en ce sens estoient parmy eux, toutes les choses contenuës dans les cinq Actes parmy nous. Quant aux Latins, ils ont employé ce terme, comme nous l'avons emprunté d'eux, non pas, à mon advis, de tout-temps; car au commencement il signifioit tout vn Poëme de Theatre, ainsi que *Drama* chez les Grecs, dont nous avons assez de preuves chez les Autheurs: mais i'estime que la Comédie venant à perdre ses Chœurs, & n'ayant plus que des musiques, Mimes, danses, & autres bouffonneries pour

DV THEATRE, Liv. III. 277

intermedes; les Poëtes qui donnérent leurs Ouvrages au public, s'adviférent d'en diftinguer les parties par Actes, pour en ofter la confufion dans la lecture; encore ay-je quelque croyance que ce fut bien tard, puis que nous n'en trouvons rien dans les Autheurs qui furent contemporains de Terence: Horace eft, ie croy, le premier qui nous en a donné le precepte, tant pour la diftinction que pour le nombre; & c'eft vne chofe affez étrange qu'Athenée qui cite vne infinité de Dramatiques Grecs, ne donne feulement pas vne conjecture dont nous puiffions apprendre que cette diftinction leur fut conuuë de fon temps. Mais puis que cette divifion du Poëme Dramatique en cinq Parties, eft venuë des Grecs & des Latins; i'en parleray fous le nom d'*Acte*, fans plus particulierement examiner en quel temps, ny comment il a paffé dans l'vfage.

Neve minor, neve fit quinto productior Actu, Fabula qua pofci vult & fpectata reponi. Horat. de ar. Poët. Fabula, five Tragica, five Comica quinque actus habere debet. Afcon. in 4. Verr. Tully. où Ciceron fait mention du 4. Acte, & ailleurs du 3. feulement côme la fin du Poëme. lib. 1. ad Quint. frat.

Premierement il faut fçavoir que tous les Poëtes font demeurez d'accord, Que les Piéces de Theatre reguliérement ne doivent avoir ny plus ny moins que cinq Actes; la preuve en eft dans l'exemple des Grecs & des Latins, & dans la pratique generale; mais pour la raifon, il n'y en a point qui puiffe avoir de fondement en la Nature. La Rhetorique a cét avantage par deffus la Poëfie, que les quatre parties de l'Oraifon, l'Exorde, la Narration, la Confirmation, & la

Mm iiij

Peroraison sont fondées sur la maniére de discourir, naturelle à tous les hommes ; car chacun fait toûjours quelque petit Avant-propos d'où il passe à conter ce qu'il veut dire ; apres il le confirme par raisons, dont il ne sort point qu'en essayant de se remettre en la bonne grace de ceux qui l'écoutent. Mais pour les cinq Actes du Poëme Dramatique, ils n'ont pas esté formez de la sorte, ils doivent leur estre & leur nombre aux observations que les Poëtes ont faites de ce qui pouvoit estre agréable aux Spectateurs : car ayant premierement reconnu qu'il seroit impossible qu'ils fussent attentifs au recit de quinze ou seize cens vers, sans beaucoup d'impatience & d'ennuy ; ils ont conservé les Chœurs, dont la musique & la danse relâchoit l'attention des Spectateurs, & les remettoit en bonne humeur pour ouyr la suitte ; ou bien en leur place ils y ont mis des concerts d'instrumens & diverses bouffonneries par les Mimes & Embolaires, qui sont entrez en intermedes dans la Nouvelle Comédie ; & puis ayant consideré iusqu'où pouvoit se porter la patience des Spectateurs sans cette recréation, ils ont trouvé par experience, que pour se bien ajuster avec eux, il falloit diviser le Poëme en cinq parties ; ce qui est tellement veritable, soit par accoustumance, ou par vne juste proportion à la foiblesse de l'homme, que nous ne pouvons

DV THEATRE, Liv. III. 279

approuver vne Piéce de Theatre s'il y a plus ou moins de cinq Actes ; parce que nous eſtant imaginez ce Poëme d'vne certaine grandeur & d'vne certaine durée, les Actes nous paroiſſent trop longs, s'il y en a moins ; & trop courts, s'il y en a davantage. Nous l'avons veû par experience aux Comédies des Italiens, leſquels pour ne ſe pas départir de la mauvaiſe coûtume qu'ils ont de n'y faire que trois Actes, font le premier ſi long qu'il en eſt ennuyeux & importun. Ie conſeillerois donc au Poëte de ſuivre en cela ce que pluſieurs ont pratiqué, & que nous voyõs eſtre le moins incommode aux Spectateurs, c'eſt à dire, de faire cinq Actes, & chacun d'eux de trois cens vers ou vn peu plus, en ſorte que ſon Ouvrage ſoit environ de *quinze à* dix ſept cens vers, ayant toûjours remarqué que la patience des Spectateurs ne va guere plus loin ; & chacun ſçait que deux de nos Poëmes tres-ingenieux & tres-magnifiques, ont donné du dégouſt, non pour avoir eû des defauts, mais pour avoir eſté trop longs; car il eſt aſſez ordinaire à tout le monde de ſouffrir plus volontiers, & méme avec quelque divertiſſement, vne Piéce de Theatre de moyenne grandeur dans laquelle il y aura quelques endroits qui déplairont, qu'vne autre plus accomplie, quand elle paſſe de beaucoup cette meſure ; nous trouvons des excuſes aux manquemens du Poëte, mais la laſſitude & l'ennuy ont cela de particulier qu'ils nous rendent les meilleures choses insupportables. Que le Poëte donc cherche dans les Anciens l'exemple de cette division, veritablement les Grecs n'ont point connû le terme d'*Acte*, & pourtant n'en ont point employé d'autre au méme sens; car *Drame*, signifie tout le Poëme, & le Traducteur d'Athenée a souvent mis celuy d'*Actus* Latin dans la méme signification. Quand Aristote definit l'Episode, *Toute la partie de la Tragédie qui est entre deux chants*, il a dit quelque chose de semblable à ce que nous entendons par les Actes: car dans vne Tragédie commençant & finissant par le Chœur, comme le *Rhese* d'Euripide, il y a cinq Episodes qui ressemblent à cinq Actes enfermez dans les chants de nostre musique telle qu'elle soit; mais selon la rigueur de la doctrine du Philosphe, ce qui est devant le premier chant du Chœur, est vn Prologue, & ce qui est apres le dernier chant, est vn Exode: si bien que de cette sorte; les Tragédies n'auroient que trois Episodes entre quatre chants du Chœur. Ce n'est pas qu'en verité les Grecs n'ayent connû & pratiqué cette division du Poëme Dramatique en cinq parties ou Actions partiales distinctes par quelque intervalle & on le peut bien voir dans Sophocle: car pour Æschyle il n'estoit pas encore dans la derniere iustesse des regles; & pour Euripide il s'est toûjours embarrassé de Prologues, en sorte que te que ſes Piéces ſemblent avoir toûjours ſix Actes, & quelquesfois ſept : Mais nous avons fait voir ailleurs qu'il y a des Prologues qui ne font point parties de la Tragédie, dont ils ſont entierement détachez ; & d'autres qui n'y ſont point tellement incorporez qu'ils n'en puiſſent eſtre ſeparez, ſans en alterer la veritable œconomie. Tellement qu'à bien prendre les Oeuvres des Tragiques, on y trouvera les cinq Actes bien diſtinguez, & bien marquez par la muſique du Chœur ; ce n'eſt pas qu'il ne ſemble en quelques endroits que le Chœur chante au milieu d'vn Acte, & qu'il en interrompt la ſuitte & la liaiſon ; comme on le pourroit auſſi conjecturer d'Horace, quand il dit, *Que le Chœur ne doit rien chanter au milieu des Actes qui ne ſoit fort convenable au Sujet.* Mais cela ne regarde qu'vne Critique inutile en noſtre temps, & peut-eſtre ne le trouveroit-on pas ſi certain qu'il n'y euſt toûjours lieu d'en douter ; car ou le Chœur ne chantoit point, ou les vers ſont mal placez dans nos impreſſions, comme il eſt aiſé de le monſtrer en pluſieurs Piéces d'Ariſtophane, & dans les *Bacchantes* d'Euripide, où le Chœur châte entre la premiere & la ſeconde Scéne du cinquiéme Acte ; ce qui a fait errer Stiblinus en la diviſion des Actes de cette Tragédie, ayant compris dans le quatriéme, la premiere Scéne du cinquiéme ; & ce qui l'a abuſé, eſt ce chant du

Nn

Chœur au milieu du cinquiéme Acte, dont il se fuſt bien gardé, s'il euſt obſervé qu'il faut vn grand intervalle de temps pour faire ce qui eſt raconté par le Meſſager qu'il met dans le quatriéme Acte; au lieu qu'il n'en faut point, ou trespeu, entre la narration de ce Meſſager, & l'arrivée d'Agavē ſur le Theatre : ce qui eſt tellement vray qu'il avouë que l'on peut commencer le cinquiéme Acte à cette narration, comme il le faut auſſi.

<small>Seneca à paucis probatur Scal. lib. 3. c. 97.</small>

Pour les Tragédies Latines que nous avons ſous le nom de Seneque, ie ne ſuis pas d'avis que noſtre Poëte les imite en la ſtructure des Actes, non plus qu'au reſte, ſi ce n'eſt en la delicateſſe des penſées ; car il n'y a rien, ce me ſemble, de plus ridicule ny de moins agreable, que de voir vn homme ſeul faire vn Acte entier ſans aucune varieté, & qu'vne Ombre, vne Divinité, ou quelque Heros faſſe tout enſemble, & le Prologue, à peu pres ſelon Euripide, & vn Acte. Ce que i'en dis icy pourtant n'eſt pas afin que le Poëte ouvre ſon Theatre par vn Prologue, à la maniere de ce Grec; mais ſeulement afin qu'il les entende, & qu'il en puiſſe diſcerner le bien & le mal : car ie n'approuve non plus cette ouverture du Theatre Grec, *qui eſt priſe par quelques vn pour vn ſixiéme Acte*, que la mauvaiſe méthode de l'Autheur des Tragédies Latines qui nous reſtent.

Il n'eſt pas ſi facile de donner advis ſur les Comédies d'Ariſtophane, car elles ont toutes le Prologue à la façon de la Tragédie Grecque; mais elles ne ſont pas toutes pareilles: Il y en a qui ſont bien régulieres, & d'autres ſi pleines de confuſion, qu'il eſt tres-difficile d'en cotter les Actes diſtinctement, comme dans *les Oyſeaux*, où l'on ne peut dire au vray, quel eſt le premier chant du Chœur, combien il y a d'Actes, & où commence le ſecond; Auſſi voyons-nous qu'en la pluſpart les Interprétes n'en ont oſé marquer les Actes dans nos impreſſions, pour eſtre trop brouïllez en apparence, & que méme dans celles où nous les trouvons diſtinguez, il s'y voit des manquemens aſſez conſiderables à qui les voudroit remettre en ordre: La grande difficulté pourtant qui s'y *rencontre* eſt arrivée, ſelon mon advis, ou par la licence de la Vieille, & Moyenne Comédie; ou par la corruption des Exemplaires que le temps avoit diſſipez en partie, & que l'ignorance des Compilateurs & des Imprimeurs a mal rétablis. *Teren. Inſt. diſſert. 2.*

Les Comédies de Plaute ont receu la méme diſgrace en pluſieurs endroits, où il y a des Scénes perduës, d'autres adjoûtées & des Actes confondus, comme dans la *Moſtellaria* dont la Scéne qui eſt cottée la 3. du troiſiéme Acte, doit eſtre la premiere du quatriéme; car apres la ſecõde de ce troiſiéme Acte, le Theatre ſe trouve vuide &

sans Action, Theuropides & Tranion entrans dans la maison de Simon pour la visiter, sans qu'aucun autre Acteur reste sur la Scéne; si bien que la musique ou les Mimes ont deû marquer en cét endroit l'intervalle d'vn Acte : mais la Scéne qui est cottée pour la seconde du quatriéme Acte, doit estre jointe à celle qui est mise pour la premiere de cét Acte; car il n'y a aucune distinction, ny de temps, ny d'action entre elles, le Theatre ayant toûjours les mémes personnages presens, & les mémes entretiens continuez ; & ces deux ensemble doivent faire la premiere du quatriéme Acte, puisqu'entre celle qui est mise pour la derniere du troisiéme Acte, & ces deux qu'il faut joindre, il n'y a aucune separation; Theuropides est toûjours sur la Scéne, sans estre sorty ny rentré, tellement que les Intermedes n'ont aucun moment pour y estre inserez, ny pour distinguer deux Actes. Pour celles de Terence ; elles sont mieux reglées, & peuvent bien servir de modelle en beaucoup de choses à qui voudroit se rendre excellent en l'art du Theatre.

Est igitur attentè animadvertendum, Vbi, & quando Scena vacua sit ab omnibus personis vt in eâ Chorus vel tibicen audiri

On a quelquefois demandé, Quand on peut dire qu'vn Acte est finy? & l'on a répondu apres Donat, Que c'est quand le Theatre demeure vuide, & sans aucun Acteur. Mais s'il estoit ainsi, nous pourrions dire qu'il seroit permis aux Histrions d'accourcir & d'allonger les Actes

comme il leur plairoit ; car s'ils vouloient oster *possit, quod cū* la musique dans le temps necessaire pour l'in- *viderimus, ibi actum fini-* tervalle de l'Acte, ils pourroient paroistre les *tum esse debe-* vns apres les autres, sans laisser iamais le Thea- *re,&c. Donat.* tre vuide. Davantage quand les Scénes sont *rent.* *in Andr. Te-*
déliées (ce qui est encore assez ordinaire en ce temps) il y auroit lieu de faire jouër les Violons, & de finir vn Acte autant de fois que le Theatre demeureroit vuide : mais i'estime que l'Acte finit, non pas quand le Theatre est sans Acteur; mais quand il demeure sans Action : & ce qui me le fait ainsi dire, est que chez les Anciens i'ay remarqué que le Chœur chante & danse, ou que la musique se fait, encore qu'il reste quelque Acteur sur le Theatre ; ce qui arrive en deux façons, l'vne quand l'Acteur demeure sur la Scéne entierement incapable d'agir, comme l'Hecube d'Euripide qui tombe évanoüye d'affliction entre le premier & le second Acte ; & l'Amphitryon de Plaute surpris d'vn coup de foudre entre le quatriéme & le cinquiéme. L'autre, quand l'Acteur qui paroist à la fin d'vn Acte, se mesle avec le Chœur, comme Electre dans deux intervalles d'Actes de l'*Oreste* d'Euripide ; & d'autres Acteurs dans la seconde *Iphigenie*, & dans les *Bacchantes*, & cela est ordinaire dans la Tragédie. Or dans la premiere façon, l'Acteur qui restoit sur la Scéne sans agir, quoy que visible, arrestoit le cours de l'action Theatrale,

& finiſſoit ainſi l'Acte; Et dans la ſeconde, l'Acteur faiſant partie du Chœur, donnoit à connoiſtre que l'Action du Theatre eſtoit ceſſée, & partant que l'Acte eſtoit finy : C'eſt pourquoy ie ne ſuis pas de l'advis de Donat, quand il écrit, *Que la raiſon qui obligea Menandre d'oſter les Chœurs de la Comédie, & les Poëtes Latins de confondre ſouvent, c'eſt à dire, de lier les Actes en telle ſorte que l'on n'y remarquoit aucune diſtinction, fut que les Spectateurs eſtoient devenus tellement impatiens, qu'ils ſe retiroient auſſi toſt que les Acteurs ceſſoient de paroiſtre ſur la Scéne, pour faire place à la muſique qui marquoit les intervalles des Actes*, & i'eſtime qu'il en a parlé trop légerement pour n'avoir eſté ſçavant au Theatre qu'à demy ; car ſi la derniere Scéne d'vn Acte eſtoit liée avec la premiere du ſuivant, ce ne ſeroient pas deux Actes ; veû qu'il n'y auroit pas de moyen d'en marquer la diſtinction en vn lieu plûtoſt qu'en vn autre, & que le Theatre ne demeurant ny ſans Acteur, ny ſans Action, il ſeroit ridicule de ſeparer en deux, ce qui ne ſeroit ſeparé par aucun intervalle de temps. Et pour l'impatience des Spectateurs, elle ſeroit bien plus grande, ſi leur attention n'avoit point de relâche ; & ſans doute qu'ils s'ennuyeroient encore plutoſt, ſi les Actes eſtoient liez : outre que la muſique qui n'eſtoit pas deſagréable chez les Anciens, & qui ne conſiſtoit pas ſeulement en deux méchans violons, comme parmy nous, n'estoit pas vn moindre divertissement que la Comédie. Aussi trouvons-nous que ceux qui en avoient esté les Maistres, faisoient apposer leurs noms dans les inscriptions publiques avec celuy du Poëte & du principal Histrion. *Terent. in Andr.*

A quoy si on adjoûte les Embolaires ou Intermedes, composez de Mimes, danses & bouffonneries tres-divertissantes, nous iugerons qu'il y avoit bien moins de sujet de s'ennuyer durant ces intervalles des Actes, que de voir quelque méchant Comédien revenir trop tost pour mal faire son Personnage; tel que fut autresfois ce Pellion qui joüa si mal l'*Epidicus* de Plaute, que ce Poëte luy en fit injure publique le lendemain, en faisant representer les *Bacchides*.

Davantage nous ne trouvons point ces Actes liez en apparence que dans Plaute, encore qu'en effet ils soient bien distinguez, quoy que mal cottez dans les impressions en quelques endroits; & ie ne voy pas que ses Comédies soient si peu divertissantes qu'il ayt eû besoin d'vn si mauvais artifice pour arrester les Spectateurs au Theatre; & s'il en avoit lié les Actes, i'estimerois au contraire qu'il l'auroit fait pour contenter cette impatience des Auditeurs qui sont curieux de sçavoir les évenemens d'vne intrigue bien ajustée; car ses Piéces qui sont bien plus actives & moins serieuses que celles de Terence, ont toûjours mieux reüssi dans la representation, encore que les autres ayent plus d'agrément dans la lecture, pour avoir des Personnages plus honnestes, des passions mieux conduites, & des paroles plus élegantes. Et pour reuenir à Donat, il monstre bien luy-méme qu'il n'estoit pas fort asseuré de ce qu'il écriuoit, quand il adjoûte, *Que les Sçavans ne sont pas d'accord que ç'ait esté par cette raison que Menandre osta les Chœurs de la Comédie, & qu'il confondit les Actes,* & ce qui me fait croire qu'il parle ainsi, pour n'auoir pas eû l'entiere intelligence du Theatre, est ce qu'il dit de l'*Eunuque* de Terence, *Que les Actes en sont plus embarrassez qu'en nulle autre, & que les Sçavans seuls les peuuent distinguer;* en quoy, dit-il, le Poëte n'a voulu faire qu'vn Acte de tous les cinq, afin que le Spectateur n'eust pas le temps de respirer & pour l'empescher par la continuation des éuenemens, de se leuer, auparavant qu'on eust osté les tapisseries; car il est certain que cette Comédie est l'vne de celles dont les Scénes sont le plus ingenieusement liées, & les Actes le plus sensiblement separez : aussi à la fin de chacun d'eux les Acteurs disent en termes précis, Où ils vont & ce qu'ils vont faire; & ceux qui cōmencent les suiuans disent, d'où ils sortēt, & pourquoy ils viennent. Et tant s'en faut que le Poëte en ait voulu continuer & lier les Actes pour arrester par adresse les Spectateurs, qu'il y a méme des Scénes en apparence déliées, comme la quatriéme du troisiéme Acte; mais

dans

Actus sanè implicatiores sunt in eâ, & qui non facilè à parùm doctis distingui possunt. Ideo quia tenendi spectatoris causâ vult Poëta omnes quinque Actus velut vnum fieri, ne respiret quodammodo, atque distinctâ alicubi continuatione succedentium rerū ante aulaea sublata fastidiosus spectator exurgat. Donat. in Eunnch. Terent. & in Adelph. eiusdem repetita alijs verbis.

dans les Actes, il n'y a pas le moindre soupçon de cette confusion imaginaire dont parle Donat, & souvent les Latins ont esté si soigneux d'en marquer la distinction, que Plaute ayant fait sortir Pseudolus le dernier au premier Acte, & rétrer le premier au second, c'est à dire, ayãt fermé & ouvert deux Actes consecutifs par vn méme Persõnage; parce que cela est contre les regles, & que le méme Acteur parlant toûjours, on pourroit croire qu'il n'y auroit point de distinction, il luy fait prononcer ces paroles en sortant, *Tandis que retiré dans la maison ie tiendray le grand Conseil de mes fourbes, la musique vous divertira.* Et pour cette raison dans l'*Heautontimorumenos* de Terence, Menedéme qui ferme le quatriéme Acte & rouvre le cinquiéme, marque précisément, *Que le Theatre demeure sans action à la fin du quatriéme Acte, qu'il avoit esté quelque temps absent, & qu'il estoit passé iusques dans le fond de son logis, où il avoit veû Clitiphon se renfermer avec Bacchide,* de sorte qu'il n'y a pas lieu de croire cette liaison des Actes. Aussi puis-ie asseurer qu'en la plusparrt des endroits des Comiques Latins, où l'on pése que les Actes soient liez, c'est par l'ignorance de ceux qui en ont marqué les Actes, & qui les ayant mal distinguez, ont fait faillir les autres apres eux, comme dans l'*Amphitryon* de Plaute, dont le quatriéme Acte doit cõmencer par la Scéne qui est mise pour la derniere du troisiéme; & encore dans l'*Heautontimorumenos* de Terence, dont le quatriéme Acte ne doit commencer qu'à la Scéne cottée pour la seconde, celle qui est marquée pour la premiere, estant du troisiéme Acte. Il est donc bien plus raisonnable de croire ce que nous avons dit, Qu'en ces rencontres l'Acteur, qui semble continuer & ioindre les deux Actes, se méloit aux intermedes dans la Comédie, comme au Chœur dans la Tragédie; ou bien que les Exemplaires sont corrompus, s'estant perdu quelques Scénes ou quelques vers, qui servoient à iustifier l'adresse du Poëte, comme il est arrivé en plusieurs endroits de Plaute dont ie parle dans mes Observations: mais venons à l'instruction du Poëte touchant la division & la structure de ses Actes.

Perspecto argumento, scire debemus hanc esse virtutem poëticam vt à novissimis argumenti rebus incipiens, &c. Donat. in Terent. And.

Apres donc qu'il aura choisi son Suiet, il faut qu'il luy souvienne de prédre l'Action qu'il veut mettre sur le Theatre à son dernier poinct, & s'il faut ainsi dire, à son dernier moment; & qu'il croye, pourveû qu'il n'ait point l'esprit sterile, que moins il aura de matiere empruntée, plus il aura de liberté pour en inventer d'agréable; & à toute extremité qu'il se restreigne iusqu'à n'en avoir en apparence que pour faire vn Acte; les choses passées luy fourniront assez de quoy remplir les autres, soit par des Recits, soit en rapprochant les Evenemens de l'histoire, soit par quelques ingenieuses inventions;

ainsi fait Euripide dans l'*Oreste*, dont il ouvre le Theatre au poinct que l'on devoit iuger les Coupables de la mort de Clitemnestre ; car il semble qu'il n'y ait pas de matiere pour vn Acte, & que la Catastrophe se doive faire aussi-tost; mais il prépare tout si adroitement d'abord par l'arrivée de Menelas & la sortie d'Hermionne hors le Palais, que cette Tragédie est vne des plus grandes & des plus excellentes de toute l'Antiquité:

En suite il faut considerer ce qu'Aristote dit des Episodes ; car le Poëme Dramatique a trois choses differentes, *la Constitution de la Fable*, pour parler avec les Anciens ; *la Composition de la Tragédie* ; *& la Versification*.

La *Constitution de la Fable* n'est autre chose que l'invention & l'ordre du Sujet, soit qu'on le tire de l'Histoire, ou des Fables receuës, ou de l'imagination du Poëte. Aristote entend seulement, par la *Constitution de la Fable*, cette partie de l'histoire ou du Sujet qui comprend l'action Theatrale, c'est à dire, ce qui se passe depuis l'ouverture du Theatre ; voulant que les choses qui se sont faites auparavant, soient hors la fable: D'où vient que parlant du Vray-semblable, il écrit *Qu'il est permis au Poëte de supposer quelque chose contre la vray-semblance, pourveu que ce soit hors la fable*, c'est à dire dans les choses qui se font faites auparavant l'ouverture du Theatre, & qui doivent apres estre racontées, ou par vn Prologue, comme dans Euripide, ce que ie n'approuve pas; ou par quelque Acteur dans le corps du Poëme, selon l'art des Narrations : & le Philosophe apporte pour exemple Sophocle en son *Oedipe*, en laquelle il avoit supposé dans la partie du Sujet arrivée devant l'ouverture du Theatre, qu'Oedipe n'avoit point sceû de quelle sorte estoit mort le Roy Laïus, ce qui n'estoit point vray-semblable.

Ἔξω τοῦ μυθεύματος Arist. c. 24. Ibi Victor. Extra res illas quæ in Scena tunc aguntur, &c. Extra Fabulæ compositionem & non in Dramate.

Mais pour moy i'estime, que la Constitution de la fable doit comprendre toute l'histoire du Theatre; car ce qui est arrivé avant l'ouverture, est aussi bien du fond du Sujet, que ce qui se passe depuis que le Theatre est ouvert; & que ces choses que le Philosophe met hors la fable, doivent estre racôtées dans la suitte de la Piéce; non seulement pour estre connuës des Spectateurs, qui ne doivent rien ignorer du Sujet; mais aussi pour fournir l'occasion de quelque surprise agréable, de quelque belle passion, & souvent méme du denoüement de toutes les Intrigues : & ie ne puis consentir que le Poëte laisse, ou suppose quelques Incidens contre la vray-semblance dans ces premieres avantures qui précedent l'action representée, parce qu'estant vn fondement des choses qui arrivent apres au Theatre, la liaison en est blessée, estant contre l'ordre & contre la raison qu'vne chose arrive vray-semblablemét d'vne autre, qui n'est pas vray-semblable ; voire méme est-il certain que le Poëte est moins excusable pour vne faute qu'il fait dans les Incidens de son Suiet avenus auparavant l'ouverture du Theatre, parce qu'il en est le Maistre absolu ; au lieu que souvent dans la suitte des intrigues il y a quelques Evenemens qui contraignent les autres, & qui ne laissent pas l'Autheur si libre à faire tout ce qu'il voudroit.

La *Composition de la Tragédie* n'est autre chose, que la disposition des Actes & des Scénes, c'est à dire des Episodes, qui se doivent selon Aristote adjoûter à la Constitution de la Fable pour la remplir & luy donner sa juste grandeur, en quoy souvent consiste la plus grande beauté du Poëme, comme c'est le plus grand art du Poëte ; car vn méme sujet, c'est à dire vne méme constitution de fable, sans en alterer le fond, l'ordre, ny les sucez, peut avoir vne disposition d'Actes & de Scénes si differente, c'est à dire les Episodes si differemment ordonnez, qu'on en feroit vne Tragédie fort bonne, & vne fort mauvaise.

Et le me suis souvent estonné de voir des gens d'esprit & fort entendus en la plus haute doctrine d'Aristote, avoir confondu la Constitution de la Fable avec la Disposition de la Tragédie, ou des Actes; car ce Philosophe dit en termes bien clairs, Qu'apres avoir constitué la Fable, c'est à dire formé le Sujet, il y faut inserer les Episodes, c'est à dire, les entretiens pathétiques, les narrations, les descriptions & les autres discours qui doivent faire le corps de la Tragédie, de prendre garde encore qu'ils soient naturellement atta-

DV THEATRE, LIV. III. 295

chez à la *Fable*, c'est à dire tres-convenables au Suiet.

Quant à *la Versification* qui dépend de l'inclination naturelle du Poëte & de l'étude de la Poësie, ie me contente d'advertir le Poëte de cultiver & de polir ce que la Nature luy aura donné, & d'étudier l'Art dans les Maistres qui en ont dressé les preceptes, & dans les Autheurs qui nous en donnent des modelles.

Pour revenir donc à nostre propos, il faut examiner si la Constitution de la fable peut souffrir des Episodes; & si cela est, il faudra voir de quelle sorte on les choisira, quels seront les plus beaux, & en quel endroit ils feront le plus d'effet; & apres diviser ses Actes en telle façon qu'ils ne soient point fort inégaux, s'il est possible, & que les derniers ayent toûjours quelque chose de plus que les premiers, soit par la necessité des évenemens, ou par la grandeur des passions, soit pour la rareté des spectacles. Et pour le bien faire, il faut envisager son Suiet *Aristot.* d'vn trait d'œil & l'avoir present tout entier à l'imagination; car celuy qui connoist vn Tout, en sçait bien les parties; mais celuy qui ne le connoist qu'à mesure qu'il le divise, se met en estat de le diviser tres-mal, & fort inégalement. Aucuns ont voulu soûtenir que chaque Acte devoit estre ouvert par vn nouveau Personnage, à cause que les Anciens ont beaucoup de Poëmes

In Comœdia non semper Actus novi à nova persona cõstituuntur. Scal. l.1.c.11.

de cette sorte : ce que ie ne desapprouueray pas quand le Poëte pourra l'obseruer si à propos que ces nouueaux Personnages n'apportent aucune obscurité à l'intelligence de l'Intrigue, & que leur presence soit si bien preparée, que cette varieté semble naistre du Suiet & non pas de l'invention du Poëte ; car tout ce qui sent trop l'art au Theatre, n'est pas bien selon l'Art, & perd toute sa grace : mais ie n'estime pas qu'il soit toûjours necessaire d'en vser ainsi, parce qu'il vaut beaucoup mieux diuiser ses Actes en telle sorte, que chacun d'eux soit considerable par quelque beauté particuliere, c'est à dire, ou par vn incident, ou par vne passion, ou par quelque autre chose semblable. Ce n'est pas que i'entende tellement resserrer vn Acte, que le Poëte n'y doiue faire entrer qu'vne chose éclatante ; mais aussi quand il y en mettra plusieurs, il doit prendre garde qu'elles s'entreproduisent l'vne l'autre naturellement & sans affectation : c'est pour cela qu'vn de nos plus excellens Poëmes a esté iugé defectueux, à cause qu'il y avoit trop de beautez en chaque Acte, attendu qu'en ces rencontres l'Auditeur n'a pas le temps de respirer apres vne impression douloureuse : & comme toutes les graces du Theatre sont fort differentes, & méme le doiuent estre, il arriue qu'elles se détruisent l'vne l'autre, quand elles sont trop precipitées : En vn mot, *les plaisirs* nous lassent

DV THEATRE, Liv. III. 297

haissent quand nous n'avons pas le loisir de *les* goûter en *le* possedant.

Or souvent il se recontre qu'il y a dans vne histoire des circonstances de telle nature qu'elles ne peuuent estre, ou du tout representées, ou qu'elles ne sont pas agreables à voir, ou enfin qu'elles ne seroient pas honnestes à mettre au iour ; cependant comme elles pourroient fournir d'illustres narrations, ou faire naistre des sentimens dont les expressions seroient admirables, *ce qu'il faut faire, en ces ocasions* c'est de se seruir de l'artifice des Anciens qui supposoient les choses faites, & puis auec beaucoup d'adresse en faisoiét faire les recits quand ils auoient de l'agrément, en tiroient des Passions pour les mettre sur la Scéne, y faisoient entrer vn homme tout émeu de ce qu'on venoit de luy dire ailleurs ; ce qui est fort ordinaire à Terence. Par exemple, il eust esté difficile, & méme ridicule de representer Aiax au Theatre, comme l'a fort bien décrit Cointus Calaber dans vn Poëme Epique, massacrant les trouppeaux qu'en sa fureur il prenoit pour les Grecs, & foüettant vn Belier, comme s'il eust tenu Vlysse ; & neantmoins il n'estoit pas mal à propos d'en donner quelque image aux Spectateurs. Pour cela Sophocle ne s'est pas contenté d'en faire le recit, mais supposant que tout ce massacre est arriué la nuict, il fait ouurir la

Pp

Tente de ce Prince, où l'on voit divers animaux égorgez, & luy tout accablé de douleur. En quoy l'on peut remarquer, que le Poëte n'ouvre pas son Theatre au commencement de la fureur d'Aiax, parce qu'il eust eû trop de peine à s'en demêler: aussi n'a-t'il pas voulu qu'elle ait esté passée entierement, afin qu'il luy en pust rester assez pour imprimer de la compassion dans l'ame des Spectateurs. Euripide est aussi fort ingenieux, quand il ne veut pas que la Nourrice de Phédre s'efforce de corrompre Hyppolite sur la Scéne, comme ont fait Seneque & Garnier; parce qu'il luy faudroit faire dire, ou des choses foibles, qui par consequent n'auroiét point d'effet; ou des choses des-honnestes, & peu convenables à la maiesté de la Tragédie: mais bien faisant paroistre ce ieune Prince tout en colere des discours de cette Vieille, il conserve au Theatre tous les sentimens de vertu qui pouvoient avoir quelque éclat. Enfin le precepte general est, de si bien examiner son Sujet, que l'on en reiette dans les intervalles des Actes tout ce qui donneroit trop de peine inutilement au Poëte, & tout ce qui pourroit choquer les Spectateurs, & que l'on ne reserve sur la Scéne que ce qui peut estre agréable à voir, ou à entendre.

Ce que i'ay touché cy-dessus comme en passant, Que le méme Acteur qui ferme vn Acte, ne doit pas ouvrir celuy qui suit, m'oblige à l'expliquer vn peu plus au long, & d'avertir le Poëte, que regulierement cela doit estre ainsi; parce que l'Acteur qui sort de la Scéne pour quelque action importante à laquelle il faut qu'il s'employe ailleurs, doit avoir quelque temps raisonnable pour la faire; & s'il revient aussi-tost que la musique assez courte & assez mauvaise a cessé, l'esprit des Spectateurs est trop surpris en le voyant revenir si-tost, au lieu que quand vn autre a paru devant son retour, l'imagination des Spectateurs, qui a esté divertie par cét autre Acteur, ne trouve rien à redire quand il revient; & cóme les Spectateurs aydent eux-mémes au Theatre à se tromper, pourveu qu'il y ait quelque vray-semblance, ils s'imaginent facilemét que ce Personnage a eû assez de temps pour ce qu'il vouloit faire, quand avec la musique ils ont eû devant les yeux vn autre objet qui a presque effacé l'image qu'ils avoient de celuy qui leur estoit demeuré le dernier à l'esprit dans l'Acte precedent; l'experience découvrira la verité de ce raisonnement: Il y a neantmoins quelques exceptiós, car si l'Acteur, qui sort à la fin d'vn Acte, a peu de choses à faire, & qu'il n'aille guere loin, il peut ouvrir l'Acte suivant; ce qui est ordinaire à Plaute, & que Terence méme a fait du quatriéme au cinquiéme Acte de l'*Heautontimorumenos*, où Menedé-

me allant de la ruë en sa maison, & voyant Clitiphon & Bacchide se renfermer seuls dans vne
chambre de derriere, il revient tout court dans
la ruë pour conter cette avanture à Chrémes; car
cela demande si peu de temps, qu'il n'est pas
étrange de voir Menedéme fermer vn Acte &
ouvrir l'autre. Ce que la Comédie souffre plus
facilement que la Tragédie, parce qu'en celle-
là les Acteurs ne sont ordinairement que des
Valets, & des gens de basse condition, qui peuvent bien courir dans vne ville & faire tout à la
hâte sans aucune indécence; mais dans la Tragédie, dont les personnages sont presque tous
Princes & grandes Dames, les actions en doivent estre plus graves & plus lentes, comme elles sont plus serieuses: En effet, ie croy que personne n'approuveroit de faire aller & venir vne
Princesse avec la méme diligence qu'vne Esclave, si-ce n'est qu'vne violente agitation d'esprit
fust cause de ce desordre contre la bien-séance
de sa condition ; car il se faut toûjours souvenir que la Vray-semblance est la premiere
& la fondamentale de toutes les regles, & que
tout ce qu'elle change, pourveu qu'elle y soit
apparente & sensible, est toûjours raisonnable, & ne peut estre mis au rang des fautes.

Que si les Anciens Tragiques ont quelquesfois commencé vn Acte par le méme Acteur

qui avoit achevé le précedent, c'est lors qu'il demeuroit sur la Scéne meslé avec le Chœur; chose assez ordinaire principalement aux femmes, & les exemples en sont assez frequens, outre ceux que nous avons cottez.

Sur tout il me semble que l'ouverture du Theatre doit estre éclatante, & c'est ce que Vossius dit *Que le commencement doit estre illustre*, ce qui se fait ou par le nombre ou par la majesté des Acteurs, ou par vn spectacle magnifique, ou par vne narration extraordinaire, ou par quelque autre subtile invention du Poëte. Les Tragédies Grecques commencent le plus souvent par vne Machine qui rendoit presente quelque Divinité; cela ressent bien la pompe du Theatre, mais il en faudroit vser rarement parmy nous; leurs Dieux leur estoient connus & venerables, au lieu que nous les ignorons presque autant que nous les méprisons; ie prefererois à cette magnificence toute autre invention d'esprit qui donneroit quelque attente d'vn grand évenement, ou quelque desir de sçavoir les choses passées. L'*Oreste* d'Euripide commence bien agréablement, en ce qu'il expose à la veuë ce Malheureux couché sur vn lict, enveloppé de son manteau, & dormant avec inquietude; sa Sœur à ses pieds toute affligée; le Chœur de celles qui viennent pour l'assister, n'osant presque ny parler ny marcher, de crainte de réveiller la

Principium debet esse illustre.
Voss. lib. 1. cap. 7. Poët.
Sumendum principium ex illustri re, taque tùm cognata tùm proxima. Scal. lib. 3. c. 95. Poët.

violence de sa fureur ; tout cela plaist au Spectateur, & luy fait esperer quelque chose d'extraordinaire. Le réveil d'Herodes est encore vne belle ouuerture dans la *Marianne*; & le Poëte n'y doit pas moins trauailler pour gagner d'abord l'attention des Spectateurs, que l'Orateur dans son Exorde pour se concilier la bienveillance de ses Iuges.

CHAPITRE VI.

Des Intervalles des Actes.

LA Peinture & la Poësie Dramatique concourent entre autres choses en ce poinct de rapport, qu'il leur est impossible de donner l'image entiere de ce qu'elles veulent representer; & quelques grands que soient leurs ouvrages, ils n'en peuvent comprendre que la moindre partie. En effet, vn Tableau ne sçauroit faire paroistre vne histoire qu'à demy, ny vn visage que par les endroits les plus visibles, ny vne personne que par vn costé seulement: Ainsi le Theatre ne souffre point qu'vne action y puisse estre veuë dans toutes ses circonstances, quelque resserrée qu'elle puisse estre: on y suppose des combats de deux armées entieres que l'on ne sçauroit voir, des redittes qui seroient ennuyeuses si elles estoient oüyes, & des actions qui seroient horribles à voir & à faire : mais aussi comme l'excellence du Peintre est de finir en telle sorte ce qu'il veut monstrer, que l'on puisse iuger facilement ce qu'il veut cacher; il faut que le Poëte travaille de méme avec tant d'industrie, que les choses qu'il fait representer

Memmerus. Nunciorum narrationes subijci Tragœdijs vice spectaculi cum ea quæ in Theatro repræsentari non possunt, aut non convenit, referŭt virtutum an vitiorum subiugratione Stebbius. In Phœnyss. Eurip.

deſſus la Scéne, portent les Spectateurs à vne intelligence agréable & facile de celles qu'il ne veut pas faire voir. Or c'eſt pour cela que les Dramatiques ſe ſont ſervis des Intervalles des Actes; car ayant reconnu que le Poëme renfermoit ſouvent beaucoup de choſes qui ne pouvoient eſtre repreſentées ſur la Scéne, & que ſouvent tous les Acteurs diſparoiſſoient pour faire ailleurs des actions qui demandent quelque temps, ils ſe ſont aviſez d'employer à cela cét eſpace qui diſtingue les Actes, qu'ils ont autresfois remply par les Chœurs, & puis par quelques intermedes, comme nous maintenant par la muſique.

Ie ſçay bien que dans l'origine de la Tragédie, les Chœurs, qui la compoſoient toute, n'eſtant qu'vne hymne ſacrée à Bacchus, receurent le diſcours des Hiſtrions, autrement les Epiſodes, afin que ceux qui chantoient & dançoient, euſſent quelque relâche ; & que peu à peu les choſes eſtans changées par la ſuitte des temps, les Chœurs ne furent employez au contraire, que pour donner aux Hiſtrions, ou Acteurs, quelque téps & quelque repos : les Poëtes méme en ont tiré cét avantage qu'ils ont par là delaſſé l'eſprit & l'attention des Spectateurs, encore que ce n'ait pas eſté la cauſe de leur inſtitution. Et quand le Poëme Dramatique eſt venu à ſa derniere perfection, ces Intervalles ont eſté cóſide-

DV THEATRE, Liv. III. 305

rez comme des parties necessaires à la composition de cét Ouvrage; & pour tout dire en vn mot, les Poëtes s'en sont servis pour faire & tout ensemble pour cacher tout ce qui ne pouvoit, ou ne devoit point estre veû des Spectateurs. On dira peut-estre que ces Intervalles ne sont pas absolument necessaires, en ce que l'on pourroit si bien lier & continuër toutes les Scénes d'vne Tragédie sans intermedes & sans musique, que les Acteurs qui disparoistroient, seroient reputez faire hors la Scéne, ce qui ne pourroit ou ne devroit pas y estre fait, tandis que d'autres y paroistroient & joüeroient leurs Personnages; mais l'experience nous apprend que les hommes n'ont point d'attention assez forte pour supporter vne Piéce de Theatre toute entiere & sans relâche, veû qu'vn seul Acte nous est ennuyeux & insupportable, quand il est vn peu trop long; tant l'esprit humain est peu capable de s'attacher long-temps & attentivement à vn seul objet! Et comme Ciceron dit, *Qu'il n'y a point d'homme qui vouluſt faire vne Oraiſon d'vne ſeule periode, encore qu'il euſt l'haleine aſſez bonne & aſſez longue pour la reciter*; Aussi n'y a-t'il point d'Auditeur qui fust content d'vne Tragédie sans pause, encore qu'il eust l'attention assez forte; la varieté nous plaist naturellement, & nous aymons mieux en toutes choses vne mediocre beauté, quand la diversité la

Q q

rend recommendable, qu'vne gráde excellence vniforme & toute égale ; noſtre œil ſans doute prend davantage de plaiſir à voir l'Arc-en-Ciel meſlé de tant de diverſes couleurs, que cette vaſte eſtenduë du Ciel ; parce qu'elle n'a qu'vne méme apparence.

Mais il y a plus, Souvent il arrive que le lieu de la Scéne doit eſtre vuide pour vn certain temps, & tous les Acteurs occupez ailleurs ; de ſorte qu'alors il ſe rencontre vn eſpace vuide qu'il eſt beſoin de remplir, afin que les Spectateurs n'attendent pas la ſuitte avec langueur, ny avec déplaiſir.

Davantage s'il y avoit toûjours quelque Acteur preſent au Theatre, les Spectateurs ne ſe pourroient pas imaginer que les Acteurs qui ont diſparu, & ſouvent ont beſoin de beaucoup de temps pour ce qu'ils veulent faire, en euſſét employé plus que ce qui s'en ſeroit écoulé durant le diſcours ou l'action de ceux qu'ils auroient veus : Par exemple, vn ou deux Acteurs paroiſſant enſemble, ou ſucceſſivement, conſument vn demy-quart d'heure de temps à ce qu'ils font ou diſent ſur le Theatre ; & cependant vn autre Acteur qui aura diſparu, aura beſoin de deux heures ou environ pour exécuter ce qu'il aura propoſé en ſortant : Or les Spectateurs ne ſçauroient du tout s'imaginer que ces deux heures neceſſaires à celuy qui eſt abſent, se soient écoulées dans vn demy-quart d'heure, durant lequel ils auront veû devant leurs yeux d'autres personnes agir, & qui auront bien employé ce temps ; de sorte que quand ceux qui ont disparu, reviennent au Theatre, & qu'ils racôtent ce qu'ils ont fait, le Spectateur alors trouve étrange qu'ils ayent fait tout ce qu'ils disent dans ce peu de temps qu'il aura veû les autres. C'est pourquoy les Poëtes ont conservé ces Intervalles, afin que la musique, qui n'est point partie de l'Action Theatrale, facilite cette agréable illusion qu'il faut faire aux Spectateurs ; car l'imagination se trompe bien plus aisément, lors que les Sens ne s'y opposent point; aussi quand nous sommes quelque téps sans voir aucun Acteur sur la Scéne, & que la representation sensible est interrompuë par vn divertissement qui porte nostre esprit ailleurs, nous prenons volontiers ces momens pour des heures entieres; outre que le desir de voir la suitte de l'Action nous donne de l'impatience, & cette impatience persuade alors à nostre imagination qu'il y a déja long-temps que nous attendons : C'est vn raisonnement qui deviendra sensible à quiconque s'examinera bien soy-méme durant vne telle representation.

Il faut donc que le Poëte considere bien dans son Sujet quelles choses ne peuvent pas estre veuës, & qu'il les rejette dans les Intervalles;

mais si elles doivent fournir quelque recit ou quelque passion, c'est où son industrie doit estre employée pour n'en rien perdre, & à quoy la lecture des Anciens est tres-vtile & tres-necessaire.

Quelquesfois vne Action ne sera belle à voir que dans le commencement, & lors il en faut mettre sur le Theatre les Preparations & les premiers traits, & l'achever dans l'Intervalle, ou derriere la Tapisserie. Ainsi voyons-nous qu'Eteocle & Polinice disputent leurs pretentions en la presence de leur Mere; mais ils ne se battent pas devant elle. Ainsi Baro fait qu'Hermige & Paradée mettét l'espée à la main contre Alboin qui s'écarte dás le Bois où il perd la vie: D'autres-fois il arrive au contraire qu'vne action ne se peut bien representer que dás la fin, & lors il faut supposer dans l'Intervalle tout ce qui seroit impossible ou desagréable, & en porter sur la Scéne les derniers caracteres qui la rendront sensible & comme presente aux Spectateurs. C'est ce que Sophocle a fait pour representer la fureur d'Aiax, comme nous l'avons observé cy-devant. Non pas que ces choses se doivent faire toûjours à la fin de l'Acte pour tomber dans l'Intervalle; car quelquesfois elles se font seulement vn peu plus loin que le lieu representé par le Theatre durant vne autre Scéne, apres laquelle on apprend au Spectateur ce qui vient de se passer.

Le principal avantage que le Poëte peut tirer des Intervalles des Actes est, Que par ce moyen il se peut décharger de toutes les choses embarassantes, & de toutes les superfluitez de son Suiet : car s'il ne peut rien retrencher de sa matiere, & qu'il craigne d'en avoir trop, il en doit supposer toutes les rencontres incommodes derriere la Tapisserie, & sur tout dans ces Intervalles qui luy fourniront vn temps convenable pour tout executer. Mais il doit bien prendre garde de tomber dans vne faute tres-grossiere, & neantmoins tres-commune aux nouveaux Poëtes, qui est, De supposer dans l'Intervalle d'vn Acte vne chose qui ne peut vray-semblablement avoir esté faite sans estre veuë ; ce qui arrive quand on suppose qu'elle a esté faite dans le lieu de la Scéne : car estant ouvert & exposé aux yeux des Spectateurs, ils doivent vray-semblablement avoir veû tout ce qui s'y passe, ou bien il n'est pas vray-semblable que cette chose y soit arrivée, puisqu'ils ne l'y ont pas veuë. Côme il me souvient d'avoir assisté à la representatiō d'vn Poëme, d'ailleurs assez considerable, dōt la Scéne estoit au pied d'vn bastion de la ville assiegée, & sur lequel on voyoit des gens armez pour sa deffence : & puis dans l'Intervalle d'vn Acte, on supposa que la ville avoit esté forcée & prise, sans que neantmoins on eût veû ce baſtion attaqué ny deffendu durant ce temps, ce qui eſtoit contre la vray-ſemblance; en tout cas il falloit trouver quelque couleur pour faire entendre qu'il n'avoit pas eſté beſoin d'attaquer ny de deffendre la ville de ce coſté-là; autrement il reſtoit toûjours dans la penſée des Spectateurs que cette ville n'avoit point eſté priſe, puis qu'on n'en avoit rien apperceû. Il y a encore d'autres obſervations que le Poëte pourra faire aiſément dans la lecture des Anciens & dans nos Répreſentations.

Ie n'entreray point icy dans la déduction particuliere des Intermedes, dont les Romains ont marqué les Intervalles des Actes de la Nouvelle Comédie, apres en avoir oſté les Chœurs: Ie ne diray point non plus, Quand & comment les Mimes & les Embolaires les occuperent; Quelles bouffonneries, & quelles danſes y furent introduites; Quelle muſique on y employa; Pourquoy d'ordinaire on ſe ſervoit des Flûtes, & quelles eſtoient celles que les vieilles Inſcriptions des Comédies nomment égales ou inégales, à droit ou à gauche: tout cela ne regarde que la connoiſſance de l'ancien Theatre, & non pas l'art de bien faire vn Poëme. C'eſtoit ce que j'avois entrepris de traitter dans le *Rétabliſſement du Theatre François*, afin de monſtrer Quels ornemens on pouvoit donner au noſtre par ceux que l'Antiquité avoit pratiquez; mais ne discourant icy que des reigles du Poëme, & encore fort sommairement, ie m'éloignerois trop de mon dessein; c'est assez de dire en passant que l'on en peut prendre beaucoup de lumieres dans Scaliger, Vitruve, Iulius-Pollux, Vossius & autres; méme de Boulanger dans son Livre *du Theatre*, bien qu'il en parle avec beaucoup de desordre, & peu d'intelligence.

CHAPITRE VII.

Des Scénes.

I'Ay douté long temps si ie devois expliquer icy les diverses significations du mot de Scéne, parce que les Sçavans n'y apprendront peut-eſtre rien de nouveau ; mais enfin eſtant bien aſſeuré que les autres y trouveront quelque lumiere pour l'intelligence de pluſieurs choses concernant le Theatre, i'ay pensé qu'il ne seroit point mal à propos de le faire.

Premierement donc le mot de Scéne, en son origine & en sa propre signification, ne veut dire. Qu'vn Couvert de branchage fait par artifice, d'où méme la Feſte des Tabernacles des Iuifs a pris son nō de Scenopegia, & encore certains Peuples d'Arabie celuy de Scenites. Quelquesfois il signifie, Vn ombrage naturel de quelque Antre ou de quelque autre lieu sombre & solitaire, comme Virgile le prend dans l'Æneide.

Plin.l.9.c.28.

Tum sylvis Scena coruscis desuper, horrentique atrum nemus imminet vmbrâ. lib 1. Æneid.

Mais parce que les premieres Comédies, ou plûtoſt les premieres Bouffonneries de la Campagne fûrent faites sous la Ramée, le nom de

Scéne

Scéne fut donné à tous les lieux, où l'on repréſentoit la Comédie : Et depuis encore la Tragédie, qui avoit eû au commencement même naiſſance & même nom que la Comédie, eſtant paſſée dans les villes, conſerva celuy de *Scéne* en ſon entier avec celuy de *Theatre*, qui veut dire le lieu des ſpectacles ; mais ce mot de *Scéne*, appliqué même au lieu de la Repreſentation des Poëmes Dramatiques, ſe prenoit en pluſieurs façons ; car quelquefois il ne ſignifioit que l'endroit couvert, où les Acteurs joüent leurs Perſonnages ; d'où vient que nous diſons, *Eſtre ſur la Scéne* pour dire, *Eſtre viſibles & en eſtat d'agir ſur le Theatre* & ainſi l'entend Pline ; quand il dit, *Que la bouffonne Lucie à l'âge de cent ans, récitoit encore ſur la Scéne.* _{Plin. l. 7. c. 48}

D'autres fois il ſignifie ce que nous appellons, *la Décoration du Theatre*, c'eſt à ſçavoir ces Toiles peintes & autres machines que nous mettons au fond, & aux deux coſtez du Theatre, pour repreſenter avec le plus de vray-ſemblance qu'il eſt poſſible, les environs du lieu où l'action du Poëme eſt arrivée. Et ſelon les trois genres de Poëmes Dramatiques, Vitruve enſeigne le moyen de faire trois ſortes de Scénes, ou Décorations de Theatre ordinaires & convenables à la Tragédie, à la Comédie & à la Satyrique, ou Paſtoralle ; & de cette ſeconde ſignification eſt venu le nom de *Proſcenion*, ou *Avant-*

Collatitiis & ad dominos redituris instru‑ mentis Scena hac adorna‑ tur.De consol. ad Marc.c.10.

Scéne, attribué par les Grecs specialement à cét endroit du Theatre où les Histrions viennent agir & parler: & cela méme a donné sujet à Seneque de nommer Scéne les ornemens d'vne Pompe funebre.

Ce nom a méme esté donné à vn grand Bastiment élevé dans le lieu des Spectacles, contre lequel estoit dressé le Theatre ou Echafaut, & les Décorations de toiles peintes adossées; ce qu'on apprend clairement de Vitruve, qui distingue fort bien ce bastiment nommé Scéne, d'avec les trois especes de Décorations qui portent le méme nom.

Mais enfin il s'est étendu iusques-à ce poinct de signifier tout ensêble, le lieu où paroissent les Histrions joüant leurs Personnages, & encore celuy où sont les Spectateurs; & c'est en ce sens que le Iurisconsulte Labeo définit la Scéne, au rapport d'Vlpien. Encore est-il vray que ce terme signifioit quelquesfois, aussi bien que celuy de Theatre, tout cét enclos vaste & magnifique composé de grands bastimens, galeries, allées, promenoirs, siéges de Spectateurs, & places où se faisoient toutes sortes de Ieux à Rome.

Or de ces diverses significations sont procedées plusieurs obscuritez chez les Modernes, pour avoir mal entendu les Autheurs anciens, & appliqué au *Proscenion* ou *Avant-Scéne* ce qu'vn Autheur dit de la Décoration; ou bien à la Décoratiõ ce qu'il dit du bastimét. Ie ne veux icy blâmer personne, ny nommer ceux qui se sont ainsi trompez, c'est assez que i'aye donné le moyen de ne pas tomber dans les mêmes erreurs à ceux qui prefereront la verité des choses à la consideration des personnes. Le dernier sens auquel on s'est servi du mot de *Scéne*, & dont nous avons seulemét icy besoin, est pour signifier cette partie d'vn Acte qui apporte quelque changement au Theatre par le changement des Acteurs. Les Grecs n'en ont point vsé dans cette signification, encore que les Actes de leurs Poëmes Dramatiques ayent receû la même varieté que les nostres ; car ce que nous en trouvons dans les Comédies d'Aristophane & des Latins, est vne addition des Interprétes & des Glossateurs. Les Latins l'ont mis en vsage les premiers avec celuy d'*Acte* dans la Nouvelle Comédie, en ayant osté les Chœurs, & méme ie n'en ay rien veû dans aucun Autheur plus ancien que Donat. Quoy qu'il en soit, nostre Siécle l'ayant receû, il n'est pas mal à propos d'en mettre icy quelques Instructiós necessaires pour corriger le déreglement qui s'y est introduit. Les Anciens qui n'avoient point ces divisions d'Actes ou d'Episodes en parcelles, c'est à dire de ces choses qui estoient cóprises entre deux chants du Chœur, y ont toûjours conservé fort exactement la liaison des Scénes : car sçachant bien que l'Acte ne pouvoit contenir qu'vne seule Action sensible sur le

Fabula quidē in Actus divisio vetus est & à Poëtis ipsis : Actus autem in Scenas distributio est à Grammaticis & à variis Terentij & Plauti codd. abest. Vossius, l.2.c.5.poës.

Theatre, ils iugérent fort raisonnablement qu'il n'en falloit pas séparer les parties qui le composoient, & que tous les Acteurs qui y contribuoient quelque chose, devoient tellement attacher leurs actions les vnes aux autres, que l'on n'y vist rien de desuni, ny de détaché: mais quand nos Poëtes ont commencé de travailler pour le Theatre, ils ont si peu connû le métier dont ils faisoiét profession, qu'ils ignoroient ce que c'estoit qu'vn Acte & vne Scéne, ils mettoiét vn hóme sur le Theatre simplement pour réciter tout ce qu'ils s'estoient imaginez, & l'en retiroient quand le caprice de leur Muse estoit épuisé; apres ils en faisoient paroistre vn autre ou plusieurs, qui disparoissoient de méme sans aucune raison. Et qui leur eust demandé, Pourquoy leurs Acteurs paroissoient en cét ordre, ils ne l'eussét pû dire; ainsi ce n'estoit que des piéces détachées qui n'avoient aucune suitte necessaire, & que l'on eust pû transporter les vnes devant les autres sans rien gâter: de sorte que l'on pouvoit dire que chaque Scéne faisoit vn Acte, puis que finissát elle laissoit le Theatre sás Actió; & méme il n'y avoit pas moins de raison de mettre la musique apres châque Scéne, qu'aux autres endroits marquez par le Poëte; car nous avons veû sur nostre Theatre vn Capitan, vn Poëte, & vn Amant visionaire, sans qu'ils eussent à faire les vns aux autres, & leurs Recits ressembloient proprement à des Oraisons de trois Escholiers qui montent successivement dans la même chaire pour faire trois Discours sans aucun rapport, liaison, ny dependance.

Or i'ay reconnû qu'il y a quatre sortes de liaisons de Scénes, c'est à sçavoir, de *Presence*, de *Recherche*, de *Bruit*, & de *Temps*.

La liaison de *Presence* est, quand en la Scéne suivante il reste sur le Theatre quelque Acteur de la précedente, ce qui se fait en trois façons; La premiere, en mettant d'abord sur le Theatre tous ceux qui doivent agir dans vn Acte, & les faisant retirer les vns apres les autres selon la diverse necessité de leurs interests : car ceux qui restent, font vne nouvelle Scéne, puis qu'il y a changement aux Acteurs qui se trouvent en moindre nombre qu'auparavant, & cette Scéne est liée à la précedente par la presence de ceux qui sont restez, & cette maniere est belle pour vn premier Acte. La seconde est, lorsque les Acteurs viennent sur le Theatre les vns apres les autres, sans que pas vn des premiers en sorte; car tous les nouveaux Acteurs qui surviennent, font de nouvelles Scénes toûjours liées par la presence des Acteurs qui estoient déja sur le Theatre; & cette maniere est bonne pour vn dernier Acte. La troisiéme est, quand les Acteurs, vont & viennent selon que leurs interests le demandent, & en tel nombre qu'il est besoin : comme lors que de deux Acteurs qui se rencontrent sur le Theatre il n'y en a qu'vn qui sort, le second, qui demeure seul, fait vne nouvelle Scéne & la lie encore avec la suivante par les autres Acteurs qui doivent paroistre, & cette maniere reçoit tant de changemens qu'il plaist au Poëte.

La seconde liaison de *Recherche* se fait, lors que l'Acteur qui vient au Theatre, cherche celuy qui en sort; les exemples en sont assez frequens chez les deux Comiques Latins; mais il faut bien prendre garde que la raison, qui fait chercher l'Acteur qui se retire, soit tirée du fond de l'intrigue, & qu'elle soit sensible aux Spectateurs; autrement ce seroit vne couleur fausse, trop affectée, & sans effet. Et il faut se souvenir que cette liaison ne se fait point quand l'Acteur, qui estoit sur le Theatre, en sort pour ne pas estre veû de celuy qui vient, si celuy qui vient ne cherche celuy qui sort; en quoy se sont trompez quelques Modernes qui pensoient avoir bien lié leurs Scénes, quand ils avoient fait retirer des Acteurs pour n'estre pas veûs de ceux qui entroient, encore que ceux qui entroient n'eussent aucun dessein de les voir; & que méme ils ne les voulussent pas rencontrer; car en ce cas ce ne seroit pas vne liaison de *Recherche*, mais de Fuitte, & il s'ensuivroit que les Scénes seroient liées par l'Acteur qui les delieroit.

La liaison qui se fait par le *Bruit*, est lors qu'au bruit qui s'est fait sur le Theatre, vn Acteur, qui vray-semblablement a pû l'oüyr, y vient pour en sçavoir la cause, pour le faire cesser, ou pour quelque autre raison & qu'il n'y trouve plus personne : car il est certain que la Scéne qui se fait par l'Acteur qui survient à ce bruit, est fort bien liée à la precedente faite par ceux qui se sont retirez, puis que le Theatre ne demeure point sans action, & que l'on ne pourroit pas y inferer le Chœur ou la musique, sans en rompre & gâter la suitte : il y en a dans Plaute des exemples, dont mes Observations pourront donner quelque lumiere.

Quant à la derniere qui se fait par le *Temps*, c'est quand vn Acteur qui n'a rien à démesler avec ceux qui sortent du Theatre, y vient aussi-tost apres; mais dans vn moment si iuste, qu'il n'y pourroit raisonnablement venir plûtost ny plus tard. Plaute l'a pratiquée plusieurs fois, & nous en avons vn exemple bien précis dans l'*Eunuque* de Terence au troisiéme Acte, où Antiphon, qui n'a rien à faire avec Chrémes ny avec les autres apres lesquels il paroist, dit, *Qu'il est en peine de trouver Cherea qui devoit prendre soin ce iour là d'vne débauche, que l'heure de l'assignation est passée, qu'il va le chercher dans son logis*, & le rencontre aussi-tost : Or dans la representation de la Piéce, il est tres-sensible qu'Antiphon paroist sur le Theatre iustemét dans le téps qu'il falloit, & que Cherea n'avoit manqué à l'heure de l'assignation que pour s'estre abusé à l'intrigue de Parmenon, qui l'avoit fait passer pour Eunuque auprés d'vne belle fille dont il estoit amoureux. Cette liaison de Scénes, à mon avis, est vn peu trop licentieuse, & à moins que de la faire avec grande iustesse, & avec des couleurs bien adroittes, ie ne l'approuverois pas. Plaute en a méme vsé trop librement.

On a quelquesfois demandé, Quel doit estre le nombre des Scénes dans châque Acte? Ie croy pour moy qu'il n'y en a point de certain, il faut que le Poëte s'y conduise avec iugement : s'il y en a trop peu, l'Acte n'aura point d'agrément pour n'estre pas assez varié ; s'il y en a trop, il perdra son agrément par le grand nombre des Acteurs & le mélange des Actions : & comme il y aura beaucoup d'agitation, il y aura peu de discours, c'est à dire, beaucoup de confusion & peu de lumiere. Mais il faut sçavoir que la Comédie souffre bien plus de Scénes que la Tragédie, parce qu'estant plus agissante, & la Tragédie plus passionnée, aussi luy faut-il plus de Scénes, & à la Tragédie plus de discours ; les mouvemens du corps sont pour celle-là, & les troubles de l'esprit pour celle-cy. Les Anciens ont fait quelquesfois des Actes d'vne seule Scéne ; mais ils ne me semblent pas assez variez, &
moins

moins encore ceux qui se font par vne seule personne, comme dans Senéque; car ie croy que dãs la Tragédie l'Acte doit estre au moins de trois Scénes, & qu'il ne sçauroit estre agréable s'il en a plus de sept ou huit; l'experience autorisera mon sentiment, ou en tout cas fournira des raisons pour le contredire & en avoir vn meilleur.

Il faut que j'adjoûte icy ce que mal-aisément ie pourrois mettre ailleurs avec ordre, ie veux dire vne difficulté que i'ay veu souvent mettre bien en peine les Autheurs, *que ie leur donne* méme temps le moyen de s'en pouvoir demesler à l'avenir. Il arrive donc fort ordinairement dans les Poëmes Dramatiques, que pour donner fondement à des choses grandes & notables qui se doivent dire, ou quelque éclaircissement necessaire à celles qui sont déja dites, il est besoin d'introduire des personnes qui fassent par action Theatrale, ce que le Poëte feroit luy-méme dans vn autre genre de Poësie: mais cõme bien souvent il ne faut pas que certains Acteurs en ayent connoissance, & que d'autres vray-semblablement n'en peuvent rien sçavoir, ou n'en doivent pas parler, pour lors il est besoin de faire vne nouvelle Scéne, afin d'écarter ceux qui n'en doivent rien sçavoir, & introduire les autres qui en peuvent parler; & c'est ce que j'appelle *Scéne de Necessité*, quand elle précede ce qui

Sf

suit ; ou *Scéne d'éclaircissement*, quand elle oste quelque confusion à ce qui précede : mais il faut remarquer que telles Scénes estant d'ordinaire comme des piéces hors d'œuvre, elles délient quelque fois les autres, & presque toûjours font languir le Theatre, ainsi que l'experience le fait voir ; Or voicy comment on peut remedier à tous ces inconveniens.

Premierement pour choisir la personne qui doit parler en ces rencontres, & l'endroit où elle doit parler, cela dépend absolument du iugement du Poëte, qui doit pour s'y rendre expert, observer les deux Comiques Latins, Plaute & Terence, chez lesquels il en verra plusieurs exemples adroitement pratiquez ; & méme à l'égard des Scénes de Necessité, il en trouvera quelquesfois au commencement du Poëme, comme le Sosie de l'*Andria*, & le Geta de l'*Hecyre* chez Terence, où ces deux Esclaves font de ces personnes nommées *Protatiques*, qui ne paroissoient qu'à l'ouverture du Theatre pour l'intelligence du Sujet ; ce que ie n'approuverois pas neantmoins sans beaucoup d'adresse.

Quant à cette langueur que telles Scénes apportent ordinairement au Theatre, sur tout quand elles sont dans le corps de la Piéce & non pas à l'entrée ; il la faut éviter en rendant le discours de celuy qui parle, ardent & vif ; on le rend vif par les grandes figures, comme font l'*Admiration*, l'*Exclamation*, & autres semblables : ou bien par les mouvemens de crainte, de joye, & autres fortement exprimez : autremét, quoy que la chose qui se dit, soit necessaire, elle paroistra froide, morte, & presque inutile, ou du moins de mauvaise grace; parce que l'affectation y sera toute manifeste, qui est le plus grand defaut où le Poëte puisse tomber.

Et pour le Dénoüement des Scénes qui luy donnent quelquefois bien de la peine en telles occasions, il s'en peut empécher, en introduisant à l'entrée d'vn Acte la personne qu'il veut employer à telle Scéne, pourveu qu'elle puisse demeurer vray-semblablement avec ceux qui la suivent, ou bien retenir à la fin de l'Acte vne ou deux personnes qui pourront agir à cét effet. Le plus delicat neantmoins dans la pratique est, de faire telle chose dans le milieu d'vn Acte par vne personne que l'on y retient pour faire la liaison de la Scéne suivante, & qui dans cét intervalle en fait elle seule vne de *Necessité* ou d'*Eclaircissement*, en prenant sujet de parler sur les interests des Acteurs qui viennent de sortir, ou de ceux qu'elle attendra ; car de cette sorte la personne ny la chose ne sont point affectées, les Scénes demeurent liées, & le Theatre est encore tout chaud des passions de ceux qui sortent, ou se rechauffe aisément par celles de ceux qui vont paroître. En tout cela neantmoins ie laiſſe au Poëte Iudicieux la liberté de diſpoſer de ces avis, de les étendre, de les ra-courcir, & de les changer, ſelon qu'il l'eſtimera neceſſaire à ſon Sujet, pourveu qu'il évite ces inconveniens, ie fais aſſez pour luy de les luy découvrir.

CHAPITRE VIII.

DES MONOLOGVES
ov
Discours d'vn seul Personnage.

ENCORE que ie n'aye point trouvé le terme de *Monologue* chez les Autheurs anciens qui nous ont parlé du Theatre, ny même dans ce grand Oeuvre de Iules Scaliger, luy qui n'a rien oublié de curieux sur ce Sujet ; il ne faut pourtāt pas laisser d'en dire mon sentiment selon l'intelligence des Modernes, pour ne me pas départir des choses qui sont receuës parmy eux. Et pour commencer par vne observation necessaire, i'avertiray d'abord qu'on ne doit pas confondre la *Monodie* des Anciens, avec ce qu'aucuns appellent maintenant *Monologue* ; car bien que la Monodie soit vne Piéce de Poësie chantée ou récitée par vn homme seul, l'vsage neantmoins l'a restrainte pour signifier les Vers lugubres qui se chantoient par l'vn de ceux qui composoient le Chœur en l'honneur d'vn Mort ; & l'on tient qu'Olympe Musicien fut le premier qui en vsa de la sorte en faveur de Python, au

Supra ex Philostrate.

Monodia dici ur Cantus lugubris vsu potius quàm ratione, namque vox sanè la iùs patere debuit. Scal. Poet. l.1.c.50.

Longè aliter quàm al eruditis accipitur

rapport d'Aristoxene, & ie m'étonne qu'vn Moderne ait dit que la *Monodie* soit vn Poëme composé sous vn seul Personnage, tel que la *Cassandre* de Lycophron ; car n'estant pas méme d'accord avec Scaliger touchant l'intelligence de ce simple terme Poëtique, il me semble qu'on peut bien aussi n'approuver pas son opinion.

Davantage il y a des Sçavans qui ne veulent pas recevoir le mot Grec pour l'entretien d'vn homme seul, mais pour vn Discours par tout semblable à soy-méme & sans aucune varieté.

I'estime donc qu'on a dit en nostre temps *Monologues*, ce que les Anciens appelloient en Grec, *Recit d'vn seul Personnage*, comme ont esté plusieurs Eglogues Grecques & Latines, & plusieurs discours du Chœur dans les premieres Comédies, & que Stiblin appelle *Monodie*, mettant de ce nombre le discours d'Electre seule dans Euripide, & vn autre encore d'elle-méme dans Sophocle, bien qu'elle parle en la presence du Chœur.

I'avoüe qu'il est quelquefois bien agréable sur le Theatre de voir vn homme seul ouvrir le fond de son ame, & de l'entendre parler hardiment de toutes ses plus secrettes pensées, expliquer tous ses sentimens, & dire tout ce que la violence de sa passion luy suggére ; mais certes il n'est pas toûjours bien facile de le faire avec vray-femblance.

Les anciens Tragiques ne pouvoient faire ces Monologues à cauſe des Chœurs qui ne ſortoient point du Theatre, & ſi ma Memoire ne me trompe, hors celuy qu'Aiax fait dans Sophocle ſur le poinct de mourir au coin d'vn Bois, le Chœur eſtant ſorty pour le chercher, ie ne croy pas qu'il s'en trouve aucun dans les trente-cinq Tragédies qui nous reſtent. Ie ſçay bien que ſouvent on ne trouve intitulé ſur les Scénes qu'vn Acteur; mais ſi l'on y prend garde, on reconnoiſtra qu'il n'eſt pas ſeul ſur le Theatre, comme nous diſons ailleurs, & que ſon diſcours s'adreſſe à des gens qui le ſuivent en perſonne, bien qu'ils ne ſoient point marquez dans les impreſſions.

Quant aux Prologues, ils ſont faits ordinairement par des Perſonnages ſeuls, mais non pas en forme de Monologue; c'eſt vne piéce hors d'œuvre qui à la verité fait bien partie du Poëme ancien, mais non pas de l'Action Theatrale; c'eſt vn diſcours qui ſe fait aux Spectateurs & en leur faveur, pour les inſtruire du fond de l'hiſtoire iuſques-à l'entrée du Chœur, où commence préciſément l'Action ſelon Ariſtote.

Les deux Comiques Latins que nos Modernes ont imitez, ont inſeré pluſieurs Monologues preſqu'en toutes les Comédies que nous en avõs; mais comme il y en a quelques-vns qui ſont faits à propos, & d'autres contre toute raison, ie n'en veux pas faire icy le iugement en détail: ie diray seulement ce que i'estime qu'il faut observer pour faire vn Monologue avec vray-semblance, & si l'on approuve mes sentimens, l'on pourra iuger, quels sont les bons & les mauvais, tant chez les Anciens que chez les Modernes.

Premierement, il ne faut iamais qu'vn Acteur fasse vn Monologue en parlant aux Spectateurs, & seulement pour les instruire de quelques circonstances qu'ils doivent sçavoir; mais il faut chercher dans la verité de l'Action quelque couleur qui l'ait pû obliger à faire ce discours; autrement c'est vn vice dans la Répresentation, comme nous avons dit ailleurs. Plaute a souvent pris la licence d'en vser ainsi, & Terence ne l'a pas entierement évité.

Secondement, quand celuy qui croit parler seul, est entendu par hazard de quelque autre, pour lors il doit estre reputé parler tout bas: dautant qu'il n'est point vray-semblable qu'vn homme seul crie à haute voix, comme il faut que les Histrions fassent pour estre entendus. Ie demeure d'accord avec Scaliger que c'est vn défaut du Theatre, & ie l'excuse avec luy par la necessité de la Répresentation, estant impossible de representer les pensées d'vn homme que par ses paroles; mais ce qui fait paroistre ce defaut fur le Theatre, eft quand vn autre Acteur entend tout ce que dit celuy qui parle feul ; car alors nous voyons bien qu'il difoit tout haut ce qu'il devoit feulement penfer : Et bien qu'il foit quelquefois arrivé qu'vn homme ait parlé tout haut de ce qu'il ne croyoit & ne devoit dire qu'à luy-méme, nous ne le fouffrons pas neantmoins au Theatre, parce que l'on ne doit pas y reprefenter fi groffiérement l'imprudence humaine, en quoy Plaute a fouvent peché. En ces rencontres donc il faut, ou trouver vne raifon de vray-femblance qui oblige cét Acteur à parler tout haut, ce que i'eftime affez difficile ; car l'excés de la douleur, ou d'vne autre paffion, n'eft pas à mon avis fuffifāt; veritablement il peut bien obliger vn homme à faire quelques plaintes en paroles interrompuës, mais non pas vn difcours de fuitte & tout raifonné ; Ou bien il faudroit que le Poëte vfaft d'vne telle adreffe en la compofition de ce Monologue, que l'Acteur dût élever fa voix en récitant certaines paroles feulement, & la moderer en d'autres ; & cela afin qu'il foit vray-femblable que l'autre Acteur, qui l'écoute de loin, puiffe entendre les vnes comme prononcées tout haut & d'vne paffion qui éclateroit à diverfes reprifes, mais non pas les autres, comme eftant prononcées tout bas. Et pour dire ce qui me femble de cette Compofition, il faudroit que l'autre Acteur, apres la parole prononcée d'vne voix fort haute par celuy qui feroit ce Monologue, dift quelques paroles d'étonnement, ou de ioye felon le Suiet, & qu'il fe fâchaft de ne pouvoir ouyr le refte; quelquefois méme, quand l'Acteur qui feroit le Monologue, retiendroit fa voix, il faudroit que l'autre remarquaft toutes fes actions, comme d'vn homme qui réveroit profondement, & qui feroit travaillé d'vne violente inquietude: Ainfi, peut-eftre pourroit-on conferver la vray-femblance, & faire vn beau Ieu de Theatre; mais en ce cas, il ne faudroit pas rencontrer des Hiftrions préfomptueux & ignorans, qui s'imaginaffent faire tout admirablement, quoy qu'ils ne fceuffent rien faire, ne prenant d'autre côfeil que celuy de leur orgueil & de leur infuffifance; car à moins que d'avoir des gens auffi dociles que furent autresfois ceux de la nouvelle Trouppe du Mareft, on auroit bien de la peine à faire reüffir vne Scéne de cette qualité.

La troifiéme obfervation touchant les Monologues, eft de les faire en telle forte qu'ils ayent pû vray-femblablement eftre faits, fans que la confideration de la perfonne, du lieu, du temps, & des autres circonftances ait dû l'empécher. Par exemple, il ne feroit pas vray-femblable qu'vn General d'Armée venant de prendre par force vne ville importante, se trouvast seul dans la grande Place ; & partant qui mettroit vn Monologue en la bouche de ce Personnage, feroit vne chose ridicule. Qu'vn grand Seigneur receût vn affront dans la salle d'vn Palais Royal, & qu'il y demeurast seul faisant vne longue plainte de son malheur en luy-méme, il n'y auroit pas d'apparence. Qu'vn Amant eût nouvelle que sa Maistresse est en quelque grand péril, & qu'il s'amusast tout seul à quereller les Destins, au lieu de courir à son secours, on ne luy pardonneroit pas dans la representation, non plus que dans la verité. En ces rencontres donc il faut trouver des couleurs pour obliger vn homme à faire éclater tout haut sa passion, ou bien luy donner vn Confident avec lequel il en puisse parler comme à l'oreille ; en tout cas, le mettre en lieu commode pour s'entretenir seul & rêver à son aise, ou enfin luy donner vn temps propre pour se plaindre à loisir de sa mauvaise fortune. En vn mot par tout il se faut laisser conduire à la Vray-semblance comme à la seule lumiere du Theatre.

CHAPITRE IX.

Des A-parte, autrement, Des Discours faits comme en soy-méme en la présence d'autruy.

IL arrive souvent au Theatre qu'vn Personnage parle en la presence d'vn autre qui le voit & l'entend, & que sa parole represente seulement sa pensée qui ne doit estre connuë de personne: ces discours à mon avis ont esté bien à propos nommez des *A-parte* par la Mesnardiere; car comme il y a beaucoup de mots Latins qui ont passé pour François par l'vsage, i'estime que sans scrupule on peut donner cours à celuy-cy.

Or on trouvera fort peu de ces *A-parte* chez les Grecs, & horsmis vn vers ou deux que les Chœurs disent en quelques endroits apres le grand discours d'vn Acteur, pour donner temps à l'autre de mediter sa réponce, ou quand vn nouvel Acteur arrive au Theatre, il ne m'en revient présentement aucun exéple à l'esprit, soit que ma memoire me soit infidelle, ou qu'en effet il n'y en ait point: cependant sans me donner la peine de revoir trente ou quarante Poëmes pour vne si legere obseruation, il me semble qu'on peut apprendre de là, combien il faut estre religieux en la vray-semblance du Theatre, puis qu'ils ont si rarement representé à voix haute les secrettes pensées d'vn Acteur.

Les Latins ont pris beaucoup plus de licence ; mais Terence vn peu moins que Plaute, qui fait des *A-parte* presque par tout & souuent insupportables. Senéque n'est pas plus régulier en cela qu'aux autres iustesses du Theatre : car il en fait assez souuent de si longs que dans l'*Agamemnon* Clitemnestre en fait vn de dix-sept vers entiers ; c'est vne assez longue réuerie pour faire au moins que sa Côfidente s'en étonne. Les Modernes qui ont toûjours plus imité les defauts des Anciens que leur excellence, ont marché sur ses pas, & font ordinairement de ces discours, mais si vicieux qu'ils sont condamnez par les plus grossiers du peuple.

Ie sçay bien que les *A-parte* donnent quelquefois matiere à faire vn beau Ieu de Theatre, tel qu'est le discours de Meleagre caché derriere Atalante chez Monsieur de Benserade ; & méme est-il quelquefois necessaire d'en vser ainsi, pour faire entendre aux Spectateurs vn secret sentiment qu'ils ne peuuent ignorer sans demeurer dans quelque embarras, comme lors qu'vn Acteur dissimule : mais d'ailleurs il est fort peu raisonnable (quoy qu'en die Scaliger par vne grande indulgence pour le Theatre) qu'vn Acteur parle assez haut pour estre entendu de ceux qui en sont fort éloignez, & que l'autre Acteur qui en est bien plus proche, ne l'entende pas ; & qui pis est, que pour feindre de ne le pas entendre, il soit reduit à faire mille grimaces contraintes & inutiles ; c'est ce que la Ménardiere traitte assés amplement & tres-iudicieusement. Mais voyons si l'Art peut donner quelque moyen pour rendre ces *A-parte*, sinon entierement vray-semblables, au moins supportables au Theatre quand ils y sont agréables ou necessaires.

Pour cela ie les divise en trois sortes. La premiere est, Quand deux Acteurs parlent comme en eux-mémes de leurs interests aux deux coins du Theatre feignans de ne se pas voir & de ne se pas entendre. La seconde, Quand vn Acteur parle voyant & entendant vn autre Acteur, qui est supposé ne l'entendre ny ne le voir ; de cela nous en avons dit assez au Chapitre precedent sur le sujet du Monologue que croit faire celuy qui ne voit & n'entend pas l'autre Acteur. La troisiéme sorte est, Quand les deux Acteurs se voyant & s'entendant, tout à coup, pour certaines considerations, l'vn d'eux vient à parler comme s'il n'estoit pas entendu de l'autre.

Or pour faire qu'en toutes ces rencon-

Solum illud licere licet (libet enim quasi comicè ludere) cum dua in Scenis proxima persona quasi in maximis intervallis ita loquuntur vt àpopulo procul audiatur, Illi inter se non exaudiant. hoc igitur vsu poëtarū Theatricorum consensu datum acceptumq; sit catera omnia oportet quam proximè ad veritatem accedere. Scal. l. 6. c. 3.

tres l'esprit des Spectateurs ne soit pas choqué iusqu'au poinct de ne se pouvoir persuader ce qu'on luy represente, voicy ce que ie me suis imaginé qu'on devoit faire.

Premierement, Vn *A-parte* doit estre regulierement fort court & contenir fort peu de paroles, sur tout quand les deux Acteurs se voyent & s'entendent au reste de l'entretien ; car i'estime pour moy que deux vers ne se peuvent souffrir, qu'vn demy vers en est la plus iuste mesure, & que la plus grande licence ne doit estre que d'vn vers entier : mais le meilleur est celuy qui n'est que d'vne seule parole, parce que méme, dans la verité des choses, il nous peut échapper vne parole qui ne sera pas entenduë de celuy qui nous parle, ou bien à cause de l'attachement de son esprit à ce qu'il nous conte, ou pour estre mal & trop bas prononcée: c'est pourquoy Plaute, ny ceux qui l'imitent, ne se peuvent excuser d'avoir fait des *A-parte* excessifs & ennuyeux, parce qu'en ces rencontres l'Acteur qui ne parle point, est dans vne si longue contrainte, qu'enfin il perd toute contenance & ne sçait plus en quelle posture se mettre pour feindre qu'il n'entend pas ce qu'on dit tout haut si pres de luy.

Davantage il faut prendre bien à propos le temps pour faire cét *A-parte* ; car il n'y a rien de plus ridicule que d'interrompre sans raison vn Acteur qui fait vn grand récit, pour faire dire quelque parole à vn autre : la Vray-semblance ne permet pas qu'vn homme s'arreste ainsi tout court au milieu de son discours, & souvent méme sans qu'il y ait aucun sens raisonnable achevé, comme il se peut voir en plusieurs de nos Modernes. Il faut donc pour cét effet trouver quelque couleur adroitte pour interrompre celuy qui parle, afin de donner le temps à l'autre Acteur qui doit faire son *A-parte* ; & si celuy qui parle, vient à s'interrompre soy-méme pour en faire vn, & dire quelque chose côme en soy-méme qui ne doive pas estre entendu, il faut que celuy qui écoute, s'estonne de ce que l'autre ne parle plus, qu'il l'oblige de continuer, & qu'il sçache quelque raison feinte ou veritable de cette interruption ; autrement il seroit ridicule qu'vn homme parlast & se tût à diverses reprises, sans que ceux qui l'écoutent en fussent surpris, ny sans en dire la cause : car il faut toûjours supposer que celuy qui fait vn *A-parte*, entretient sa pensée seulement, & qu'il ne parle pas tout haut. Le Poëte donc doit prendre le temps d'vne Admiration, d'vne Exclamation, & de quelque autre pareil sentiment qui met vne personne en estat de pouvoir demeurer quelques momens sans rien dire & sans rien écouter ; & dans ces momens il pourra mettre quelques paroles, ou vn demy vers dans la bouche d'vn

autre

DV THEATRE, Liv. III. 337

autre Acteur, & faire vn *A-parte* raisonnable; les exemples en sont frequens chez les Latins, & si les Modernes n'en avoient copié que ces endroits, ils n'auroient pas si souvent peché en cette matiere.

S'il arrive que le temps consumé par l'vn des Acteurs à faire son *A-parte*, soit sensible à l'autre, il faut que celuy-cy dise aussi quelque parole d'étonnement sur la rêverie de celuy qui a parlé le premier, afin de faire connoistre que l'Acteur qui a fait l'*A-parte*, ou parloit comme en luy-méme, & n'estoit pas entendu, ou qu'il parloit entre ses dents, & ainsi qu'il estoit difficile de sçavoir ce qu'il avoit dit. Nous en avons vn exéple dás la *Mostellaria* de Plaute, où Tranion ayant fait vn *A parte*, Teuropides luy demande, *Qu'est-ce que tu dis ainsi en toy-mém?* ce qui monstre que l'Esclave avoit parlé tout bas & en marmotant quelques paroles entre ses dents. C'est encore ainsi que ce Poëte le fait dans l'*Aululuria*, lorsque Staphyla ayant dit tout bas: *quelle aymoit mieux estre penduë que de servir davantage Euclion avare & insensé*, Euclion répond, *Voyez comment cette Peste murmure en elle-même.*

Quid tutê tecum? Act. 2. Sc. 2.

vt scelesta sola secum murmurat! Aulul. Act. 1. Sc. 1.

Quand deux Acteurs ne se voyent pas l'vn l'autre, & qu'ils font chacun leur *A-parte*, il faut toûjours en mettre vn dans vn estat auquel vray-semblablement il ne parle point, pour

V u

donner à l'autre le temps de dire quelques paroles. Par exemple ; Si vn Amant faifoit quelque pleinte dans vn Bois où vne Dame vint pour chercher quelque chofe qu'elle y auroit laiffé tomber, il faudroit, ce me femble, mettre l'Amant dans vn grand fentiment de douleur, panché contre vn arbre, pour donner à cette Dame le temps de parler ; & puis occuper cette Dame à chercher ; pour donner à cét Amant le temps de continuer fes plaintes. On peut bien iuger que ces *a-parte* peuvent eftre plus longs que nous n'avons dit, auffi ne font-ils pas ordinaires.

Il y a méme des occafions qui les peuvent fouffrir encore plus grands, comme fi l'vn des Acteurs ne voit pas l'autre, & fait quelque action qui demande du temps; celuy qui le voit, fans eftre veû, peut faire vn difcours qui dure autant que cette action: Par exemple, fi l'vn des Acteurs lit vne lettre tout bas, vn autre peut parler comme en foy-méme durant tout ce temps. Si vn Avare comptoit fon argent, le Voleur qui le verroit, pourroit faire vn *A-parte* durant ce calcul. I'ajoûte méme qu'il eft neceffaire d'en introduire en ces rencontres, parce qu'il n'y a point de plus grand defaut au Theatre que de le rendre muet ; & quoy que l'on y faffe, il faut toûjours qu'il y ait quelqu'vn qui parle : Les Anciens ont efté tres-foigneux Obfervateurs de cette regle, & les Modernes l'ont tres-fouvent & mal à propos negligée, laiffant quelquefois plufieurs Acteurs fur le Theatre fans parole, ce qui eft de tres-mauvaife grace & tres-impertinent, attendu que le filence ne doit point avoir de part au Theatre que dans les intervalles des Actes ; & quand méme il arrive qu'vn Incident furprend de telle forte les Acteurs, qu'ils doivent demeurer fans parole, il en faut garder vn, pour exprimer leur filence & empécher que l'action du Theatre ceffe au milieu d'vn Acte, ou d'vne Scéne.

De ces remarques generales il fera facile, ce me femble, au Poëte de prendre fes mefures pour faire vn *A-parte* raifonnable ; mais s'il veut connoiftre plus clairement les confiderations qui le rendent vicieux, s'il n'eft ingenieufement conduit, qu'il voye ce qu'en a dit la Ménardiere dans le fixiéme Chapitre de fa Poëtique, où certes il en dit beaucoup de chofes bien iudicieufes : Il me permettra neantmoins de n'eftre pas d'accord avec luy en deux feulement ; l'vne eft, lors qu'il dit *Que les Poëtes pourroient faire des A-parte raifonnables fi l'on avoit écrit fur l'vn des coftez du Theatre*, Icy eft la Place Royalle, *& en l'autre*, Icy eft le Louvre ; car le Theatre ne fçauroit comprendre deux lieux fi differens & si fort éloignez, ainsi que i'ay dit ailleurs: I'avois crû d'abord que ce n'estoit qu'vne raillerie contre les Poëtes qui font cette faute; mais quand i'ay veû dans le Chapitre huictiéme qu'il construit son Theatre de telle façon qu'il y met vne ville entiere, i'ay iugé qu'il en avoit parlé sérieusement & contre ce qui m'en semble. Pour la grandeur du Theatre ancien, dont il parle en ce lieu, & qui contenoit trente toises de face chez les Romains, vn *A parte* fait contre la vray-semblance n'y pouvoit pas estre plus supportable que sur les nostres; parce que l'Acteur qui parloit, estoit toûjours bien plus pres de l'autre que l'on feignoit ne l'entendre pas, que des Spectateurs qui l'entendoient bien. L'autre difference de nos sentimens est, en ce qu'il allegue Scaliger au Chapitre vingt-vniéme du Livre premier de sa Poëtique, pour condamner les *A-parte* du Theatre : car Scaliger n'en parle en cét endroit, ny pres ny loin, & ne dit point en Latin ce que porte en François la grande allegation que nous y lisons: Il décrit en ce Chapitre le Theatre ancien, & apres avoir parlé de la Scéne qui representoit les maisons des Acteurs, de l'Avant-Scéne où ils paroissoient, & de l'Orchestre destinée aux Musiciens & aux Danceurs, il reproche aux François de son temps d'avoir tellement ignoré l'Art du Theatre, qu'ils n'avoient pas seulement vne toile peinte, ou vne tapisserie pour cacher les choses & les personnes qui ne devoient pas estre veuës, voicy comme il en parle. *Dans la Gaule, dit-il, ils joüent maintenant les Comédies de telle sorte, que toutes choses sont exposées aux yeux des Spectateurs, toutes les Décorations se voyent sur l'Echafaut, les Personnages ne disparoissent iamais, ceux qui se taisent sont reputez absens; mais certes il est bien ridicule que les Spectateurs connoissent bien que tu entends & que tu vois, & que toy-méme n'entende pas ce qu'vn autre dit de toy-méme en ta presence, comme si tu n'estois pas où tu es; & neantmoins le plus grand artifice du Poëte est de suspendre les esprits, & de leur faire toûjours attendre quelque nouveauté; mais là, il ne se fait rien de nouveau, & l'on est plutost rassasié qu'en appétit.* Voila comme Scaliger a parlé de l'ancien Theatre des François, & ie me suis servi de cette authorité dans le 1. Chapitre du 1. Livre, pour monstrer dans quelle imperfection le Theatre estoit en sa naissance, à quel poinct on l'a déja porté, & iusques à quelle splendeur on le pourroit élever à l'exemple des Anciens. Ie sçay bien que cette vieille methode & tres-mauvaise de nos premieres Comédies, avoit beaucoup de ressemblance avec les mauvais *A-parte* de Plaute & des Modernes, & que les dernieres paroles de Scaliger s'y pourroient rappor-

Nunc in Gallià ita agunt fabulas, vt omnia in conspectu sint, vniuersus apparatus dispositis subliminibus sedibus P. rsona ipsa nunquā discedunt, qui silent pro absentibus habentur. At enimverò perridiculum ibi spectatorem videre te audire, & te videre, teipsum nō audire qua alius coram te de te loquatur: quasi ibi non sis vbi es. Cùm tamen maxima Poëta vis sit suspendere animos, a que eos facere semper exspectantes. At hic tibi nouum sit nihil, vt prius satietas subrepat, quàm obrepat fames. Scal. Lib. 1. c. 21. Poët.

ter les accommodant vn peu au sens; mais ce ne fut iamais son dessein d'en parler en ce lieu, comme il sera tres-facile de reconnoistre à tous ceux qui liront ce qu'il y écrit de la Fabrique du Theatre ancien.

CHAPITRE X.

Des Stances.

NOus avons souvent observé que les Stances inserées dans le milieu d'vn Poëme Dramatique, ont assez bien reüssi sur nostre Theatre, en partie par l'humeur des François qui s'ennuyent des plus belles choses quand elles ne sont point variées, & qui ne desirent que les nouvelles, & les bizarreries portant quelque apparence de nouveauté; en partie aussi par la nature de cette Poësie qui enferme toûjours dans châque Stance quelque pointe d'esprit, ou quelque agrément particulier. Mais les Poëtes les ont quelquefois mises dans la bouche de leurs Acteurs avec si peu de vray-semblance, qu'ils ont rendu méprisables & ridicules les plus excellens endroits de leurs Ouvrages, & qui leur avoient le plus coûté : c'est pourquoy i'estime qu'il ne sera pas inutile d'expliquer icy mes sentimens sur cette matiere, & de donner autant que ie pourray, les moyens de conserver cette beauté du Theatre, en l'accordant avec la vray-femblance qui en eſt la regle vniverſelle.

Pour l'entendre, il faut préſuppoſer, Que les grands vers de douze ſyllabes, nommez *Communs* dans les premiers Autheurs de la Poëſie Françoiſe, doivent eſtre conſiderez au Theatre comme de la proſe : car il en eſt de ces ſortes de vers comme des Iambes, qui ſelon la doctrine d'Ariſtote furent choiſis pour les Tragédies par les Anciens, à cauſe qu'ils approchent plus de la proſe que tous les autres, & qu'ordinairement en parlant Grec ou Latin, on en fait ſans y penſer. De méme donc en eſt-il de nos grands vers que nous avons employez à ce méme Poëme, & qui furent peut-eſtre nommez *Communs*, parce que communément châcun en fait ſans peine & ſans prémeditation dans le diſcours ordinaire. Et les anciens Comiques Grecs & Latins ayant à repreſenter le langage du peuple, qui n'eſt pas ſi grave ny ſi cadencé que celuy des Grands, pratiquerét vne ſorte de vers plus déreglée & plus approcháte de la proſe que les Iambes ; & tout ce qui eſt au Theatre, eſtant l'image de quelque autre choſe, ces grands vers, qui ne ſont pas du langage commun & vſité parmy les hommes, ne repreſentent rien que la proſe dont on ſe ſert pour s'expliquer en parlant enſemble : de ſorte que comme on ne doit pas donner deux images differentes d'vne méme verité,

quand

quand on vient à changer de vers on entend representer quelque autre chose. En vn mot, les Stances sont considerées comme des vers qu'vn homme auroit pû dire en l'estat auquel on le met sur le Theatre, mais encore comme des vers Lyriques, c'est à dire, propres à chanter avec des instrumens de musique, & qui pour cét effet ont leur nombre limité, leur repos semblable, & leurs inégalitez mesurées.

Pour rendre donc vray-semblable qu'vn homme recite des Stances, c'est à les Poëtes, fasse des vers sur le Theatre, il faut qu'il y ait vne couleur ou raison pour authoriser ce changement de langage. Or la principale & la plus commune est, que l'Acteur, qui les recite, ait eû quelque temps suffisant pour y travailler, ou pour y faire travailler; car certes il est bien peu raisonnable qu'vn Prince, ou vne grande Dame au milieu d'vn discours ordinaire s'avise de faire des vers Lyriques, c'est à dire, s'avise de chanter, ou du moins de reciter vne chanson; ce qui est d'autant plus insupportable, que souvent nos Poëtes ont mis des Stances en la bouche d'vn Acteur parmy les plus grandes agitations de son esprit, comme s'il estoit vraysemblable qu'vn homme en cét estat eût la liberté de faire des chansons. C'est ce que les plus entendus au métier ont tres-iustement condamné dans *Vn* de nos Poëmes, où nous avons veu‚ vn ieune Seigneur, recevant vn commandement qui le reduiſoit au poinct de ne ſçavoir que penſer, que dire, ny que faire, & qui diviſoit ſon eſprit par vne égale violence entre ſa paſſion & ſa generoſité, faire des Stances au lieu méme où il eſtoit, c'eſt à dire, compoſer à l'improviſte vne chanſon au milieu d'vne ruë; ſes Stances n'eſtoient pas bien placées; il eût fallu donner quelque loiſir pour compoſer cet-v penſer. De plainte. Dans ces rencontres donc il faut que l'Acteur ait diſparu durant vn intervalle d'Acte au moins, afin qu'ouvrant l'Acte ſuivant par des Stances, ou les récitant dans la premiere Scéne qu'il y fera, il reſte vray-ſemblable dans l'eſprit des Spectateurs, qu'eſtant éloigné, il s'eſt occupé à la méditation de ſon bon-heur, ou de ſon mal-heur, & qu'il a compoſé ces beaux vers. Nous en avons vn bel exemple dans l'*Andromache* d'Euripide, où cette Princeſſe infortunée interrompt la ſuitte des vers Iambiques pour réciter vne Elegie, c'eſt à dire vne plainte de ſes malheurs, qui pouvoit bien avoir eſté faite depuis le temps qu'elle eſtoit captive entre les mains des Grecs. Ie ne m'arréteray point icy à donner des exemples du bon ou mauvais vſage que nos Poëtes ont fait des Stances en pluſieurs occaſions, d'autant qu'il est aisé de le iuger par cette regle que nous avons posée.

Ce n'est pas que l'on ne puisse en beaucoup de rencontres mettre des Stances, c'est à dire des vers en la bouche des Acteurs, sans leur donner aucun loisir de les faire, pourveu qu'il soit vray-semblable qu'ils ayent esté faits sur le champ, comme vn Oracle pour lequel la Divinité, qui le rend, n'a pas eû besoin de temps, comme elle n'en peut avoir pour répondre : Autant en peut-on dire si l'on faisoit sur le Theatre quelque dispute entre des Poëtes, pour sçavoir lequel feroit mieux des vers à l'improviste ; car en ce cas il seroit de l'essence de l'action Theatrale, ie veux dire, tres-vray-semblable que tout cela auroit esté fait sans préméditation. Il en est de méme d'vn Acteur que l'on supposeroit avoir esté sur le champ surpris de quelque grand & noble Enthousiasme, ou que l'on feindroit avoir la facilité de composer à l'improviste, ou qu'vne fiévre chaude eust rendu Poëte, comme il est arrivé à quelques-vns, ou qui dans sa phrénesie eust accoûtumé de faire des vers, comme on écrit du Tasse Italien, & Aristote d'vn autre Poëte de son téps, qui ne faisoiét point de vers que durant l'accez de leur fureur : En vn mot, il faut que le Poëte donne du temps à son Acteur pour faire des vers, ou qu'il trouve vne raison extraordinaire, mais probable, pour en-composer sur le champ; autrement les Stances, bien qu'excellentes & agréables, pecheront contre la vray-semblance du Theatre, & repre-senteront ce qui ne sera point du tout, ce qui ne pouvoit estre, ou ce qui ne devoit pas estre dans la verité de l'Action.

LA PRATIQVE DV THEATRE,
LIVRE QVATRIESME.

CHAPITRE PREMIER.

Des Personnages ou Acteurs, & ce que le Poëte y doit observer.

ON ne doit pas attendre icy des instructions pour ceux qui iouënt la Tragédie, ou la Comédie ; ie regarde en ce Discours le Poëte seulement, & non pas les Histrions : ce Chapitre est composé de quelques observations tres-necessaires pour vne parfaite disposition du Poëme Dramatique, & qui conviennent aux Perſonnages que l'on y veut introduire. Mais avant que d'entrer dans les Inſtructions, il ne ſera pas inutile, ce me ſemble, d'avertir le Poëte d'vne choſe qui nous doit donner occaſion de faire vn ſouhait en faveur de noſtre Theatre, en nous faiſant connoître la magnificence des anciennes Repreſentations & l'imperfection des noſtres; c'eſt qu'en pluſieurs endroits des Poëmes Grecs & Latins, où nous ne trouvons qu'vn Acteur nommé dans les diſtinctions des Actes ſelon nos impreſſions, il ne venoit pas ſeul ſur le Theatre, quand c'eſtoit vn Prince, vne Princeſſe, ou quelque autre perſonne de condition; mais il eſtoit ſuivi d'vn grand nombre de gens, convenable à ſa qualité; tantoſt d'vne troupe de Courtiſans, quelquefois de Soldats, & d'autrefois de Perſonnes propres à l'action du Theatre, comme de Chaſſeurs & autres ſortes de Suivans : Nous trouvons même qu'vn Bourgeois avoit à ſa ſuitte pluſieurs valets, & ſi vne Courtiſane eſtoit ſuppoſée de condition libre & maiſtreſſe de ſes actions, on la voyoit accompagnée de pluſieurs Servantes : enfin les perſonnes conſiderables ne paroiſſoient point ſans vne grande ſuitte conforme à leur qualité, ſi ce n'eſtoit que par quelque raiſon particuliere ils fuſſent obligez d'eſtre ſeuls, ce que l'on reconnoiſt aiſément, ou par les vers, ou par la nature de l'action qui veut estre faite sans témoins, comme lors qu'Aiax se tuë dans Sophocle : Ce que les Anciens ont ainsi pratiqué pour deux raisons ; l'vne, pour remplir leur Theatre qui estoit six fois plus grand que le nostre ; & l'autre, pour rendre la Representation plus magnifique ; au lieu que maintenant cinq ou six personnes s'embarassent, quand elles paroissent sur la Scéne, & que nos Comédiens ne pouroient pas faire vne si grande dépense pour le seul ornement de leurs representations.

Mais afin qu'on puisse voir cette verité, il ne faut que lire les *Sept à Thebes* d'Eschyle, où Eteocle, qui ouvre le Theatre, semble estre seul à cause qu'il n'y a que luy qui parle, & neantmoins il est manifeste qu'il estoit suivi d'vn grand nombre de personnes ausquelles méme il adresse sa parole, & leur donne differens ordres pour la defense de la Ville.

Oreste semble estre seul dans l'*Electre* d'Euripide, & neantmoins on voit qu'il parle à plusieurs valets qui le suivoient, ausquels il commande d'entrer dans la maison de sa Sœur qui ne le reconnoissoit pas, & qui se plaint à son Mary de ce qu'il avoit receu tant de personnes, & en apparence de condition noble.

Plaute fait revenir Theuropides de la campagne suivi d'vn grand nombre de valets, comme il se voit assez clairement par le discours *Mostellar. Ad. 2. Sc. 2.*

de Tranion, luy difant, *Qu'il met tous ceux de sa suitte en peril, & qu'ils ne doivent pas toucher la porte de sa maison*, à cauſe d'vn phantoſme que ce fourbe d'Eſclave luy diſoit s'eſtre emparé du logis depuis quelque temps. Et Terence, dans le premier vers de ſa premiere Comédie, nous monſtre bien que le bon-homme Simon ne vient pas ſur la Scéne avec Sofie ſeulement, mais avec pluſieurs autres Valets qui portoient ce qu'il avoit acheté pour préparer en apparence les Nopces qu'il ſuppoſoit, comme il eſt expliqué plus clairement dans la ſuitte.

Vos iſtæc intrò auferte, abite. Act. 1. Scen. 1. Andr.
Paululùm obſoni, &c. olera & piſciculos minutos. Act. 2. Scen. 2.

Iuſques-là méme que dans la troiſiéme Comédie de Terence, Bacchide, qui n'eſtoit qu'vne Courtiſane, ſans autre qualité recommandable que ſa débauche, avoit plus de dix ſervantes à ſa ſuite, comme Crémes le dit en termes exprez.

Ancillas ſecum adduxit plus decem oneratas veſte atque auro, Act. 3. Scen. 2.

Et c'eſt ce qui a donné lieu à vne erreur fort conſiderable dans quelques interprétes d'Euripide; car n'ayant pas pris garde qu'Hypolite eſt ſuivi d'vne troupe de Chaſſeurs avec leſquels il revenoit chantant vne Hymne en l'honneur de Diane, on a crû qu'il eſtoit ſeul, & que ceux qui chátoient, faiſoient le Chœur de la Tragédie, au lieu que le Chœur eſt compoſé de femmes ſervantes de Phedre, n'arrivant au Theatre qu'apres qu'Hypolite & les Chaſſeurs ont chanté leur Hymne, & deſquelles il y en a vne qui s'entretient

tient quelque temps avec luy sur le respect qu'on doit à Venus, & qui vray-semblablement faisoit le Coryphée: apres quoy Hypolite commande à ses gens d'entrer dans la maison pour luy preparer à disner, & d'où ils sortent apres pour le suivre encore, lors que par l'ordre de son pere il est contraint de se retirer.

Sur quoy ie ne puis oublier ce que Plutarque écrit en la vie de Phocion, Qu'vn Comédien, qui representoit vne Reyne, ne vouloit pas venir sur le Theatre sans vn grand nombre de Suivantes, & pour cela les Acteurs ne paroissant pas assez tost, Melanthius Chorague ou l'Entrepreneur qui devoit fournir toutes les choses necessaires à l'ornement de la Piéce, le poussa sur le Theatre, en disant ; *Ne vois-tu pas que la femme de Phocion, qui gouverne toute la Republique, marche tous les iours par la ville avec vne seule Demoiselle ?* dont tout le peuple se mit à rire, & par cette raillerie excusa le defaut de cette representation. Ce qui doit au moins apprendre à nos Poëtes, qu'il ne faut pas prendre la connoissance exacte des Piéces anciennes par les notes & les distinctions apparentes qui sont dans nos imprimez, mais par vne lecture exacte de ces excellens Ouvrages ; & que si nos Comédiens ne peuvent pas orner nostre Theatre par vne si grande pompe de personnes & d'habillemens, ils ne doivent pas neantmoins negliger de faire parler leurs principaux Acteurs à plusieurs personnes, comme quand ils pourront trouver de grands Seigneurs assez genereux pour contribuer à ces illustres dépenses : Mais venons aux observations necessaires dans la pratique.

Pour la premiere, on a souvent demandé, Combien on pouvoit mettre de Personnages parlant & agissant sur le Theatre dans vne méme Scéne ? Quelques-vns ont répondu, Qu'on n'y en pouvoit mettre que trois, & se sont fondez sur ce qu'Horace en a dit dans son Art Poëtique ; mais cette Réponse si generale est trop hardie dans vne matiere, où les experiences sont faciles, & où elles doivét decider toutes sortes de Questions, joint que l'autorité d'Horace n'en est pas vn bon fondement, parce qu'en cette occasion elle est alleguée sans estre entenduë. Il est bien vray, comme nous l'avons déja dit, qu'au commencement la Tragédie n'avoit qu'vn Acteur, quelquesfois recitant tout seul les Episodes, & d'autresfois parlant avec ceux qui composoient le Chœur ; qu'apres elle en receut deux ; & enfin trois que Sophocle y introduisit ; & que le Theatre s'estant élevé de son temps à vne estime qui depuis n'a iamais esté rétablie, ceux qui nous ont donné l'Art Poëtique, se sont efforcez autant qu'ils ont pû, de conformer leurs regles à la pratique de ce Poëte, & de ses Comtemporains. Et c'est pour cela que les Grecs ne mettent guere que trois Acteurs parlans sur le Theatre, le quatriéme estant ordinairement muet, non pas à la verité toûjours comme a voulu Diomede; & en effet quand trois Acteurs principaux discourent dans vne méme Scéne, elle est assez bien remplie. Mais la Réponse à cette demande n'est pas bien faite par le nombre des Acteurs simplement, car elle doit estre reglée par l'ordre, ou la confusion qui pourroit estre au Theatre. Il faut donc dire, à mon avis, Que l'on peut mettre & faire agir dans vne Scéne tant d'Acteurs que l'on voudra, pourveû que le nombre, & leurs discours ne confondent en rien l'intelligence des Spectateurs; & il n'y aura point de confusion quand leurs noms & leurs interests seront connus suffisamment, & autant qu'il est necessaire pour l'action qui se traitte en cette Scéne. *Que trois Acteurs n'apportent iamais de confusion au Theatre*, la chose est évidente, puis qu'il n'y a point d'esprit si simple qui n'en puisse distinguer aisément les paroles & les desseins, & que c'est pour cette consideration que quelques-vns en ont voulu faire comme vne regle generale : *Qu'il y a peril de porter quelque desordre dans l'intelligence des Spectateurs quand on excede ce nombre, & que neantmoins il n'y a pas necessité absoluë de l'observer toûjours.*

In Græco Dramate feré tres persona sola agunt, quia quarta semper muta; At Latini scriptores complures personas in fabulas introduxere, ut speciosiores frequentiâ fierent. Idem Diomed. ib. 3. de poëm. gener.

Quatuor in eâdem Scenâ loqui nulla Religio est, Scal. l. 3. c. 97.

cela dépend de l'adreſſe du Poëte, qui doit conſiderer ſon Suiet, & combien de perſonnes doivent neceſſairement agir ſelon les premieres diſpoſitions de ſa Piéce ; car s'il eſt beſoin de faire agir & diſcourir quatre ou cinq Perſonnages, & qu'il le faſſe avec diſtinction & ſans obſcurité, ie ne croy pas que perſonne luy vouluſt imputer d'avoir failli contre les regles du Theatre ; puis qu'il ne feroit rien contre la vrayſemblance des actions humaines, ny qui fuſt deſagréable aux Spectateurs. Les exemples en ſont aſſez ordinaires chez le Comique Grec, & les deux Latins ; & ſi l'on conſidere bien les paroles d'Horace, on connoiſtra qu'il n'a pas abſolument deffendu de mettre quatre Perſonnages ſur le Theatre dans vne méme Scéne ; mais qu'il donne ſeulement avis au Poëte de *Ne quarta laboret.* prendre bien garde que le quatriéme venant à parler, ne s'embarraſſe mal à propos avec les autres, & n'apporte de la confuſion à leurs diſcours. L'experience nous l'apprend aſſez clairement dans les Conſeils & les iugemens que nous voyons, & peut-eſtre trop ſouvent, ſur nos Theatres ; car l'Accuſateur, le Criminel, & les Iuges, bien qu'au nombre de ſept ou huict Acteurs, parlent, conteſtent & agiſſent, ſans que l'on y trouve rien à redire, dautant que leurs perſonnes & leurs intereſts ſont tellement connus du Spectateur, qu'il diſtingue ſans peine tout ce qu'ils difent & tout ce qu'ils font. Tant il eſt vray qu'il ne faut pas refoudre cette Queſtion par le nombre des Acteurs, mais par la confufion qui fe peut rencontrer dans les entretiens & les actions de ceux qui paroiſſent.

La feconde eſt, Que le Poëte ne doit mettre aucun Acteur fur fon Theatre qui ne foit auſſi-toſt connû des Spectateurs, non feulement en fon nom & en fa qualité ; mais encore au fentiment qu'il apporte fur la Scéne : autrement le Spectateur eſt en peine, & tous les beaux difcours qui fe font lors au Theatre, font perdus; parce que ceux qui les écoutent, ne ſçavent à qui les appliquer. Et de là fouvent eſt-il arrivé que vingt & trente vers excellens ont paſſé pour inutiles & froids, parce que le Spectateur ne connoiſſoit point celuy qui les proferoit, ny quel motif il avoit de parler ainfi. J'ay veû depuis peu de temps vne Piéce, où pas vn Acteur n'eſtoit nommé, excepté deux, dõt les noms ont eſté changez par l'Autheur ; iufques-là méme, qu'apres la Cataſtrophe, on ne ſçavoit de quel pays eſtoient les Acteurs, ny fi le Suiet eſtoit tiré de l'hiſtoire d'Angleterre, ou d'Eſpagne. Or on ne verra point que les Anciens manquent iamais à cette regle, à quoy les Chœurs, qui ne fortoient point du Theatre, leur eſtoient fort vtiles pour les Perfonnages qui leur pouvoient eſtre connûs ; car fi-toſt qu'il en paroiſſoit vn

V. ma ſeron diſſertation. le Sertorius

nouveau sur le Theatre, le Chœur le nommoit avec quelques paroles d'vn sentiment de crainte, d'étonnement, ou de joye, selon ce que le Poëte vouloit apparemment faire entendre de leur venuë dans l'estat present des affaires: mais s'il estoit Etranger & inconnû au Chœur, il faisoit luy-méme entendre ce qu'il estoit, en donnant quelques traits de sa bonne ou mauvaise fortune; ou bien l'vn de ses Confidens le declaroit sans affectation, soit en plaignant son malheur, ou en redoutant l'issuë de son entreprise, ou enfin en approuvant l'effet de sa generosité. Quant à nous qui n'avons point de Chœurs, il faut, au lieu d'eux, faire parler quelques-vns des Acteurs qui sont déja sur la Scéne; & quand vn Acte s'ouvre par des Acteurs nouveaux; ou bien quand ils sont inconnus à ceux qui sont sur la Scéne, il faut employer les deux autres moyens dont nous venons de parler; c'est à dire, faire entendre ce qu'ils sont, ou par leur bouche, ou par celle de quelqu'vn de leur suitte. Les exemples en sont trop frequens chez les Anciens pour en alleguer aucun, puis qu'à l'ouverture d'vn Dramatique Grec, on verra la preuve de ce que ie mets en avant. S'il est necessaire qu'vn Acteur soit inconnû aux Spectateurs, méme iusqu'à son nom, ou à sa condition, pour leur donner le contentement d'vne ingenieuse Reconnoissance, il faut au moins qu'ils sçachent que son nom & sa condition ne sont pas connus : que s'il est pris pour un autre , il faut considerer s'il est besoin, pour l'intelligence des Spectateurs, qu'on sçache deux noms, & ces deux conditions, ou seulement celuy qui les porte à faux, & lever toute la confusion qui pourroit rester au Theatre ; encore faut-il que les Spectateurs conçoivent d'abord quelque chose en general touchant les interests de ce nouvel Acteur, non pas à la verité jusqu'au poinct de découvrir, ou de prevenir aucun incident ; mais autant qu'il leur est necessaire pour entendre ce qui se doit dire, & passer en ce moment devant leurs yeux.

La troisiéme est, qu'en supposant ce que nous avons étably cy-dessus de l'Vnité du lieu, il faut sçavoir, Que tous les Acteurs qui paroissent au Theatre, ne doivent iamais entrer sur la Scéne sans vne raison qui les oblige à se trouver en ce moment plûtost dans ce lieu là qu'ailleurs ; autrement ils n'y doivent pas venir, & en beaucoup d'Acteurs il ne sera pas vray-semblable qu'ils y soient venus : Comme si la Scéne representoit vn Camp, il ne seroit pas vray-semblable qu'vne Reyne sortist de sa Tente pour se plaindre de son malheur aux Dieux, & à sa Confidente seulement ; ces plaintes se doivent faire dans le Cabinet : ce n'est pas que l'on ne puisse representer en certains lieux ce qui n'y doit pas arriver d'ordinaire ; mais il faut trouver vne couleur tirée de la verité de l'Action, pour mettre les Acteurs dans ces lieux, où puis apres on leur fait dire & faire par adresse tout ce qu'on veut. Comme dans l'exemple proposé, cette Reyne pourroit sortir de sa Tente, sous pretexte de n'oser y parler librement, ou par quelque impatience de sçavoir des Nouvelles qu'elle attendroit, ou pour voir l'ordre d'vn Camp, ou pour se divertir à la promenade ; & puis par vne reflexion d'esprit sur ses affaires presentes, faire des plaintes & des recits selon l'intention du Poëte. Mais il ne faut pas tomber dans l'inconvenient de quelques Modernes, qui le font si grossiérement que cela paroist trop affecté : il faut que le Spectateur découvre presque insensiblement la raison qui ameine l'Acteur sur la Scéne ; il faut luy faire sentir, & non pas luy faire toucher au doigt ; & se souvenir toûjours que tout art qui se découvre trop, perd la grace de l'art. Il en doit estre de méme de la sortie des Acteurs ; car s'ils ne quittent le lieu de la Scéne avec raison, il sera vray-semblable qu'ils y devoient demeurer encore : de sorte qu'il faut toûjours qu'ils se retirét, ou pour quelque affaire qui les oblige de se trouver ailleurs, ou par quelque consideration qui ne leur permette pas de s'arrétet davantage dans le lieu de la Scéne ; comme lors qu'vn hôme craint d'estre poursuivi par ses ennemis,

ennemis, ou qu'il conçoit de l'horreur d'vn lieu qui luy remet en memoire quelque grand déplaisir: ce n'est pas que la raison, qui fait venir ou sortir les Acteurs du Theatre, doive toûjours avoir son effet; au contraire, moins les choses reüssissent selon les premieres apparences, plus elles sont agréables. Il est de la beauté du Theatre que tout s'y choque, & produise des évenemens impreveûs; & quand vn Acteur est sur la Scéne, il dépend de l'esprit du Poëte d'en établir le bon-heur, ou le malheur, comme il luy plaist, encore que la raison qui l'y fait paroître, n'ait rien de commun avec ce qu'il y rencontre. Et pour la pratique de cette regle, ie coniure nos Poëtes de bien observer avec quel artifice les Anciens s'y sont gouvernez; car la lecture d'vn Poëme, principalement de Sophocle leur donnera plus de lumiere pour connoître la delicatesse qu'il y faut employer, que toutes les allegations dont ie pourrois grossir cét Ouvrage.

Touchant la quatriéme, i'ay quelquefois oüy disputer, Si dans vn méme Acte vn méme Acteur pouvoit paroître plusieurs fois? les opinions en ont esté fort differentes, voicy mon avis. Premierement pour bien répondre à la Question, il faut distinguer les Poëmes; car dans la Comédie, dont les Personnages sont pris du menu peuple, tous ieunes Débauchez, Esclaves

Zz

fort empreſſez, Femmes étourdies, ou Vieillars fort affairez, il n'y a pas d'inconvenient de la part des Perſonnages, que les mémes ne puiſſent paroître pluſieurs fois dans vn méme Acte, par ce que ce ſont des gens dont les négoces ſont de petite conſideration, les actions promptes, la maniere de vivre inquiete, & dont ſouvent les intrigues ſont renfermées dans l'étenduë de leur voiſinage ; ſi bien qu'ils n'ont pas beſoin d'vn long temps pour aller & venir. On en peut dire autant de la Paſtorale, dont les Acteurs ne ſont d'ordinaire que de códition baſſe & champétre : mais dans la Tragédie, où ſont les Roys & les Princes, les grandes Dames & les perſonnes de condition, cela ne me ſemble pas facile ny raiſonnable ; parce que leur maniere de vivre eſt toute differéte des premiers ; leurs actions ont beaucoup de gravité, leurs intrigues ſont ordinairement avec des perſonnes éloignées, leurs deſſeins grands, & qui ne s'executent que par des moyens lents, & avec beaucoup de circonſpection ; de ſorte qu'il faut plus de temps regulierement pour faire mouvoir les reſſors de leurs affaires. Secondement en l'vn & en l'autre de ces deux Poëmes, il faut conſiderer la condition de la perſonne qui revient pluſieurs fois ſur le Theatre dans vn méme Acte, parce que cela ne ſeroit pas étrange d'vn valet ; mais d'vn homme de condition la choſe ſeroit peu vray-semblable, & plus encore d'vne femme, si quelque raison particuliere ne l'obligeoit à courir & précipiter son action, sans pécher contre la bien-séance. En troisiéme lieu, il faut examiner, Si l'Acteur va loin, Si ce qu'il a fait, a demandé beaucoup de temps, S'il a eû quelque sujet de revenir promptement, & les autres circonstances de son action : car le lieu où il va estant fort proche, n'y ayant affaire que pour peu de temps, & estant obligé de revenir sur ses pas, i'estime qu'il n'est pas contre les regles de voir en ce cas dans vn méme Acte vn Personnage deux fois sur le Theatre. Plaute en vse fort ingenieusement en quelques endroits de ses Comédies, mais il ne me souvient pas qu'il y en ait aucun exemple dans les Tragiques anciens, & ie ne croy pas que cela vaille la peine de les relire.

Ie conseilleray neantmoins au Poëte de le faire tout le moins qu'il luy sera possible, & avec beaucoup de *discretion*——; car quelques considerations qu'il y employe, i'ay toûjours trouvé dur & choquant de voir vne personne de condition aller & venir si promptement, & agir avec apparence de précipitation.

La cinquiéme Observation regarde vne chose ordinaire aux Anciens, & que les Modernes n'ont pas toûjours observée; à sçavoir, De faire toûjours paroistre leurs principaux Acteurs ou Heros à l'ouverture du Theatre, & certes avec grande raison; parce que leurs personnes estant considerées comme le sujet de tous les biens, & de tous les maux de la Scéne, & comme vn Centre où toutes les lignes se doivent ioindre, les Spectateurs d'abord les desirent voir, & tout ce qui se dit, ou se fait auparavant leur arrivée, leur donne plus d'impatience que de plaisir, & souvent est compté pour neant : outre que les Spectateurs prenant bien souvent le premier Acteur de condition pour le Heros, se trouvent dans l'embaras & dans la confusion, quand apres ils viennent à découvrir que cela n'est pas : En quoy se sont lourdement trompez ceux qui ont differé de mettre vn principal Acteur sur le Theatre, iusques au troisiéme & quatriéme Acte; car cela iette dans l'esprit des Spectateurs tant d'impatience & d'incertitude, qu'il est apres bien mal-aisé de les satisfaire : ce n'est pas qu'en quelques occasions on ne puisse bien à propos vn peu differer à mettre le principal Acteur sur le Theatre; mais il faut que cela donne quelque

DV THEATRE, Liv. IV.

grace extraordinaire à la Piéce, & que le Spectateur n'en soit point du tout embarassé.

Quant à la sixiéme Observation, les principaux Personnages doivent paroistre le plus souvent, & demeurer le plus long temps qu'il est possible sur le Theatre; parce que ce sont toûjours les meilleurs Acteurs, & partant qui donnent plus de satisfaction à ceux qui les écoutent; parce qu'ils sont toûjours les mieux vétus, & partant les plus agréables au peuple, qui se laisse prendre à toutes les graces exterieures; parce qu'ils ont les plus belles choses à dire, & les plus grands sentimens à faire éclatter, en quoy consiste, à vray dire, toute la force & tous les charmes du Theatre; & parce que enfin ils ont à soûtenir en leurs personnes les plus notables évenemens de l'histoire, de sorte qu'en les voyant, le Spectateur espere & craint pour eux, il se réjoüit & s'afflige avec eux, & les considerant comme le but où s'addressent tous les traits de la bonne & mauvaise fortune de la Scéne, il ressent toûjours, quand ils paroissent, quelque émotion d'esprit ou quelque passion selon l'estat present des affaires; & ie ne puis approuver Senéque qui fait dire 22. vers à Agamemnon & rien plus, dans tout vn Poëme où il meurt & dont il est le principal Personnage. Ce n'est pas que pour éviter ce defaut, le Poëte doive faire des violences extraordinaires à son Sujet ; car les plus belles choses dites & faites à contre-temps perdent toute leur grace ; mais il faut qu'il presse vn peu son imagination en ces rencontres, & qu'il trouve des adresses pour ne rien faire par force, & ne rien perdre pourtant des beautez qui peuvent naître de la presence des principaux Acteurs. Et le seul avis que ie puis donner en general (car le reste depend du fond du sujet) est, De ne point faire par récit, ce que les principaux Acteurs peuvent vray-semblablement faire eux-mêmes sur la Scéne, & de ne point cacher derriere la Tapisserie les discours & les passions qui peuvent éclater par leur bouche. Que si davanture le Sujet ne peut souffrir que le Heros paroisse à tous les Actes, il faut travailler & faire en sorte, que celuy dans lequel il n'agira point, soit remply de quelques grandes & notables circonstances de l'histoire, & que les seconds Personnages en puissent réparer & soûtenir la foiblesse par quelque avanture noble, maiestueuse, & tres-importante ; autrement il est certain que le Theatre languira.

La septiéme remarque, & qui sera la derniere de ce Chapitre, est assez particuliere & peut-estre d'abord ne sera-t'elle pas bien goûtée de tous les Poëtes ; mais ie les prie de l'examiner au Theatre dans les rencontres, avant que d'en iuger icy sur le papier. Pour la bien expliquer, il faut sçavoir, Qu'vn Acteur la premiere fois qu'il paroist au Theatre, y peut venir avec l'vne de ces trois dispositions d'esprit; car ou les choses, qu'il dit en entrant, sont d'vn sentiment fort moderé & sans émotion, ou bien d'vn sentiment fort impetueux, ou enfin d'vn mouvement vn peu plus agité que l'assiete ordinaire de nostre ame, & moins qu'vn transport violent, ce que i'appelle *Demy-Passion*: Or quand vn Acteur entre sur le Theatre & qu'il doit parler dans cette premiere disposition d'esprit, il y peut facilement reüssir, & nous n'en voyons guere qui manquent à bien exprimer ce sentiment moderé; parce qu'il est conforme à l'estat naturel de l'Acteur, dont l'ame est en quelque tranquillité & sans émotion. Et quand d'abord l'Acteur qui n'a point encore paru, doit réciter des paroles d'vn sentiment impetueux, nous voyons encore que les bons Acteurs le representent bien ; parce que l'experience leur a fait connoistre iusqu'à quel poinct leur voix & leur geste se doivent emporter pour exprimer vne grande & violente agitation : mais comme il est bien plus facile de se porter d'vne extremité à l'autre, que de s'arréter dans vn iuste milieu; aussi les Acteurs, quoy qu'ils puissent aisément representer l'vn & l'autre de ces deux sentimens directement opposez, il n'arrive pas toûjours qu'ils reüssissent, quand la premiere fois qu'ils entrent sur la Scéne, ils doivent parler avec vn sentiment de demy-Passion qui sorte vn peu de la tranquillité naturelle de l'esprit, & qui ne s'éleve pas neantmoins iusqu'à la derniere violence: La raison est, que n'estant point émeûs d'euxmémes en arrivant, & n'osant pas s'emporter iusqu'à l'extremité, il leur est malaisé de trouver iustement l'estat auquel ils doivent estre pour bien entrer dans cette demy-Passion : de là vient que les troisiémes & quatriémes Acteurs surviennent d'ordinaire au Theatre de mauvaise grace, parce que n'ayant le plus souvent qu'vne Nouvelle bonne ou mauvaise à porter conceuë en peu de vers, & qui ne fait en leurs personnes qu'vne demy-Passion, ils ne peuvent mettre leur esprit ny leur action au poinct qu'il faut pour la bien representer, & font presque toûjours plus ou moins qu'il ne faudroit : ce qui méme excite le plus souvent les risées du peuple dans les plus serieux endroits d'vn Poëme. C'est pourquoy ie conseillerois au Poëte d'y prendre bien garde, & pour éviter que le Theatre ne languisse en ces rencontres, il doit faire dire à son Acteur, la premiere fois qu'il paroist, quelques paroles d'vn sentiment plus tranquille, avant que de le porter dans la demy-passion, afin que son esprit s'échauffe peu à peu, que sa voix s'éleve par degrez, & que son geste s'émeuve avec son discours.

On

On peut encore remédier à ce mal par vn moyen que i'ay veû pratiquer par le premier Acteur de noſtre temps, ie veux dire Mondory; car avant que de parler dans ces occaſions, il ſe promenoit quelque temps ſur le Theatre comme rêvant, s'agitant vn peu, branlant la teſte, levant & baiſſant les yeux, & prenant diverſes poſtures ſelon le ſentiment qu'il devoit exprimer; ce qu'il faiſoit, à mon avis, pour s'animer vn peu & ſe mettre au poinct de bien repreſenter vne demy-paſſion, ſe tirant par ce moyen de la froideur naturelle avec laquelle il entroit ſur la Scéne, & ſe donnant à luy-méme la retenuë neceſſaire pour ne ſe pas emporter trop violemment. Tout cela ſe connoiſtra veritable par les reflexions que le Poëte pourra faire au Theatre, & par la converſation de nos Comédiens qui l'ont pluſieurs fois experimenté.

CHAPITRE II.

Des Discours en general.

A Considerer la Tragédie dans sa nature & à la rigueur, selon le genre de Poësie sous lequel elle est constituée, on peut dire qu'elle est tellement attachée aux actions qu'il ne semble pas que les discours soient de ses appartenances. Ce Poëme est nommé *Drama*, c'est à dire, *Action*, & non pas *Récit*; Ceux qui le representent se nomment *Acteurs*, & non pas *Orateurs*; Ceux-là méme qui s'y trouvent presens s'appellent *Spectateurs*, ou *Regardans*, & non pas, *Auditeurs*; Enfin le Lieu qui sert à ses Representations, est dit *Theatre*, & non pas *Auditoire*, c'est à dire, *un Lieu où on Regarde ce qui s'y fait*, & non pas, où l'on *Ecoute ce qui s'y dit*. Aussi est-il vray que les Discours qui s'y font, doivent estre comme des Actions de ceux qu'on y fait paroistre; car là *Parler*, c'est *Agir*, ce qu'on dit pour lors n'estant pas des Récits inventez par le Poëte pour faire monstre de son Eloquence. Et de fait la Narration de la mort d'Hypolite chez Senéque, est l'Action d'vn homme effrayé d'vn

Ideo Theatri, ideo Spectatores, ideo Actores, quia maior pars in gestu est quàm in verbis. Donat. in Hegr. Terent.

Monstre qu'il a veû sortir de la Mer, & de la funeste avanture de ce Prince.

En vn mot, les discours ne sont au Theatre que les accessoires de l'Action, quoy que toute la Tragédie, dans la Representation ne consiste qu'en discours ; c'est-là tout l'ouvrage du Poëte, & à quoy principalement il employe les forces de son esprit ; & s'il fait paroistre quelques Actions sur son Theatre, c'est pour en tirer occasion de faire quelque agréable discours ; tout ce qu'il invente, c'est afin de le faire dire ; il suppose beaucoup de choses afin qu'elles servent de matiere à d'excellentes narrations ; il cherche tous les moyens pour faire parler l'amour, la haine, la douleur, la ioye, & le reste des passions humaines ; voire méme est-il certain, qu'il fait paroistre fort peu d'Actions sur son Theatre ; elles sont presque toutes supposées, du moins les plus importantes, hors le lieu de la Scéne ; & s'il en reserve quelque chose à faire voir, ce n'est que pour en tirer occasion de faire parler ses Acteurs. Enfin, si on veut bien examiner cette sorte de Poëme, on trouvera que les Actions ne sont que dans l'imagination du Spectateur, à qui le Poëte par adresse les fait concevoir comme visibles, & cependant qu'il n'y a rien de sensible que le discours; cela se iustifie assez clairement par la lecture d'vne seule Tragédie; car on n'y voit faire aucune action, le discours seul nous donnant toute la connoissance & le divertissement de la Piéce, aussi n'iroit-on pas au Theatre en si grande foule, si l'on ne devoit y rencontrer que des Acteurs muets.

Et de vray, quoy que les Tragédies d'Euripide soient plus remplies d'incidens & d'actions que celles de Sophocle, toutefois elles ont beaucoup moins reüssi sur le Theatre d'Athénes, & méme à present, elles encore ont moins d'agrément pour ceux qui les lisent, dont il n'y a autre raison sinon que les discours de Sophocle sōt plus éloquens & plus iudicieux que ceux d'Euripide : Et nous voyons que ces Poëmes, qui portēt le nom de Senéque, tout irreguliers qu'ils soient, & presque defectueux en toutes leurs parties, passent neātmoins pour excellés au sens de plusieurs par la beauté des discours, par l'énergie des expressions, & par la force des sentimens qui s'y lisent.

X Tous les Sçavans en l'Art nous apprennent, *V. ma seconde*
Que les fables *Polymythes*, c'est à dire, chargées *dissertation*
d'vn grand nombre d'Incidens, ou sont vicieu- *sur le Sertori*
ses, ou ne sont pas des meilleures; mais ils n'en *de Corneille*

ont pas rendu la raison : & i'estime que c'est parce qu'elles sont toutes occupées par les actions qui ne laissant point de place aux discours tiennent tout le Suiet comme étoufé sans air & sans mouvement. Et tout au contraire, vne Piéce qui n'aura presque point d'Incidens, mais qui sera soûtenuë par d'excellens discours, ne manquera iamais de reüssir ; nous en avons l'exemple dans l'*Alcyonée* de   Du-Ryer, il n'y eût iamais de Tragédie moins intriguée, & pourtant en avons-nous veû peu qui ayent eû vn plus favorable succez.

Il faut neantmoins observer quelque difference, pour ce regard, entre la Comédie & la Tragédie ; car la Comédie, dont les Personnages sont tous gens du commun, agissant avec peu de gravité & peu capables des beaux sentimens, est beaucoup plus dans les actions, que dans les discours ; il y faut peu d'éloquence & beaucoup d'intrigues ; & quand on y fait paroistre les grandes Maximes de la Morale, ou les nobles mouvemens de la Vertu, on court fortune d'ennuyer le Spectateur, parce qu'on sort du genre Comique, pour passer dans vn autre plus élevé, avec lequel l'estat des affaires & la condition des personnes ne s'accommodent pas. Terence est plus agréable à lire, que Plaute, parce que son discours est plus élegant ; mais

Plaute a mieux reüssi sur le Theatre, parce qu'il est plus Actif: Le premier se charge de plusieurs entretiens serieux, & ce n'est pas ce qu'on cherche dans la Comédie, où l'on veut trouver de quoy rire; l'autre est toûjours dans les intrigues conformes à la qualité des Acteurs, d'où naissent plusieurs railleries, & c'est ce qu'on desire.

Ce n'est pas que la Comédie ne soit toute dans le discours, aussi bien que la Tragédie; mais les discours ne doivent pas y estre si étendus; & pour cela donnent elles plus de iour aux Actions, & méme il faut souvent y corrompre les beaux sentimens de la Morale, & les traiter en burlesque, c'est à dire, Comiquement.

Ie souhaitterois donc que les Poëtes se rendissent tres-sçavans en l'art de bien discourir, & qu'ils étudiassent à fond l'Eloquence; car il ne faut pas s'imaginer qu'elle consiste en quelques pointes d'esprit, qui surprennent souvent les femmes & les petits Bourgeois; ny en quelque antitheses souvent mal fondées, non plus qu'en quelques autres figures de paroles souvent mal pratiquées. Le Poëte doit bien connoistre toutes les passions, les ressorts qui les font agir, & la maniere de les exprimer avec ordre, avec énergie, & avec iugement: Il en verra chez les Anciens des exemples qui seront comme des lu-

Quo factum est ut lectissi-mam orationē & artem sum-mam Teren-tij, multorum Comicorum facetiis post ponerent, &c. At res putetur ipsa, profectò languidiores erunt Teren-tiani. Cur igitur nos plu-ris hunc quā Plautum fa-cimus: pro-pterea quod sūmum tunc nobis studium est bene loquē-di. Scalig. l.3. c. 97.

Quantum propter ax. mi voluptatem tribuerent Plauto prisci; tantum aias nostra ob lin-gua cultum Terentio. Ille igitur illorum secundâ for-tunâ commē-datus, hic no-strâ miseriâ magnus fa-ctus est: nam equidē Plau-tum ut Co-micum, Te-rentium verò ut loquuto-rem admira-bor. Scalig. l 6. c. 2.

mieres capables de le conduire dans la route qu'il veut tenir pour plaire, & pour aquerir vne veritable reputation.

Quant à moy, ie ne pretens icy luy donner que mes Obseruations particulieres, dont au moins il pourra tirer cét avantage, qu'elles luy seruiront pour en faire de meilleures; car mon dessein n'est pas de traiter icy la Rhetorique & la Poësie; nous en avons tant de Livres depuis Aristote, qu'on en pourroit faire des Bibliotheques entieres. Ie ne veux pas non plus parler des discours qui se font au Theatre, suivant ce qu'en a dit le Philosophe & ses Interpretes; parce que ce seroit vn travail inutile que de copier tout ce que nous en avons: il me suffira d'ajoûter aux belles choses qu'on peut
ce que i'ay trouvé par les reflexions qui me sont venuës à l'esprit dans la lecture des Anciens, & la pratique des Modernes

Or, pour le faire avec ordre, ie considere au Theatre quatre sortes de Discours. Les *Narrations*, les *Deliberations*, les *Discours Didactiques* ou Instructions, & les *Discours Pathétiques* ou mouvemens & Passions; à quoy ie joindray quelques considerations sur les figures qui sont souvent l'ornement & la force du discours. Au reste, ie ne me mets pas en peine si cette division est entierement Methodique & dans la derniere iustesse

steſſe de l'Echole, c'eſt le Plan que i'établis pour m'expliquer, ie conſens que chacun y ajoûte ce qu'il croira neceſſaire, qu'il y retranche ce qu'il iugera de ſuperflu, & qu'il change tout ce qui ne luy plaira pas.

CHAPITRE III.

Des Narrations.

IE préſuppoſe icy d'abord vn Poëte inſtruit en la Rhetorique, & en tout ce que les excellens Autheurs de cét art ont écrit de la Narration; par exemple, Ce que c'eſt; Quelles en ſont les qualitez, & les preceptes generaux également communs aux Orateurs & aux Poëtes; en vn mot, ie n'entens luy donner que mes Obſervations particulieres.

Les Narrations donc, qui ſe font dans les Poëmes Dramatiques, regardent principalement deux ſortes de choſes; ou celles qui ſe ſont faites avant que le Theatre s'ouvre, en quelque lieu qu'elles ſoient arrivées, & long-temps méme auparavant; ou bien celles qui ſe font hors le lieu de la Scéne, dans la ſuitte de l'action Theatrale depuis qu'elle eſt ouverte, & dans le temps qu'on a choiſi pour ſon étenduë.

Quant à celles qui ſont introduites dans le corps du Poëme pour l'intelligence des choſes paſſées, auparavant que le Theatre ſoit ouvert, elles se peuvent faire regulierement au commencement de la Piéce, pour en fonder toute l'action, pour en préparer les incidens, & pour faciliter l'intelligence de tout ce qui s'y passe; Ou bien elles se font à la clôture & vers la fin du Poëme, pour servir à la Catastrophe, & au Dénouëment de toutes les intrigues. Ce n'est pas qu'on ne les puisse faire dans les autres parties du Poëme, comme il se voit dans la *Virginie* de Mairet où la Narration principale se trouve au quatriéme Acte avec beaucoup de grace & de succez; mais là, elles sont dangereuses, à cause qu'elles peuvent découvrir la Catastrophe qui est proche, ou laisser le Theatre dans l'obscurité, & les Spectateurs malinstruits de plusieurs circonstances pour en avoir differé trop longtemps beaucoup de lumieres necessaires : de sorte que pour éviter l'vn & l'autre de ces deux inconveniens, il faut vne grande conduitte ; & le Poëte doit estre si sage, que cette Narration ne prévienne en rien la beauté de sa Catastrophe, & que les premiers Actes soient fort intelligibles selon les necessitez du Theatre.

Pour les choses qui surviennent dans la suitte de l'Action, le récit s'en doit faire à mesure qu'elles arrivent ; & s'il se trouve necessaire & plus agréable de le retarder, il y faut employer quelque adresse qui laisse au Spectateur le desir de les apprendre sans impatience ; ou bien luy en oster l'attente, afin qu'il ne le desire pas avec inquietude, & que la surprise en soit plus heureuse. Mais il se faut souvenir que ces récits ne sont introduits que pour instruire le Spectateur des choses qui se font hors la Scéne; car de faire côter celles qui y ont esté veuës, ou qui doivent y avoir esté veuës, côme estant supposées y avoir esté faites, ainsi que ie l'ay remarqué en quelques Modernes, cela sans doute est ridicule; Encore faut-il que les choses, qui doivent fonder ces Narrations incidentes, soient d'importance au Theatre; autrement il ne s'en faut point charger, & il suffit de les faire sçavoir par quelques paroles adroitement inserées devant ou apres: Il y en a méme qui sont aisément supposées par le Spectateur dans le concours des Actions & la liaison des Incidens, sans qu'il soit besoin de les expliquer.

Or toutes ces Narrations entrent dans le Poëme Dramatique à deux fins, ou pour l'éclairer & répandre par tout les connoissances necessaires, afin d'en bien goûter les mouvemens & les intrigues; ou bien pour y servir d'ornement, & faire méme vne partie des beautez de la Scéne; mais contre l'vne & l'autre de ces deux fins, on tombe bien souvent en des defauts tres-considerables.

Le premier est, quand la Narration se trouve embarassée, c'est à dire, chargée de plusieurs circonſtances difficiles à retenir diſtinctement; comme lors qu'elle contient vne longue Genealogie, (ce que Scaliger blâme dans Homere) vn grand nombre de Noms, vne ſuitte de differentes actions brouillées les vnes dans les autres par le temps, ou par les dépendances; dautát que le Spectateur ne veut pas ſe donner la peine de garder en ſa memoire toutes ces differentes idées, ne venant au Theatre que pour avoir du plaiſir, & faute de s'en ſouvenir, il demeure dans vne confuſion & vne obſcurité qui ne luy donne que du dégouſt de tout le reſte. Telle ſeroit à peu prés cette Hiſtoire des trois Freres & des trois Sœurs, dont les amours ſont décrites dans l'*Aſtrée* ; & celle encore de ces deux Enfans nez de deux Femmes, qui avoient épouzé le Fils l'vne de l'autre : car qui voudroit en faire la narration au Theatre pour fonder toute l'intrigue d'vne Piéce, on pourroit bien s'aſsûrèr que perſonne n'entendroit le Suiet, & qu'ainſi perſonne n'en ſortiroit que tres-mécontent.

Le ſecond defaut des Narrations eſt, quand elles ſont ennuyeuſes ; & elles ſont ennuyeuſes, quand elles ne contiennent pas des choſes agréables, ou neceſſaires ; ou bien quand elles ſont faites avec des expreſſions foibles & languiſſantes ; car n'apportant aucun ornement au Theatre, le Spectateur ſe dégoûte, ſe relâche & n'écoute plus ; & comme il eſt impoſſible

Nimius eſt in recenſendis Nereidibus Homerus perinde atque caneret genealogiam. Scalig. l. 5. c. 3.

qu'il ne perde quelque connoiffance, dont il peut avoir befoin dans la fuitte, il n'approuve plus rien de ce qui ne luy donne aucun plaifir.

Il en arrive prefque de même quand elles font trop longues, car la varieté qui eft l'ame du Theatre, ne s'y trouvant point, elles péfent à l'efprit & déplaifent par leur propre poids; les Spectateurs, dont la plufpart ne font pas d'vn grand genie, ne peuvent concevoir tant de chofes à la fois, & en troublent facilement toutes les idées; & ceux-là même qui pourroient bien comprendre tout, s'impatientent d'eftre obligez de s'attacher toûjours à vn même objet fans divertiffement, & cette impatience les fait relâcher par le defir naturel du changement ; fi bien que les vns & les autres prennent ces grǎds récits pour des contes de Fées, qu'vne bonne Vieille allonge en niaifant, autant qu'elle peut, pour endormir des Enfans.

Encore doit-on diftinguer icy, Que les Narrations peuvent eftre trop longues, ou bien pour la matiere, quand elle eft remplie d'vn trop grand nombre d'incidens & de perfonnes, d'vn trop grand nombre de noms & de lieux; ou bien pour les paroles, quand toutes les circonftances d'vne action font trop exagerées dans le détail de plufieurs chofes baffes & inutiles, & que les expreffions font chargées de trop d'Epithetes, d'Adverbes, & autres termes peu necessaires avec des redites importunes, quoy que la phrase en soit differente.

Et pour examiner l'vne & l'autre de ces longueurs, on peut dire que la premiere est defectueuse en quelque lieu que se trouve la Narration; car premierement à l'ouverture du Theatre, le Spectateur qui se persuade que tout ce récit est necessaire pour l'intelligence de la Piéce, s'efforce de tout retenir, & se sentant la memoire accablée de tant de choses & l'imagination confuse, il se fâche contre soy-méme, & en suitte contre le Poëte, & enfin il abandonne tout sans plus écouter; ce qui le laisse dans l'ignorance de beaucoup de choses qui luy serviroient bien pour prendre plaisir au reste.

Davantage dans ces longs Récits, il y a toûjours beaucoup de choses qui ne sont pas necessaires dans l'intrigue particuliere du Theatre; mais le Spectateur qui ne peut pas faire encore ce discernement veut tout retenir dans la croyance où il est qu'il en aura besoin, & ne le pouvant pas, il tombe dans l'impatience & se relâche; l'*Eudoxe* a rendu ce defaut sensible aux plus simples comme aux plus entendus. Que si toutes ces choses se trouvent necessaires pour l'intelligence de la Piéce, il faut s'assurer qu'il y aura de l'excez dans les Incidents & de l'embaras dans la suitte, tant de principes si divers ne pouvant produire que des effets & des conséquences fort confuses.

Ces longues Narrations ne sont pas meilleures dans la suitte de l'Action, pour les choses qui surviennent depuis l'ouverture du Theatre ; car outre ces raisons communes fondées sur le defaut de varieté, sur l'impatience des Spectateurs, & sur le relâchement de leur esprit ; il ne sera iamais vray-semblable que tant de choses soient arrivées en si peu de temps, par exemple dans l'intervalle d'vn Acte : ce n'est pas qu'il ne soit fort ordinaire d'y supposer vne Bataille, vne Conjuration, vne Fourbe signalée, ou quelque autre pareil évenement ; mais pour le faire avec vray-semblance, il faut tromper l'Auditeur, comme nous avons dit ailleurs, en l'occupant à voir quelque autre chose, & à oüyr quelques discours qui servent de preparation à ce qui doit estre raconté apres, qui luy fassent naître l'impatience de le sçavoir, & qui séduisent agréablement son imagination, afin qu'il soit imperceptiblement persuadé qu'il y a eû du temps suffisant pour tout le reste.

Mais ce qu'il y a de particulier en cette conjoncture est, qu'alors le Theatre est dans la chaleur de l'action & dans l'empressement des Incidens que ces longues Narrations refroidissent & relâchent ; au lieu qu'elles doivent ranimer le Theatre, ietter le fondement de quelque
nouvelle

nouvelle passion, & en soûtenir les mouvemens; pour à quoy parvenir elles doivent estre courtes, vives, & ardentes: c'est le mauvais effet que produit le Riche en imagination dans les *Visionnaires*, & ce que le Poëte doit bien éviter.

Et quand ces longues Narrations se trouvent à la Catastrophe pour faire le dénoüement, elles sont entierement insupportables; car le Spectateur, que le Nœud de la Piéce met en peine, est dans l'impatience de sçavoir comment l'intrigue se démesle; or si on le charge de nouvelles idées en trop grand nombre, il se rebute, & n'a plus de plaisir dans le temps qu'il est prest de recevoir le plus: ce qui est d'autant plus dangereux en cette occasion que son esprit est déja lâs, & tout disposé à se relâcher.

Et si ce grand Récit, ainsi fait dâs la Catastrophe, se doit réjoindre & s'appliquer à plusieurs circonstances des choses arrivées dans le cours de la Piéce, pour les éclaircir & les démesler, il faut que le Spectateur se donne la peine de faire toutes ces applications, ce qu'il ne veut pas faire dans ce moment, auquel il attend son dernier plaisir & sans aucune peine.

Mais s'il n'est pas besoin d'appliquer toutes les choses contenuës dans ce dernier Récit à celles qu'on a déja veuës pour en avoir l'intelligence, il n'est pas necessaire de les raconter;

il les faut retrancher comme des abondances vicieuses; la Pastorale heroïque servira d'exemple au Poëte pour ne pas tomber dans ce defaut.

Enfin l'on peut dire pour vn precepte general, Que les Narrations peuvent estre plus longues & plus remplies d'Incidens à l'ouverture du Theatre, qu'en nul autre endroit d'vne Piéce; parce que le Spectateur est frais & son esprit libre, sa memoire n'est point encore chargée, sa volonté est toute disposée d'écouter, & sa memoire reçoit agréablement toutes les idées qu'on luy done dans la creance qu'elles doivent contribuer au plaisir qu'on luy prepare. A la Catastrophe elles doivent estre d'vne estenduë fort moderée, plus longue à la verité que dans la suitte de l'action, mais plus courte qu'au commencement de la Piéce. Pour celles qui se font dans le cours des intrigues du Theatre, elles doivent estre fort courtes & toûjours serrées.

Ie viens maintenant aux Narrations trop longues en paroles, en quoy plusieurs ont peché; Lucain & Senéque ont ce defaut, & l'on peut dire qu'ils seroient estimez bien plus grands Poëtes, s'ils avoient pû se moderer. Il faut en cette occasion suivre l'exemple de Virgile & d'Ariofte, qui content vne avanture en toutes ses circonstances necessaires, & qui ne se chargent iamais d'aucunes paroles inutiles;

Quiconque voudra se donner le loisir d'examiner la Tempeste d'Ænée décrite dans le premier Livre de Virgile, & celle de Ceyx dans le 11. des Metamorphoses d'Ovide, connoîtra, par cette comparaison, combien il faut souvent omettre de belles paroles & de riches pensées, pour ne se point engager dans des Récits ennuyeux & des superfluitez incommodes, quoy que brillantes. Ce defaut n'a pas peu contribué au mauvais succez des *Danaides* sur le Theatre François: Il seroit neantmoins plus tolerable dans l'Epopée, qui peut mieux souffrir les longs discours, dont elle a son estre & son nom, que dans le Poëme Dramatique, qui demande des actions, & qui ne reçoit les paroles qu'autant qu'elles sont necessaires pour faire sçavoir, & encore dans le poinct de leur perfection. Il faut donc prendre garde qu'vne Action ne soit pas détruite pour estre trop exaggerée, quand il y a necessité de la conter: ce n'est pas que ces Narrations, qui ne péchent qu'en cette longüeur & en cette trop scrupuleuse exaggeration, ne soient plus tolerables que celles qui sont trop longues par le grand nombre des choses qu'elles contiennent; parce qu'elles ne chargent pas la memoire du Spectateur avec tant d'importunité, & qu'elles peuvent avoir quelque agrément par diverses pointes d'esprit & par le jeu des paroles. Ie conseille neantmoins au Poëte de les éviter par tout, & principalement à la Catastrophe, veû qu'alors elles blessent tellement l'esprit du Spectateur impatient, qu'il n'y a point d'élegance ny de figures en paroles qui le puissent guerir. Voyez entr'autres, combien Plaute a esté adroit en la Narration de la Reconnoissance de Phnésie, à la fin du *Curculion*;

À l'ouverture du Theatre cette maniere d'étendre vn Récit, ne seroit pas entierement insupportable ; & c'est par cette consideration que la Tempeste, décrite au premier Acte du *Prince Déguisé*, a passé pour bonne, quoy qu'elle soit trop chargée de paroles ; mais dans la suitte de l'Action, elles ne peuvent estre recevables avec cette grande exaggeration, si elles ne sont fort pathétiques, & soûtenuës par le mélange des divers sentimens de celuy qui parle & de celuy qui écoute.

Vide quam convenienter poëta cum id agat vt Parmenonē narrantem indicat, tamen

Avec toutes ces précautions il est bon de sçavoir encore, que les Narrations peuvent estre faites en deux manieres ; ou Continuës, lors que d'vne méme suitte on fait reciter vne histoire pour servir de fondemét au Sujet, ou de Dénoüement à l'intrigue, ce qui n'a de soy-méme ny grace particuliere, ny defaut ; Il est assez ordinaire aux Poëtes d'en vser ainsi comme d'vne chose indifferente, pourveu neantmoins qu'ils y iettent diverses interruptions adroites, ou pathétiques dans les Tragédies, comme est celle d'Oreste dans Euripide ; ou bouffonnes dans les Comédies, comme on peut voir dans l'*Hécyre* & autres de Terence, & le *Pseudolus* de Plaute aux premiers Actes : Ou bien les Narrations sont *Coupées*, c'est à dire faites à diverses reprises, selon que le Poëte veut découvrir ou cacher vne partie de son Suiet, pour en former les differens Actes de sa Piéce, & pour en tirer plusieurs ornemens, comme on voit dans la 2. *Iphigenie* d'Euripide, & dans l'*Oedipe Tyran* de Sophocle, où toute l'histoire est contée par differentes personnes, en divers temps, & à plusieurs reprises ; ce qui se peut faire lors que celuy qui conte ne sçait pas toute l'histoire, comme on voit dans la *Virginie* ; ou bien lors qu'il ne veut pas tout dire par quelque raison necessaire, car il ne faut pas se rendre suspect d'affectation ; ou bien lors qu'il est interrompu contre son dessein, ce qu'il faut faire avec adresse, & non pas en introduisant sur la Scéne vn homme inutile, & qui n'a presque rien à faire qu'à interrompre celuy qui parle ; ou bien lors que toutes les choses, necessaires à sçavoir, ne sont pas encore arrivées, & qu'on en fait les recits selon la distinction des évenemens,

multis diverticulis morales facetias internectat. Donat. in *Hecyr.Terent. in hac Scena quae docendi Instruendique spectatoris causa inducitur, mire extrinsecus lepores facetiaque cernuntur & sales comici id enim est artis poëtica vt cum narrationi argumenti detur opera iam tamen res agi & Comœdia spectari videatur. Idem in Phormion.* Vid. Eurip. in *Iphig.in Taur. Ita discerpta neque afferunt fastidium & suspensum tenent auditorem: si enim partem nunc audio, quod reliquum est aveo ointelligere* Scalig. *l.3.c.28.poët.*

Ie puis bien aisûrer nos Poëtes que cét artifice, de couper ainſi les Narrations, demande beaucoup de méditation, afin d'examiner meûrement, iuſqu'où l'on doit porter chaque Récit, & donner toutes les couleurs apparentes pour les finir & pour les reprendre: mais aussi eſt-il vray qu'elles produiſent toûjours de beaux effets; car laiſſant toûjours le Spectateur dans l'attente de quelque nouveauté, elles échauffent ſon deſir, & l'entretiennent dans vne agréable impatience; & les nouvelles découvertes qui ſe font, fourniſſent de nouveaux Sujets pour varier tous les mouvemens & toutes les paſſions des Acteurs.

On peut encore, à mon avis, conſiderer les Narrations, ou comme de ſimples Récits, ou comme des Explications pathétiques de quelque avanture; Les premieres ſont toûjours mauvaiſes, pour peu qu'elles ſoient étenduës; parce qu'eſtant ſans mouvement & ſans ornement, elles ſont froides & languiſſantes; elles ſont pourtant neceſſaires en beaucoup de rencontres, comme quand il faut donner vn avis important & en diligence, pour remédier à quelque mal preſſant, pour ſauver vn homme

DV THEATRE, Liv. IV. 391

que l'on pourſuit, & pour quelque autre effet ſemblable ; mais il faut qu'elles ſoient lors fort courtes, autrement elles ne conviennent pas à la neceſſité de l'action preſente.

Les Narrations pathétiques ſont toûjours les plus belles, & celles qu'on peut nommer ſeules dignes du Theatre, lors qu'elles ſont ſoûtenuës d'vne exaggeration raiſonable, & de toutes les circonſtances importâtes d'vne hiſtoire ; qu'elles ſont mélées d'étonnement, d'imprecations, de crainte, & d'autres emportemés d'eſprit ſelon les diverſes impreſſions qui doivét naître du Récit. On s'en doit ſervir principalemét dans vne occaſion, dont ie ne croy pas que perſonne ſe ſoit aviſé devant moy, qui eſt lors que celuy à qui on parle, n'ignore rien de toute l'avanture, & qu'il eſt neceſſaire de la faire ſçavoir aux Spectateurs, car en cette rencontre il ſeroit ridicule de luy en faire le récit, puis qu'il la ſçait ; & neantmoins il la faut dire, puis que le Spectateur l'ignore, & qu'autrement il auroit de la peine à comprendre le reſte ; à quoy on ſatisfait en traittant l'hiſtoire ingenieuſement, non pas par récit ; mais par des paſſions & des mouvemens d'eſprit, tirez du fond de l'hiſtoire & de l'eſtat preſent des choſes ; ſoit par des plaintes d'vne grande infortune, ou par des ſentimens de ioye pour quelque bon ſuccez ; ou bien en formant de iuſtes craintes pour l'avenir

Sic Euripid. in Iphigen. in Taur. & le celle de la mort de Polyxene dans Hecube Stiblin dit, miro artificio per totam narrationem affectus ſparguntur.

; car par ce moyen l'histoire se découvre aux Spectateurs, & on ne fait point de narrations affectées contre la vraysemblance. Telle est la Narration de la mort de Clytemnestre dans l'*Electre* d'Euripide ; & tel est le discours de Tecmesse chez Sophocle dans son *Aiax Furieux*, où il luy met en la bouche vne grande Narration pathétique & fort ingenieuse de tout ce que le Spectateur ignoroit, sous pretexte d'vne longue plainte contre sa mauvaise fortune.

Du nombre de ces Narrations pathétiques doit estre celle de Sosie au commencement de l'*Amphitryon*, lors que pour avoir occasion de côter le voyage d'Amphitryon, l'issuë de la guerre, & le reste qui sert de fondement à la Comédie, le Poëte fait que cét Esclave medite les nouvelles qu'il dira à sa Maistresse : car par cét artifice il fait vne narration à luy-méme & à luy seul, meslée de diverses plaisanteries dignes de cét Esclave, & neantmoins le Spectateur est instruit de tout, sans affectation apparente. Telle est encore la narration qui se fait au commencement du *Pseudolus* de Plaute, où
sur

DV THEATRE, Liv. IV. 393

sur le sujet des Lettres de Phœnicie à Callidore son Amant, on découvre avec cent bouffonneries tout ce qui estoit lors necessaire pour fonder l'action du Theatre; mais il faut prendre garde à bien entretenir le discours dans les mouvemens, & de n'y méler aucune apparence de Récit, parce que pour peu que cela sente l'affectation, il est vicieux comme fait exprés en faveur des Spectateurs. Aussi ne puis-je iamais conseiller d'vser d'vne methode assez commune, mais que i'estime fort mauvaise, à sçavoir, lors qu'vne personne sçait vne partie de l'histoire, & que le Spectateur n'en sçait encore rien du tout; car en ces occasions les Poëtes font répeter ce que l'Acteur present sçait déja, en luy disant seulement, *Vous sçavez telle chose*, & adjoûtant: *Voicy le reste que vous ignorez*; A dire le vray, cela me semble grossier, i'aymerois mieux faire entrer en motifs de passion ce que l'Acteur present conoist déja & trouver en suitte quelque couleur ingenieuse pour traiter le reste par forme de Récit ordinaire. Ce defaut est sensible dans la *Rodogune*, où Timagene feint de ne sçavoir qu'vne partie de l'histoire de cette Princesse, & où tout ce qu'on luy répete sommairement & ce qu'on luy conte, est aprés expliqué assez clairement par les divers sentimens des Acteurs; si bien que cette Narration n'estoit pas méme necessaire: outre qu'il n'est pas vray-

Ne ieiuni ad argumentum veniens non agere fabulā sed narrare videatur. Donat. In Terent. Hecyr. Et vt fastidium prolixitatis evitet, mirè Terentius interloquia quædam adhibet &c. In Eunuch. Idem.

Corneille

DDd

semblable que ce Timagéne, qui avoit esté à la Cour du Roy d'Ægypte avec les deux Princes de Syrie, eust ignoré ce qu'on luy conte qui n'est rien qu'vne histoire publique, contenant des Batailles avec la mort & le mariage de deux Rois. C'est ce qu'on a repris en Sophocle, qui fait qu'Hercule revenant d'vn combat, ne sçait pas la mort d'Alceste, parce que ces avantures des Grands ne peuvent estre ignorées. I'ajoûte vne autre espece de Narrations que i'appelle *Ingenieuses*, ne pouvant trouver aucun autre caractére qui leur soit commun, & qui puisse neantmoins les distinguer de celles dont nous avons parlé; les exemples en donneront assez de connoissance & sur tout deux, dont i'ay déja parlé à autre dessein.

Le plus notable, & dont l'adresse doit estre bien consideree, est la Narration du voyage d'Amphitryon, sa victoire sur les Theleboiens, & comment la Coupe d'or de leur Roy luy avoit esté donnée, & qui sert dans la suitte de la Comédie pour authoriser le déguisement de Iupiter. Or Plaute ouvre son Théatre la nuict par Sosie, qui vient seul au Palais de son Maistre; desorte qu'il estoit malaisé de supposer vray-semblablement quelque autre Acteur à qui cét Esclave eust pû faire ce récit, qui neantmoins estoit necessaire pour fonder le reste des intrigues : mais voicy comment Plaute s'en démesle fort ingenieusement. Il fait

DV THEATRE, Liv. IV. 395

que Sofie s'avife d'étudier de quelle forte il pourra conter des nouvelles à fa Maiftreffe, & d'autant plus raifonnablement, que n'ayant pas efté prefent aux Combats, il eftoit obligé de rechercher en fa memoire tout ce qu'il en avoit ouy dire, & d'en ajufter le conte; car par cét artifice la narration fe fait vray-femblablement felon la maniere de vivre des valets. L'autre exemple eft du méme Plaute dans le *Pfeudolus*, où la premiere Narration fe fait par vne Lettre de Phenicie à Callidore qu'il aimoit, & auquel elle mandoit fon malheur; car par ce moyen l'eftat de toutes les affaires du Theatre fe découvre. Euripide avoit fait vne chofe affez femblable dans fon *Iphigenie en Aulide*, où fur le fuiet d'vne Lettre qu'Agamemnon écrit à fa femme, fe fait le récit qui doit fonder le Theatre, & en ouvrir les Intrigues. Sur ces modeles le Poëte pourra bien, ce me femble, felon la nature differente des Suiets, trouver de pareilles adreffes pour employer ces Narrations que nous avons nommées *Ingenieufes*. L'experience le rendra certain de toutes ces veritez & le travail luy donnera le moyen d'y reüffir.

Sed quomodo & verbis me deceat fabulariér, prius ipfe mecum etiam hic volo meditari, fic hoc proloquar. Principio, &c. hac fic dicam: Here.

Voffius Poët. l. 1. c. 3.

Ce qui refte maintenant, eft d'expliquer certaines regles, dont on ne fe peut départir dans les Narrations fans pécher contre la Vray-femblance.

La premiere eft, Que celuy qui fait vn Récit en

doit sçavoir l'histoire ; autrement il n'est pas vray-semblable qu'il l'ait racontée, s'il n'est pas vray-semblable qu'il l'ait sceuë.

La seconde, Qu'il y ait de sa part vne raison puissante pour la raconter, soit par la necessité d'en avertir la personne interessée, soit par sa curiosité raisonnable, soit par son authorité sur celuy qui doit parler, & autres semblables considerations.

En troisiéme lieu, Il faut que celuy qui écoute, ait iuste suiet de sçavoir ce qu'on luy raconte; & ie ne puis approuver qu'on fasse entretenir des valets, par vne simple curiosité, sur les avantures d'vn grand Prince : c'est vn defaut que l'Autheur de la *Rodogune* devoit éviter, dautant que les Narrations ne sont iamais si fortes ny si belles, que quand elles sont faites à la personne interessée, ou par elle méme; parce qu'elles sont toûjours lors accompagnées d'espoir & de crainte, de tristesse & de ioye, ce qui retient l'esprit du Spectateur attentif, & avec plaisir.

Davantage, il faut que cela se fasse dans vn lieu convenable, & où vray-semblablement celuy qui raconte & celuy qui écoute ayent pû se rencontrer commodément pour ce Récit ; & ie ne puis approuver que dans la salle d'vn Palais, où apparemmét il y a toûjours des gens qui vont & qui viennent, on faſſe vne longue narration d'avantures ſecrettes, & qui ne pourroient eſtre découvertes ſans grand peril: d'où vient que ie n'ay iamais pû bien concevoir, comment Corneille peut faire qu'en vn méme lieu Cinna conte à Emilie tout l'ordre & toutes les circonſtances d'vne grande conſpiration contre Auguſte, & qu'Auguſte y tienne vn Conſeil de confidence avec ſes deux Favoris: car ſi c'eſt vn lieu public, comme il le ſemble, puis qu'Auguſte en fait retirer les autres Courtiſans, quelle apparence que Cinna vienne y faire viſite à Emilie avec vn entretien de 130. vers & vn récit de choſes ſi perilleuſes, qui pouvoient eſtre entenduës de ceux de la Cour qui paſſoient en ce lieu? Et ſi c'eſt vn lieu particulier, par exemple le cabinet de l'Empereur, Qui en fait retirer ceux qu'il ne veut pas rendre participans de ſon ſecret, comment eſt-il vray-ſemblable que Cinna y ſoit venu faire ce diſcours à Emilie, & moins encore qu'Emilie y faſſe des plaintes enragées contre l'Empereur? Voila ma difficulté que Corneille reſoudra quand il luy plaira.

Le téps pour faire vne Narration vray-ſéblable n'eſt pas moins neceſſaire; car il y a des momens qui ne peuvent ſouffrir de longs diſcours. Voyez dans la *Virginie*, ſi l'empreſſement des actions importantes où le Theatre eſt reduit, peut souffrir vn grand Récit, qui demandoit plus de loisir & moins de précipitation. C'est vne faute que Scaliger impute au bon Homere, d'avoir fait faire à ses Heros de grandes harangues au milieu des combats. Et voyez dans le *Scipion*, s'il est vray-semblable que pendant le sac d'vne ville, au milieu d'vne armée victorieuse, & parmy les desordres d'vn peuple effrayé de ce dernier malheur, vne fille déguisée se fasse reconnoistre par vne longue Narration : cette conioncture d'affaires publiques ne permettoit pas de dire au plus quatre vers. Mais ie ne m'aperçois pas qu'insensiblement ie découvre les fautes de quelques Modernes, qui peut-estre n'en seront pas d'accord, ou qui du moins n'en seront pas contens. Que le Poëte donc cherche luy-méme les exemples des mauvaises Narrations, qu'il profite dans son Cabinet des fautes d'autruy, & qu'il n'espere pas que ie m'engage à décréditer la pluspart des Poëmes que nostre Theatre a receus si favorablement pour n'en avoir pas connû les defauts, ou pour les avoir tolerez avec trop de complaisance.

Orationes in praelij adeo longae, v. di-deficiant pugnantes. Scalig. l. 5. c. 2.

CHAPITRE IV.
Des Déliberations.

MON deſſein n'eſt pas icy d'enſeigner cette partie de la Rhetorique, qu'on nomme le *Genre Deliberatif*, où l'on traitte les adreſſes dont il ſe faut ſervir pour dire ſon avis avec art & ornement, touchant les matieres ſur leſquelles on demande conſeil. Noſtre Poëte ne doit pas attendre qu'il ſoit monté ſur le Theatre pour prendre la connoiſſance de ces principes, il faut qu'auparavant il ſe ſoit remply l'eſprit de toutes ces choſes qui luy ſont abſolument neceſſaires, & que i'ay compriſes, dés le commencement de cét Ouvrage, ſous le nom de *Theorie du Theatre*. Le Poëme Dramatique eſt comme vne quinte-eſſence de tous les preceptes qui ſe liſent dans les Autheurs, qui nous ont enſeigné l'art de bien dire en proſe & en vers; parce qu'il les y faut employer avec tant de iugement & de délicateſſe, que bien ſouvent il paroiſſe qu'on en ſoit fort éloigné, & que méme on les ait entierément abandonnez; & le genie du Theatre eſt tel, que d'ordinaire, ce qui ne paroift point, en eft le plus grand art; vn Sentiment qu'on aura prefque imperceptiblement ietté dans l'efprit des Auditeurs, vne Avanture commencée en apparence fans deffein, vne Narration imparfaite, ou quelque autre cōduite ingenieufe, font capables de foûtenir vne partie de tout vn Poëme, d'en fonder les plus belles paffions, & d'en préparer vne illuftre Cataftrophe; Et certainement il faut fçavoir beaucoup avant que d'entreprendre vn fi grand Oeuvre, fi tant eft qu'on y veuïlle acquerir vne veritable gloire.

Préfuppofant donc icy pour fondement tout ce qu'on peut apprendre ailleurs des Deliberations, ie commence par cét avertiffement confiderable, Qu'elles font de leur nature contraires au Theatre; parce que le Theatre eftant le lieu des Actions, il faut que tout y foit dans l'agitation, foit par des évenemens qui de moment à autre fe contredifent & s'embaraffent; foit par des paffions violentes qui de tous coftez naiffent du choq, & du milieu des Incidens, comme les éclairs & le tonnerre du combat, & du fein des Nuées les plus obfcures: en forte que perfonne ne vient prefque fur la Scéne qui n'ait l'efprit inquieté, dont les affaires ne foient traverfées, & qu'on ne voye dans la neceffité de travailler, ou de fouffrir beaucoup; & enfin c'eft où regne le Démon de l'inquietude, du trouble
& du

& du defordre; & deflors qu'on y laiffe arriver le calme & le repos, il faut que la Piéce finiffe, ou qu'elle languiffe autant de temps que les Actions cefferont, ou fe rallentiront : comment donc les Déliberations pourront-elles y prendre part? Elles fe font d'vn efprit raffis, & tout s'y doit paffer avec beaucoup de modération; celuy qui demande confeil, en fait la propofition avec tranquillité, encore que d'ailleurs fon ame foit agitée; ceux qui font appellez pour donner leur avis, doivent eftre encore moins troublez d'interefts & de paffions; ils ne doivent parler qu'avec des raifons épurées; ils doivent eftre dans les lumieres, & non pas dans les tempeftes, & deflors qu'ils paroiftroient émeûs & dans quelque emportement, ils feroient fufpects d'entrer par quelque motif fecret dans l'vn des deux partis, & perdroient la qualité de bons Confeillers; enfin dans ces occafions il faut que tout y foit fans agitation, les perfonnes retenuës, les difcours moderez, les expreffions douces, & rien qui reffente les mouvemens impetueux de la Scéne: de forte que fans vn grand art, il eft impoffible que le Theatre ne tombe dans la langueur, comme dans l'immobilité.

On me dira peut-eftre, que le Theatre n'eft prefque remply que de Deliberations, & que qui les en retrancheroit, en ofteroit tout ce qu'il

EEe

y a de plus agréable & de plus ordinaire : Les Anciens nous le monstrent dans tous les Actes de leurs Poëmes, & les Modernes en ont toûjours fait de méme. X

X
Or ce n'est pas de celles-là dont i'entens icy parler, car bien qu'en effet elles soient des Déliberations, & qu'elles fassent paroistre vn esprit douteux de ce qu'il doit faire par des considerations opposées, elles doivent estre mises au rang des Discours pathétiques qui font les plus excellentes actions du Theatre : Vous y voyez des esprits agitez par des mouvemens contraires, poussez de differentes passions, & emportez à des desseins extrémes, dont le Spectateur ne sçauroit prévoir l'évenement; les dis-

Telle est celle du cōmencement de [...] [...]nica magnâ expectationē plurimarum rerum imminentium cum motu excitās. Donat. in And. Terent.

DV THEATRE, Liv. IV.

cours y portent le caractere Theatral ; ils sont impetueux & par les raisonnemens & par les figures ; & c'est plutost l'image d'vn accusé au milieu de ses Bourreaux, que d'vn homme qui delibere au milieu de ses amis.

Bien loin donc de condamner ces deliberations, & les exclure du Poëme Dramatique, i'exhorte, autant que ie le puis, tous les Poëtes d'en introduire sur leur Theatre tant que le Sujet en pourra fournir, & d'examiner soigneusement avec combien d'adresse & de varieté elles se trouvent ornées chez les Anciens.

Ie parle donc seulement icy des Deliberations qui se font par dessein, & qui sont des representations de ce qui se passe chez les Grands, lors qu'ils demandent conseil sur vne affaire d'importance. Nous en avons vn exemple dans la *Mort de Pompée*, où le Roy Ptolomée delibere de ce qu'il doit faire de ce grand Homme arrivant dans ses Estats.

a passé pour vne cho-
se commune, ny bonne ny mauvaise : *et a peine*
s'en souviennent ; & cela m'a

confirmé dans ma premiere pensée, Que les
Deliberations sont dangereuses sur le Theatre,
& donné lieu d'y faire quelques reflexions necessaires pour les mettre en estat de
reüssir.

La premiere est, Qu'il faut que le Suiet en
soit grand, illustre & extraordinaire ; car de faire tenir vn Conseil sur le Theatre pour des choses qui tombent iournellement en deliberation
dans le Conseil des Princes, cela seroit languissant, comme peu necessaire au Theatre ; il suffit en ces occasions d'en apporter la resolution
toute prise, sans faire paroistre des gens froids
& immobiles pour dire des raisons communes :
comme en celle de Ptolomee ;

; c'estoit, à la verité, vne affaire importante mais non pas extraordinaire ; & c'est vne des raisons qui rendirent cette Deliberation *languissante*. Ptolomée pouvoit resoudre cette affaire en son cabinet, mais les Spectateurs n'en tiroient aucune satisfaction, ny pour le Denouëment du passé (car c'est le commencement de la Piéce) ny pour les Intrigues du Theatre, ausquelles cette deliberation n'apporte rien de particulier.

Secondement, il faut que le motif d'vne Deliberation mise sur la Scéne soit pressant & necessaire, ie n'entens pas seulement en la personne de celuy qui delibere, mais selon le cours & la disposition des affaires du Theatre : Sur quoy ie pourrois alleguer le *Vassal genereux*, qui peut bien seruir d'exemple en cette rencontre ; mais ie ne veux pas me départir de celles que i'ay mise en auant, car il n'estoit point

point necessaire de faire deliberer Ptolomée sur la Scéne ; cela ne produisant aucun effet dans la suitte ; la resolution estoit à prendre, & il la falloit faire connoistre, mais non pas la Deliberation.

En troisiéme lieu, il faut qu'en ces Deliberations les raisonnemens répondent à la grandeur du Suiet, & à la necessité de les faire ; c'est à dire, qu'ils soient produits de force d'esprit, & de profonde méditation ; car ne pouvant pas estre exprimez par de grandes figures, il faut qu'ils se soûtiennent par le poids des raisons ; autrement ils se trouvent trop foibles à l'égard du Suiet, & mettent le Theatre dans la froideur.

La quatriéme Observation est, Qu'il ne faut iamais attendre que le Theatre soit dans la chaleur & l'activité de l'Intrigue, pour faire ces Deliberations ; parce qu'elles la ralentissent & en étouffent les beautez : Ie ne voudrois pas neantmoins les mettre à l'ouverture du Theatre, comme celle de Ptolomée; parce qu'il n'y a point encore de passion agitée sur laquelle la deliberation puisse rouler; mais bien au commencement du second ou du troisiéme Acte, quelque établissement sur ce qui s'est déja fait, & servant à ce qui se doit faire dans la suitte.

Encore faut-il que les Entretiens en soient faits à diverses reprises, & non pas que chacun dise seulement son avis par vn discours suivi, & sans estre coupé par les contestations & les divers sentimens de ceux qui parlent;

Roy expliquent simplement ce qu'ils pensent, l'vn apres l'autre, sans aucun mouvement qui ressente la vehemence du Theatre.

Mais sur tout i'estime, qu'avec toutes ces circonstances elles doivent estre fort courtes; à cause qu'on ne les peut étendre que par de longs raisonnemens qui courent toûjours fortune d'estre foids en cette matiere, où les grandes figures ne trouvent pas aisément leur place;

ce qu'on ne reſſent pas neantmoins ſi facilement dans la lecture qu'au Theatre, à cauſe qu'vn Lecteur eſt naturellement plus patient, qu'vn Spectateur.

Ie ſouhaitterois encore que le Poëte preſſaſt vn peu ſon eſprit pour y ietter ces grandes figures, comme ſont les Proſopopées, les Apoſtrophes, les Suppoſitions de quelque choſe extraordinaire, les Hypotypoſes ou peintures de quelques évenemens paſſez ou qui pourroient arriver, & autres ſemblables ; en quoy il faut beaucoup d'art, parce que cela n'eſt pas regulierement de la nature des déliberations.

Mais ce que i'eſtime ſur tout neceſſaire eſt, Que la déliberation méme ſoit tellement attachée au ſuiet du Poëme, & ceux qui donnent conſeil ſi fort intereſſez en ce qu'ils ſe propoſent, que les Spectateurs ſoient preſſez du deſir d'en connoiſtre les ſentimens ; parce qu'alors ce n'eſt plus vn ſimple Conſeil, mais vne Action Theatrale ; & ceux qui donnent avis, ne ſont pas de ſimples Diſcoureurs, mais des gens qui agiſſent dans leur propre Faict, où méme ils tiennent le Spectateur engagé ; Sur quoy ie ne puis mieux m'expliquer que par nos deux exéples. Car cette déliberation de Ptolomée pas vn des Conſeillers n'avoit intereſt particulier à donner ſon avis, & il n'y avoit pas plus de raiſon à Ptolomée de les aſſembler, que d'autres de ſon Conſeil ; ſi bien que les Spectateurs

Spectateurs alors ne se donnent pas la peine d'examiner leurs sentimens, & n'y prennent pas beaucoup de plaisir. I' X

;avoir ce
rendront, &
:s regarde com.
ion comme des Co
forte que tout ce qu
font, est écouté patie.
examiné. Et quand o
chargez de nouveaux b
les avis, qu'ils luy ont do
prit des Spectateurs, &
Trahison ne s'executera
suadent encore mieux, qu.
me & Cinna, vn peu douteux en
quand ils les voyent perseverer, l.
plus quel évenement attendre de cett'
Si bien que cette Déliberation est
les interests de ceux qui parlent,
~~mesme la~~ ~~partie des af~~

X Ce qui me reste sur ce Suiet, est vne observation generale de tous ceux qui frequentent la Comédie, où perſonne n'a preſque iamais approuvé les Conſeils & les Iugemens de Criminels, que nous y voyons neantmoins aſſez frequemment, parce que c'eſt vne ſimple Deliberation : & bien que l'Accuſé, qui d'ordinaire eſt le Heros de la Piéce, agiſſe par intereſt & avec effort, nous voyons neantmoins que le Theatre languit, ſi-toſt qu'il eſt queſtion de iuger ; La raiſon eſt que ceux qui reſtent, quand ce Perſonnage s'eſt éloigné, ſont ordinairement de mauvais Acteurs, tous aſſis, & partant ſans action ; recitant deux ou trois mauvais vers, & qu'on ne peut faire gueres meilleurs en cette rencontre ; & des gens encore qui ſans intereſt ſuivent par lâcheté les volontez d'vn Tyran. C'eſt pourquoy quand le ſuiet d'vn Poëme ſemblera demander vn Conſeil de cette qualité, il faut que le Poëte medite profondément, iuſques à tant que par quelque invention agréable, il ſe defaſſe de cét évenement ſi peu capable de donner de la ſatisfaction à ſes Spectateurs, & d'en meriter les applaudiſſemens.

CHAPITRE V.

Des Discours Didactiques.
ov
Instructions.

VOICY vne matiere nouvelle en l'Art Poëtique, & dont ie n'ay rien trouvé dans les Autheurs qui nous en ont fait de gros Volumes; Ie l'ay obſervée le premier, & fait des reflexions qui ne ſont point ailleurs, & qui contiennent des avis que le Poëte ne doit pas mépriſer.

I'entens donc par les *Discours Didactiques* ou *Inſtructions*, ces Maximes & ces propoſitions generales qui renferment des veritez communes, & qui ne tiennent à l'Action Theatrale que par application & par conſequence; où l'on ne trouve que des diſcours qui ſont propres ſeulement pour inſtruire les Spectateurs aux regles de la vie publique, & non pas pour expliquer quelque Intrigue du Theatre. Les exemples donneront peut-eſtre plus de iour à ma penſée; car c'eſt comme ſi le Poëte s'arreſtoit à traiter cette propoſition,

Les Dieux ſont iuſtes, & s'ils ne l'eſtoient point, ils ceſſeroient d'eſtre Dieux.

Ou bien celle-cy.

Vn instinct que la Nature inspire generalement à tous, n'est point un sentiment qui puisse estre suspect d'erreur.

Ou quelques-vnes de celles qui suivent.

La Vertu est loüable, le Vice est en abomination devant tous les hommes.

Le Suiet qui se rebelle contre son Souverain, est criminel. & vne infinité de semblables ; car il arrive assez souvent qu'vn Poëte s'attache à quelqu'vne de ces Maximes, & se presse l'esprit pour la soûtenir par vn grand nombre de vers, dont il fera peut-estre la plus longue partie d'vne Scéne, demeurant toûjours dans la notion generale, & laissant durant tout ce temps les Intrigues particulieres de son Theatre.

Or ces Discours Didactiques, sont de deux sortes: les vns sont *Physiques*, & les autres *Moraux*. I'appelle *Instructions Physiques*, celles qui nous font vne déduction de la nature, des qualitez, ou des effets d'vne chose telle qu'elle soit, sans distinguer si elle est du nombre de celles qu'on nomme plus communément *Naturelles*, ou dans l'ordre des *Surnaturelles*, ou du nombre des *Artificielles*, car comme l'estre & la constitution de châque chose, son essence, son vsage, ses parties sont ce qu'on nomme ordinairement *sa Nature*; I'appelle aussi *Instructions Physiques & naturelles*, les discours qui nous en donnent la connoissance.

DV THEATRE, Liv. IV. 413

Sous le mot d'*Inſtructions Morales*, ie comprens tous les diſcours qui contiendront des Maximes de Religion, de Politique, d'Oeconomique, & de toute la vie humaine.

Ce que (*ie diſtingue ainſy*) pour ne me pas charger d'vn trop grand nombre de diviſions & de membres, reduiſant à ces deux poincts tout ce qui peut avoir quelque rapport à mon Tiltre, méme par vne ſimple analogie quelque éloignée qu'elle puiſſe eſtre; car tous les preceptes ſuivans leur ſont communs, & conviennent à tous les diſcours qui portent quelque dogme, & qui reſſentent la pédagogie; & i'eſtime que, ſelon mon deſſein, ie dois plûtoſt me regler ſur l'vtilité qu'on peut tirer de mon Ouvrage, que ſur la Methode trop ſcrupuleuſe de nos Echoles.

Pour venir donc aux Obſervations; Il faut poſer pour aſſûré, Que tous ces Diſcours Inſtructifs, ſont ordinairement defectueux ſur le Theatre, parce qu'ils ſont de leur nature froids & languiſſans; & que ce ſont des Maximes generales qui, pour inſtruire, vont ſeulement à l'eſprit & ne frappent point le cœur; ils éclairent & n'échauffent pas; & quoy qu'ils ſoient ſouvent aſſez beaux & bien exprimez, ils ne font que toucher l'oreille, ſans émouvoir l'ame; de ſorte que l'Action du Theatre, où nous cherchons quelque choſe qui remuë nos affe-

FFf iij

ctions, & qui fasse quelque impression sur nostre cœur, nous devient peu sensible, & consequemment peu capable de nous divertir. Les ieunes gens, qui lisent Euripide & Sophocle, tiennent le premier bien plus excellent que le second ; & neantmoins Sophocle a presque toûjours emporté le prix au Theatre sur Euripide, au iugement de tous les Atheniens. Cette difference procede de ce que les ieunes gens, qui sont encore peu instruits aux grandes Maximes, rencontrant dans Euripide vne infinité de Sentences dont il est rempli, touchant la Religion, le gouvernement des Estats, & la conduite de nos mœurs, sont ravis de voir tant de belles veritez qui leur sont nouvelles ; & c'est aussi pour cela que Quintilien, qui instruit les ieunes gens dans sa Rhetorique, dit *Qu'Euripide leur est plus vtile que Sophocle.* En quoy ils ne prennent pas garde que Sophocle en fait aussi bien que luy le fondement de ses Poëmes ; mais avec tant d'art, qu'elles y sont d'vne maniere pathétique, & non pas simplement instructive ; au lieu que le peuple d'Athénes, plusieurs fois rebatu de ces Maximes, ne les consideroit point comme quelque chose d'excellent & de rare dans Euripide ; mais se laissant toucher le cœur aux fortes passions dont Sophocle soûtient par tout son Theatre, en sortoit presque toûjours pleinement satisfait.

Iis qui se ad agendú comparant, vtiliorem longè Euripidem fore, lib. 10. c. 1. Instit. Quintilian.

De là vient aussi que les endroits où nos Modernes ont plus travaillé pour faire de beaux vers & continuer vne grande Maxime par differentes expressions, ont souvent moins reüssi sur le Theatre; parce que se jettant ainsi dans le Didactique & les enseignemens, ils s'écartent de l'Intrigue du Theatre, & en laissent ralentir l'activité.

De là vient encore que tout Acteur qui paroist sur le Theatre avec vn visage d'instruisant & vne mine de Pedagogue, comme sont, vn Docteur, vn Gouverneur de ieune Prince, vne Gouvernante de quelque ieune Dame, est toûjours mal receu & mal écouté; sa presence seule déplaist, il est à charge aux Spectateurs, il imprime le caractére de ridicule sur la Piéce la plus sérieuse, & toutes ses Maximes les plus veritables deviennent en sa bouche insupportables & ennuyeuses, parce qu'il est de son devoir de parler toûjours en enseignant; ce que la Scéne ne peut souffrir qu'avec beaucoup de précautions; & ie sçay bien que si l'on avoit veû le Linco du *Pastor Fido* sur nostre Theatre, il seroit sifflé, nonobstant toutes les bonnes instructions qu'il donne à Sylvio; & ce qui me le persuade tres-fortement, est que le plus beau Poëme d'vn de nos Modernes, perdit vne bonne partie des applaudissemens qu'il meritoit par les discours du Gouverneur d'vn ieune Prince emporté de violentes passions; car ce n'est plus le temps d'instruire vn ieune Seigneur, quand son esprit est échaufé d'amour ou d'ambition; & le Theatre n'est pas vn lieu propre à debiter ces instructions.

Astrologos ve-ro si inducas, nequaquam explicabis status, aut progressiones, aut regressiones, aut coniunctiones, aut obiectiones syderum : Id enim est Ostentatoris & inepti; sed si quid attigeris, id sanè parcè, rem verò ipsam oblines, quasi coloribus vividioribus. Scal. l.3.c.16.

Aussi n'avons-nous gueres veû bien reüssir les Astrologues, les Devins, les Grands-Prestres, & autres gens de cette qualité : ce sont ordinairement de tres-mauvais Personnages sur le Theatre par cette seule raison, qu'ils sont obligez de parler en instruisant, & que tous leurs discours ne sont que des entretiens generaux, de la conduite des Dieux, du pouvoir des Astres, des merveilleux effets de Nature & autres semblables, qui deviennent ennuyeux au dernier poinct, sur tout quand ils sont vn peu longs. Ie m'en rapporte aux *Danaïdes*, où méme la beauté des vers n'a pû corriger ce defaut : & si Scaliger les a condamnez dans le Poëme Epique, ils doivent estre absolument bannis de la Scéne. En quoy plusieurs de nos Modernes ont souvent esté trompez, & ce qui les a fait tomber dans ce malheur, est qu'ayant veû plusieurs discours de cette qualité dans les Poëmes Epiques, où ils font d'ordinaire vn fort bel effet, ils se sõt imaginez qu'ils reüssiroient de méme dans le Poëme Dramatique; mais quelque conformité qu'en apparence & par esprit on remarque entre ces deux sortes de Poësie, ie puis assûrer que,

hors

hors les endroits pathétiques, il n'y en a presque
point.

Encore est-il necessaire de remarquer, Que les
Instructions Physiques valent beaucoup moins
que les Morales, parce qu'il est fort difficile que
le Poëte fasse parler vn Acteur assez long temps
pour expliquer toute la nature d'vne chose qu'il
entreprend de faire connoistre, il reste toujours beaucoup de circonstances que le Spectateur ignore; de sorte qu'outre la froideur qu'il
trouve en ces Entretiens, son esprit s'ennuye de
n'apprendre pas ce qu'on luy veut enseigner, &
se dégoûte, n'estant émeû d'aucun sentiment
qui le fasse entrer dans les interests du Theatre;
au lieu que les Discours Didactiques sur les Sujets Moraux, sont entendus assez facilement,
& si le Spectateur n'en est pas émeû, au moins
son esprit n'en est-il pas embarassé. Nous en
avons vn exemple notable en ce grand Discours
qui se fait de la nature des Songes dans la *Mariamne*, Il est fort sçavât, les vers en sont bien touchez,
la doctrine bien expliquée; mais il est froid, &
fait relâcher le plaisir aussi bien que l'attention
du Spectateur, parce qu'il interrompt vne agitation du Theatre, & vn mouvement qui auoit
commencé par le trouble d'Herode à son réveil; on en veut sçavoir la cause, on vous apprendre son songe, au lieu duquel on entend vn long
Entretien de la nature des songes; de sorte que

GGg

le Spectateur est dans l'impatience, & tout ce beau discours luy déplaist, parce que c'est retarder la satisfaction qu'il attend.

A quoy peut-estre on m'objectera, Que le Theatre est vn lieu d'instruction publique, & que le Poëte Dramatique n'a pas moins intention d'instruire, que de plaire; & qu'ainsi les Discours Didactiques luy doivent estre propres, ou pour le moins n'y peuvent estre condamnez.

Ie demeure bien d'accord qu'au Theatre il faut enseigner, mais il faut bien entendre comment cela se doit faire: Le Poëte doit faire connoistre au Spectateur l'action qu'il met sur son Theatre toute entiere, & dans toutes ses circonstances; il la doit si bien expliquer qu'on n'en ignore rien, & qu'il n'en reste aucun doute; il la doit representer dans sa nature & dans toute son étenduë, en telle sorte, que le Spectateur en soit pleinement instruit: car comme la Poësie Dramatique est l'Imitation des actions humaines, elle ne les imite que pour les enseigner, & c'est ce qu'elle doit faire directement; mais pour les mœurs, c'est à dire, pour les Maximes qui regardent la conduite de la vie morale, qui nous peuvent porter à l'amour de la Vertu, & nous inspirer l'aversion du Vice, elle ne les enseigne qu'indirectement & par l'entremise des Actions, & de cecy Scaliger est mon garant.

Docet affectus Poëta per Actiones: & est igitur Actio docendi modus & Scal. l. 7. c. 3.

Or cela se peut faire en deux façons, la premiere, en ce que l'action du Theatre, estant bien expliquée & bien conduite, elle fait voir la force de la Vertu brillante au milieu même des persecutions; elle y est souvent couronnée; & quand même elle y succombe, elle demeure toûjours glorieuse; Elle nous découvre toutes les deformitez du vice; elle le punit souvent, & quand même il triomphe par violence, il ne laisse pas d'estre en abomination; d'où les Spectateurs tirent d'eux-mêmes & naturellement cette consequence, *Qu'il vaut mieux embrasser la Vertu au peril d'un traitement injuste, que de se laisser corrompre par le vice, avec esperance même d'impunité.* C'est ainsi principalement que le Theatre doit estre instructif au public par la seule connoissance des choses representées, & j'ay toûjours remarqué, qu'on ne souffre pas aisément sur le Theatre qu'vn homme égaré du droit chemin de la vertu, rentre en son devoir par de beaux preceptes qu'on luy vient débiter; on veut que ce soit par quelque avanture qui le presse, & qui l'oblige de reprendre des sentimens raisonnables. Nous ne souffririons point qu'Herode se repentist de l'Arrest prononcé contre sa femme sur des remonstrances qu'vn des sept Sages de Grèce luy viendroit faire; mais on est ravi de voir, qu'après la mort de cette Reyne, son amour le bourrelle, qu'il luy ouvre les yeux, & le porte dans vu repentir si sensible qu'il soit sur le point d'en perdre la vie.

10. Quant à l'autre maniere d'enseigner les Mœurs, elle dépend toute entiere de l'adresse du Poëte, lors qu'il fait que son Action Theatrale est appuyée sur diverses Maximes fortes & hardies, qui se glissent imperceptiblement dans tout le corps de son Poëme, pour en faire comme les nerfs & les plus vives couleurs; car en vn mot, ce que ie condamne principalement en cette matiere, c'est le stile Didactique, & non pas les choses; ie condamne cette façon de parler en Philosophe & en Pedagogue par des propositions vniverselles, faites sans art & avec des expressions languissantes; car pour les grandes veritez qui peuvent servir de fondemét & de conduite à la vie humaine, tant s'en faut qu'elles doivent estre bannies du Theatre, qu'au contraire, elles en doivent faire toute la force & l'ornement: Or pour y parvenir, voicy les avis que ie puis donner apres les differentes reflexions que i'ay faites au Theatre & dans la lecture des Anciens.

Premierement ces Maximes generales, ou Lieux-communs, doivent estre attachées au Suiet, & appliquées par plusieurs circonstances aux Personnages & aux affaires du Theatre, en sorte qu'il semble que celuy qui parle, ait plus presents à l'esprit les interests du Theatre, que ces belles veritez; c'est à dire, Qu'il faut faire ce que les bons Rhetoriciens nous enseignent, *Reduire la Thesé à l'Hypothese*, & des propositions vniuerselles en faire des considerations particulieres; car par ce moyen le Poëte ne se rend pas suspect de vouloir instruire le Spectateur par la bouche des ses Acteurs ; & ses Acteurs ne sortent point de l'Intrigue, qui les oblige d'agir & de parler. Par exemple, ie ne voudrois pas qu'vn Acteur s'arrestât long temps à prouuer,

Que la vertu est toûjours persecutée :

Mais ie souhaitterois qu'il dist,

Pensez-vous que la vertu trouue aujourd'huy moins de persecuteurs que dans les siecles passez? & que vous soyez plus priuilegié que les Catons?

& qu'il continuast de cette maniere, parlant au Personnage present & dans les circonstances de son Suiet. Ie n'approuuerois pas qu'en parlant à vn Souuerain, il employast beaucoup de vers pour dire,

Qu'vn Roy possede vn pouuoir auquel nul ne doit resister

Mais ie trouuerois plus agréable qu'il fist dire,

Vous ne connoissez pas les droits de vostre Couronne, vostre pouuoir n'a point de bornes ; & quiconque voudra vous resister, deuiendra criminel.

car ces discours s'éloignent en apparence des instructions generales, & ioignent de si prés l'Action du Theatre, qu'ils ne peuuent pas ennuyer.

Secondement, il faut presque en toutes ces occasions parler avec figure, soit par Interrogation, soit par Ironie, soit par les autres que le Poëte ne doit pas ignorer; car la figure donne vne autre forme à la proposition generale; & bien qu'elle ne la circonstancie pas, elle la fait paroistre avec vn ornement qui luy fait perdre le caractere Didactique; elle y ajoûte quelque mouvement, & c'est ce qui la tire de la simplicité de l'Eschole pour la faire passer avec grace sur le Theatre : Comme si l'on vouloit conseiller à vne ieune fille d'obeyr à son pere, i'estime qu'au lieu de luy prêcher l'obeïssance par forme d'enseignement, il seroit plus agreable de luy dire,

Voilà certes vn beau moyen à vne fille de condition, pour estre estimée des gens d'honneur, de violer l'obeissance qu'elle doit à son pere, rompre toutes les chaînes du devoir, & se laisser emporter au desordre de sa passion?

Le troisiéme avis est, Que quand on propose ces grandes Maximes dans la These sans figure & par de simples énonciations, il faut qu'elles passent en peu de paroles, afin de ne pas donner au Theatre le temps de se refroidir; car par ce moyen elles y servent par la varieté qu'elles y apportent, & font valoir les figures & les mouvemens, comme les ombres relévent les plus vives couleurs d'vn Tableau. Mais il faut prendre garde que ce ne soit pas au

DV THEATRE, Liv. IV. 423

milieu d'vne expression viue, ou de quelque passion violente ; car outre qu'en cét estat l'esprit humain ne s'arreste pas à ces Lieux-communs, c'est qu'il n'est pas dans la moderation conuenable pour les penser, ny pour les dire. Ie croy qu'on pourra voir ce defaut assez frequent dans les Tragédies qui portent le nom de Seneque, où les plus belles Sentences & les Maximes de la Morale se trouuent le plus souuent dans la plus grande chaleur du Theatre.

Ce n'est pas qu'on ne puisse mettre sur le Theatre des propositions vniuerselles deduites au long, & méme en style Didactique ; Nous en avons des exemples assez frequens ~~Monsieur Corneille~~ ; mais pour en recevoir des applaudissemens, il faut qu'elles soient, hardies, nouuelles & illustres ; il faut que les expressions en soient fortes, les vers éclatans, & qu'elles semblent n'auoir iamais esté dites que pour le suiet particulier où elles sont appliquées ; ce qui demande beaucoup d'étude & beaucoup de genie.

I'ay aussi remarqué que les veritez communes en style Didactique font vn assez bel effet au Theatre dans la bouche d'vn Fourbe & d'vn méchant homme, quand le Spectateur le connoist pour tel ; car on prend plaisir de voir ce trompeur employer adroitement les Maximes de la probité, & les propos d'vn homme de bien à des desseins tout contraires; les discours qu'il fait, quoy qu'ils portent vn caractére instructif, sont vne espece de figure en sa personne & vn jeu du Theatre, qui n'est pas desagréable; les exemples en sont ordinaires, & l'experience le peut confirmer aysément.

On peut encore employer ces veritez generales, & toutes les instructions communes agréablement & avec succez, en les faisant degenerer en burlesques; parce qu'alors elles sortent de leur estat naturel, pour se travestir, & prendre vne nouvelle apparence, ce qui fait varieté & ornement: mais cela ne peut pas facilement reüssir ailleurs que dans la Comédie, le style Tragique estant trop élevé pour souffrir ces abaissemens, qui en seroient des desordres; aussi en trouvons-nous beaucoup d'exemples dans les Comédies de l'Antiquité; mais il ne me souvient pas d'en avoir veu dans les Tragédies serieuses; i'y ajoûte ce mot de *Serieuses*, parce que la Tragédie Satyrique qui recevoit vn mélange de bouffonneries & d'actions heroïques, pouvoit bien aussi souffrir ce déguisement des Veritez & des Instructions.

CHA-

Chap. VI.
Des discours de pieté.

Nous auons dit que la Tragedie & la Comedie ont esté des Actes de religion parmy les payens n'estant au commencement qu'vne hymne qui se chantoit auec danse deuant les Autels de Bacchus, & que quand les recits des acteurs y furent inserez entre les chants du choeur, les prestres de ce faux Dieu s'en plaignirent comme d'vne nouueauté qui corrompoit leurs plus anciennes & plus sainctes ceremonies. Or en ce temps il n'estoit pas estrange que dans ces recits qui furent nommez Episodes, les poetes missent en la bouche de leurs Acteurs plusieurs discours de pieté, & qu'en toute occasion on parlast de ces Dieux imaginaires qui s'estoient faits par la corruption de la Theologie naturelle; que l'on y decouurit leur nature, leur puissance, les biens que les hommes auoient receuz de leur liberalité, & les maux qu'on pouuoit apprehender de leur colere, & que l'on excitât les peuples d'en respecter la grandeur & d'en imiter les actions: Ce poëme estoit fait pour cela, & l'autheur n'eust pû s'en departir sans pecher contre cette institution religieuse. Aussy voyons nous que les choeurs d'Aristophanes le Comique, & ceux des trois fameux Tragiques de la Grece qui nous restent, ne sont que des Cantiques à l'honneur de Bacchus & quelquefois des autres Dieux qui prirent aussy part à cette ceremonie; Souuent mesme les recits ou Episodes ne sont remplis que de semblables discours.

Encore est il certain que leurs Dieux estoient ordinairement Acteurs dans la Tragedie comme quelquefois dans la Comedie, & que la catastrophe estoit soutenue par la presence de quelque Diuinité, qui venoit dénoüer la difficulté que les intrigues du Theatre auoient formée; il ne faut que les lire pour connoistre cette Verité qui paroist manifestement dans toutes leurs pieces. Et quand la Comedie eut perdu ses choeurs, elle ne laissa pas de conseruer des caracteres de Religion dans les Episodes, comme on le peut remarquer dans plusieurs poëmes de Plaute & de Terence. Mais la Tragedie qui garda ses choeurs bien plus longtemps, nous y fait tousiours voir de grandz discours touchant la conduite de leurs Dieux, la reuerence qui leur estoit deüe & le soing que les hommes deuoient auoir de faire des actions qui leur fussent agreables. Je ne conseillerois pas neantmoins à nos poetes de suiure cet exemple, ny de traiter indécemment au Theatre les mysteres de nostre Religion: La Comedie n'est plus maintenant qu'un diuertissement public; elle n'a plus de part aux choses sainctes & ne peut souffrir ce meslange sans profanation.

Il est vray que les representations du theatre s'estant renouuellées dans l'Europe par des Satyres publiques & mordantes, l'on vit bien tost naistre, dans Paris, vne Compagnie de personnes pieuses qui s'efforcerent de les puriffier de cette medisance generale, &, s'il faut ainsy dire, de les sanctifier; & pour cet effect ils firent instituer vne deuote Societé sous le nom de Freres de la Passion, dont le soing principal estoit de choisir des Acteurs & de leur faire representer sur le theatre les trois plus grandz mysteres de la religion Chrestienne qui sont ces trois celebres festes de la passion, de la resurrection & de l'Acension, ce que l'on appelloit iouer les mysteres. Ilz furent au commencement établis dans la maison où sont maintenant les Enfants de la Trinité, & depuis transferés dans vne partie de l'hostel des Duc de Bourgongne quand ses biens furent confisquez: C'est le lieu qui garde encore auiourd'huy ce nom où l'on voit sur la porte les marques de cette ancienne Confrerie, & que les Comediens du Roy occupent depuis long temps moyennant vne somme assez considerable que l'on paye tous les ans à ces Confreres de la passion, qui en sont tousiours demeurez proprietaires.

De cette institution vint la coustume de iouer sur le Theatre les histoires Sainctes tirées de la Bible & des autres Escriuains; & ces representations estoient faites dans les Eglises, & souvent meslées aux predications publiques, dont les differents discours ~~parussent~~ avoient pour subiet la presence & le Discours de quelque Acteur qui ~~parussent~~ venoit sur le theatre. Mais enfin ceux qui s'estoient assemblez pour faire le mestier d'histrions & qui couroient le pays pour en proffiter, s'estant abandonnez au desordre, l'on ne put souffrir que des gens dont la vie estoit souillée de ces honteuses pratiques, parussent aux yeux du public & à la face des Autelz, sous l'apparence & sous les marques sensibles des personnes les plus adorables à la pieté des Chrestiens. Ils furent donc chassez des Eglises & peu à peu le theatre receut les fables anciennes & les histoires profanes, qui servirent avec plus de bien seance au divertissement du peuple. Ce n'est pas que depuis ce temps les histoires Saintes en ayent esté bannies sans retour, car elles ne l'ont pas absolument quitté; Elles ont esté conservées dans les poemes Dramatiques des Colleges pour exercer la ieunesse, & leur apprendre a reciter de bonne grace, ce qu'ils auront à dire quelque iour dans le conseil des Roys, dans les Cours Souveraines, dans la chaire & dans le barreau: Elles paroissent mesme encore assez souvent sur les theatres publics, ou elles n'ont pas une audience moins favorable que les Auentures des Heros de la fable & de l'histoire. Et depuis

peu d'années Barrieau mit sur celuy de l'hostel de
Bourgongne le Martyre de Sainct Eustache, &
Corneille, de Polyeucte & de Theodore: Ce n'est pas
que ie les approuue, & ie m'en suis assez expliqué observé
ailleurs. Et pour continuer mon subiect, ie diray Jus Marie
maintenant que si nos Poëtes Dramatiques
entreprennent quelqu'une de ces histoires, il
faudra bien qu'ils la soutiennent par des discours
de religion qui donnent les Idées de la grandeur
de nos mysteres, & qu'en plusieurs endroits ils
y mestent des sentimens & des parolles de deuotion;
Mais ils doivent euiter deux choses que i'ay
tousiours remarquées auoir vn mauuais
succez.

La premiere est, qu'il ne faut iamais faire des
inuectiues contre la religion, entreprendre d'en
contredire les mysteres, ny traiter en controuerse
la verité de son establissement; parceque les
Poëtes n'estant pas ordinairement assez profondement instruits de cette grande doctrine, ne
la peuuent faire paroistre dans toutes ces
lumieres, ny satisfaire pleinement aux
contradictions que l'aueuglement ou l'iniquité
des hommes y peut former; De sorte qu'ils
repondent foiblement à l'attente des Spectateurs,
en ne repondant pas assez solidement aux
difficultez, qu'ils excitent, & quelque fois mesme
ils n'y repondent point du tout. La Religion
Chrestienne est toute celeste, toute Diuine

eslevée au dessus du commerce des sens & difficile à comprendre par la seule raison naturelle; au contraire tout ce que les payens & les Infidelles peuvent opposer à ces Viritez reuellées, est tiré des lumières de la Nature & de la corruption des sens. Ainsy quand on n'a pas ny le temps ny la connoissance pour expliquer suffisamment & dans les principes ces merueilles données de Dieu aux hommes, ou que l'on manque à faire voir quel est le desordre des sentimens de ceux qui les rejettent, il reste tousiours dans l'esprit des auditeurs beaucoup d'impressions dangereuses capables d'affoiblir la pieté des uns & de flater l'impieté des autres. Nous en auons veu l'exemple dans le polyeucte de Corneille ou Stratonice qui n'est qu'une simple Suiuante & quelques autres acteurs font plusieurs discours en faueur de la Religion des payens, & disent une infinité d'iniures atroces contre le Christianisme, qu'ilz ne traitent que de crimes & d'extrauagances, & l'Autheur n'introduit aucun Acteur capable d'y repondre & d'en destruire la fausseté, cela fit un si mauuais effet que feu M. le Card. de Richelieu ne le pût iamais approuuer. Aussy est il vray qu'une femme & des gens du commun ne deuroient point parler sur ce subiect, sans que les impostures qu'ilz auroient estallées, fussent puissamment combattues; car elles estoient d'autant plus facheuses qu'elles paroissoient dites sans ~~beaucoup de~~ doctrine & par vn sens naturel, auquel on desire assez volontiers en cette matiere.

Dauantage ces mysteres sacrez sont attachez à certaines parolles & à des manieres de s'exprimer si particulieres, que l'on ne peut s'en ~~dispenser~~ dispencer sans courir auenue de pecher contre les maximes de la ~~doctrine~~ Theologie, & que les langues humaines ne peuuent expliquer par des termes equiualents, plus doux & plus faciles a mettre en Vers. Si bien que l'Autheur joignant la necessité du discours à la contrainte de la poësie, tombe dans vne mauuaise versification, ou se met au hazard de pecher contre la ~~doctrine~~ doctrine de l'Eglise, comme on sçait que les Ouurages de Dubartas ont esté condamnez à Rome pour quelques termes que la rigueur du Vers la contraint d'employer au lieu de ceux que la rigueur de la Theologie a ~~auoit~~ establis.

La seconde chose à quoy le Poete doit prendre garde en ces rencontres, est de ne point faire de grandz discours de morale chrestienne auec les termes & les regles de nostre Theologie; car en exhortant le peuple à pratiquer les saincts commandements de la loy & a renoncer a la vie du siecle, cela sent trop sa predication que le temps & le lieu ne peuuent aysement souffrir. On ne sçauroit oster de l'imagination des spectateurs que la Comedie leur doit seruir

de Diuertissement, & tout cequ'ils ont present a-
leurs yeux, leur impeche d'auoir vne autre
persuasion. De sorte qu'en cette disposition
d'esprit ils ne peuuent ~~souffrir~~ approuuer que l'on condamne
leurs plaisirs, qu'on les engage a des pratiques
austeres & mal agreables au sens, & qu'on leur
fasse vn reproche public de toute leur vie; Ce
n'est pas ce qu'ils cherchent au Theatre & nous
Sçauons qu'ils ont bien de la peine a receuoir
ces instructions de la bouche de ceux qui sont
preposez pour les faire en la presence des
Autelz, & durant les jours ordonnez pour les
apprendre; les esprits vn peu libertins s'en raillent
quand ils les entendent au Theatre, & s'endurcissent
dans les mauuais sentiments qui les leur font
mépriser quand elles leur sont debitées par le
Ministere des histrions; Ilz regardent la
Sainteté dans la Comedie comme vn ieu de
poësie ~~& dans les theatre comme une Comedie~~;
Et pour ceux qui font profession d'vne veritable
& sincere pieté, ils ont beaucoup de repugnance
De voir que ces discours soient ainsy profanez
dans vn lieu où ils sçauent bien qu'ils sont
entierement perdus, & mal a propos exposez
au mepris de tout les peuples.
Le conseil que ie donnerois donc au poete qui
traiteroit vn subiect de cette qualité seroit de
s'attacher à l'histoire, & de faire plutost deux

narrations que des Entretiens, parceque celles la
sont toujours agreables, & que ceux cy peuuent
deuenir fascheux; nos mysteres peuuent estre
racontez auec autant d'elegance que de mauesté,
& l'on ne peut les reduire en controuerse sans
faire quelque faux pas.

Et pour les instructions morales le poëte ne doit
pas aller iusqu'aux pratiques seueres de la vie
Chrestienne, il se doit contenter d'vne morale
raisonnable & virtueuse en se renfermant dans
vne belle & genereuse philosophie. Mais qu'il
prenne garde de n'y pas mesler les
galanteries du siecle, & de faire paroistre des
passions humaines qui donnent de mauuaises
idées aux spectateurs & qui les portent à des
pensées vicieuses; Car ce meslange fait qu'elles
deuiennent odieuses par la saincteté du subiect,
ou que la saincteté du subiect est meprisée
par la complaisance que plusieurs ont à cette
coqueterie. C'est la faute ou Corneille est
encore tombé dans le Martyre de Polieucte,
ou parmy tant de propos Chrestiens & tant
de beaux sentimens de religion, Pauline fait
auec Seuere vn entretien si peu conuenable
à vne honneste femme qu'il en deuient ridicule;
car elle luy dit & plusieurs fois qu'elle l'auoit
aymé tendrement & qu'elle l'ayme encore;
qu'elle n'auoit épousé Polyeucte que par deuoir,
& que sa vertu succomboit en sa presence.

Surquoy les Galants disoient que n'estoit assez bien se faire intendre & qu'un homme un peu plus amoureux que ce jeune Seigneur auroit assez de subiect pour entreprendre des choses mal convenables à toute cette histoire; Il ne faut iamais qu'une femme fasse intendre de sa propre bouche à un homme qu'elle a de l'amour pour luy, & moins encore qu'elle ne se sent pas assez forte pour resister à sa passion; car c'est donner subiect au plus discret Amant de prendre auantage de cette disposition, & de tenter tout ce qu'elle doit craindre; & Pauline eust bien mieux fait d'aduouer cette foiblesse à une Confidente & de faire la genereuse deuant Seuere, en luy disant que son deuoir & son mariage auoient etouffé tous les sentimens qu'elle auoit pû conceuoir autrefois en sa faueur. C'estoit la conduite que deuoit garder une femme virtueuse surtout dans une Tragedie qui n'estoit pleine que de maximes Chrestiennes & de saintes paroles, & qui finissoit par un martyre; mais c'est un de ces beaux endrouts de Corneille qui pechent contre le iugement, & qui n'ont pas laissé de rauir ceux qui se laissent abuser aux faux brillants.

Enfin les discours de Religion ne peuuent

estre supportables que dans les representations
des Colleges ou le langage n'est point de
l'intelligence du Vulgaire, ou les Autheurs sont
capables d'en bien traiter la doctrine, & où l'on
va plustost avec une disposition convenable
à ces entretiens de pieté, que pour y trouver
quelque divertissement.

Il ne faut donc pas demander si dans les
Subiets profanes tirez de la fable ou de
l'histoire on y peut faire entrer des conversations
ou l'on parle de la religion; ie ne sçay pas
quel est le sentiment des autres, mais pour
moy ie ne les ay iamais approuvées; ilz
m'ont tousiours donné beaucoup de peine à
l'esprit & par tout ie les ay veuës generalement
condamnées.

Je ne dy pas seulement qu'une piece entiere
qui servit contre la mauvaise devotion seroit
mal receuë, mais ie preten[d]s qu'un seul vers,
une seule parole qui meslera quelque
pensée de religion dans la Comedie,
blessera l'imagination des Spectateurs, leur
fera froncer le sourcil, & leur donnera
quelque degoust. Nous en avons veu l'experience
en pieces que l'on a depuis peu representez,
& nous le sçaurons encore par la lecture d'un
autre, fait avec beaucoup d'art & d'esprit

contre ~~l'hypocrisie~~ la mauuaise deuotion; Celuy la mesme que
l'on a fait voir au public ou l'on auoit depeint
le caractere d'vn Jmpie chastié seuerement
par vn coup de foudre, a donné beaucoup de
peine aux Gens de bien, & n'a pas fort contenté
les autres; On auoit en quelque façon imité
le Salmonée foudroyé. ~~Les Anciens ayant~~ auoient
accoutumé de faire paroistre sur leur Theatre
toute leur Diuinité fabuleuse en toute manieres,
& comme des exemples de toute sorte de vices; & pour
~~il~~ n'estoit il pas étrange que touts les discours
concernant leur religion fussent bien receuz;
Mais ~~parmy~~ parmy Nous quand les
Acteurs agiront ou parleront contre les sentimens
qu'vn homme pieux doit auoir, il n'y a
point de supplices qui soit capable de reparer contre les acteurs impies
les mauuaises impressions qu'ils auront
faites dans l'esprit des Spectateurs. Les pieces
de cette qualité peuuent estre leües auec plaisir
& mesme auec fruit, mais elles ne peuuent
estre iouées publiquement sans produire
tous les mauuais effects dont nous auons parlé;
parceque celuy qui lit, entre dans les sentimens
de l'Autheur & ne voit rien à l'entour de luy
qui porte sa pensée à la profanation des
choses Sainctes; Il n'est point au Theatre,
il est dans son cabinet; il n'entend point

D'histrions qui recitent ces choses par la necessité de leur mestier, & dont peut estre la vroyance n'est pas moins deguisée que leur personne; le Liure luy parle sincerement, & sans deguisement comme les autres Escrits de pieté; il n'est point enuironné de railleurs qui parlent contre le respect qu'ils doiuent à ce qu'ils entendent; il est seul & personne ne contredit les mouuements que cette lecture imprime en son cœur. Mais d'exposer ces choses aux yeux & au iugement du public, ie ne vroy pas qu'on le douve faire, & que iamais elles puissent auoir quelque fauorable succez. Voyla mon aduis sur ce subiect & l'experience le confirmera comme elle me l'a donné.

Chap. VII.

CHAPITRE VII.

Des Discours Pathétiques.
OV
Des Passions & mouvemens d'esprit.

IE n'entreprens pas icy d'enseigner la nature des Passions, leurs espéces differentes, & leurs effets extraordinaires; la doctrine des Mœurs en traite assez amplement pour n'en rien répeter icy. Ie ne croy pas non plus qu'il soit necessaire de monstrer l'art de s'en servir pour bien persuader, apres ce qu'en a dit Aristote au 2. Livre de sa Rhetorique, & ceux qui depuis l'ont suivi; voire méme ay-ie resolu, pour éviter toutes sortes de redites, de ne pas seulement repasser sur ce qu'on peut apprendre touchant cette matiere dans l'Art Poëtique de ce grand Philosophe & de ses Interpretes, où nous voyons, Quelles sont les passions les plus convenables au Theatre, & comment il les faut manier. La Mesnardiere en a fait deux Chapitres si doctes & si raisonnables dans sa Poëtique, qu'ils seroient seuls capables de me fermer la bouche, comme ils font tres-capables de satisfaire ceux qui s'en voudront instruire. Ie considere icy les Passions seulement dans le discours, sans m'arrester à ce qu'elles sont dans leur nature, ny à les distinguer; I'apporte les Observations que i'ay faites pour les bien conduire quand on les met sur le Theatre. En vn mot, i'entens seulement expliquer avec quel art il faut regler vn discours Pathétique, pour le rendre agréable aux Spectateurs par les impressions qu'il doit faire sur leurs esprits.

Premierement, il faut que la cause, qui doit donner quelque mouvement considerable à l'esprit des Acteurs, soit veritable, ou du moins qu'elle soit creuë telle lors qu'il en est émeû, non seulement par cét Acteur, car il seroit ridicule de luy voir faire vn grand discours ou de plainte, ou de ioye, pour vne chose qu'il sçauroit bien luy-méme estre fausse ; mais aussi par les Spectateurs ; car regulierement ils n'entreroient point dans les sentimens de celuy qui parle, s'ils connoissoient que le suiet qu'il a de se plaindre, ou de se réjoüir, n'est pas veritable: Nous avons veû par ce defaut, des discours fort Pathétiques faits avec adresse, & soûtenus de beaux vers, languir & estre mal écoutez sur le Theatre. Que si par la suitte & la necessité de l'histoire, le Spectateur doit sçavoir vne chose contraire à la creance de l'Acteur, comme par

DV THEATRE, Liv. IV. 427

exemple, qu'vne Princeſſe eſt vivante, encore que ſon Amant la croye morte ; ſi l'on veut qu'vne paſſion reüſſiſſe en la bouche de cét Amant, il ne faut pas qu'il faſſe vne longue plainte mélée de ſentimens de tendreſſe & de douleur ; mais il faut d'abord le mettre dans la fureur, & preſt de ſe tuer luy-même, afin que les Spectateurs, qui ne ſeroient pas touchez des plaintes qu'il pourroit faire, ſoient émeûs d'vne crainte bien preſſante par le violent deſeſpoir, où ils le verroient ; ou qu'ils reſſentent vne grande compaſſion s'il vient à mourir, comme nous l'avons remarqué dans la Tragédie de *Pyrame & de Thiſbé*, où cét Amant fait vn grand diſcours ſur les coniectures qu'il a qu'vne Lionne a devoré ſa Maiſtreſſe ; mais vn diſcours, quoy qu'excellent, peu ſenſible aux Spectateurs, qui ſçavent bien que Thiſbé n'eſt pas morte ; & ſitoſt qu'il prend ſon épée pour s'immoler aux Manes de celle qu'il _croyoit l'avoir_ prévenu, & laver ſa negligence dans ſon propre ſang, il n'y a pas vn des Spectateurs qui ne frémiſſe ; & i'ay veû dans cette occaſion vne ieune fille qui n'avoit encore iamais eſté à la Comédie, dire à ſa Mere, Qu'il falloit l'avertir _à cét Amant_ que la Maiſtreſſe n'eſtoit pas morte ; tant il eſt vray que ce moment portoit les Spectateurs dans les intereſts de ce Perſonnage ? Ce qui me fit iuger que le Poëte n'avoit pas deû differer ſi long temps d'y mettre son Acteur; & qu'apres avoir expliqué en deux ou trois vers les preuves qu'il avoit de la perte de Thisbé, il devoit tirer son épée, & prononcer en cét estat tout le reste; parce que ces préparatifs & cette prochaine disposition de sa mort, auroient émeû les Spectateurs de crainte & de compassion.

Ce n'est pas qu'il n'arrive assez souvent que l'Acteur croit veritable vn suiet qu'il a de se plaindre & de se desesperer, que le Spectateur neantmoins doit sçavoir estre faux; Par exemple, si dans l'histoire il faut feindre en la personne de cét Acteur vne passion, dont la cause soit fausse, pour la faire croire neantmoins à vn autre côme veritable, afin d'en tirer quelque secret, il est bon que les Spectateurs sçachent que celuy qui feint la passion, n'en a point de suiet; parce qu'alors ils ont le plaisir de voir la feinte bien ajustée, & le déguisement d'une telle passió bien fait; mais il ne faut pas que celuy qui est trompé, fasse de grands discours Pathétiques: car il n'émouveroit point les Spectateurs, il suffit qu'en peu de paroles il fasse connoistre l'impression que cette feinte a faite en son esprit, & quels évenemens on en peut attendre. En vn mot en toutes ces rencontres il faut toûjours examiner, si les Spectateurs aurōt plus de plaisir de voir vne fourbe bien tissuë, que d'entrer dans les sentimens de celuy qui s'en pourra plaindre;

car s'il ont plus de plaisir en la feinte, il faut qu'ils la connoissent; mais s'il faut qu'ils prennent part aux interests de celuy qui se plaint, ils doivent l'ignorer, & croire comme luy, qu'il a raison de se plaindre.

Secondement, il ne suffit pas que la cause d'vn mouvement d'esprit, qu'on veut porter agréablement sur le Theatre, soit vraye; il faut encore qu'elle soit raisonnable, selon le sentiment commun des hommes : car si quelqu'vn s'affligeoit, se desesperoit ou prenoit des sentimens de colére sans raison, on s'en mocqueroit comme d'vn insensé, au lieu de le plaindre comme vn malheureux. Ce n'est pas qu'il n'y ait de certaines passions fort divertissantes sur le Theatre, bien qu'elles n'ayent aucun fondement de verité ny de raison, comme la Ialousie; mais c'est que la nature de ce mouvement d'esprit, est de n'avoir point de suiet qui soit vray ny raisonnable; autrement ce ne seroit pas ialousie, mais vne iuste indignation, qui inspireroit aux Spectateurs de la haine contre la femme, & de la compassion pour le mary; au lieu qu'on a de l'aversion pour vn jaloux, & de la compassion pour sa femme qu'il persecute iniustement. On en peut dire autant de l'Avarice, qui dônera toûjours d'autant plus de divertissement aux Spectateurs, que les soins pour garder vn thresor, &

la deffiance de toute fortes de perfonnes, auront moins de fondement ; ou plûtoft il faut dire, que les difcours qui fe font pour exprimer ces paffions, ne plaifent pas au Spectateur en lo faifant entrer dans les interefts de ceux qui parlent ; mais en luy donnant vne compaffion mélée de ie ne fçay quels fentimens de mépris & de rifée pour la mifere & la folie de ceux qui s'y laiffent emporter ; au moins puis-ie dire que ce font les penfées qui me font venuës en l'efprit, en lifant la feconde Comédie de Plaute intitulée *Aulularia*.

En troifiéme lieu, i'eftime que pour faire vne plainte qui puiffe toucher les Spectateurs, il faut que la caufe en foit iufte, autrement ils ne prendroient pas les fentimens de celuy qui parle, s'il fe plaignoit, ou defefperoit iniuftement; comme fi vn Acteur éclatoit en regrets pour n'avoir pas executé vne Coniuration qu'il auroit faite contre vn bon Prince, ou quelque infigne trahifon contre fa Patrie, on le confidereroit comme vn méchant, & non pas comme vn malheureux ; & tout ce qu'il pourroit dire, ne feroit qu'augmenter la haine qu'on auroit contre luy pour fon crime, au lieu de donner de la compaffion pour le mauvais évenement de fes defleins. On a veû fur la Scéne vn Garamante expirant, perfide à fon party, faire vne grande plainte de plufieurs vers affez beaux, & d'vn

DV THEATRE, Liv. IV.

nouvement assez bien conduit, tres-mal receuë des Spectateurs, dont aucuns s'écrioient,
Qu'il le faloit achever promptement au lieu de
l'écouter.

Outre toutes ces considerations, si le discours *Voy Arist. Poët. c. 15.*
Pathétique n'est necessaire, c'est à dire, attendu
& desiré des Spectateurs, quelque art qu'on y
puisse employer, ce ne sera qu'vne longue importunité, où les Spectateurs ne prendront aucun plaisir, & ne préteront aucune attention.
Qu'vn Mary plaigne la mort de sa femme, cela
est naturel, & il n'est point besoin de nous faire venir au Theatre pour en voir les exemples,
s'il n'y a quelque autre motif particulier qui
nous le fasse souhaiter ; mais qu'Herode ait condamné sa femme à la mort par fureur d'esprit,
& malgré les tendresses de son amour ; on est
bien-aise de voir apres l'execution, quels sentimens il en peut avoir. Que Massinisse violenté par les Romains ait envoyé du poison à sa
femme, & qu'elle en meure ; on desire apprendre ce que pourra dire & faire ce Prince mal-
heureux apres ce coup de desespoir : c'est pourquoy les longs regrets d'Herode *dans la tragedie de Tristan*
le Tristan, & ceux de Massinisse dans la
Sophonisbe de Mairet plaisent *Voix ma r-Dixon Sur la Sophonisbe de Corneille.*
fort aux Spectateurs. Mais que la femme
d'Alexandre fils de Mariamne, vienne faire
de grandes plaintes sur le corps de son mary,
qu'Herode avoit fait mourir, sans autre motif,

sinon, qu'elle estoit sa femme, cela est fort inutile; aussi n'a-t'il pas esté fort agréable. Les Spectateurs sçavent bien qu'il est du devoir d'vne femme d'honneur de soûpirer la perte de son mary; mais on devoit supposer ses regrets faits dans son cabinet; il n'estoit pas necessaire de la mettre sur le Theatre, parce que les Spectateurs ne doutoient point de ses sentimens, & n'avoient rien à attendre de sa bouche pour les connoistre. De là on peut iuger aisément que les Suivans ou Confidens des Princes, & les amis des principaux interessez au Theatre, quoy que dans la liaison des intrigues ils soient comme des Acteurs necessaires, ne peuvent pas mener bien loin leurs plaintes & leurs passions; & s'il n'y a quelque raison singuliere qui fasse desirer aux Spectateurs de voir quels sont leurs sentimens sur les avantures de la Scéne, les discours Pathétiques ne doivent pas estre longs dans leur bouche; il suffit qu'ils s'expliquent par quelques paroles, laissant le reste aux reflexions naturelles que châcun peut faire; car personne ne met en doute qu'vn serviteur fidelle, ou vn amy sincére ne doivent plaindre la mauvaise fortune de ceux dont ils ont suivi les interests: mais on n'en fera pas vne action Theatrale, & digne d'estre écoutée, sans quelque consideration extraordinaire & pressante, qui en fasse naître l'envie dans l'esprit des Spectateurs.

Il en

DV THEATRE, Liv. IV.   433

Il en est de même à l'égard d'aucuns des principaux Acteurs, quand leurs interests ne sont pas établis sur des motifs sensibles; ~~par exemple~~, comme d'vn Rival qui ne rechercheroit vne fille que par l'esperance de la fortune pour traverser les avantages de son Ennemy, ou par quelque autre raison qui n'engageroit pas son cœur en des ressentimens naturels dans les bons ou mauvais évenemens des affaires de cette Maistresse ; car qui penseroit faire plaindre ce faux Rival avec vn long discours apres l'avoir perduë, ne produiroit aucun mouvement de compassion dans l'ame des Spectateurs, & ne pourroit leur plaire ; parce que cette plainte n'est point necessaire en sa bouche, & que n'ayant fait cette recherche que par des interests étrangers, & non par vn veritable amour, ses regrets seroient inutiles & contre l'attente des Spectateurs; outre qu'ils ne seroient pas fondez sur vn suiet raisonnable. C'est pourquoy dans l'*Horace* de Corneille, le discours mélé de douleur & d'indignation que Valére fait dans le cinquiéme Acte, s'est trouvé froid, inutile, & sans effet ; parce que dans le cours de la Piéce, il n'avoit point paru touché d'vn si grand amour pour Camille, ny si empressé pour en obtenir la possession, que les Spectateurs se deussent mettre en peine de ce qu'il pensoit ny de ce qu'il devoit dire apres sa mort. Ce que ~~Monsieur Corneille a~~

IIi

Mais vne des plus importantes remarques que i'aye faite est, Que toutes les passions qui ne sont point fondées sur des sentimens conformes à ceux des Spectateurs, sont toûjours languissantes & de mauvais goust ; parce qu'estant prévenus d'vne opinion contraire au mouvement de l'Acteur, ils ne passent point dans ses interests ; ils n'approuvent rien de ce qu'il dit, & ne peuvent compâtir à sa douleur ; leurs esprits sont divisez, & leurs cœurs ne peuvent s'vnir. La plainte de celuy qui auroit entrepris de tuer vn Tyran, & qui seroit surpris sans executer son dessein, ne nous plairoit pas comme aux Athéniens, & nous l'aurions en abomination, au lieu d'avoir quelque compassion de son malheur : parce que vivant dans vn Estat Monarchique, nous tenons comme sacrée la personne des Roys, quand méme ils seroient iniustes ; au lieu que les Athéniens nourris dans vn Gouvernement populaire, condamnoient tous les Souverains, & ne les pouvoient souffrir.

Voyez ma 3. Dissert. sur l'Oedipe de Corneille.

Ainsi les discours pathétiques, que nous lisons dans les Comédies Greques & Latines, ne recevront iamais parmy nous tant d'applaudissement, que sur les Theatres anciens ; parce que le cõmerce infame & la débauche, qui estoient lors en pratique, trouvoient de la disposition dans l'esprit des Spectateurs pour en rendre les passions sensibles ; au lieu que le Christianisme qui ne les souffre point, nous rend incapables de goûter les sentimens de plainte, ou de ioye qu'ils peuvent produire ; les plus débauchez méme parmy nous les condamnent, parce qu'ils en iugent selon le sentiment public, & non pas selon leur déreglement particulier : Outre que ces Piéces anciennes ne sont ordinairement soûtenuës que par les fourbes des Esclaves, & les divers artifices dont ils se servent pour excroquer les Vieillards, & tirer de quoy fournir aux débauches de leurs ieunes Maistres : & comme nous n'avons plus d'Esclaves, & que tous leurs moyens pour tirer de l'argent d'vn pere ne sont plus en vsage, nous n'avons aucun rapport aux regles de leur vie, ny aucune conformité aux mouvemens de leur esprit ; si bien que nous ne les approuvõs point, & n'en pouvõs recevoir en nous aucune impression. De là vient que l'Ecornifleur des *Captifs* de Plaute chez Rotrou, qui ne parle que de manger, & qui pouvoit bien autre fois divertir les Senateurs de Rome, nous a paru sur le Theatre comme vn gourmand insupportable ; parce que nous n'avons plus de telles gens, & que nous mettons la débauche de table à boire, & non pas à manger ; encore faut-il y mêler les chanfons & les galanteries.

Au Subjet. Et delà vient encore que la Plainte de Valere, & ce qu'il dit pour avoir iuftice de la mort de Camille fa Maiftreffe, qu'Horace avoit tuée, n'eft pas écoutée, voire méme eft odieufe, & tres-mal receuë parmy nous ; parce que felon l'humeur des François, il faut que Valere cherche vne plus noble voye pour vanger fa Maiftreffe ; & nous fouffririons plus volontiers qu'il étranglaft Horace, que de luy faire vn procez : Vn coup de fureur feroit plus conforme à la generofité de noftre Nobleffe, qu'vne action de Chicane, qui tient vn peu de la lâcheté & que nous haïffons. C'eft à mon avis par cette raifon, que les Tragédies tirées de l'hiftoire Sainte, font les moins agréables ; tous les difcours pathétiques en font fondez fur des vertus peu conformes aux regles de noftre vie ; joint qu'il n'eft pas étrange que ne fouffrant qu'à peine la devotion dans les Temples, nous la chaffions des Theatres. Auffi voyons-nous que ceux qui font touchez d'vne veritable pieté Chreftienne, les y regardent avec beaucoup de fatisfaction ; Ceux qui font dans vne mediocre devotion, les y fouffrent volontiers, & n'en rejettent que ce qui reffent trop le caractére de la Prédication ; mais les Libertins au contraire, n'y veulent approu-

DV THEATRE, Liv. IV.

ver que les endroits qui contiennent les passions de la vie profane, & condamnent absolument tous les autres.

Apres ces circonstances qui concernent la cause & le motif des passions Theatrales, i'en ay remarqué plusieurs autres pour la conduite du discours qui les doit exprimer.

La premiere est, Qu'il ne se faut pas contenter d'émouvoir vne passion par vn Incident notable, & la commencer par quelques beaux vers; mais il la faut conduire iusqu'au poinct de sa plénitude. Ce n'est pas assez d'avoir ébranlé l'esprit des Spectateurs, mais il les faut enlever; & pour le faire, il en faut chercher la matiere, ou dans la grandeur du Suiet s'il la peut fournir, ou dans les divers motifs qui l'environnent; mais sur tout dans la force de l'imagination, qui doit s'échauffer, se presser, & se donner vn travail égal à celuy de l'enfantement, pour produire des choses dignes d'admiration. ~~Ainsi fait Monsieur Corneille, qui discerne tres-iudicieusement les belles passions de celles qui sont communes, & qui les porte toûjours iusqu'au bout par des raisonnements qui ne peuvent estre que le fruict d'vne longue & serieuse méditation;~~ ce qui demande neantmoins vne iuste mesure: car comme il ne faut pas laisser le Spectateur sur son appétit, aussi ne faut-il pas le fouler; il faut le combler de satisfaction, & non pas l'accabler; il en faut dire assez pour le contenter, & non pas tant qu'on le puisse rebuter: Celuy qui veut faire plus qu'il ne peut, fait souvent moins qu'il ne doit; parce qu'il a fait plus qu'il n'estoit à propos. C'est vn defaut qu'on remarque non seulement dans la *Pharsale* de Lucain, mais dans plusieurs des Tragédies de Seneque; sur tout dans l'*Hercules Oetheus*, où l'Autheur s'est trop abandonné à la beauté de ses pensées, n'ayant pas consideré que l'excez en peut estre quelquefois insupportable; ie souhaiterois neantmoins que nos Poëtes fussent plûtost coupables de ce beau defaut, que de sterilité. Mais nous avons souvent veû sur nostre Theatre des passions commencées & abandonnées à moitié chemin, ou conduites par de si foibles raisonnemens & si peu d'art, qu'elles eussent esté moins defectueuses, si on les eust laissées dans le premier mouvement. De dire aussi iustement, quelle en doit estre la mesure, cela ne se peut: il faut que le Poëte examine de quoy son Suiet est capable, la force de son discours, la beauté de la passion; qu'il consulte ses amis, & qu'il y agisse avec beaucoup de iugement.

Mais il faut bien prendre garde à ne pas consumer toutes les forces d'vne passion, dés que l'on commence à la toucher, il faut reserver des pensées & des raisonnemens pour la suitte; car

Lucanus more suo omnia poni in excessu. Scal. poët. l. 5. c. 15.
Effrenis mens, sui inops, serua impetus atque idcirco immodica, raptaque calore simul & calorū ipsum rapiens. Scal. lib. 6. c. 3.

la méme paſſion continuée, ſoûtenuë de divers Incidens, & changeant toûjours de face, ſera ſans doute plus agréable que ſi on en voyoit toûjours de nouvelles dans châque Scéne;

Ie ſçay bien que pour en venir à bout, il faut avoir vne grande fécondité d'eſprit; mais quiconque étudiera bien la Morale, & les anciens Dramatiques, ſe trouvera toûjours aſſez riche pour fournir à ces dépenſes ſpirituelles.

Secondement, pour bien conduire ces diſcours pathétiques iuſqu'au poinct d'vne étenduë convenable, il les faut faire avec ordre, ou ſelon les mouvemens de la Nature, ou ſelon la qualité des choſes qui ſe diſent. L'ordre de la nature eſt different, car quelquefois l'eſprit humain éclate en plaintes violentes, & s'emporte dans vn excez de douleur ou de colere; & apres, comme il ne peut pas durer dans ces mouvemens exceſſifs, il revient à quelque modération, ou plûtoſt à quelque relâche;

ment de tranfport, encore que fa douleur foit bien fenfible. D'autresfois l'efprit de l'homme s'émeut lentement, & s'agitant peu à peu s'éleve par degrez iufqu'au dernier tranfport, ou méme affez fouvent il tombe dans l'évanoüiffement. Or pour regler vn difcours pathétique fur cét ordre qui eft different, & prendre tantoft vne voye & tantoft l'autre, il n'y a point de confeil à donner; la prudence du Poëte s'y doit conduire felon le caractére de fes Perfonnages, l'eftat des affaires prefentes, & les autres difpofitions de fon Theatre.

Il fe faut neantmoins toûjours fouvenir, Que les difcours pathétiques ne doivent pas finir comme ils commencent, lors que d'abord on fait éclater la paffion en furprenant l'Acteur, afin que les Spectateurs en foient auffi furpris; car en ces occafions il ne faut pas que la fin en foit dure & couppée court; mais apres la grande violence, il faut paffer à des confeils douteux, à des incertitudes d'efprit, à des confiderations de ce qui peut arriver, & de ce qu'on peut efperer ou craindre: Et comme les entendus aux Nuances n'approchent point des couleurs extrémes, parce qu'elles feroient trop rudes; il ne faut pas non plus dans les paffions du Theatre tomber d'vne extremité à l'autre, ny faire ceffer tout à coup vne grande agitation, fans y apporter quelque difcours raifonnable, pour
mieux

mieux réjoindre la tranquilité des Scénes suivantes, si ce n'est qu'en cela consistast quelque extraordinaire beauté ; mais il y faut bien de la circonspection.

Quant à l'Ordre, qui dépend de la qualité des choses qui se doivent dire, il ne faut pas conduire l'esprit humain d'vn mouvement à l'autre, sans liaison ny dépendance, ny le porter par bonds & par sauts, maintenant sur vne consideration, tantost sur vne autre, & puis le ramener sur la premiere ; il faut examiner le suiet dont parle l'Acteur, les differens motifs qui l'agitent, les personnes qui doivent y venir en consideration, les lieux, les temps & les autres particularitez qui peuvent contribuer à cette passion ; & puis de toutes ces choses en tirer vn ordre de discours le plus convenable & le plus iudicieux qu'il se pourra. Par exemple, s'il faut qu'vn Acteur fasse vne reveuë & vne exaggeration de ses malheurs passez, on les peut prendre dans la suitte des temps qu'ils sont arrivez, ou selon les degrez de l'infortune, commençant par les moindres, & finissant par les plus grandes. Que si l'on fait des imprecations, elles doivent estre conduites selon l'ordre qu'elles peuvent arriver ; car il ne faudroit pas faire souhaiter par vn Acteur à son ennemy, vn mal devant vn autre dont le premier ne feroit qu'vne fuitte, ou vne dépendance.

Avec l'ordre il faut joindre les Figures, i'entens les grandes Figures qui font aux chofes & aux fentimens, & non pas celles qui ne font que dans les paroles, petites certainement & de peu de confequence ; comme font les Antithefes & les autres jeux de mots qu'on ne peut iamais bien employer dans les difcours pathétiques, parce qu'ils femblent affectez par étude, & non pas produits par le mouvement de l'efprit ; ils reffentent vne ame tranquille, & non pas troublée de paffions.

Encore faut-il que les figures foient bien variées, & ne pas s'arréter long temps dans la méme maniere de difcourir, attendu qu'vn efprit agité ne demeure pas long temps en méme affiette ; vne paffion continuée dans la méme impetuofité fatigue l'Acteur, eft à charge aux Spectateurs, & fait foupçonner le Poëte d'imprudence & de fterilité. Il faut méler les figures de tendreffe & de douleur avec celles de la fureur & de l'emportement ; il faut mettre l'efprit par intervalle dans le relâchement & dans les tranfports ; il faut qu'vn homme fe plaigne & qu'il foûpire, & non pas qu'il criaille : il faut quelquefois méme qu'il éclatte, & non pas qu'il faffe l'enragé, fi ce n'eft dans vn eftat de forcénement ; parce que c'eſt vne agitation d'eſprit qui n'a point de bornes, & qui va bien plus loin que le iuſte mouvement de la douleur, de la colere ny du deſeſpoir.

A tout cela neantmoins on pourroit objecter, Que ſi le Diſcours pathétique eſt bien ordonné, & que tout y ſoit bien conduit par les regles, il paroiſtra trop affecté, ſentira l'art, & n'imitera pas la nature qui agite l'eſprit humain incertainement & confuſément, & qui le porte ſans ordre & ſans regle ſur tous les objets, les motifs, & les circonſtances de ſa paſſion, ſelon que les idées s'en rendent preſentes. Mais pour y répondre on doit avoüer que ce deſordre dans les paroles d'vn homme qui ſe plaint, eſt vn defaut qui affoiblit les marques exterieures de la douleur, & il le faut reformer ſur le Theatre, qui ne ſouffre rien d'imparfait : C'eſt où les manquemens de la Nature, & les fautes des actions humaines doivent eſtre rétablies : Mais en remettant le Diſcours pathétique dans l'ordre, il faut y méler & varier les grandes figures, comme nous avons dit, afin que cette diverſité d'expreſſions porte vne image des mouvemens d'vn eſprit troublé, agité d'incercertitude, & tranſporté de paſſion déreglée. Ainſi par l'ordre des choſes qui ſe diſent, on reforme ce que la Nature a de defectueux en ses mouvemens ; & par la varieté sensible des Figures, on garde vne ressemblance du desordre de la Nature. C'est tout ce que ie puis dire de singulier en cette matiere si commune.

CHAPITRE VIII.

Des Figures.

TOVTES ces ingenieuses varietez de parler que les habiles ont recherchées pour s'exprimer plus noblement que le vulgaire, & qu'on appelle, *Figures de Rhetorique*; sont sans doute les plus notables ornemens du Discours. Ce sont elles qui donnent de la grace aux Narrations, de la probabilité aux moindres Raisonnemens, de la force aux Passions, & du relief à toutes les choses qu'on veut faire valoir; Sans elles tous nos discours sont bas, populaires, desagréables, & sans effet: C'est pourquoy le meilleur avis qu'on puisse donner aux Poëtes, est de se rendre tres-sçavans en la connoissance des Figures par l'étude de ce qu'en ont écrit les Rhetoriciens, qu'il seroit inutile de répeter icy: mais auparavant qu'ils se souvienne, qu'on ne doit pas se contenter de les lire pour en sçavoir le nom & la fabrique; mais qu'il en faut pénetrer l'énergie, y faire de fortes reflexions, & enfin découvrir l'effet qu'elles peuvent produire sur le Theatre. Encore n'est-ce pas tout, car il faut s'inſtruire particulierement en l'art de les bien appliquer & de les bien varier, pour produire l'effet que nous avons enſeigné dans le Chapitre precedent. Il faut apprendre à employer à propos les impetueuſes, comme ſont les Imprécations; & les plus douces, comme ſont les Ironies; & ſur tout en quel ordre on les doit ranger, ſelon la diverſité des matieres, & le ſuccez que l'on en deſire. Car, par exemple, s'il eſt neceſſaire qu'vn Acteur ſorte de la Scéne avec vn eſprit de fureur, nous avons dit qu'il le faut émouvoir par degrez, en commençant par des ſentimens moderez, & le pouſſant peu à peu iuſqu'aux derniers tranſports de l'Ame: Or pour cela il y faut mêler les Figures avec la méme adreſſe; ie veux dire, vſer premierement des plus tranquiles, pour paſſer inſenſiblement aux violentes. Que s'il faut au contraire qu'vn Acteur ait l'eſprit remis & adoucy, en quittant la Scéne, nous avõs dit qu'il faut d'abord que ſa paſſion éclatte & le tranſporte preſque hors de luy-méme, & qu'en ſuite les diſcours de celuy qui l'entretient, ou ſon propre raiſonnemét, le faſſent peu à peu revenir, en luy inſpirant des ſentimés plus traittables. A quoy l'ordre des Figures ſe doit conformer en employant d'abord celles qui ont plus d'impetuoſité, & finiſſant par les autres. Et pour ſe rendre ſubtil & adroit en cét vſage des figures, le Poëte en doit rechercher les exemples chez les Anciens, les bien examiner, & ne les pas courir à la légere; & sur tout fréquenter les Theatres; car c'est là où, mieux que dans les Livres, il peut remarquer les bonnes ou mauvaises figures, celles qui languissent, & celles qui font effet; enfin quand elles sont bien ou mal ordonnées: Et pour faciliter les Observations qu'il y peut faire, ie ne luy veux pas refuser celles que i'ay faites.

Premierement, il y verra avec assez de certitude ce que i'ay déja dit ailleurs, Qu'il ne faut rien exprimer sur la Scéne qu'avec Figures, & que si les simples Bergers, que l'on y fait paroistre, portent des habits de soye, & des houlettes d'argent, les moindres choses y doivent estre dites avec grace, & avec des expressions ingenieuses; iusques-là méme que les endroits qui semblent estre les moins figurez, doivent estre disposez avec tant d'adresse, qu'il y ait vn art imperceptible; & n'avoir point de figures apparétes, en doit estre vne secrette & bié delicate. En vn mot, si la Poësie est l'Empire des Figures, le Theatre en est le Thrône; c'est le lieu où par les agitations apparentes de celuy qui parle & qui se plaint, elles font passer dans l'ame de ceux qui le regardent & qui l'écoutent, des sentimens qu'il n'a point.

Mais aussi remarquera-t'il, Que comme il y a beaucoup de difference entre la Tragédie &

la Comédie, elles ont aussi leurs figures particulieres. Comme la Tragédie ne doit rien avoir que de noble & de serieux, aussi ne souffre-t'elle que les grandes & illustres Figures, & qui prennent leur force dans les discours & les sentimens; & si-tost qu'on y mêle des Allusions & des Antitheses qui ne sont point fondées dans les choses, des Equivoques, des jeux de paroles, des locutions proverbiales, & toutes ces autres figures basses & foibles qui ne consistent que dans vn petit ajancement de mots, on la fait dégenerer de sa Noblesse, on ternit son éclat, on altére sa Maiesté, & c'est luy arracher le Cothurne, pour la mettre à terre. Au contraire la Comédie qui n'a que des sentimens communs & des pensées vulgaires, souffre toutes ces bassesses, voire méme elle les desire & ne rejette point les entretiens des Cabarets & des Carrefours, les proverbes des Portefaix, & les Quolibets des Harangeres; à cause que toutes ces choses contribuënt à la boufonnerie, qui doit presque l'animer par tout, & qui fait ses plus exquis & ses plus essentiels ornemens : Il est bien mal-aisé qu'elle s'éleve sans tomber, & si-tost qu'elle veut éclater en discours, en sentimens, ou en figures qui tiennent du style Tragique, nous la trouvons defectueuse, nous en avons du dégoust, & nous la considerons comme vne Fille-de-chambre qui veut parler Phœbus.

Conveniunt Epigrammati, Satyro, & Comœdia. l. 4. c. 33. ha namque Epigrammati & Satyro, ac humilibus Scenis sunt familiares. ibid. c. 43. Scal. poët.

DV THEATRE, Liv. IV.

Phœbus. Enfin il fera toûjours fort difficile que les figures, qui font convenables à l'vne de ces Poëſies, ſoient employées dans l'autre ſans defaut, ſi ce n'eſt qu'on n'vſe de beaucoup de circonſpection pour leur faire changer de nature; comme Plaute l'a ſouvent & fort excellemment pratiqué, lors qu'il a mêlé dans ſes Comédies les perſonnes, ou les diſcours qui portent le caractére Tragique.

Davantage, entre les Figures qu'on peut nommer, *grandes & ſérieuſes*, le Poëte en pourra bien trouver quelques-vnes plus propres au Theatre que les autres : par exemple, l'*Apoſtrophe*, que i'y ay toûjours remarquée fort éclatante, quand elle eſt bien placée & bien conduitte : Elle ſuppoſe toûjours preſente, ou vne veritable perſonne, quoy qu'abſente en effet, ou vne fauſſe perſonne, qui ne l'eſt que par fiction, comme eſt la *Patrie*, la *Vertu*, & autres choſes ſemblables; car elle les ſuppoſe ſi bien preſentes, que celuy qui diſcourt, leur adreſſe ſa parole, comme ſi veritablement il les voyoit : ce qui eſt tout à fait Theatral; attendu que cela fait deux Perſonnages où il n'y en a qu'vn, l'vn viſible, & l'autre imaginaire; l'vn qui parle, & l'autre à qui il ſemble qu'on parle : Or quoy que la feinte ſoit connuë, neantmoins comme c'eſt vn effet de l'emportement de l'eſprit de l'Acteur, elle emporte avec elle l'imagination

Eſt & in Apoſtrophe & in Interrogatione tanta efficacia, vt ſubſilire faciat animum auditoris. Scal. lib. 3. c. 27. Poët.

de ceux qui l'écoutent, ce qui principalement est vray, quand celuy qui parle, est seul; car alors il n'y peut avoir d'obscurité dans l'esprit des Spectateurs; on sçait bien que la personne, à qui cét Acteur parle, est vn objet de son imagination, & son discours ne se peut appliquer à aucun autre. Le méme effet encore arrive quand ceux qui se trouvent sur la Scéne, sont tellement inferieurs à l'Acteur qui parle, que durant son transport ils sont obligez d'estre muets, dans le respect & dans l'étonnement; car cette grande difference des Personnages presens fait assez connoistre, que celuy qui parle, ne s'adresse pas aux autres, mais qu'il suit la chaleur de sa passion, & qu'il s'entretient avec l'idée qu'il a dans l'esprit. x

Apostrophe crebra quâ vtitur, multum valet ad commovendos animos. Stiblin. in Troad. Eurip.

X : Stiblin estime fort les plaintes d'Hecube dans les *Troades* d'Euripide pour cette Figure, qu'il dit y estre frequente & fort belle : mais dans la Pratique il faut éviter deux défauts; le premier, de n'en pas faire trop souvent ; car quand cette figure est frequente, outre que la varieté qu'on cherche au Theatre, y manque, elle déplaist à la fin pour faire trop de personnes imaginaires : En quoy pécha l'vn de nos Poëtes, qui dans vne méme Piéce, & dás vne assez mediocre étenduë de vers, fit parler vn Acteur neuf ou dix fois au Ciel.

DV THEATRE, Liv. IV. 451

L'autre est, qu'vn Acteur parlant à vn Roy, à vn Pere, à vn Iuge, ou à quelque personne de respect, ne doit pas s'échaper aisément à faire vne longue Apostrophe à quelque Estre ainsi imaginaire ; parce qu'il est contre la bien-seance & le devoir qu'vn homme, estant devant vn autre de grande autorité, le quitte pour adresser sa parole à vne personne absente, à vne Idée, à vne Chimere; attendu que celuy devant qui on parle, auroit raison d'interrompre ce discours, de demander à qui on parle, & d'obliger cét homme de luy parler, & non pas à son imagination ; nous avons veû vne pareille faute & notable dans le *Cleomenes*. Pour conserver neantmoins cette figure en sa beauté, voicy comment il me semble qu'on en pourroit vser: Il faudroit faire l'Apostrophe fort courte, seulement de deux vers, & de moins encore s'il se pouvoit; & aussi-tost faire continuer par l'Acteur les mémes raisons qu'il pourroit attendre de cét objet auquel il auroit commencé de parler, en l'employant neantmoins comme parlant pour luy. Par exemple apres avoir dit,

O Nature qui sçais bien que ie n'ay iamais trahy tes
sentimens, parle icy en ma deffense!

Et aussi-tost en s'adressant à celuy devant qui il parleroit, continuer ainsi.

C'est à elle, ô mon Pere, à iustifier ce que i'ay fait,
elle vous doit asseurer, &c.

LLl ij

Et encore de cette sorte,

O Amour, qui m'as fait entreprendre vn si noble dessein, fais voir icy que tes inspirations sont raisonnables. Permettez, ô grand Roy, que l'amour vous parle en ma faveur, il vous dira qu'il a seul conduit ma main, comme il avoit échaufé mon cœur, &c.

car, par cette adresse, la Figure introduit dans le discours vne agréable varieté, avec force, & ne fait rien contre la loy du respect; ce petit égarement est permis à vn homme innocent & passionné, & ce prompt retour de son esprit remet tout dans l'ordre.

Il n'en est pas de même de la Prosopopée, encore qu'elle ait quelque rapport avec l'Apostrophe, en ce qu'elle suppose, comme elle, vne personne qui n'est point, & qu'elle fasse parler des choses qui sont muëttes ; elle est presque toûjours fort mauvaise au Theatre, où elle fait confusion; parce que l'Acteur represente déja vne personne qui n'est point, & cette personne representée en feint vne autre qu'elle fait parler par sa bouche ; ce qui fait double fiction, & consequemment obscurité : Aussi n'y a-t'il que les habiles qui distinguent ce que l'Acteur fait dire par cette figure à vne personne étrangere, & ce qu'il dit luy méme en la personne qu'il represente; encore faut-il qu'ils ayent bien entendu l'endroit, par où l'Acteur a passé de son propre discours à celuy de la personne supposée par cette figure ; car pour peu qu'ils ayent esté divertis, ou pour peu de bruit qui se soit fait en ce moment, ils ne sçavent plus apres où ils en sont, & confondant les discours attribuez à la personne feinte par la Prosopopée, avec ceux que l'Acteur pourroit faire en sa propre personne, ils demeurent dás vn embaras, dont ils ne se peuvent pas tirer aisément. Mais i'ose avancer, que pour le peuple, la beauté de cette figure n'est pas sensible sur le Theatre, au contraire elle est ennuyeuse à tous ceux qui sont d'vne mediocre intelligence, parce que ne distinguant pas bien ces choses, ils n'y rencontrent que de la confusion ; Par exemple, ils voyent vn Acteur qui fait le Roy, & s'imaginent que tout ce qu'il dit, est le discours de ce Roy representé : de sorte que si, en parlant, il fait vne Prosopopée, en supposant que la *Vertu*, l'*Amour*, ou autres choses semblables luy parlent, ils se trouvent fort empéchez ; car ils sentent bien que ces paroles de la Vertu ou de l'Amour, ne conviennent pas au Roy ; mais n'estant pas capables de pénetrer ny de débroüiller cette double fiction, d'vn Roy representé, qui parle par la bouche de l'Acteur, & de la Vertu, qui parle par la bouche de ce Roy representé, ils demeurent dans vn grand desordre, sans rien comprendre à ce qui se dit, & sans recevoir aucune satisfaction de tout ce qu'ils entendent. Si neantmoins cette figure peut estre introduite au Theatre, il faut que ce soit dans les Narrations, encore faut-il qu'elle soit courte ; & aussi dans les Monologues, pourveu que le Poëte vse de tant d'industrie qu'il fasse connoistre par plusieurs fois, & par divers moyens, quelle est la chose qu'il feint, & qu'il fait parler en la Prosopopée ; & qu'il ne feigne point d'employer beaucoup d'adresse pour rendre la chose claire & de facile intelligence, & qu'elle ne cause aucune obscurité dans l'esprit des Spectateurs. Au reste qu'il ne iuge pas de cét avis par le Poëme Epique, & les actions Oratoires où cette figure est assez frequente, même avec succez ; parce qu'au Poëme Epique, qui n'est fait que pour ceux qui sçavent lire & qui ont quelque connoissance, il est aisé de reprendre la lecture plus haut, quand on sent quelque obscurité dans la suitte : mais au Theatre, qui reçoit plus d'ignorans que d'autres, & où le Récit passe sans retour, on ne peut plus instruire ceux qui sont vne fois tombez dans la confusion ; & souvent, plus ils écoutent, moins ils s'éclaircissent. Pour les actions Oratoires, où vn homme parle seul, & sans aucune supposition de personnes qu'il represente ny qu'il vueille representer, la Prosopopée n'y fait point vne double fiction, & ne se rend pas difficile à comprendre.

L'Ironie est encore vne figure du Poëme Dramatique, & de sa nature elle est Theatrale; car en disant par moquerie le contraire de ce qu'elle veut faire entendre serieusement, elle porte avec soy vn déguisement, & fait vn jeu qui n'est pas desagreable.

L'Exclamation est d'autât plus propre au Theatre, qu'elle est la marque sensible d'vn esprit touché de quelque violente passion qui le presse.

L'Hyperbole est de ce méme rang, parce que les paroles portant l'imagination plus loin que leur propre sens, elle est convenable au Theatre, où toutes les choses doivent devenir plus grandes, & où il n'y a qu'enchantement & illusion.

L'Interrogation, que Scaliger dit n'estre figure que par vsage & non pas de sa nature, est aussi bonne au Theatre; parce qu'elle est la marque d'vn esprit agité. *Lib. 4. c. 42.*

Or entre toutes, l'Imprécation sera iugée certainement Theatrale, à cause qu'elle procede d'vn violent transport d'esprit; aussi faut-il que le discours soit fort impetueux, l'expression hardie, & les choses extrémes.

Cecy sans doute doit suffire au Poëte, sans m'engager à luy faire vne plus longue redite de tout ce que les Rhetoriciens doivent luy en avoir appris, & principalement de ce qu'il en pourra lire avec vtilité dans la Poëtique du grand Scaliger.

CHAPITRE IX.

Des Spectacles, Machines, & Décorations du Theatre.

APRES avoir traité fort au long dans le dix-huictiéme Chapitre du *Térence Iustifié*, la Construction des Theatres anciens avec les Décorations, les ornemens & les Machines qui y estoient employez pour la representation des Poëmes Dramatiques, il ne m'en reste plus rien à dire icy de nouveau qui puisse plaire, & ie ne croy pas qu'il soit à propos d'en répeter aucune chose. Mon dessein n'est pas d'instruire les Décorateurs, & ceux qui prennent soin de fabriquer, ou de conduire les artifices qui doivent servir aux Spectacles de la Scéne; mais seulement d'avertir le Poëte des moyens, que i'ay iugez necessaires, pour donner aux Ouvrages de son esprit plus de force & plus de grace dans toutes les parties qui doivent contribuer à leur perfection.

Il est certain que les ornemens de la Scéne font les plus sensibles charmes de cette ingenieuse Magie, qui rappelle au monde les Heros

DV THEATRE, Liv. IV. 457

es siécles passez, & qui nous met en veuë vn
ouveau Ciel, vne nouvelle Terre, & vne infi-
ité de merveilles que nous croyons avoir pré-
ntes, dans le temps méme que nous sommes
ien asûrez qu'on nous trompe : Ces ornemens
ndent les Poëmes plus illustres, ceux qui les
ventent en sont admirez, le peuple les prend
ur des enchantemens, les habiles se plaisent
y voir tout ensemble l'adresse & l'occupation
plusieurs arts, enfin chacun y court avec
aucoup d'empressement & de ioye. C'est
urquoy les peuples de Gréce & d'Italie, aussi
ands *Philosophes que Vaillants Guerriers*, ont
uvent employé ces belles décorations sur
urs Theatres ; ils y avoient tout ce qui pou-
it estre propre pour faire ces agréables illu-
ons ; on y voyoit des Cieux ouverts où parois-
ient toutes leurs Divinitez imaginaires, &
où méme ils les faisoient descendre pour
nverser avec les Hommes ; l'Element de l'air
peinture y souffroit les éclairs, & les veri-
bles bruits du Tonnerre ; la Mer y faisoit pa-
istre des Tempestes, des Naufrages, + *des rochers,*
, & des Batailles. C'estoit *des vaisseaux*
u que la Terre y montrat des Iardins, des
eserts, & des Forests; qu'elle y portast des Tem-
es & des Palais magnifiques ; souvent méme
le y paroissoit entre-ouverte, & du sein de
s abysmes faisoit sortir des flames, des Mon-

M Mm

stres, des Furies, & tous les prodiges de l'Enfer des Fables: En vn mot, tous les effets d'vne puiſſance ſurnaturelle, tous les miracles de la Nature, tous les Chefs-d'œuvres de l'art, & tous les caprices de l'imagination ont formé ces beautez & ces ornemens, qui firent tant de fois les plus doux amuſemens des Grecs & des Romains. Les Magiſtrats, qui par ces magnificences s'acquitoient de leurs charges ou ſe rendoient dignes des plus grandes, y travaillérent toûjours à l'envi les vns des autres; & les Peuples, qui mettoient à ce prix les plus grandes dignitez, iugeoient par leur divertiſſement du merite de ceux qu'ils avoient prépoſez, ou qui pouvoient eſtre prépoſez à la conduite de leurs Eſtats. C'eſt pourquoy les Poëtes qui voyoient dans la fortune des Grands [+ ou dans le thresor public] vn fond toûjours preparé à ces illuſtres dépenſes, ne feignoient point de remplir leurs Poëmes de divers incidens, où ces beaux & riches artifices eſtoient employez; & les Ouvriers, dont la main ſe trouvoit ſi ſouvent neceſſaire pour executer ces merveilleux deſſeins, ne refuſoient point leurs veilles pour s'en rendre capables, ny leur travail pour les faire reüſſir.

Mais maintenánt, bien que la Cour ne les ait pas deſagréables, & que le peuple faſſe foule à toutes les occaſions de voir quelque choſe de ſemblable, ie ne conſeillerois pas à nos Poëtes de

DV THEATRE, Liv. IV. 459

s'occuper souvét à faire de ces Piéces de Thatre à Machines: Nos Comédiens ne sont ,ny assez opulens, ny assez genereux pour en faire la dépense; & leurs Décorateurs ne sont pas assez habiles pour y reüssir : i'ajoûte que les Autheurs mémes ont esté si peu soigneux de s'instruire en la connoissance de ces vieilles merveilles & aux moyens qu'on a de les bien exécuter, qu'il n'est pas étrange que souvent le plus grand defaut soit dans les mauvaises inventions. Nous ne sommes pourtant pas dans vn siécle, où nous ne puissions esperer que les liberalitez des Princes, l'étude des Poëtes, le travail des Ingenieurs, & les soins de nos Comédiens ne relévent la magnificence du Theatre ancien; & ce qui s'est fait en ce Royaume depuis quelques années, est peut-estre vn échantillon des nouveaux miracles que [sont ordinairement les ouvrages de] la paix ~~nous prépare~~. Afin donc de ne rien omettre de ~~tout~~ ce qui peut contribuer à l'accomplissement de ces [representations], il me semble que ie ne doy pas refuser quelques observations que i'ay faites sur les Spectacles & Machines du Theatre, qui peut-estre ne seront pas inutiles.

Si ~~~~ ~~ie suis obligé de dire pour fonde~~ ment, Que ie considere les Spectacles & les Décorations de la Scéne en trois façons.

Les vns sont de Choses, lors que les Spectacles sont permanens & immobiles, comme vn Ciel

MMm ij

entr'ouvert, vne Mer orageuse, vn grand Palais, & autres semblables ornemens.

Les autres sont d'*Actions*, lors que le Spectacle dépend principalement d'vn faict extraordinaire ; comme si quelqu'vn se précipitoit du haut d'vne Tour, ou du haut d'vn Rocher dans les flots de la Mer. La troisiéme espece est de ceux qui sont mélez de *Choses* & d'*Actions*, comme vn Combat naval, où tout ensemble il faut vne Mer, des Vaisseaux & des Hommes agissans.

Encore peut-on dire que les vns & les autres peuvent estre considerez comme *Miraculeux*, *Naturels*, ou *Artificiels*.

Les *Miraculeux*, sont ceux qui supposent quelque Puissance divine, ou la Magie pour estre produits ; comme la Descente de quelque Divinité du milieu des Cieux, ou la Sortie de quelque Furie du profond des Abysmes.

Les *Naturels*, sont ceux qui nous représentent les choses qui dans la Nature sont les plus agréables, ou les plus extraordinaires ; comme vn beau Desert, vne Montagne enflammée.

Les *Artificiels*, sont ceux qui nous font paroître les grands & magnifiques ouvrages de l'Art, comme vne Lice, ou vn Temple magnifique.

De toutes ces differentes espéces de Spectacles, les moins considerables sont ceux qui dépendent du pouvoir des Dieux, ou des Enchantemens; parce qu'il ne faut pas beaucoup d'esprit pour les inventer; il n'y a point de Genie si mediocre qui ne puisse donner par ce moyen quelque fondement aux grandes choses, & deméler les plus intriguées. I'ay vû vne Piéce de Theatre, en laquelle l'Autheur ayant embarassé vn Rival si avant dans son Suiet qu'il ne sçavoit comment le desinteresser, s'avisa de le faire mourir subitement d'vn coup de Tonnerre ; l'Invention estoit certaine, mais si l'on en admettoit de cette sorte dans le Poëme Dramatique, il ne faudroit plus se mettre en peine pour en rompre les Nœuds les plus difficiles. Il en est de méme de toutes ces Machines qui se remuënt par des ressorts du Ciel ou des Enfers; elles sont belles en apparence, mais souvent peu ingenieuses; il peut y avoir neantmoins des raisons étrageres, & quelquesfois assez d'adresse pour les bien employer ; mais il faut prendre garde qu'elles joüent facilement : car quand il y a quelque desordre, aussi-tost le peuple raille de ces Dieux & de ces Diables qui font si mal leur devoir.

I'aurois aussi de la peine à conseiller au Poëte de se servir de ceux où les Actions doivent produire le plus grand effet, parce que tout l'agrément dépend de la iustesse qu'il y faut observer; & nos Comédiens sont si peu soigneux d'y reüssir, qu'ils ne veulent pas se donner la peine d'en apprendre la conduitte & les momens necessaires; ou bien ils présument tant de leur suffisance, qu'ils estiment cette étude au dessous de leur merite; si bien que leur paresse, ou leur vanité gâte souvent ce qu'on invente avec esprit, & qui devroit faire la beauté de l'Ouvrage.

Il reste donc les Décorations permanentes, de quelque nature qu'elles soient; à quoy mon avis seroit de se restraindre autant qu'il seroit possible; & en toutes il sera bien à propos d'y apporter beaucoup de précautions.

Premierement, Il faut qu'elles soient necessaires, & que la Piéce ne puisse estre jouée sans cét ornement; autrement les Spectacles ne seroient iamais approuvez, quoy qu'ils fussent ingénieux ; on estimeroit le Poëte peu iudicieux de les avoir introduits dans vn Ouvrage qui s'en pouvoit passer ; & les Comédiens imprudens, d'en faire la dépense.

C'est en quoy ie trouve vn assez notable defaut dans l'*Andromede*, où l'on avoit mis dans le premier & quatriéme Acte deux grands & superbes Edifices de differente Architecture, sans qu'il en soit dit vne seule parole dans les vers; car ces deux Actes pourroient estre iouez avec les Décorations de tel des trois autres qu'on voudroit choisir, sans blesser l'intention du Poëte, & sans contredire aucun incident, ny aucune action de la Piéce. On en pourroit presque dire autant du second Acte, sinon qu'au commencement il y a deux ou trois paroles de Guirlandes & de Fleurs, qui semblent avoir quelque rapport à vn Iardin present; encore qu'elles ne soient pas assez précises: car bien que peu de discours suffise quelquesfois pour cela, il est neantmoins certain qu'il faut toûjours s'expliquer intelligiblement.

Secondement, Ils doivent estre agréables à voir, car c'est par ce charme que le peuple s'y laisse attirer: Ce n'est pas que ie veuille empécher le Poëte d'y mettre des choses, qui dans la Nature seroient épouventables, monstrueuses & horribles; mais il faut que l'artifice les exprime si bien, que la peinture puisse donner du contentement; comme le Tableau d'vne Vieille, ou d'vn Mourant, est souvent si excellemment fait qu'il est sans prix, encore que personne ne voulût estre en l'estat des choses representées.

Non in lætitia sola iucunditas sita est, picturarum quæque facies horribiles nihilo secius spectantur & iuvant. Scal. l. 7. c. 97.

Il faut aussi qu'ils soient honnestes, & qu'ils ne choquent en rien la bien-séance publique & la pudeur que les plus deréglez veulent conserver au moins en apparence iusques sur les Theatres: Ie suis asûré que generalement on condamneroit ceux qui de Mars & de Venus surpris dans le Ré de Vulcain en penseroient faire vne belle Décoration.

Il faut encore qu'ils soient faciles à executer, ie n'entens pas selon l'opinion des

Ignorans qui croyent tout impoſſible, & qui preſque toûjours dans ces occaſions s'imaginent que leurs Sens ſont faſcinez, & que les Démons ſont les principaux Acteurs de nos Comédies; mais ie veux dire que les Ingenieurs diſpoſent ſi bien les reſſorts des Machines, qu'il ne ſoit pas beſoin d'avoir vn grand nombre d'hommes pour les remuër, & que les Engins faſſent leurs mouvemens à poinct-nommé ; car lors qu'il faut attendre trop long-temps, le peuple s'impatiente; & lors qu'elles ne paroiſſent pas avec iuſteſſe au moment qu'il le faut, elles ne s'accordent pas avec la preſence des Acteurs & en gâtent les Récits.

Il eſt auſſi bien raiſonnable d'examiner, Si le lieu repreſenté par l'Avant-Scéne peut ſouffrir dans la verité ce qu'on y veut mettre en image; car autrement ce ſeroit pécher groſſierement contre la vray-ſemblance; Par exéple ſi l'on prenoit pour le lieu de la Scéne la ſalle d'vn Palais, ou la chambre de quelque Princeſſe, & qu'on miſt tout aupres vne priſon; car il ne ſeroit pas vray-ſemblable que les Criminels fuſſent renfermez dans vn tel endroit : Les Princes ne dorment point aupres des cachots, & l'on n'expoſe pas ſi facilement à leur veuë la retraitte des Coupables. Ie n'eſtimerois pas plus raiſonnable de faire vne chambre-haute, ou vn cabinet élevé, & au devant vne court ſervant de paſſage ordinaire

DV THEATRE, Liv. IV.

naire qu'on verroit neantmoins de même niveau & fans aucun abaiffement; car ce feroit l'image d'vne chofe qui n'eft pas telle qu'on la reprefente.

Il ne faut pas auffi faire des Décorations qui foient contraires à l'Vnité du Lieu, comme de fuppofer l'Avant-Scéne pour la chambre d'vn Prince, de laquelle on entreroit de plain-pied dans vne foreft; car toutes ces fictions, quoy que belles à l'œil, paroiffent difformes à la Raifon, qui les connoift fauffes, impoffibles, & ridicules.

Sur tout il faut faire en forte, que de ces grands ornemens il en refulte vn effet notable & extraordinaire dans le corps de la Piéce; c'eft à dire, qu'ils doivent contribuer au Nœud des Intrigues du Theatre, ou au Dénouëment; car s'ils ne fervent que pour produire quelque évenement peu confiderable & qui ne foit pas de l'effence de l'Action Theatrale, les gens d'efprit pourront eftimer les Ouvriers qui les auront bien faits; mais le Poëte n'en fera pas loué.

Au *Rudens* de Plaute, le Naufrage qui y eft reprefenté, fait tout enfemble le Nœud & le Dénouëment de la Comédie.

Les *Grenouilles* d'Ariftophane ont vne grande décoration qui fert à tous les Actes, & prefque à toutes les Scénes: En vn mot, ceux qui font dans les Poëmes anciens, authoriferont tout ce que nous en avons dit.

Ie ne puis oublier d'avertir le Poëte de deux confiderations importantes; l'vne qui le regarde, qui eft; Que quand les Spectacles font de *Chofes*, c'eft à dire d'objets permanens, il faut, s'il eft poffible, qu'ils paroiffent dez l'ouverture du Theatre, afin que le murmure du peuple, qui s'émeut toûjours en ces apparitions, foit finy avant que les Acteurs commencent le Récit; Ou s'il faut faire quelque changement de Décoration dans la fuitte de la Piéce, que ce foit dans l'intervalle d'vn Acte, afin que les Ouvriers prennent tout le temps neceffaire pour remuër les machines, & que le Perfonnage qui doit ouvrir l'Acte, laiffe paffer le bruit que ce nouvel ornement aura excité. Et fi par la neceffité du Suiet, il faloit faire paroiftre quelque grande nouveauté dans le milieu d'vn Acte, qu'il fe fouvienne de compofer les difcours de fes Acteurs en telle forte, qu'ils difent en ce moment fort peu de paroles, foit d'admiration, d'étonnement, de douleur, ou de ioye, pour donner quelque loifir à l'émotion des Regardans qu'on ne peut éviter.

L'autre confideration concerne les Comédiens, qui eft quand les Spectacles font d'Actions, c'eft à dire, quand les Acteurs doivent

DV THEATRE, Liv. IV.   467

estre en quelque posture, ou faire quelque Action extraordinaire, comme se précipiter dans la Mer, ou tomber d'vn chariot en combattant; car il faut que l'Acteur l'étudie avec soin, avant que de la faire sur le Theatre; ce que ie dis, pour avoir veû de mauvais évenemens de la negligence de nos Comédiens, & ce n'est pas le moindre obstacle qui trouble souvent l'effet des Machines, & la beauté des Décorations,

après quoy ie n'ay plus rien a dire icy de nouveau pour l'instruction du Poëte, ny pour la connoissance des pieces de theatre, & si l'on y peut souhaiter encore quelque chose, le Terence iustifié & les Dissertations qui sont iointes à cet Ouvrage, pourront satisfaire les plus curieux & leur découvrir ce que l'antiquité en a laissé de plus delicat & de plus magnifique, & ce que l'ignorance des derniers siecles avoit retenu dans la confusion & dans les tenebres.

FIN.

ANALYSE ou EXAMEN

De la premiere Tragédie de Sophocle intitulée AIAX, *suivant les principales Régles que nous avons données pour la Pratique du Theatre.*

SI les Curieux qui verront ces Remarques, veulét tirer quelque satisfaction de leur peine & iuger équitablement de celle que i'ay prise, il est necessaire, avant toute autre chose, qu'ils se donnent encore celle de voir dans les Autheurs cette Piéce de Theatre que i'entreprens d'examiner; car iusques-là i'estime avoir droit de les recuser, s'ils osent me condamner en quelques endroits; et ie puis mépriser leur approbatió, cóme vne pure flatterie; ou la recevoir comme vne legere civilité, qui ne m'obligera pas seulement à les remercier. Les Ouvrages de Critique ont cela de particulier, que pour estre vtiles & agréables, ils engagent encore à voir ceux dont on fait le iugement: car si les Lecteurs n'ont present à l'esprit toutes les choses sur lesquelles on veut appliquer les regles, comme vne matiere disposée à les souffrir, ils doutent toûjours des beautez, ou des fautes que l'on obferve, & de la iufteffe des obfervations. Ie fçay bien que ce Difcours doit eftre vn travail affez fâcheux à ceux qui le liront, fans en impofer encore vn autre à leur patience ; mais ils doivent croire que s'ils ne fe veulent décharger de tous les deux, ils ne peuvent trouver d'autre moyen pour fe foûlager de l'vn, que de prendre les divertiffemens que l'autre leur peut donner. Peuteftre qu'vn plus hardy que moy s'avanceroit de dire, que fi ces Remarques, par la nature de la Critique, n'ont pas tout l'agrément qu'on pourroit fouhaitter, au moins contribuëront-elles beaucoup au plaifir de lire le Poëme que i'examine, à raifon des graces cachées qu'elles y découvriront & des adreffes de ces grands Maiftres que l'on a iufques-icy negligées comme des chofes fortuites.

Si nous eftions dans vn Siécle où les femmes ne puffent égaler les hômes en l'intelligence des Langues & des Sciences les plus curieufes, elles fe pourroient plaindre, que de les obliger à la lecture des Grecs & des Latins pour prendre quelque contentement en celle cy, ce feroit les en exclure entierement ; Mais puis qu'elles ont auffi fouvent à la bouche Euripide, que Malherbe ; & qu'elles parlent auffi hardiment des Comédies de Plaute, que des Prologues de Brufcambille ; elles ne doivent pas trouver étrange

que

qu'elles leur tienne la même rigueur qu'aux hommes, & puis qu'elles se mêlent de iuger de tout comme eux, il faut aussi qu'elles prennent les mêmes soins, ou que leurs voix ne soient pas receuës.

IE suppose donc que ceux qui veulent passer outre, viennent presentement de lire cette Piéce dans son Autheur; & pour reconnoistre combien adroitement il a pratiqué les regles de son Art, il en faut premierement considerer le Suiet; car c'est par où i'ay dit que le Poëte doit commencer.

Le *Suiet* de ce Poëme n'est autre chose dans la verité (s'il y a quelque verité dans l'Histoire de la guerre de Troye) que la iuste colére d'Ajax contre les Grecs, qui luy preférerent Vlysse en la dispute qu'ils eurent ensemble pour les armes d'Achille. Ce ressentiment en la personne d'vn grand Roy & du plus vaillant de tous les Grecs, iniustement traitté par ceux qu'il avoit servis, & par des Chefs de guerre témoins de tous ses Exploits, estoit certainement vn beau fond pour en tirer quelque chose digne du Theatre: il y avoit peu de matiere, mais c'est comme il la faut choisir pour donner à l'imagination la liberté de s'ébatre: car d'asûrer que sa fureur & sa mort de sa propre main soient de l'Histoire, ie ne le voudrois

Le Suiet.

pas faire. Ovide ne parle que de sa colére, & quelques-vns ont dit qu'il fut tué par la main de Paris; d'autres méme veulent qu'il ait esté étoufé sous la fange par les Troyens, à cause qu'il estoit invulnerable; Pour moy i'estime, que tous ceux qui rapportent ces deux autres accidens, n'en ont parlé qu'apres Sophocle, comme il est arrivé de toutes les vieilles Fables que l'on a mises sur le Theatre, qui ont esté receuës dans les siécles suivans comme les Poëtes les avoient ajustées, parce que l'on n'en trouvoit rien dans les Histoires.

Ces deux Incidens sont à mon avis de l'adresse du Poëte, qui les a supposez selon la vray-semblance: car vne ame fiere & outragée en sa gloire, comme Aiax, pouvoit bien fomer le dessein de se vanger de ses Iuges & de son Competiteur, & devenir furieux; & en suitte, ayant reconnu les effets de son transport extravagant, se tuer de sa propre main, tant par la honte de ce qu'il avoit fait, que par quelque reste de fureur. Et ce qui peut aisément faire croire que ce sont des inventions du Poëte, c'est la defence que Menelas & Agamemnon font à Teucer, de donner la sepulture à son frere: car on peut bien iuger que ces deux Princes n'en vsérent pas ainsi, & que Sophocle l'a fait seulement pour donner quelque compassion de la fortune d'Ajax, dont le frere est obligé de disputer la sepulture. Peut-eftre fait-il quelque tort à la generofité de Menelas & d'Agamemnon ; mais Ajax eftant fon Heros, il a voulu tout facrifier à fes interefts, & ce refus de fepulture contre le droit des Gens, faifant croire qu'on luy avoit ofté les armes d'Achille contre toute iuftice, a donné fujet de le plaindre ; outre qu'il n'eft pas entierement déraifonnable, que ces deux Princes refufent le droit de la fepulture, qui eftoit la peine des Criminels de leze-Majefté, à vn homme qui s'eftoit rebellé contre le iugement de tous les Grecs, qui avoit tiré l'épée pour faire mourir les deux Souverains de l'Armée, & qui s'eftoit fait ennemy public. Ie fçay bien que Cointus Calaber les fait plus genereux, & qu'ils font des Obféques tres-honorables au corps d'Ajax ; mais c'eft qu'il travaille à leur gloire, pour conferver la dignité de fon Poëme Épique ; au lieu que Sophocle n'a travaillé qu'à rendre la fortune d'Ajax pathétique pour en faire vne belle Tragédie. Voilà donc comme il ajoûte & change dans le Sujet pour l'accommoder à fon deffein, & comme fur vn petit fondement il bâtit vn grand Poëme ; où méme il introduit Tecmeffe femme d'Ajax, pour en faire naître trois ou quatre belles Scénes. Nous allons voir encore d'autres changemens pour ajufter le Temps & le Lieu, neceffaires à la compofition de fon Poëme.

Le Temps.   Pour le *Temps*, il fait bien connoître qu'il n'en faudroit pas davantage pour l'Action veritable, que pour la Representation : car au troisiéme Acte on fait sçavoir que Calchas avoit dit, *Que la colére de Minerve contre Ajax, ne devoit durer qu'vn iour & que si on pouvoit ne le point abandonner seul durant cette iournée, il ne mourroit point*. Or Ajax se trouve seul, & se tuë ; d'où il resulte que la Piéce finit dans le même iour que sa fureur avoit commencé ; car tout ce qui se fait depuis sa mort, n'est qu'vne contestation touchant sa sepulture qui se passe en peu de temps, & auprès de son corps. Et pour faire entendre qu'il n'employe pas cette iournée toute entiere sur son Theatre, il le fait ouvrir au matin, Ajax ayant déja couru tout le Camp des Grecs, exercé sa fureur contre les troupeaux, & conduit dans sa Tente les animaux qu'il avoit liez & pris pour ses principaux ennemis ; ce qui devoit estre plus longtemps à faire que tout ce qui reste sur le Theatre, depuis qu'Vlysse vient épier ce que faisoit Ajax, iusqu'à ce que Teucer fait emporter son corps pour luy donner la sepulture, si bien qu'il ne prend qu'vne bien petite partie du iour pour faire agir ses Personnages.

Préparation des Incidés.   Le seul *Incident* en cette Piéce est, le Retour de Teucer, que le Poëte dit avoir esté lors faire la guerre en Mysie ; mais afin d'empécher qu'il ne paroisse affecté, il fait qu'Ajax se plaint du long sejour de son frere, qui devoit estre reuenu dés long temps, & qu'il attendoit avec grande impatience; de sorte que quand Teucer arrive, cela ne paroist pas vn artifice du Poëte, qui le fait venir à propos pour disputer la sepulture de son frere ; au contraire les Spectateurs souhaitteroient eux-mémes qu'il fust arrivé plûtost pour luy sauver la vie. En quoy l'on doit observer encore le changement que Sophocle apporte à la Fable en cette absence de Teucer, & la raison est, que son Theatre estant devant la Tente d'Ajax, Teucer l'eust vray-semblablement fait garder s'il eust esté present ; au lieu que tous les autres qui parlent de cette avanture, comme Cointus Calaber, laissent Teucer dans l'Armée : mais il ne peut sauver ce malheureux frere; parce qu'on ne sçavoit où il estoit, n'estant point revenu dans sa Tente apres avoir couru & massacré les troupeaux.

Iugez encore avec quelle adresse il a choisi le *Lieu* de son Theatre, pour suivre la Fable comme on la conte; il n'y a point de Lieu particulier où les Acteurs se trouvent, Ajax est au milieu des champs; Teucer, Vlysse, Menelas, & Agamemnon dans le Camp; sa femme Tecmesse pleure dans sa Tente avec son petit-fils ; & les Salaminiens ses Sujets sont dans ses vaisseaux, ou courent la campagne pour le trouver : Il falloit neantmoins rassembler tous ces gens en vn

Le Lieu.

méme lieu, & les y faire paroiſtre tous avec raiſon : Or voicy comme il en vient à bout.

Il met ſon Theatre devant la Tente d'Ajax, comme le lieu le plus propre où vray-ſemblablement tout ſe devoit paſſer; veû méme qu'ayât beſoin de faire paroiſtre vne femme affligée, il n'euſt pas eſté bien-ſeant de la mettre ailleurs, & de la faire courir les champs apres vn enragé : Mais parce qu'il vouloit mettre le corps d'Aiax ſur le Theatre pour rendre pathétiques les plaintes de Tecmeſſe & de Teucer, & la conteſtation de ſa ſepulture; il ſuppoſe qu'il y avoit vn Bois aſſez pres de cette Tente; & pour rendre cette ſuppoſition vray-ſemblable, il met la Tente d'Ajax à l'extremité du Camp & toute la derniere, ce que l'on découvre par les premiers vers de Minerve, & fort adroitement. Et pour faire voir que ce Bois n'eſt pas loin des Tentes, il fait que les Salaminiens entendent du Camp la voix de Tecmeſſe, quand elle s'écrie dans le Bois. Pour amener dans ſa Tente Ajax, qui eſtoit le principal Acteur, il ſuppoſe contre la Fable, qu'il ne ſe tua point apres le maſſacre des Troupeaux; mais qu'il emmena dans ſa Tente vn Belier, qu'il prenoit pour Vlyſſe, & d'autres animaux qu'il prenoit pour les principaux des Grecs, afin qu'il euſt le plaiſir de les faire languir ſous les coups.

Mais voyós en détail comment tous les Acteurs

viennent sur le Theatre & en sortent raisonnablement. Vlysse y vient pour épier ce que fait Ajax; & Minerve pour l'assister contre ce furieux; Ajax y paroist par le commandement de Minerve, pour donner à Vlysse le contentement de voir son ennemy en l'estat où elle l'avoit mis; Ajax retourne dás sa Tente pour ~~ses~~ *chastier* ~~victimes~~, qu'il s'imaginoit estre Vlysse; puis Minerve & Vlysse quittent le Theatre où ils n'avoient plus que faire, & c'est le premier Acte. Au second, Tecmesse sort de sa Tente pour demander secours aux Salaminiens, qui font le Chœur de cette Piéce; Elle ouvre la Tente où elle entre, & où paroist Ajax au milieu de ces animaux, mais avec vn esprit vn peu plus remis & comme retournant à resipiscence; ce qui donne sujet à de beaux discours entre luy, sa femme, & ses amis. Au troisiéme Acte, il sort de sa Tente en feignát d'aller se purifier dans *la* Mer, & cacher l'épée d'Hector; sa femme sort pour le suivre, mais elle rentre sur son commandement *et* il continuë son chemin: Aussitost paroist vn Messager *qui cont*e le retour de Teucer *et* commande de sa part qu'on garde bien Ajax. A cette nouvelle Tecmesse sort & prie les Salaminiens de luy aider à chercher Ajax, ce qu'ils font tres-volontiers, & le Theatre reste vuide. Au quatriéme Acte, Ajax paroist dans le Bois aupres de sa Tente, faisant

EXAMEN DE L'AIAX,

des plaintes contre son malheur, & se iettant sur son épée dont il avoit enfoncé la garde dans la terre, circonstance qui fait voir que sa mort fut tout ensemble, vn effet de honte de tout ce qu'il avoit fait, & vn reste de sa premiere fureur. Au moment qu'il rend l'esprit, les Salaminiens reviennent par divers endroits sur le Theatre, lassez & fâchez d'avoir inutilement couru; & Tecmesse, qui avoit pris le chemin du Bois, rencontre Ajax expirant; elle s'écrie, & les Salaminiens viennent à elle: cependant le bruit qu'on avoit fait en le cherchant, faisoit croire aisément qu'il ne s'estoit écarté que pour se tuër, & la Renommée, qui prévient d'ordinaire les grands évenemens, ayant porté la nouvelle de sa mort à Teucer, l'oblige de quitter les Grecs, contre lesquels il disputoit pour son frere, & de venir en sa Tente pour en apprendre des nouvelles: Menelas y survient peu apres pour defendre de donner la sepulture à cét ennemy public, et il s'en retourne pour avertir Agamemnon de l'opiniastre desobeïssance de Teucer, qui sort aussi pour chercher vn lieu propre à la sepulture de son frere, apres avoir fait retirer Tecmesse & ses Suivantes. Au cinquiéme Acte, Agamemnon vient pour faire executer la defence de Menelas; & Teucer qui l'avoit veû de loin, accourt aupres le corps de son frere pour le defendre: Vlysse y arrive, pour appaiser

DE SOPHOCLE.

paiſer Agamemnon, qui cede & ſe retire. Teucer prie Vlyſſe de s'éloigner de ce corps, de crainte que ſa preſence ne trouble les manes d'Ajax qui avoit eſté ſon ennemy; il y conſent, & Teucer fait emporter le corps. Tous ces pretextes pour [...] nement bien vray-ſemblables; mais l'artifice, dont le Poëte ſe ſert pour faire tout cela, eſt ſi delicat, que l'on ne peut dire qu'il y affecte vne ſeule parole; & ce qui s'y paſſe, eſt ſi bien ajuſté, que tout y paroiſt neceſſaire, & c'eſt en quoy principalement eſt le grand art.

Vous ne voyez point auſſi d'Acteurs ſur le Theatre, dont vous ne ſçachiez d'abord le nom, ou la qualité, & quelque choſe de ſes intereſts, autant qu'il eſt neceſſaire pour préparer l'attention des Spectateurs. A l'ouverture du Theatre, Minerve, aſſez connoiſſable aux Anciens par les marques de ſa Divinité, découvre adroitement le nom d'Vlyſſe qui vient à elle, & le deſſein qu'il avoit d'épier la contenance d'Ajax; & quand Ajax paroiſt, on ſçait l'eſtat auquel il eſt reduit; car Minerve le declare, & l'appelle par ſon nom. Le Chœur témoigne dans ſes premiers vers, qu'il n'eſt compoſé que des amis d'Ajax, le principal d'entr'eux diſant, *Qu'il a toûjours participé à la bonne ou mauvaiſe fortune de ce Prince.* A peine Tecmeſſe a-t'elle dit quatre vers que, le Chœur luy demandant des nouvelles d'Ajax,

PPp

elle dit, *Qu'elle peut mieux leur en apprendre que perso*[nne], *estant devenuë sa femme, de sa Captive bien-aymée.* L[e] Messager se reconnoist aisément par ses habit[s] (car chez les Anciens ces Personnages en avoie[nt] de particuliers).

Quand Teucer vient au quatriéme Acte, le Chœur dit en avoir entendu la voix, & so[n] nom suffit pour faire esperer quelque genereu[x] sentiment d'vn frere si long temps attendu, [&] dont il avoit esté parlé dans les Actes précéden[s.] Si Menelas arrive, le Chœur avertit Teuc[er] qu'il prenne garde à ce qu'il doit répondre [à] Menelas son ennemy qui s'approche; & par c[e] moyen il prepare quelque nouveau trouble. E[t] lors qu'Agamemnon survient, Teucer dit, *Qu'[il] est retourné promptement sur ses pas, parce qu'il a v[û] de loin Agamemnon approcher avec vn visage de coler[e].* Ainsi par vne agréable adresse du Poëte, le[s] Spectateurs ne demeurent point incertains [en] la connoissance des Acteurs qui paroissent, pa[rce] que cette méconnoissance n'estoit pas nece[s]saire, & qu'elle ne pouvoit produire aucun b[on] effet dans les Incidens de cette Piéce.

Les Actes.   Les Actes pouvoient-ils estre plus iudicieu[se]ment divisez ? Le premier contient la fureu[r] d'Ajax, le second sa resipiscence, le troisiém[e] les préparations de sa mort, au quatriéme il s[e] tuë, & au cinquiéme on resout sa sepulture : c[e] n'est pas que châcune de ces actions soit tou[te]

DE SOPHOCLE. 483
simple ; car elles sont soûtenuës de plusieurs circonstances qui les precedent, ou qui les suivent, & qui toutes ensêble composent les divers Actes, *Les Scénes.* en chacun desquels la liaison des Scénes est fort sensible ; attendu qu'il reste toûjours quelque Personnage de la précedente en celle qui suit, horsmis au troisiéme Acte, où le Messager, qui apporte le commandement de ne pas abandonner Ajax, arrive comme il sort du Theatre; ce qui est vn autre moyen de liaison; quand celuy qui survient cherche celuy qui s'en va. Et au quatriéme Acte, bien qu'Ajax ne parle plus avec le Chœur qui revient au poinct qu'il se tuë, les deux Scénes pourtant sont liées par la rencontre du temps, & par le Spectacle de son corps restant là, comme vn Acteur mélé aux survenans.

Quant aux Intervales des Actes, ils sont si ne- *Les Intervales.* cessaires & si bien remplis par les choses qui se doivent faire hors du Theatre, que la continuité de l'Action y est tres-manifeste. Durant le premier Intervale, Vlysse va raconter aux Grecs tout ce qu'il a veû d'Ajax, & Ajax continuë sa fureur dans sa Tente. Au second, il cherche l'épée d'Hector, comme il resulte de la fin de l'Acte précedent, & du commencement de celuy qui suit ; outre que dans ce méme intervale, Teucer arrive au Camp & dépêche le Messager, suivant le conseil de Calchas. Entre le troisiéme & quatriéme Acte il n'y a point d'intervale, parce

PPp ij

que le Chœur même est sorty du Theatre, lequel demeurant vuide, fait assez connoistre la distinction des Actes: non pas qu'Aiax soit demeuré sans rien faire depuis qu'il est sorty du Theatre, car il dit luy-même, Qu'il avoit accommodé son épée pour s'y précipiter, au lieu de la cacher, comme il l'avoit auparavant proposé. Le quatriéme Intervale contient le retour de Menelas auprès d'Agamemnon, avec leur entretien sur l'opiniastreté de Teucer, & les soins du même Teucer pour trouver vn lieu propre à la sepulture de son frere: de sorte que depuis l'ouverture du Theatre, il n'y a pas vn moment auquel les principaux Acteurs ne soient occupez, châcun selon son dessein.

Le Chœur. Considerez aussi comment il a bien choisi le Chœur en cette Piéce, & combien industrieusement il le fait agir. Il fait son Chœur des Salaminiens, qui plus vray-semblablement que nuls autres devoient accourir vers la tente de leur Prince sur la nouvelle de sa fureur, & plaindre sa mauvaise fortune avec leur misere; il ne les met pas neantmoins sur le Theatre dés l'ouverture, comme en d'autres Piéces; parce qu'ils ne devoient pas entendre les entretiens de Minerve & d'Vlysse, & qu'ils n'eussent pû souffrir la presence d'Ajax sans frayeur, puis qu'Vlysse luy-même n'estoit pas bien asûré en sa presence; mais il le fait arriver comme le Theatre se

DE SOPHOCLE.

vuide à la fin du premier Acte ; il le fait sortir à la fin du troisiéme, sous pretexte de chercher Ajax ; parce que le voulant faire tuër sur le Theatre, il n'euſt pas eſté vray-ſemblable que ſes Suiets l'euſſent veû précipiter ſur ſon épée ſans l'empécher ; & quelque effort qu'euſt pû faire l'imagination des Spectateurs pour les ſuppoſer aveugles ou abſens, la vray-ſemblance auroit eſté trop lourdement choquée.

A prendre cét Ouvrage par la verité de l'Action, il ne ſemble pas qu'il ait rien fait pour les Spectateurs, tant les choſes y ſont vray-ſemblablement dépendantes les vnes des autres ; & neantmoins tout ce qu'il obſerve en la conduite du Chœur qu'il fait ſortir, eſt vne delicateſſe de l'art pour faire mourir Aiax en leur preſence, pour leur monſtrer vne action genereuſe, (digne pourtant de compaſſion, puis qu'il ſe vange ſur ſoy-méme de l'outrage qu'il a receu des Grecs ;) & enfin, pour les attendrir de pitié, en voyant le corps de ce Heros, dont la ſepulture eſt diſputée. *Les Spectateurs.*

On doit encore admirer l'artifice de ſes Narrations, car il fait raconter à Minerve le deſſein qu'Aiax avoit fait ſecrettement contre les Princes Grecs la nuict precedente, & comme elle luy avoit troublé l'eſprit pour en empécher l'effet ; qui ſont des choſes qu'elle ſeule pouvoit ſça- *Les Narrations.*

voir : apres il oblige Tecmeſſe à dire le reſte de ce qu'il avoit fait dans ſa Tente. Cette diviſion produit deux effets diferens ſur le Theatre, le premier, vn ſentiment d'admiration pour les ſoins que Minerve prend d'Vlyſſe, mais avec eſtonnement d'vn tel malheur en la perſonne d'Aiax ; l'autre eſt vne tendreſſe qui touche les Spectateurs, quand ils voyent vne femme bien-aymée ſeule aupres d'vn mary furieux : Encore ne faut-il pas omettre la narration que Tecmeſſe fait ſommairement de la ruine de ſon Eſtat, de la mort de ſes Parens, de ſa captivité, & de ſon heureux mariage avec Aiax; Ny celle encore de Teucer, touchant l'échange du baudrier d'Aiax avec l'épée d'Hector, dont le premier avoit ſervi pour attacher le corps d'Hector au chariot d'Achille, & l'autre avoit eſté l'inſtrument de la mort d'Aiax : car bien que ces deux Narrations ſoient inſerées dans les plus vives plaintes de Tecmeſſe & de Teucer, elles ſont neantmoins touchées ſi à propos & ſi bien figurées, qu'au lieu d'en faire languir les paſſions, elles les relévent, & y contribuënt beaucoup par les images de quelques nouveaux malheurs : outre que toute l'hiſtoire d'Aiax, ſon pays, ſa maiſon, & ſes exploits, ſont induſtrieuſement racontez en divers endroits ſans aucune affectation, & ſeulement pour vne parfaite intelligence du Suiet.

Ie ne sçay si la Contestation qui se fait pour Les Passions.
la sepulture d'Aiax seroit agréable & pathétique en nostre Siécle ; mais ie ne doute point qu'au temps de Sophocle, elle n'ait dû fort bien reüssir; car alors c'estoit vne marque d'infamie & le dernier malheur d'vn homme, que d'estre abandonné sans sepulture; sans doute les Spectateurs estoient émeûs de compassion voyant le corps d'vn grand Prince, par vn effet du couroux de Minerve, estre au poinct de recevoir cette honte : Et comme les discours des deux Princes Grecs, sont bien colorez, & bien pretextez de raisons d'Estat pour luy ravir l'honneur de la sepulture; & celuy de Teucer au contraire fondé sur la pieté & la generosité, ie croy bien que leurs sentimens, conformes aux mœurs de ces Acteurs anciens, leur devoient estre bien agréables, veû méme qu'Euripide a fondé la Tragédie des *Suppliantes* en l'honneur des Atheniens sur cette seule consideration, & qu'il n'est pas vray-semblable qu'vn si grand Poëte eust pris vn foible suiet pour établir la gloire de sa Patrie.

Quant aux Spectacles, il pouvoit bien faire Les Spectacles.
paroistre Aiax dans sa fureur, mais outre qu'elle est indigne d'vn grand Heros si quelque noble passion ne l'excite, & si les effets n'en sont magnifiques; i'estime qu'il ne l'a pas voulu faire, à cause qu'il estoit bien difficile de le represen-

tes massacrant les troupeaux, & chassant çà & là ceux qui les gardoient; & qu'il eust esté ridicule de voir Aiax prendre vn mouton pour vn Prince, & faire vne action de Boucher en s'imaginant faire vn exploit de Heros : Tout cela eust esté plein de confusion, & eût plûtost excité la risée que la pitié ; & neantmoins pour faire voir Aiax dans l'estat déplorable de cette avanture & ne rien dérober au Theatre, il le fait paroistre dans sa fureur, mais vn peu retenuë par la presence de Minerve (figure de la frenesie des grands hommes, que la prudence ne doit pas absolument abandonner comme vne ame vulgaire) puis il le fait voir dans sa Tente, au premier poinct de sa resipiscence, parmy les animaux qu'il venoit fraîchement d'égorger; & là sa femme, son petit-fils, & ses amis sont à l'entour de luy ; spectacle, à mon avis, bien inventé dans le Suiet, car sans poursuivre, ny tuer extravagamment ces bestes, leur mort contribuë à la compassion, quand ce Prince vient à reconnoistre l'égarement de son esprit ; & puis son visage, ses discours, & ses actions, portant ensemble des marques de honte, de fureur, & de generosité, dépeignent douloureusement l'excez de sa misere : A quoy si l'on ajoûte les larmes & les plaintes de sa femme, la presence d'vn petit enfant qui ne parle point, mais qui donne suiet à de beaux discours, & les tristes consolations

tions de ses amis, il est bien malaisé que ce Spectacle ne soit agréable & pathétique. Apres il le monstre bien sain d'esprit, mais aussi-tost les paroles de Calchas, qui le menaçoient de perdre la vie dans ce méme iour, iettent la crainte sur le theatre, d'autant plus vive, qu'on le croyoit sauvé. En suitte on le voit mourir de sa propre main, & sa sepulture contestée sur son corps mort; spectacles sans doute, qui sont de nouveaux motifs de compassion, & qui nous apprennent que le Poëte a bien sceû fournir son Theatre, en changeant toûjours la face des choses.

IVGEMENT

De la Tragédie, intitulée PENTHEE
écrit sur le champ, & envoyé à M[onseigneur]
le Cardinal de Richelieu par so[n]
ordre exprez.

SVR le commandement que ie viens de re[ce]voir de la part de VOSTRE EMINENCE †dans vostre pallais de travailler à la *Penthée*, pour donner de la force au quatriéme Acte, & achever la Catastrophe i'ay rappelé toutes les pensées qui me vinren[t] hier à l'esprit, quand ie la vis sur le Theatre mais plus ie me la remets en memoire, moin[s] ie l'estime capable d'estre mise au nombre de[s] excellentes Piéces, si on ne la reforme d'vn bou[t] à l'autre. Ce n'est pas qu'elle ne soit remplie d[e] beaux vers, & de nobles sentimens ; mais les ve[rs] ne chatoüillent que l'oreille, s'ils n'inspirent d[e] grands mouvemens ; & les sentimens de ceu[x] qui parlent ne font que de legeres impression[s] sur ceux qui les écoutent, s'ils ne sont bien pou[s]sez par divers raisonnemens, & par diverses fi-gures ; Voicy donc ce que i'en ay pû remar-quer.

Quant à la difposition, ie ne l'approuverois pas fi ie l'avois faite. Premierement, ie n'aurois pas retranché deux circonftances notables, qui font dans Xenophon ; le banniffement ou l'éloignement d'Arafpe, & le difcours de Penthée, quand elle donne de fa main à Abradate fon mary les armes qu'elle luy avoit fait faire de la vente de fes pierreries ; l'Hiftoire eft affez fterile pour n'en rien oublier.

Les deux Difcours de Cyrus, au premier & au quatriéme Acte, font inutiles, ou du moins trop longs ; car ils ne font rien, ny à la chafteté de Penthée, ny à la fageffe de Cyrus, ny à la jaloufie d'Abradate, ny à l'amour d'Arafpe, qui font les gràds refforts de cette Piéce ; c'eft du temps & des vers employez fans neceffité, dont on auroit pû fe fervir ailleurs. De plus ie ne voudrois pas pouffer à bout deux difcours de guerre hors d'œuvre, & laiffer les principales paffions à moitié chemin ; car par tout elles ne font que touchées, & non pas achevées ; elles ébranlent l'Auditeur, & ne l'emportent pas.

Abradate arrive trop tard au camp de Cyrus, & fi par malheur il luy fuft arrivé le moindre obftacle, il euft fallu remettre la moitié de la Tragédie à vn autre iour. Il le falloit faire venir dez le premier Acte, & pour cela on pouvoit ouvrir le Theatre par l'amour & l'impatience de Penthée, & le defir de Cyrus d'avoir Abradate dans la bataille qui se devoit donner : Sur quoy l'on eust fait arriver quelque Seigneur de la part d'Abradate qui eust consolé Penthée, réjoüy Cyrus, & donné suiet de faire les préparatifs pour sa reception. Ie sçay bien que la difficulté qui a pû empécher de le faire ainsi, est qu'il falloit remplir trois Actes entre son arrivée & sa mort ; mais l'amour d'Araspe, la ialousie d'Abradate & la generosité de Penthée y pouvoient bien fournir assez de matiere ; & puis c'est en ces occasions difficiles qu'il faut presser son esprit pour trouver quelque chose d'extraordinaire.

Le Lieu de la Scéne change si précipitemment dans vn méme Acte, qu'on a bien de la peine à le comprendre ; aussi est-ce vn des plus grands écueils du Theatre, que l'on peut neantmons éviter en considerant la qualité du lieu où se doit faire la principale action d'vne Histoire, & en y accommodant toutes les autres ; si bien qu'en cette Piéce on pouvoit avancer les Tentes de Cyrus sur les rives du Pactole, où Penthée receut le corps d'Abradate & perdit la vie : outre que l'on ne sçait pourquoy les Acteurs viennent parler en ce lieu plûtost qu'en vn autre, ny pour quelle raison ils en sortent ; en quoy néantmoins consiste vne des principales adresses du Theatre, en faisant voir les considerations qui conduisent les Acteurs dans le Lieu de la Scéne, & qui les en font retirer; autrement il n'eſt point vray-ſemblable qu'ils y ſoient venus reciter leurs vers, ou qu'ils n'y demeurent pas plus long temps.

Davantage les Scénes me ſemblent tellement déliées, que l'on pourroit compter plusieurs Actes en cette Piéce; car il en faut toûjours compter autant qu'il y a de diſſolutions de Scénes, les Actes eſtant diviſez par la diviſion des actions qui veulent vn intervale de temps.

Encore eſt-il vray que l'amour d'Araſpe paroiſt brutal & criminel, il s'emporte iuſques-à dire, *Qu'il veut tuer Abradate*; il ſe réioüit de ſa mort, & nomme Penthée barbare; parce qu'elle ne veut pas ſecourir ſon amour, c'eſt à dire cómettre vn adultere; ce ſont bien à la verité des mouvemens d'vn cœur paſſionné, mais il les faut bien adoucir en la bouche d'vn Genereux, tel que devoit paroiſtre Araſpe, grand Prince & favori de Cyrus; ſon amour devoit redoubler par la vertu de Penthée; il devoit luy ſouhaitter toutes ſortes de proſperitez, & prendre part à ſes déplaiſirs; En vn mot, il la devoit conſiderer comme vne Divinité qu'il reveroit, & non pas comme vne femme qu'il vouloit obliger à faillir; vn ſi bel amour luy euſt fait perdre la vie apres elle, ou bien il luy falloit faire entreprendre quelqu'autre violence pour le faire punir: car on ne voit ſortir aucun effet de tou-

424 IVGEMENT

tes ces dispositions, qui font attendre quelque chose de plus grand. Cyrus ne veut point regarder Penthée, & cela ne produit rien ; Araspe †[a beaucoup d'amour pour] Penthée, & l'on n'en voit pas l'issuë ; Penthée se plaint de son insolence, & il demeure en méme estat qu'auparavant ; Abradate est ialoux sans fondement, & cesse de l'estre avec aussi peu de raison ; Vn mary vient voir sa femme dans son impatience, & disparoist aussi-tost, comme s'il n'estoit venu que pour mourir, & la faire mourir. Voilà de belles choses commencées, mais qui n'ont point de suitte.

Avec ces considerations generales, ie trouve encore étrange au premier Acte l'évanoüissement d'Araspe ; car voyant tous les iours Penthée qu'il gardoit depuis longtemps, il attend bien tard à s'évanoüir devant ses yeux : Cela séble bien mandié, pour faire sur le Theatre vn évenemēt peu cōsiderable, & qui devoit plûtost arriver le premier iour qu'il la vit ; parce que la surprise y pourroit donner quelque fondement & plûtost sans doute dans la chambre de Penthée en la regardant fixement, passionnément, à loisir, & en toute liberté ; que non pas devant les Tentes de Cyrus. Ajoûtez que Penthée l'abandonne en cét estat, ce qu'elle ne devoit pas faire, estant vn grand Prince qui prenoit soin d'elle, & qu'elle estimoit malade de ses blessures; véu même que sa presence, en redoublant le mal d'Araspe, pouvoit donner occasion à quelque chose de bon.

L'Artifice, dont ce Prince se sert au second Acte pour luy découvrir sa passion, me semble trop foible; & c'estoit vn mauvais discours pour vn homme de la condition d'Araspe, de dire, *Qu'il faisoit des vers pour vn autre* : il falloit faire cette découverte par vn moyen plus convenable à sa dignité, qui tint de l'Heroïque, & non pas du Comique, dont même plusieurs se sont déja servis sur le Theatre.

Penthée de sa part est bien-tost en colére, il ne falloit pas qu'elle en fist ses plaintes à Cyrus pour la premiere fois, elle devoit dez long temps avoir pris authorité sur Araspe, & luy avoir defendu de luy parler iamais de la sorte; & sur ce qu'il eust continué, elle eust pris suiet d'en demander iustice à Cyrus, c'est ainsi que Xenophon l'a fait dans l'Histoire. Ie sçay bien qu'en vn même iour, il estoit malaisé de le faire parler de son amour plusieurs fois à Penthée; mais pour y remedier, il falloit supposer qu'il s'estoit retiré par l'ordre de Cyrus à cause de cét amour, & qu'il n'estoit revenu que la veille du combat, ainsi qu'il est dans l'Histoire: Si bien que dez la premiere fois qu'il eût parlé d'amour à Penthée à ce retour, elle eût eû suiet d'abord d'en faire de grandes plaintes à Cyrus, & de le rendre plus criminel, n'ayant pas respecté les ordres de son Maistre, & n'estant pas devenu plus modeste par son absence.

Aussi ne voudrois-je pas faire que Penthée priast si legerement, ny si promptement Cyrus en faveur d'Araspe, apres avoir paru si sevére; Vne femme genereuse, outragée de cette sorte, ne se doit pas appaiser facilement ; c'est vn effet de sa vertu que de ne pardonner qu'avec grand peine : & cette bienveillâce si soudaine, apres vn si grand bruit, pouvoit estre suspecte d'artifice. Ce sont des endroits qu'il faut traitter bien delicatement, & l'on pouvoit faire que Cyrus condammast Araspe à quelque peine rigoureuse, & qu'apres il priast luy-méme Penthée de luy pardonner.

La ialousie d'Abradate au quatriéme Acte est bien legerement conceuë, il peut bien craindre à la verité quelque violence de la part du Vainqueur; mais la vertu de sa fémme le doit empécher de le croire avec tant de certitude, & le poignard que Penthée luy monstre, devoit servir pour vn effet plus hardy : car se voyant soupçonnée par son mary d'avoir pû souffrir vne violence, sans mourir, elle doit faire quelque effort devant luy pour se poignarder, en luy disant, *Qu'elle est assez coupable puis qu'il a crû qu'elle le pouvoit estre* ; Ce qui eust donné lieu à vn beau repentir de la part d'Abradate.

Ie

Ie ne puis encore approuver dans le cinquiéme Acte que Cyrus parle à Penthée de son retour, comme s'il estoit déja lâs de la voir, tandis méme qu'elle pleure sur le corps de son mary, au lieu de la consoler: Il feroit mieux de se separer d'elle, sur vne nouvelle qu'il eust euë du ralliement de quelques ennemis. De plus, ie ne puis concevoir comment on la laisse toute seule dans vne douleur qui faisoit craindre à tout le monde son desespoir, principalement sur le bord d'vne riviere, où elle se pouvoit precipiter; ioint qu'elle pouvoit se tuer en la presence de tous les siens, parce qu'on ne sçavoit pas qu'elle avoit vn poignard caché. Aussi ne puis je consentir qu'Araspe demeure sans action apres sa mort, & qu'elle ne soit plainte, ny de Cyrus, ny de pas vn des siens; cela me semble bien dur, & l'adoucissement y est si necessaire, que les Spectateurs demandent en voyant tomber Penthée, si c'est la fin de la Piéce.

Pour donner neantmoins quelque grace au quatriéme Acte, il feroit à propos de racourcir ce grand discours que Cyrus fait contre ceux qui veulent mettre la terreur dans son Armée; car cela ne sert de rien au suiet: & pour remplir l'Acte il faudroit faire que Penthée armât de sa main Abradate, & luy tînt des propos dignes de leur generosité, que l'on feroit suivre par vn Monologue de Penthée, qui témoigneroit ses apprehensions parmy les sentimens de sa vertu.

Et pour obliger Araspe à faire ce qu'il devoit, il peut venir à Penthée pour la consoler, dont elle prendra suiet de s'irriter contre luy, & de se tuer pour fuyr sa presence & suivre le destin de son mary; ce qui surprendroit Araspe, n'ayant point découvert le poignard qu'elle avoit, & apres vne plainte pathétique contre son propre amour & son malheur, il arracheroit le poignard du corps de Penthée, & ayant dit quelque chose d'agréable sur le sang qui le coloreroit, & sur la playe qu'il auroit faite dans vn si beau corps, il s'en tuëroit luy-méme, comme vne victime necessaire aux Manes de Penthée. Pour le faire neantmoins il seroit à propos que l'Autheur en fust d'accord, n'estant pas raisonnable de luy persuader que pour rendre son Ouvrage parfait, il doit emprunter vn secours étranger, comme s'il n'estoit pas capable de le faire.

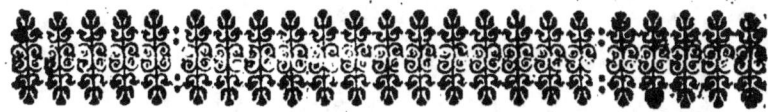

PROJET
Pour le Rétablissement du Theatre François.

LEs causes qui empéchent le Theatre François de continuër le progrés qu'il a commencé de faire depuis quelques années, par les soins & les liberalitez de feu Monsieur le Cardinal de Richelieu, se peuvent reduire à six chefs ;

Le premier est, la Créance commune, Que d'y assister c'est pécher contre les regles du Christianisme.

Le second est, l'Infamie dont les Loix ont noté ceux qui font la profession de Comédiens publics.

Le troisiéme est, les Defauts & les manquemens qui se rencontrent dans les Representations.

Le quatriéme, les mauvais Poëmes qui s'y representent indifferemment avec les bons.

Le cinquiéme, les mauvaises Décorations.

Et le sixiéme, les Desordres des Spectateurs.

Pour commencer par la *Créance commune*, il est vray, Que les anciens Peres de l'Eglise ont soujours defendu le Theatre aux Chrestiens, & cela pour deux raisons.

La premiere (qui n'a point encore esté est, Que la Représentation des Comédies estoit anciennement vn Acte de Religion, & faisoit partie du culte des faux-Dieux; cela est sans doute, & facile à monstrer par mille témoignages des plus fameux Escrivains de l'Antiquité. Et les premiers Peres de l'Eglise ont condamné les Chrestiens qui y assistoient, comme participans à l'Idolatrie, à laquelle ils avoient renoncé par le Baptéme : ce que l'on peut reconnoistre aisément dans tous leurs escrits.

La seconde raison estoit fondée sur les impuretez qui s'y disoient, & qui s'y representoient par les Mimes, Pantomimes, Sauteurs, & Bâteleurs qui avoient pour leur partage les Dithyrábes, Phales, Ithyphales, les Priapées, & autres representations honteuses & des-honnestes, propres au culte de Bacchus, à qui le Theatre estoit consacré comme à son Autheur, & de Venus sa Compagne.

Quant à la premiere raison, qui concernoit la Religion Payenne, elle cesse maintenant; puis que les Comédies ne sont que des divertissemens agréables, & non plus des céremonies d'impieté à l'honneur des Idoles; mais il est ne-

DV THEATRE.

cessaire d'en bien instruire le Public.

Pour la seconde raison, bien qu'elle ait esté absolument bannie du Theatre de feu Monsieur le Cardinal de Richelieu, il en reste encore neantmoins quelque trace sur ceux du Public, non seulement dans des Farces sales & des-honnestes; mais encore dans les Poëmes où les Autheurs, par vn mauvais desir de plaire au petit peuple, représentent des Histoires impudiques & de mauvais exemple : ce que les Chrestiens ont suiet de condamner, & qu'vn homme d'honneur n'approuvera iamais; & iusqu'à tant que le Theatre soit aussi pur devant le peuple qu'il l'estoit devant M. le Card. de Richelieu, l'on aura iuste sujet de croire qu'il est contre la sainteté de l'Evangile & contre les bonnes mœurs.

A l'égard de l'*Infamie de ceux qui montent sur le Theatre*, elle estoit iuste autrefois, mais maintenant elle ne l'est plus.

Pour bien entendre ce poinct, il faut sçavoir, Qu'il y avoit deux sortes d'Acteurs parmy les Anciens, les *Mimes & Bâteleurs*, dont nous avons parlé ; & les *Comédiens*, dont le nom comprend maintenant ceux qui joüoient les Comédies & les Tragédies. Et comme ces deux sortes de gens estoient differens aux choses qu'ils representoient, en la maniere de representer, aux lieux où ils joüoient, & aux habits qu'ils portoient, ainsi qu'on le peut prouver aisément, ils furent aussi traittez differemment.

Les premiers furent declarez infames dans les derniers temps par les Romains, encore qu'au commencement cela n'eust pas esté parmy eux, non plus que parmy les Grecs.

Mais les Comédiens n'ont iamais receu cette disgrace, ayant toûjours esté traitez avec honneur par les personnes de grande condition, & capables de toute societé civile: ce que l'on peut iustifier par beaucoup de rencontres, & méme de ce que les Poëtes Dramatiques, dont aucuns ont esté Generaux d'Armée, ioüoient quelquesfois eux-mémes le principal Persónage de leurs Piéces; & s'ils ont esté quelquesfois mal-traitez à Rome apres la mort des Tyrans sous lesquels ils avoient servi, ce fut par Maxime d'Estat comme amis des mauvais Princes, & non par regle de Police comme ennemis des bonnes mœurs.

Or en France la Comédie a commencé par quelque pratique de pieté, estant ioüée dans les Temples, & ne representant que des Histoires saintes; mais elle degenera bien-tost en Satyres & bouffonneries, autant contraires à l'honnesteté des mœurs, qu'à la pureté de la Religion. Elle fut quelque temps ainsi mal-traitée par les Basochiens qui furent comme les premiers Comédiens en ce Royaume; & enfin par les Bâteleurs publics, parmy lesquels elle a demeuré plusieurs années, avec autant de honte que d'ignorance, iusqu'à n'avoir pas seulement vne toile pour cacher les Acteurs qui n'avoient plus rien à faire sur la Scéne, & iusqu'à rendre la societé des Comédiens comme vne Troupe de perdus & de débauchez; & la licence de cette vie attirant beaucoup de ieunes hommes par diverses considerations, les Rois les notérent d'infamie pour divertir de cette débauche licentieuse les enfans de bonne famille par la honte publique, & la crainte d'estre à iamais incapables d'approcher les gens d'honneur.

Et comme la Comédie ne recevoit aucune perfection dans l'art, ny aucune correction dans les mœurs, elle a esté long-temps peu recherchée, & ceux qui en ont fait profession, toûiours mesestimez; de sorte que les personnes de condition relevée ont refusé d'imiter les Anciens, & d'estre de contribuer comme eux aux dépenses necessaires pour luy rendre son éclat, parce qu'ils ont crû que c'eust esté entretenir l'exemple du vice, & authoriser l'infamie de cette débauche.

De ces deux considerations est venuë la troisiéme cause, qui arreste le progrez de la Comédie, *les defauts des Representations*.

L'estime que les Anciens ont fait de la Comédie, donnoit fujet à beaucoup d'habiles gens d'en faire profession, & comme la gloire des Magistrats qui en avoient soin, & la fortune des Choragues ou Entrepreneurs avec lesquels ils traittoient, dependoient de la reüssite des Ieux, ils prenoient beaucoup de peine à choisir de bons Acteurs, & à leur faire tout executer parfaitement ; si bien qu'ils avoient diverses Troupes de Comédiens, & fort excellens; au lieu que iusqu'icy peu de personnes instruittes aux bonnes lettres ont monté sur le Theatre, en estant retenus, ou par la creance de pécher, ou par la crainte de l'infamie : de sorte que ceux qui s'en meslent, estant la pluspart ignorans aux Spectacles, ils les rejettent, ou en negligent la representation; & n'ayant aucune connoissance des passions, voire méme ne sçachant qu'à peine la langue Françoise, ils expriment imparfaitement ce qu'ils recitent, & souvent au contraire de ce qu'ils doivent. Ainsi quand il s'est trouvé quelque bon Acteur digne de l'ancien Theatre, il a presque toûjours esté mal secondé ; & lors qu'il a manqué, il a presque esté impossible d'en réparer la perte, ce qui met la Comedie à la veille de sa ruine.

La quatriéme cause fondée sur les *mauvais Poëmes*, ne regarde point les Modernes qui ont estably leur estime par beaucoup d'Ouvrages excellens,

DV THEATRE. 505

excellens, mais voicy ce qu'il y faut considerer.

Il est bien mal-aisé que les Anciens nous ayent laissé beaucoup de mauvaises Piéces de Theatre, parce qu'elles estoient veuës & examinées par les Magistrats; ~~& quelles~~ travailloient †que les Poetes pour la gloire seulement, & pour obtenir vn prix qui estoit adiugé avec beaucoup de ceremonie, en de saintes & grandes solemnitez, à celuy qui avoit le mieux satisfait les Iuges & les Spectateurs; mais nous sommes bien éloignez de cette methode.

A l'origine de la Comédie, comme nostre Poësie estoit tres-mauvaise en la versification, elle fut aussi fort defectueuse aux Piéces de Theatre; & i'en ay veu qui estoient composées de quarante-huict Actes, ou Scénes, sans aucune autre distinction. Au siecle de Ronsard elle commença à se former par Iodelle, Garnier, Belleau, & quelques autres qui se contenoient de faire de beaux discours, mais trop grands, & sans aucun art, ny representation agréable. Hardy fit au contraire, cherchant à plaire au peuple par la varieté des choses representées; mais sans aucune connoissance du Theatre que sa necessité ne luy permit pas d'étudier; enfin feu M. le Cardinal de Richelieu soûtenant les ~~veilles~~ & les travaux des Poëtes par †besoins

SSs

ses bien-faits, a mis la Comédie en l'estat où nous la voyons maintenant paroistre, bien éloignée neantmoins encore de sa perfection, & méme de celle qu'elle avoit acquise de son temps.

Car comme il naist tous les iours de nouveaux Poëtes par le desir de la gloire ou de la recompense, & qu'ils ne peuvent pas estre tous excellens, on void bien souvent sur le Theatre des Poëmes qui ne sont pas dignes d'y monter, ce qui procede du peu d'experience, & quelquefois de la presomption des nouveaux Poëtes, & méme de l'ignorance des Comédiens qui sont seulement capables de iuger de certaines choses, & non pas de toutes ; à sçavoir, de celles qu'ils ont pratiquées, & non pas des nouvelles inventions ;

: Ajoûtez la difficulté qu'il y a de iuger d'vne Piéce de Theatre par la lecture; car souvent il arrive que les moins agréables à lire, sont les plus parfaites en la representation; & qu'au contraire, celles que l'on trouve merveilleuses sur le papier, se trouvent quelquesfois tres-defectueuses sur le Theatre, la raison est, la diference qu'il y a de s'imaginer vne action dans la lecture, ou de la voir devant

DV THEATRE.

ſes yeux dans la repreſentation. Les choſes belles à dire, ne le ſont pas toûjours à voir, la douceur de la lecture rend certaines choſes agreables, & en fait paſſer d'autres pour molles & foibles; au lieu que la vehemence du Récit change les agreables en indecentes, & fortifie les foibles: Tous ces défauts des Repreſentations, diminuant l'excellence des Comédies, decréditent les Acteurs & les Poëtes, & entretiennent le peuple dans la creance que le Theatre n'eſt pas vne bonne choſe.

La cinquiéme cauſe qui regarde les Décorations eſt encore tres-importante. Chez les Anciens, les Magiſtrats & autres grands Seigneurs, qui donnoient au peuple les divertiſſemens des Spectacles, ou par l'obligation de leur charge, ou pour acquerir la bien-veillance publique, en faiſoient toutes les décorations à leurs dépens, les Comédiens n'y contribuoient en rien; de ſorte qu'elles eſtoient parfaites, magnifiques & tres-convenables au deſſein du Poëte, & cela ne doit pas eſtre conteſté.

Mais maintenant ce ſont nos Comédiens, quoy que peu accommodez en leurs affaires, qui font tous ces frais, & qui pour ſe ſoulager y employét le moins qu'il leur eſt poſſible, rendant par ce moyen les Décorations du Theatre imparfaites, tres-mauvaises, & tout à fait indignes des inventions de nos Poëtes.

Quant aux *Desordres des Spectateurs*, il faut considerer qu'il n'y eût iamais de seureté pareille à celle des Theatres anciens, où tout se faisoit par l'ordre des Magistrats presens; ce que l'on peut iustifier par de belles observations; mais parmy nous, il n'y en a point du tout, par la licence que plusieurs mal-vivans ont de porter l'épée dans les lieux destinez aux divertissemens publics, & d'y attaquer insolemment des gens d'honneur, qui n'ont point d'autres armes pour leur defence que l'authorité des Loix.

Davantage dans l'ancien Theatre tout y estoit si paisible, que les femmes, qui n'osoient presque sortir de leur appartement, y alloient avec leurs enfans en toute liberté.

Mais icy les Representations sont incessamment troublées par de ieunes débauchez, qui n'y vont que pour signaler leur insolence, qui mettent l'effroy par tout, & qui souvent y commettent des meurtres.

Ajoûtez que les sieges des Spectateurs estoient autresfois si bien ordonnez, que chacun estoit placé commodémét, & que l'on ne pouvoit faire aucun desordre pour changer de place; au lieu que maintenant les Galleries, & le Parterre sont

DV THEATRE. 509

tres-incommodes, la pluſpart des loges eſtant trop éloignées & mal ſituées, & le Parterre n'ayant aucune élevation, ny aucun ſiege: Si bien que la ſeureté n'y eſtant point, les gens d'honneur ne s'y veulent pas expoſer aux Filoux, les Dames craignent d'y voir des épées nuës, & beaucoup de perſonnes n'en peuvent ſouffrir l'incommodité: ainſi le Theatre eſtant peu frequenté des honneſtes gens, il demeure décredité comme vn ſimple Bâtelage, & non pas eſtimé comme vn divertiſſement honneſte.

Pour remedier à tous ces deſordres, il eſt neceſſaire avant toute choſe, que le Roy faſſe vne Declaration qui porte d'vne part, Que les Ieux du Theatre n'eſtant plus vn acte de Religion & d'Idolatrie, comme autresfois, mais ſeulement vn divertiſſement public; & d'vn autre coſté que les Repreſentations y eſtant reduites dans l'honneſteté, & les Comédiens ne vivant plus dans la débauche & avec ſcandale (ce qui avoit obligé les Rois ſes predeceſſeurs de les declarer infames) Sa Majeſté leve la notte d'infamie décernée contr'eux par les Ordónances & Arreſts; avec defence neantmoins de ne rien dire ny faire ſur le Theatre contre les bonnes mœurs, ſous les peines qui y ſont portées, ny de commettre aucune action en leur vie particuliere contre

Remede côtre la 1. & 2. cauſe.

SSſ iiij

l'honnesteté, à peine d'estre chassez du Theatre, & de retomber dans la premiere infamie dont ils avoient esté notez.

Et pour y conserver la bien-seance, Ne pourront les filles monter sur le Theatre, si elles n'ont leur pere ou leur mere dans la Compagnie. Que les vefues seront obligées de se remarier dans les six mois d'apres l'an de leur deüil au pluftard, & ne joüeront point dans l'an du deüil, sinon qu'elles fussent remariées.

Pour l'execution de cette Declaration S. M. establira vne personne de probité & de capacité côme Directeur, Intendant, ou Grand-Maistre des Theatres & des Ieux publics de France, qui aura soin que le Theatre se maintienne en l'honnesteté, qui veillera sur les actions des Comédiens, & qui en rendra compte au Roy, pour y donner l'ordre necessaire.

Par ce moyen les deux premieres causes qui empéchent le restablissement du Theatre cesseront; on y assistera sans scrupule de conscience, l'impureté en estant retranchée; & l'on aura les Comédiens en bonne estime par la créance de leur bonne vie, sur tout quand on verra qu'ils n'y pourroient estre maintenus autrement.

DV THEATRE.

La troisiéme cause cessera pareillement, car cette profession n'estant plus infamante, ceux qui s'en trouveront capables, s'y presenteront librement par l'espoir du gain & de l'honneur; & l'Intendant du Theatre aura luy-méme soin d'en chercher dans les Colleges, & dans les Troupes qui vont par les Provinces, & les obligera d'estudier les Representations des Spectacles, aussi bien que les Recits & les expressions des sentimens, afin qu'on n'y voye rien que d'achevé; Et pour cét effet personne ne pourra estre associé dans vne Troupe que par Brevet du Roy, donné sur vn Certificat de sa capacité & probité qui luy sera delivré par l'Intendant, apres en avoir fait l'épreuve. Ainsi l'on n'aura iamais faute de bons Acteurs, & les Representations ne seront plus defectueuses.

Contre la 3. cause.

La quatriéme cause qui regarde les Poëtes sera traittée avec quelque moderation; car pour ceux qui sont maintenant approuvez par l'excellence & le grand nombre de leurs Poëmes, ils seront seulement obligez de faire voir leurs Piéces à l'Intendant, pour en examiner l'honnesteté & la bien-seance, le reste y demeurant au peril de leur reputation.

Contre la 4. cause.

Mais pour les nouveaux Poëtes, leurs Piéces seront examinées par le méme Intendant, & reformées selon ses ordres; si bien que le Theatre ne fera point chargé de mauvaifes Piéces, ny les Comédiens fuiets d'en recompenfer plufieurs qui leur font apres infructueufes.

Contre la 5. caufe. Et pour le reftabliffement des Décorations, elles feront faites par les foins de l'Intendant qui employera des gens habiles aux dépens du public, & non des Comédiens, qui ne feront chargez d'autres frais que de leurs veftemens particuliers, & de la recompenfe qu'ils donneront aux Poëtes; les Decorateurs ordinaires ne feront pas méme à leur charge.

Contre la 6. A l'égard de la fixiéme, en ce qui concerne la feureté & la commodité des Spectateurs, le Roy fera defence à tous Pages & Laquais d'entrer au Theatre à peine de la vie, & à toutes perfonnes de quelque condition qu'elles foient d'y porter l'épée ny autres armes offenfives fur les mémes peines; eftant raifonnable que la feureté publique, qui n'y peut eftre par le refpect, côme dans les Palais & dans les Temples, s'y rencontre par l'égalité de ceux qui y affifteront. Pour cét effet deux Gardes ou Suiffes du Roy feront pofez aux portes du Theatre, & changez de temps à autre, pour empécher par là ceux qui voudroient contrevenir à fon intention : ce qui ne fera point refufé par fes Gardes, le Theatre *aura* perdant fa premiere infamie, & *qu'il fera retably* dans l'honneur qui luy eft deû.

Et

DV THEATRE.

Et pour la commodité des Spectateurs, le Parterre doit estre élevé en Talut, & remply de sieges immobiles iusqu'à ce qu'on y ait pourveû autrement, ce qui empéchera méme que les assistans ne s'y battent, n'ayant aucun espace pour le faire.

Mais pour achever la magnificence du Theatre, l'Intendant trouvera vn lieu commode & spacieux pour en dresser vn selon les modelles qui en seront donnez à l'exemple des Anciens; en sorte que sa longueur & sa profondeur soient capables de toutes les grandes Representations, & où les sieges des Spectateurs soient distinguez, sans que les personnes de condition y soient meslées avec le menu peuple; & à l'entour duquel seront bâties au dehors des maisons pour loger gratuitement deux Troupes de Comédiens necessaires à la ville de Paris.

Pour l'achapt de la Place, construction du Theatre selon le dessein qui en a esté fait, logement des Comédiens, fournissement des Decorations extraordinaires, pensions des deux Troupes, telles que le Roy les leur a données iusques-à present, appoinctement de l'Intendant, gages des Decorateurs, entretiens des lieux & autres frais, il se trouvera vn fond suffisant sans toucher aux Finances du Roy.

TTt

Ainsi l'on remediera à l'imperfection des Spectacles que l'on rendra magnifiques & dignes de la Cour de France & de la ville de Paris; le peuple par ce moyen aura quelque image des merveilleuses Representations qu'on a veuës sur le Theatre du Palais Cardinal, & du petit Bourbon, & sera moins jaloux des plaisirs que les Grands doivent recevoir des magnificences de la Cour.

F I N.

TABLE
DES CHAPITRES
&autres Matieres contenuës
en ce Volume.

LIVRE PREMIER.

Hap. I. *Seruant de Preface à cet Ouurage, où il est traicté de la necessité des Spectacles, en quelle estime ils ont esté parmy les Anciens, & en quel estat ils sont maintenant parmy nous.* page 1.

Chap. II. *Du dessein de cet Ouurage.*

Chap. III. *De ce qu'il faut entendre par Pratique du Theatre.*

Chap. IV. *Des regles des Anciens.*

Chap. V. *De la maniere dont on doit s'instruire pour trauailler au Poëme Dramatique.*

Chap. VI. *Des spectateurs & comment le Poëte les doit considerer.*

Chap. VII. *Du mélange de la Representation auec la Verité de l'Action Theatrale.*

Chap. VIII. *De quelle maniere le Poëte doit faire connoistre les decorations & les actions necessaires dans vne*

Ttt ij

piece de Theatre. 63

LIVRE SECOND.

Chap. I. Du Suiet, 77
Chap. II. De la Vray-semblance. 92
Chap. III. De l'vnité de l'Action. 101
Chap. IV. De la continuité de l'Action. 111
Chap. V. Des Histoires à deux fils, dont l'vne est nommée Episode par les Modernes. 118
Chap. VI. De l'vnité du lieu. 124
Chap. VII. De l'estenduë de l'Action Theatrale, ou du temps & de la durée conuenable au Poëme Dramatique. 143
Chap. VIII. De la preparation des incidens. 163
Chap. IX. Du denouëment, ou de la catastrophe & issuë du Poëme Dramatique. 174
Chap. X. De la Tragicomedie. 182

LIVRE TROISIESME.

Chap. I. Des parties de quantité du Poëme Dramatique, & specialement du Prologue. 203
Chap. II. Des Episodes selon la doctrine d'Aristote. 218
Chap. III. Des Acteurs anciens ou premiers recitateurs des Episodes, contre l'opinion de quelques Modernes. 237
Chap. IV. Des Chœurs. 250
Chap. V. Des Actes. 276
Chap. VI. Des interuales des Actes. 303
Chap. VII. Des Scenes. 312

Chap. VIII. *Des Monologues ou discours d'vn seul Personnage.*

Chap. IX. *Des a parte, autrement des discours faits comme en soy-mesme en la presence d'autruy.* 332

Chap. X. *Des Stances.* 343

LIVRE QVATRIESME.

Chap. I. *Des Personnages, Acteurs, ou Recitateurs & ce que le Poëte y doit obseruer.* 349

Chap. II. *Des Discours en general.* 370

Chap. III. *Des Narrations.* 378

Chap. IV. *Des Deliberations.* 399

Chap. V. *Des Discours Didactiques ou instructions.* 411

Chap. VI. *Des Discours de pieté.*

Chap. VII. *Des Discours Pathetiques ou des passions & mouuemens d'Esprit.* 425

Chap. VIII. *Des Figures.* 445

Chap. IX. *Des Spectacles, Machines & Decorations du Theatre.* 456

ANalyse & Examen de la premiere Tragedie de Sophocle intitulée Aiax, sur les principales regles que nous auons données pour la Practique du Theatre. 481

Iugement de la Tragedie intitulée Penthée escrit sur le champ & enuoyé à Monseigneur le Cardinal de Richelieu par son ordre exprez. 490

Proiet pour le restablissement du Theatre François.

FIN.

www.ingramcontent.com/pod-product-compliance
Lightning Source LLC
Chambersburg PA
CBHW051407230426
43669CB00011B/1799